Verena Eberhard

Der Übergang von der Schule in die Berufsausbildung

Ein ressourcentheoretisches Modell zur Erklärung der Übergangschancen von Ausbildungsstellenbewerbern

Berichte zur beruflichen Bildung

Schriftenreihe
des Bundesinstituts
für Berufsbildung
Bonn

Bundesinstitut
für Berufsbildung

BiBB ▶

▶ Forschen
▶ Beraten
▶ Zukunft gestalten

Bibliografische Information der Deutschen Nationalbibliothek
Die Deutsche Nationalbibliothek verzeichnet diese Publikation in der Deutschen
Nationalbibliografie; detaillierte bibliografische Daten sind im Internet über
http://dnb.ddb.de abrufbar.

ISBN 978-3-7639-1153-0

Inaugural-Dissertation zur Erlangung der Doktorwürde der Philosophischen Fakultät
der Rheinischen Friedrich-Wilhelms-Universität zu Bonn

vorgelegt von Verena Eberhard aus Bonn
Bonn, 2011

Vertriebsadresse:
W. Bertelsmann Verlag GmbH & Co. KG
Postfach 10 06 33
33506 Bielefeld
Internet: wbv.de
E-Mail: service@wbv.de
Telefon: (05 21) 9 11 01-11
Telefax: (05 21) 9 11 01-19
Bestell-Nr.: 111.051

© 2012 by Bundesinstitut für Berufsbildung, Bonn
Herausgeber: Bundesinstitut für Berufsbildung, 53142 Bonn
Internet: www.bibb.de
E-Mail: zentrale@bibb.de

Umschlag: Christiane Zay, Potsdam
Satz: Christiane Zay, Potsdam
Druck und Verlag: W. Bertelsmann Verlag, Bielefeld
Printed in Germany

ISBN 978-3-7639-1153-0
ISBN E-Book: 978-3-7639-5074-4

Zusammenfassung

Längst nicht allen ausbildungsinteressierten und ausbildungsreifen Jugendlichen gelingt der Einstieg in eine duale Berufsausbildungsstelle. Es stellt sich somit die Frage, welche Ressourcen notwendig sind, damit Jugendliche den Übergang in eine Ausbildung erfolgreich meistern. Aufgrund der Komplexität des Übergangsgeschehens ist es bisher jedoch nicht gelungen, umfassende Antworten zu finden. Erschwerend kommt hinzu, dass die Übergangsforschung in den Sozialwissenschaften ein Schattendasein führt und bisher kein theoretisches Modell entwickelt wurde, welches den Übergang von der Schule in die Berufsausbildung umfassend erklärt. Um diese Forschungslücke zu schließen, wird in der vorliegenden Arbeit ein ressourcentheoretisches Modell des Übergangs von der Schule in die Berufsausbildung entwickelt, welches die gesamte Komplexität des Übergangsgeschehens abbildet. Im Rahmen des Modells werden drei Kapitalformen unterschieden: das *personale Kapital*, welches aus den individuellen Ressourcen der Jugendlichen hervorgeht (z. B. Bildungszertifikate), das *soziale Kapital*, das aus den Netzwerkressourcen der Jugendlichen resultiert (z. B. Unterstützung durch Dritte), sowie das *institutionelle Kapital*, welches von den Akteuren bereitgestellt wird, die auf systemischer Ebene die berufliche Bildung ordnen (z. B. Struktur des Ausbildungsstellenangebots). Dem institutionellen Kapital kommt eine Sonderstellung zu, da es unter anderem Zugangsberechtigungen in eine Ausbildungsstelle repräsentiert. Um diese zu erhalten, kann der Jugendliche personales und soziales Kapital einsetzen. Welche Kapitalformen für den Übergang in eine Berufsausbildungsstelle jedoch letztlich relevant werden, sollte damit variieren, wie der Zugang geregelt ist, so die Kernannahme des Modells.

Angenommen wird, dass der Zugang zu einer betrieblichen Ausbildungsstelle auf der einen Seite und der Eintritt in eine außerbetriebliche Ausbildungsstelle auf der anderen Seite zwei verschiedene Institutionen für den Übergang in eine duale Berufsausbildung darstellen. In Abhängigkeit dieser institutionellen Rahmenbedingungen sollten die Jugendlichen daher unterschiedliche Formen des personalen und sozialen Kapitals einsetzen müssen, um eine Eintrittsberechtigung zu erhalten.

Ob sich die Sortierlogiken in eine betriebliche von denen in eine außerbetriebliche duale Berufsausbildung unterscheiden, wird anhand der Daten der BA/BIBB-Bewerberbefragung 2008, einer repräsentativen schriftlich-postalischen Befragung von Jugendlichen, die im Jahr 2008 bei der Bundesagentur für Arbeit als offiziell ausbildungsreife Ausbildungsstellenbewerber registriert waren, untersucht.

Berechnet werden binäre logistische Regressionsmodelle. In einem ersten Modell wird untersucht, welche Kapitalformen die Übergangschancen in eine betriebliche Berufsausbildungsstelle beeinflussen (n = 2.994). Im zweiten Modell wird für jene Bewerber, die nicht in eine betriebliche Ausbildungsstelle eingemündet waren, geschätzt, welche Ressourcen Einfluss auf die Einmündung in eine außerbetriebliche Ausbildungsstelle nehmen (n = 1.735). Berücksichtigt wird neben personalen und sozialen Ressourcen das bereitgestellte institutionelle Kapital, welches über die Situation auf den regionalen Ausbildungsstellenmärkten (z. B. regionale betriebliche Angebotsquote) abgebildet wird. Da sich der Ausbildungsstellenmarkt in Deutschland jedoch nicht nur in Abhängigkeit von Regionen untergliedert, sondern gerade auch in Verbindung mit den beruflichen Interessenschwerpunkten der Jugendlichen in eine Vielzahl von berufsspezifischen Teilmärkten zersplittert ist, die wiederum Einfluss auf die Zugangschancen der Bewerber nehmen, wird ein neuer Indikator entwickelt, der neben den regionalen auch die berufsspezifischen Märkte misst. Hierzu wird berücksichtigt, auf welche konkreten Berufe sich die Befragten beworben hatten.

Die Ergebnisse bestätigen die Annahme, dass sich die Sortierlogiken der beiden Ausbildungsformen deutlich voneinander unterscheiden. Zum Teil kehren sich die Zugangslogiken in Abhängigkeit der Institutionen um. Ist beispielsweise ein hoher Schulabschluss für den Übergang in eine betriebliche Ausbildungsstelle förderlich, erweist er sich beim Zugang in eine außerbetriebliche Stelle hingegen als hinderlich, Migranten haben beim Übergang in eine betriebliche Ausbildungsstelle geringere Chancen als Nichtmigranten, beim Eintritt in eine außerbetriebliche Ausbildungsstelle hat der Migrationshintergrund jedoch keinen Effekt. Die Ergebnisse verweisen somit auf die theoretische Implikation, wonach übergangsrelevante Ressourcen ohne die Reflexion der institutionellen Rahmenbedingungen nicht bestimmbar sind.

Darüber hinaus wird untersucht, welche Faktoren dazu führen, dass erfolglose Ausbildungsstellenbewerber, die weder in eine betriebliche noch in eine außerbetriebliche Ausbildungsstelle einmünden konnten (n = 1.483), außerhalb des Bildungssystems verbleiben, anstatt in teilqualifizierende Bildungsangebote einzumünden, und damit einem höheren Risiko unterliegen, auch künftig keine Ausbildungsstelle zu erhalten. Es zeigt sich, dass insbesondere dem Alter der Befragten eine hohe Erklärungskraft zukommt.

Inhaltsverzeichnis

Tabellenverzeichnis

Abbildungsverzeichnis

Abkürzungsverzeichnis

ANR	Angebots-Nachfrage-Relation
BA	Bundesagentur für Arbeit
BBiG	Berufsbildungsgesetz
BBiG a. F.	Berufsbildungsgesetz alte Fassung
BGJ	Berufsgrundschuljahr
BIBB	Bundesinstitut für Berufsbildung
BMBF	Bundesministerium für Bildung und Forschung
BvB	Berufsvorbereitende Bildungsmaßnahme
BVJ	Berufsvorbereitungsjahr
DGB	Deutscher Gewerkschaftsbund
DJI	Deutsches Jugendinstitut
EQ	Einstiegsqualifizierung
FOS	Fachoberschule
GUS	Gemeinschaft Unabhängiger Staaten
HwO	Handwerksordnung
LifE-Studie	Studie „Lebensverläufe im frühen Erwachsenenalter"
M	Mittelwert
N	Größe der Grundgesamtheit
n	Stichprobengröße
OloV	Qualitätsstandards zur Optimierung der lokalen Vermittlungsarbeit bei der Schaffung und Besetzung von Ausbildungsplätzen in Hessen
SD	Standardabweichung
SGB	Sozialgesetzbuch
SOEP	Sozio-ökonomisches Panel
TREE-Studie	Studie „Transition von der Erstausbildung ins Erwerbsleben"
WZB	Wissenschaftszentrum Berlin für Sozialforschung

Danksagung

Betreut wurde die vorliegende Arbeit von Prof. Dr. Jörg Blasius. Für seine Betreuung und Begleitung durch die Promotionszeit möchte ich ihm ganz herzlich danken. Insbesondere sein Interesse an dem Thema, seine Ratschläge, sein immer zeitnahes Feedback, das Diskutieren, sein Motivieren und schließlich sein „Drängen", die Arbeit abzugeben, waren für mich sehr wertvoll. Bedanken möchte ich mich an dieser Stelle auch bei Prof. Dr. Röhr-Sendlmeier für die Übernahme des Zweitgutachtens.

Entstanden ist die vorliegende Arbeit im Rahmen meiner Tätigkeit im Arbeitsbereich 2.1 „Berufsbildungsangebot und -nachfrage/Bildungsbeteiligung" am Bundesinstitut für Berufsbildung (BIBB) in Bonn. Für die Unterstützung des Promotionsvorhabens möchte ich mich bei Manfred Kremer, Prof. Dr. Reinhold Weiß und insbesondere bei Dr. Günter Walden bedanken.

Danken möchte ich meiner Arbeitsbereichsleiterin Prof. Dr. Elisabeth M. Krekel, die für mich organisatorische Steine aus dem Weg räumte, die mich förderte, motivierte und mir gerade am Ende der Dissertationsphase Freiräume gewährte, damit ich die Arbeit fertigstellen konnte.

Bedanken möchte ich mich ganz herzlich bei meinen Kolleginnen und Kollegen. Die entgegengebrachte Hilfsbereitschaft und Unterstützung waren enorm. Sie haben sich stets Zeit für mich genommen, selbst wenn sie diese nicht hatten, haben mit mir Probleme diskutiert, mir Sachverhalte erklärt, für mich Sonderauswertungen durchgeführt, wenn Zahlen (noch) nicht veröffentlicht waren, haben Daten aufbereitet, mir Literatur zur Verfügung gestellt, mir Anregungen gegeben, mir Mut gemacht, Korrektur gelesen und immer wieder nachfragt, wie es läuft. Dafür danke ich euch allen sehr! Im Besonderen bedanken möchte ich mich bei Dagmar Borchardt, Dr. Regina Dionisius, Simone Flemming, Naomi Gericke, Ralf-Olaf Granath, Andreas Krewerth, Harald Pfeifer, Dr. Daniela Rohrbach-Schmidt, Klaus Troltsch und Dr. Alexandra Uhly.

Herzlich danken möchte ich Dr. Astrid Mayerböck, die nicht nur in Nachtschichten die Arbeit kritisch gelesen hat, obwohl sie selber beruflich stark eingebunden war, sondern mich auch immer wieder motiviert hat und nie müde wurde, mit mir über die Arbeit zu diskutieren.

Mein ganz besonderer Dank gilt Dr. Joachim Gerd Ulrich. Es ist keineswegs übertrieben, wenn ich sage, dass ohne ihn die Promotion nicht möglich gewesen wäre. Für seine uneingeschränkte Unterstützung und Hilfe danke ich ihm von ganzem Herzen. Danke, Uli, für die Gespräche, deine Anregungen, deine Ideen, deine Kritik und deine fachliche und freundschaftliche Begleitung!

Meiner Familie und meinem Freund danke ich für ihre Geduld und liebevolle sowie moralische Unterstützung während der Promotion. Ohne euch hätte ich die Zeit nur schwer durchgestanden.

Vorwort

Verena Eberhard beschäftigt sich in ihrer Studie mit der seit vielen Jahren politisch sehr aktuellen Frage, welche Ressourcen aufseiten der Jugendlichen für einen erfolgreichen Übergang von der Schule in die Berufsausbildung notwendig sind. Dabei geht sie von der Frage aus, wieso, wenn die Bildungsmotivation der Jugendlichen so hoch ist wie vermutet und wenn, wie es berechtigterweise zu erwarten ist, die Politik bestrebt ist, möglichst alle Jugendlichen beruflich zu qualifizieren, so viele Jugendliche Schwierigkeiten haben, in eine duale Berufsausbildung einzumünden. Da selbst von den als „ausbildungsreif" klassifizierten Bewerbern längst nicht alle einen Ausbildungsplatz erhalten – und dies schon gar nicht in dem angestrebten Beruf –, muss die Frage danach gestellt werden, wer einen Ausbildungsplatz erhält. Gibt es Unterschiede zwischen den Jugendlichen, die einen betrieblichen Ausbildungsplatz erhalten, und jenen, die außerbetrieblich ausgebildet werden? Welche Ressourcen müssen die Jugendlichen mitbringen, um sich erfolgreich gegen die Mitbewerber durchzusetzen?

In den ersten fünf Kapiteln des vorliegenden Buchs entwickelt Frau Eberhard ein sehr innovatives theoretisches Modell zur Erklärung des Übergangs von der Schule in die duale Berufsausbildung. Die gesamte Darstellung der theoretischen Annahmen ist sehr übersichtlich und klar strukturiert, Begriffe werden eingeführt und anhand von Beispielen sehr gut erläutert. So unterscheidet sie z.B. zwischen formellem und informellem Sozialkapital, ob es intendiert oder nicht intendiert verwendet wird und ob es mittelbar oder unmittelbar eingesetzt wird.

Im Zentrum ihrer empirischen Analysen steht die BA/BIBB-Bewerberbefragung 2008, an deren Konzeption Frau Eberhard mitgearbeitet hat. Für die Auswertung kann sie auf die Angaben von knapp 3.000 Jugendlichen zurückgreifen, die 2008 bei der BA als „ausbildungsreife" Ausbildungsstellenbewerber registriert waren. Die Schätzung der statistischen Modelle erfolgt im Wesentlichen mithilfe von logistischen Regressionen, wobei die abhängige Variable entweder die Einmündung in die betriebliche oder in die außerberufliche Ausbildung ist. Als unabhängige Merkmale hat sie neben dem Schulabschluss, Aspekten der Ausbildungsreife, den Noten in Mathematik und Deutsch, dem Alter und dem Geschlecht, der Anzahl der beendeten Übergangsmaßnahmen, regionalen und berufsspezifischen Angebotsquoten sowie dem Migrationshintergrund auch Merkmale des sozialen Kapitals verwendet. Mit dieser Vorgehensweise ist Frau Eberhard die Umsetzung ihrer theoretischen Annahmen in empirische Modelle sehr gut gelungen. Auf der Basis ihrer empirischen Ergebnisse wird die Brisanz der Untersuchung bestätigt und damit auch die Bedeutung für Studien wie der hier vorliegenden; es gibt längst nicht so viel „Licht" im Übergang von der Schule in die berufliche Ausbildung, wie uns die Politik gerne glauben lässt.

Jörg Blasius
Universität Bonn
Institut für Politische Wissenschaft und Soziologie

1 Einleitung

„Education is the single most important determinant of occupational success in industrialized societies. Employers rely on educational credentials when selecting individuals for specific work tasks, and individuals, accordingly, invest in education in order to improve their competitive advantage on the labour market" (Müller & Shavit, 1998b, S. 1).

Das duale System der Berufsausbildung gilt als die wichtigste Säule des deutschen Berufsausbildungssystems. Weder im Schulberufssystem noch an den Universitäten werden annähernd so viele junge Menschen zu einem qualifizierten Berufsabschluss geführt wie im dualen System der Berufsausbildung (Autorengruppe Bildungsberichterstattung, 2008, 2010; Eberhard & Ulrich, 2010c; Konsortium Bildungsberichterstattung, 2006; Müller & Shavit, 1998a, 1998b; OECD, 2008). Mehr als zwei Drittel einer Schulabgangskohorte erwerben hier ihren Berufsabschluss (Brosi, 2005b; Bundesministerium für Bildung und Forschung, 2011). Allein im Jahr 2010 wurden über 560.000 neue Ausbildungsverhältnisse geschlossen (Krewerth, Flemming & Granath, 2011), sodass das duale System der Berufsausbildung auch als „institutioneller Kern des deutschen Berufsbildungssystems" bezeichnet wird (Hillmert, 2002, S. 65).

Das duale System der Berufsausbildung, das sich durch eine standardisierte berufsförmige Ausbildung in Betrieben und theoretischen Teilzeitunterricht in Berufsschulen auszeichnet, wird zugleich als Königsweg in die Arbeitswelt und Erwerbstätigkeit tituliert (Konietzka, 2002). Es sichert nicht nur den frühen Arbeitsmarktkontakt der Jugendlichen, sondern bildet diese auch zu nachgefragten Fachkräften aus (Baethge, 2008). Damit ermöglicht der erfolgreiche Abschluss einer dualen Ausbildung vielen Jugendlichen einen raschen und relativ problemlosen Übergang in die Erwerbstätigkeit (Gangl, 2003; Konietzka, 1999a, 2002), der nicht zuletzt mit einer international vergleichsweise geringen Jugendarbeitslosigkeit in Verbindung gebracht wird (Breen, 2005). Vor allem für Jugendliche mit niedrigen schulischen Qualifikationen (z. B. maximal Hauptschulabschluss) stellt das duale System eine attraktive Ausbildungsmöglichkeit dar (Gericke, 2003; Pütz, 1993). Denn der Beginn einer dualen Berufsausbildung ist nicht an bestimmte Formalqualifikationen gebunden (Müller-Kohlenberg, Schober & Hilke, 2005), und der hohe Praxisanteil motiviert gerade auch jene Jugendliche, die schulmüde sind (Baethge, 2008).

Das duale System der Berufsausbildung kann aufgrund seiner praxisorientierten, betriebsnahen Ausbildung bei gleichzeitiger Kontrolle des Staates sowie curricularer Standardisierung und Zertifizierung als „staatlich gesteuerte[s] Marktmodell" (Konietzka, 2001, S. 60) bezeichnet werden. Staatlich, weil die duale Ausbildung auf bundesweit einheitlichen Ausbildungsordnungen basiert und der Staat dafür Sorge zu tragen hat, dass ausbildungsinteressierte Jugendliche nicht grundsätzlich von einer Berufsausbildung ausgeschlossen werden (Kath, 1999). Und marktbasiert, weil die Ausbildungsbeteiligung der Betriebe nicht erzwungen und der Zugang zu einer betrieblichen Ausbildung über den Markt geregelt wird (Kath, 1999; Konietzka, 2007). Verantwortlich für den Zugang in eine duale Berufsausbildung ist somit nicht allein der Staat, sondern ein korporatistisch-staatliches Steuerungssystem, in dem der Staat der Wirtschaft die Rolle des Eingangswächters in die Berufsausbildung übertragen hat (Baethge, 2006, 2008).

Die Entscheidungsautonomie der Betriebe, sich an der Ausbildung zu beteiligen, steht jedoch im institutionellen Widerspruch zum Anspruch des Staates, grundsätzlich keine Jugendlichen von einer Ausbildung im dualen System auszuschließen. Denn zwischen „dem Ausbildungsangebot der Betriebe und der Ausbildungsplatznachfrage von Schulabgängern besteht grundsätzlich keine Deckungsgleichheit. Die Betriebe orientieren das Volumen ihres Qualifikationsbedarfs unter Berücksichtigung von allgemeiner und Branchenkonjunkturlage überwiegend an einer Prognose des zukünftig benötigten Beschäftigungspotenzials, während sich der Umfang der Nachfrage nach beruflicher Qualifizierung als Ergebnis von demographischer Entwicklung und Bildungsverhalten der Schulabgänger einstellt" (Kath, 1999, S. 100; Weil & Lauterbach, 2009). Virulent wird dieser Widerspruch jedoch erst, wenn die Nachfrage nach Lehrstellen über dem Angebot liegt und viele ausbildungsinteressierte Jugendliche nicht in eine Berufsausbildungsstelle einmünden können. Dann geraten die Zugangsregeln des dualen Systems der Berufsausbildung in Kritik (Eberhard & Ulrich, 2010c).

Die jüngste Legitimationskrise dieser Art begann vor rund anderthalb Jahrzehnten. Denn seit Mitte der 1990er-Jahre nahmen die Schwierigkeiten von Jugendlichen, eine duale Berufsausbildungsstelle zu finden, stark zu. Die Übergänge von der allgemeinbildenden Schule in die Berufsausbildung – auch als erste Schwelle bezeichnet (Mertens, 1976; Mertens & Parmentier, 1982) – verlängerten sich, wurden unsystematischer und komplexer (Baethge, Solga & Wieck, 2007; Beicht & Ulrich, 2008b, 2008d; Konsortium Bildungsberichterstattung, 2006; Krewerth & Ulrich, 2006; Ulrich & Eberhard, 2008). Damit wurde ausgerechnet jenen Jugendlichen ein hohes Maß an individuellem Beharrungsvermögen, Frustrationstoleranz und Flexibilität abverlangt, die bei Verlassen der Schule noch minderjährig sind, lediglich einen Hauptschulabschluss aufweisen und oft aus schwierigen sozialen Verhältnissen stammen (Krekel & Ulrich, 2009). Nach Friebel et al. waren „alte Fixpunkte der Bildungskarriereplanung [...] perdu, alles [...] [wurde] irgendwie kurvenreicher, Umbrüche und Einbrüche [...] [wurden] wahrscheinlicher, und es gehört[e] schon ein gewisses Maß an Einkommens- und Kulturressourcen wie eine gehörige Portion von ungebrochener Aspiration dazu, um diesen Prozess ungeschoren zu bewältigen"

(Friebel, Epskamp, Knobloch, Montag & Toth, 2000, S. 83). Dies führte dazu, dass die Integrationskraft des dualen Systems offen infrage gestellt wurde (vgl. Baethge et al., 2007; Pütz, 1993).

Das prägnanteste Merkmal für die wachsenden Übergangsschwierigkeiten der Jugendlichen seit Mitte der 1990er-Jahre war die hohe Zahl von jungen Menschen, die unmittelbar nach der Schule nicht in eine Berufsausbildung einmündeten, sondern zunächst eine Maßnahme des Übergangssystems begannen (Beicht, Friedrich & Ulrich, 2007b; Beicht & Ulrich, 2008b; Konsortium Bildungsberichterstattung, 2006; Reißig, Gaupp & Lex, 2008b). Der Beginn von Maßnahmen des Übergangssystems – also von Bildungsgängen, die nicht zu einem Berufsabschluss führen, sondern auf eine Berufsausbildung vorbereiten sollen (Konsortium Bildungsberichterstattung, 2006) – wird von den Jugendlichen häufig nur als Notlösung verstanden (Eberhard, Krekel, Schöngen & Ulrich, 2009; Eberhard & Ulrich, 2010c). Nach den Ergebnissen der BIBB-Übergangsstudie 2006 nahmen fast ein Drittel aller nicht studienberechtigten ausbildungsinteressierten Schulabsolventen der Geburtskohorten 1982 bis 1986 mindestens eine Maßnahme des Übergangssystems auf. Im Durchschnitt durchliefen sie 1,3 Maßnahmen und verblieben im Anschluss an die Schule 17 Monate im Übergangssystem (Beicht, 2009). Dass das Alter der Ausbildungsanfänger seit 1993 im Schnitt um über ein Jahr anstieg und 2009 bei 19,8 Jahren lag (Gericke, 2011), ist ein Resultat der erschwerten und verlängerten Übergänge von Jugendlichen in eine Berufsausbildung und kann demnach nicht mit einer höheren Bildungsbeteiligung von studienberechtigten und damit älteren Personen erklärt werden (Beicht, Friedrich & Ulrich, 2007a).

Der Übergang von der Schule in die Berufsausbildung verlängerte sich für die Jugendlichen jedoch nicht nur; für manche wurde er zu einer unüberwindbaren Hürde (vgl. hierzu Beicht et al., 2007a; Beicht et al., 2007b; Eberhard, Krewerth & Ulrich, 2006; Gaupp, Lex & Reißig, 2008a; Krekel & Ulrich, 2009; Ulrich & Eberhard, 2008). Richtete sich die Ausbildung im dualen System einst vorwiegend an Jugendliche mit niedrigen Schulabschlüssen (Konsortium Bildungsberichterstattung, 2006), entwickelte sie sich zu einem hochselektiven Programm (Greinert & Braun, 2005), bei dem Jugendliche mit schwacher schulischer Vorbildung kaum eine Chance auf einen Ausbildungsplatz hatten. Dies hatte zur Folge, dass trotz der zunehmenden Bedeutung von Bildung (Hadjar & Becker, 2006; Hillmert, 2009; Mayer, 2000; Solga, 2005b) der Anteil der Personen im Alter zwischen 20 und 29 Jahren, die über keinen anerkannten Berufsabschluss verfügen, bisher nicht reduziert werden konnte und seit Mitte der 1990er bis heute bei rund 15 % liegt (Braun & Schöngen, 2011).

Trotz der gestiegenen Übergangsschwierigkeiten gilt die Ausbildungsmotivation bzw. Bildungsaspiration der Jugendlichen als hoch (Brandes, 2005; Brosi, 2005a; Friedrich, 2011a; Krekel & Ulrich, 2009). Den weitaus meisten jungen Menschen ist die weichenstellende Funktion des Übergangs von der Schule in eine Berufsausbildung offenbar bewusst, sodass der Beginn und erfolgreiche Abschluss einer Ausbildung für sie ein übergeordnetes Ziel darstellt (Beicht, Friedrich & Ulrich, 2008; Friedrich, 2009a, 2009b, 2011a; Heinz & Krüger, 1985; Solga, 2004). Und selbst jene Gruppen, deren Anteil unter den Ungelernten besonders groß ist – Personen mit maximal Hauptschulabschluss und Migranten – sind in der Regel vom Wunsch erfüllt, eine Berufsausbildung beginnen zu können (u. a. Beicht & Ulrich, 2008d; Friedrich, 2009a, 2009b, 2011a; Gaupp, Hofmann-Lun, Lex, Mittag & Reißig, 2004; Gaupp, Lex, Reißig & Braun, 2008b; Gaupp & Reißig, 2007; Kuhnke, Lex & Reißig, 2008a; Reißig & Gaupp, 2006; Reißig, Gaupp, Hofmann-Lun und Lex, 2006). So wiesen beispielsweise die Autoren der BIBB-Übergangsstudie 2006 nach, dass fast alle Jugendliche, die ohne einen anerkannten Berufsabschluss verblieben waren, zuvor intensiv nach einer Lehrstelle gesucht hatten (Beicht & Ulrich, 2008d). Mündeten Schulabsolventen aber zunächst in das Übergangssystem ein oder befanden sich drei Monate nach Verlassen der allgemeinbildenden Schule nicht erneut im Bildungssystem, hatten sie ein erhöhtes Risiko, ausbildungslos zu verbleiben (Beicht & Ulrich, 2008d; Krekel & Ulrich, 2009), was sich wiederum negativ auf ihre künftigen Arbeitsmarktchancen auswirken sollte (Funcke, Oberschachtsiek & Giesecke, 2010; Jacob, 2001).

Anfängliche Benachteiligungen beim Zugang zu einer Berufsausbildungsstelle sind im weiteren Erwerbsverlauf kaum zu korrigieren (vgl. Blossfeld, 1985), sodass der Übergang von der Schule in die Berufsausbildung „eine strategische Schlüsselrolle im Hinblick auf die Zuweisung von Lebenschancen" einnimmt (Konietzka, 2007, S. 281). Missglückt der Übergang an der ersten Schwelle, so muss der Betroffene mit negativen Folgen rechnen, die sich auf seinen weiteren Lebensverlauf auswirken – und zwar sowohl auf die Erwerbskarriere (Blossfeld, 1989; Konietzka, 1999a; Steinmann, 2000) als auch auf die weitere Persönlichkeitsentwicklung (Erikson, 1966). Die Politik verfolgt daher bereits seit Jahren das Ziel, die Quote der Personen ohne einen Berufsabschluss zu reduzieren (z. B. Braun et al., 2009). Neben der Sicherung des künftigen Fachkräftebedarfs (Fuchs & Söhnlein, 2007; Krekel & Ulrich, 2009; Ulmer & Ulrich, 2008) wird dies auch deshalb als notwendig erachtet, um die staatlichen Folgekosten der Ausbildungslosigkeit zu verringern (Reinberg & Hummel, 2007; Werner, Neumann & Schmidt, 2008). Nach aktuellen Schätzungen belaufen sich die Kosten auf 1,5 Milliarden Euro pro Jahrgang der 21-jährigen Personen, welche den Arbeitsmarkt ohne einen abgeschlossenen Berufsabschluss betreten (Allmendinger, Giesecke & Oberschachtsiek, 2011). Denn Personen ohne einen anerkannten Berufsabschluss sind besonders häufig von prekären Arbeitsverhältnissen und Arbeitslosigkeit betroffen und daher häufig auf staatliche Transferleistungen angewiesen (Büchel, Diewald, Krause, Mertens & Solga, 2000; Solga,

2002, 2005b). Zudem entgehen dem Staat Einnahmen aus der Lohnsteuer und aus den Beiträgen zur Arbeitslosenversicherung (Allmendinger et al., 2011).

Angesichts dieser offenkundigen Soll-Ist-Diskrepanz stellen sich eine Reihe von Fragen: Wenn die Bildungsmotivation der Jugendlichen hoch und die Politik bestrebt ist, möglichst alle Jugendlichen beruflich zu qualifizieren, warum haben dann dennoch so viele Jugendliche Schwierigkeiten, in eine duale Berufsausbildung einzumünden? Warum befinden sich über eine halbe Millionen Jugendliche in Maßnahmen des Übergangssystems (Dionisius & Schwäbig, 2010)? Warum verringert sich die Zahl der jungen Menschen ohne anerkannten Berufsabschluss seit Jahren nicht (Braun & Schöngen, 2011), obwohl es nur wenige Arbeitsplätze für unqualifizierte Personen gibt und die gesellschaftliche Teilhabe von Personen ohne einen anerkannten Berufsanschluss stark eingeschränkt ist (Büchel et al., 2000; OECD, 2008; Solga, 2005b)? Sind die Ursachen hierfür vor allem bei den Jugendlichen zu suchen? Sind die Jugendlichen zwar größtenteils ausbildungswillig, aber nicht ausbildungsfähig, so wie es die Wirtschaft behauptet (Deutscher Industrie- und Handelskammertag, 2011)? Oder fehlten bisher schlicht Ausbildungsplätze, um alle ausbildungswilligen Jugendlichen mit Ausbildungsstellen zu versorgen, wie die Gewerkschaften beklagen (zur Diskussion vgl. Eberhard, 2006)? Welche Ressourcen sind überhaupt notwendig, um den Übergang in eine duale Berufsausbildungsstelle zu schaffen? Wo soll Politik eigentlich ansetzen, um den Übergang an der ersten Schwelle zu verbessern?

Bislang ist es nicht gelungen, eindeutige, allseits anerkannte Antworten auf diese Fragen zu finden. Geschuldet ist dieses Desiderat sicherlich der Komplexität des Übergangsregimes von der allgemeinbildenden Schule in die Berufsausbildung sowie der zum Teil divergierenden Interessenlage der für das duale System der Berufsausbildung verantwortlichen Gruppen. Erschwerend kommt hinzu, dass es bis heute kein umfassendes Modell, geschweige denn eine Theorie zum Übergang von der allgemeinbildenden Schule in die duale Berufsausbildung gibt (Winkler, 2008). Obwohl die Forschung zum Übergang an der ersten Schwelle bereits in den 1970er-Jahren einsetzte (Kutscha, 1991), fehlt es bis heute an einem systematischen Ansatz, der das Übergangsgeschehen in seiner Gänze und nicht als voneinander separierte Einzelaspekte betrachtet. Dies mag damit zusammenhängen, dass die Zugangsregeln in eine duale Berufsausbildung nur schwer zu fassen sind. Denn anders als der Beginn einer hochschulischen Ausbildung oder einer Berufsausbildung im Schulberufssystem sind die Zugangslogiken in eine duale Berufsausbildung hochgradig komplex – letztlich gibt es in diesem Segment mindestens so viele institutionelle Besonderheiten, wie es Ausbildungsangebote bzw. Warteschlangen für eine duale Berufsausbildungsstelle gibt (vgl. Thurow, 1975, 1979). Für die Übergangsforschung stellt dies eine immense Herausforderung dar, der sie sich bislang nur wenig genähert hat. Will sie jedoch die oben aufgeworfenen Fragen beantworten, muss sie sich verstärkt mit den Zugangslogiken in eine duale Berufsausbildung beschäftigen. Denn erst wenn das Wissen über die Übergangsbedingungen an der ersten Schwelle umfassend systematisiert wurde, können Probleme eindeutig identifiziert und erklärt werden.

Der Aufbau von Wissen über das Übergangsgeschehen an der ersten Schwelle setzt somit ein systematisches Vorgehen voraus. Systematisch meint an dieser Stelle, den Zugang zu einer dualen Berufsausbildungsstelle konsequent in Abhängigkeit seiner spezifischen institutionellen Rahmenbedingungen zu untersuchen, anstatt – wie bisher überwiegend geschehen – die institutionellen Einflüsse zugunsten individueller Erklärungsansätze zu vernachlässigen. Mit dem Begriff der Institutionen sind jedoch nicht, wie im umgangssprachlichen Sinne, Organisationen gemeint. Vielmehr sind damit allgemeinverbindliche Regeln angesprochen (Esser, 2000), nach denen der Zugang in eine duale Berufsausbildungsstelle erfolgt. Da die Institutionen die Möglichkeiten am Übergang von der Schule in die duale Berufsausbildung bestimmen und jeglichen Handlungsrahmen festlegen (vgl. Esser, 2000), zugleich jedoch unterschiedlich ausfallen (z. B. in Abhängigkeit der Ausbildungsberufe), gibt es nicht die Ressourcen schlechthin, die einem Jugendlichen den Zugang zu einer dualen Berufsausbildungsstelle eröffnen können. Welche Ressourcen letztlich für den Zugang in eine duale Berufsausbildungsstelle von Bedeutung sind, ist vielmehr Folge der spezifischen institutionellen Bedingungen. So wäre es zu kurz gedacht, die Übergangschancen von Jugendlichen in Abhängigkeit ihrer Qualifikationen zu untersuchen, ohne die unterschiedlichen Zugangsregeln zu berücksichtigen. Solch ein Vorgehen führt zu unvollständigen Erklärungsmodellen (vgl. Wagner, 2005) und produziert mitunter widersprüchliche Ergebnisse. Unvollständig und widersprüchlich deshalb, weil die Institutionen nicht für jeden Jugendlichen identisch sind, sondern stark variieren (z. B. regional, berufs- und betriebsspezifisch) (Eberhard & Ulrich, 2010c). Gegenstand der vorliegenden Untersuchung ist somit zunächst die Analyse der Institutionen, die den Zugang zu einer dualen Berufsausbildung in Deutschland regeln, sowie in Abhängigkeit davon die Darstellung der Mittel, die aufseiten des Individuums und seiner sozialen Umwelt notwendig sind, um Einlass in die Ausbildung zu erhalten. Hierzu wird ein ressourcentheoretisches Modell des Übergangs an der ersten Schwelle entwickelt. Ausgehend von den Institutionen wird erklärt werden, welche Ressourcen für den Übergang in eine duale Berufsausbildung nötig sind.

In einem zweiten Schritt wird die Kernannahme des erarbeiteten ressourcentheoretischen Modells zum Übergang an der ersten Schwelle empirisch mittels binärer logistischer Regressionsmodelle überprüft. Geprüft wird die Annahme, dass unterschiedliche institutionelle Rahmenbedingungen mit unterschiedlichen Zugangslogiken in eine Berufsausbildungsstelle verbunden sind und somit einen jeweils unterschiedlichen Ressourceneinsatz durch die Ausbildungsstellenbewerber erfordern.

Mit anderen Worten: Getestet wird, ob der Zugang in eine *betriebliche Berufsaus-bildung* anderen Regeln unterliegt und damit andere Formen der personalen und sozialen Ressourcen relevant sind als für den Zugang in eine *außerbetriebliche Berufsausbildungsstelle*. Des Weiteren wird überprüft, welche Bedingungen dazu führen, dass erfolglose Ausbildungsstellenbewerber[1] nicht im teilqualifizierenden Bildungssystem, sondern außerhalb des Bildungssystems verbleiben und somit einem erhöhten Risiko unterliegen, auch künftig nicht in eine vollqualifizierende Ausbildungsstelle einzumünden (Beicht, 2009; Beicht & Ulrich, 2008d). Zur Untersuchung dieser Fragestellungen werden die Daten von 2.994 Ausbildungsstellenbewerbern des Jahres 2008 herangezogen, die im Rahmen der BA/BIBB-Bewerberbefragung 2008 schriftlich-postalisch befragt wurden. Bei den Befragten handelt es sich um eine zufällig ausgewählte, repräsentative Stichprobe von Jugendlichen, die bei der Bundesagentur für Arbeit (BA) als Ausbildungsstellenbewerber registriert waren.

Aufbau der Arbeit

Die vorliegende Arbeit ist in zwei Teile untergliedert. Im ersten Teil wird zunächst ein ressourcentheoretisches Modell zum Übergang an der ersten Schwelle erarbeitet, dessen Kernannahme im zweiten Teil überprüft werden soll.

Mit Kapitel 2 beginnt der theoretische Teil der Arbeit. Hier werden die organisationalen Grundlagen der dualen Berufsausbildung sowie ihre besonderen Merkmale wie z. B. das Dualitäts- oder Konsensprinzip dargestellt. Anschließend werden in Kapitel 3 die Schwierigkeiten aufgezeigt, die mit dem Untersuchungsgegenstand „Übergang an der ersten Schwelle" verbunden sind. Herausgearbeitet wird, dass im Rahmen der Übergangsforschung ein theoretisches Modell dringend erforderlich ist, um das Wechselspiel zwischen institutionellen, sozialen und personalen Einflussfaktoren abzubilden. In Kapitel 4 werden die Grundlagen zum Verständnis des im Rahmen der vorliegenden Arbeit entwickelten ressourcentheoretischen Modells zum Übergang an der ersten Schwelle gelegt. Dabei werden der Aufbau des Modells sowie seine zentralen Komponenten skizziert. Dieser Modellskizze folgt in Kapitel 5 eine detaillierte Darstellung des Modells. Die einzelnen Modellkomponenten werden mit ihren jeweils zugrunde liegenden theoretischen Konzepten in Bezug gesetzt, ihre Rolle im Modell erläutert und anhand der Beschreibung des Forschungsstandes fundiert. Da der Großteil der in Kapitel 5 zitierten Forschungsergebnisse auf Basis der wenigen zentralen Datensätze zum Übergang von der Schule in die Berufsausbildung erarbeitet wurde, werden – um Wiederholungen bei der Beschreibung der

---

[1] Zur besseren Lesbarkeit wird im Rahmen der vorliegenden Arbeit nur die männliche Form verwendet. Falls nicht anders ausgewiesen, ist stets die weibliche Form mit eingeschlossen.

Studiendesigns zu vermeiden – diese in Kapitel 5 nicht dargestellt, sondern sind Teil des Glossars in Anhang A. Ebenfalls im Glossar zu finden sind zentrale Begriffe, welche im Kontext des Übergangs von der Schule in die Berufsausbildung im Rahmen der vorliegenden Arbeit verwendet werden.

In Kapitel 6 beginnt der zweite und damit empirische Teil der Arbeit. Darin werden die Hypothesen bzw. die explorative Fragestellung und das verwendete Datenmaterial dargestellt. Darüber hinaus wird aufgezeigt, wie die Untersuchungskonzepte operationalisiert wurden. Im Rahmen der Operationalisierung wird ein besonderes Augenmerk auf die Abbildung der Situation auf dem Ausbildungsstellenmarkt gelegt. Die Ergebnisse der Hypothesentests sowie zur explorativen Fragestellung werden in Kapitel 7 vorgestellt und anschließend in Kapitel 8 diskutiert. Die vorliegende Arbeit schließt mit einer Schlussbetrachtung in Kapitel 9.

2 Organisationale Grundlagen des dualen Systems der Berufsausbildung in Deutschland

Das duale System „scheint im Hinblick auf seine wirtschaftliche Leistungsfähigkeit sowie seine Fähigkeit, junge Erwachsene erfolgreich und dauerhaft in den Arbeitsmarkt zu integrieren, als eine konkurrenzlose Konstruktion" (Konietzka, 1999b, S. 807).

Um die Institutionen, die den Zugang zu einer dualen Berufsausbildungsstelle regeln und damit die Übergänge der Jugendlichen von der allgemeinbildenden Schule in die Berufsausbildung zu verstehen, ist es notwendig, die organisationalen Grundlagen und spezifischen Kennzeichen des deutschen dualen Systems der Berufsausbildung zumindest kurz zu skizzieren. Daher werden im Folgenden die Besonderheiten der klassischen betrieblichen dualen Ausbildung dargestellt. Subsidiäre Formen wie die außerbetriebliche duale Berufsausbildung werden im Rahmen des ressourcentheoretischen Modells des Übergangs an der ersten Schwelle in Kapitel 5.1 behandelt. Hervorstechendes Merkmal der dualen Berufsausbildung ist sicherlich die Dualität der Lernorte, die dem dualen System der Berufsausbildung seinen Namen gab. So bezeichnete 1964 der Ausschuss für das Erziehungs- und Bildungswesen in seinem Gutachten zur Zukunft der deutschen Berufsausbildung die „gleichzeitige Ausbildung in Betrieb und Berufsschule" als duales System (Deutscher Ausschuß für das Erziehungs- und Bildungswesen, 1965, S. 57).

Obwohl das System erst in den 1960er-Jahren seinen Namen erhielt, reichen seine Wurzeln bis in das Zunftsystem des Handwerks im 11. Jahrhundert (Rothe, 2008, S. 4), und bereits um 1900 nahmen seine zentralen Merkmale Gestalt an (Greinert, 1995).[2] Neben dem Dualitätsaspekt handelt es sich dabei um das Konsens- und das Berufsprinzip, die heute die konstituierenden Elemente des dualen Systems darstellen. Beide Prinzipien tragen zur Sonderstellung des deutschen Berufsbildungssystems im internationalen Vergleich bei. Denn anders als in den meisten anderen Ländern erfolgt die Ausbildung in Deutschland anhand von Berufsbildern (Berufsprinzip) sowie in gemeinsamer Verantwortung von Staat, Arbeitgebern und Gewerkschaften (Konsensprinzip). Über das Konsens- und Berufsprinzip wird sichergestellt, dass die beruflichen Abschlüsse auf dem Arbeitsmarkt verwertbar sind: Zum einen stimmen die Inhalte der Ausbildung weitgehend mit den entsprechend beruflich einzusetzenden Tätigkeiten überein (Berufsprinzip), und zum anderen führt die starke Beteiligung der Sozialpartner, also von Vertretern der Arbeitgeber und Arbeitnehmer, an der Gestaltung der dualen Ausbildung dazu, dass die Arbeitgeber darauf

---

2 Zur Geschichte der dualen Ausbildung vgl. etwa Greinert (1995) oder Rothe (2008).

vertrauen können, dass diejenigen Qualifikationen vermittelt werden, auf die sie Wert legen (Konsensprinzip) (Müller & Shavit, 1998a).

2.1 Das Dualitätsprinzip

Obschon 1964 der Ausschuss für das Erziehungs- und Bildungswesen von der gleichzeitigen Ausbildung in Schule und Betrieb sprach und dies als duales System bezeichnete (Deutscher Ausschuß für das Erziehungs- und Bildungswesen, 1965), lag bis 1969 die alleinige Gestaltungs- und Durchführungsmacht bei den Betrieben bzw. Arbeitgebervertretern und Kammern (Konietzka, 1999a). Weder Bund noch Länder hatten Kontrolle über die duale Ausbildung (Konietzka, 1999a). Es lagen weder einheitliche Ausbildungsordnungen vor, noch bestand rechtliche Klarheit über die duale Ausbildung (Greinert, 1995). Erst unter zunehmendem politischem Druck und der damit verbundenen Forderung, die Berufsausbildung unter öffentliche Kontrolle zu stellen, wurde 1969 das erste bundesweit einheitliche Berufsbildungsgesetz (BBiG a. F.) verabschiedet (Konietzka, 1999a). Auf diese Weise wurde die Berufsausbildung in den Verantwortungsbereich des Staates gerückt und erstmals eine allgemeingültige „gesetzliche Grundlage der Steuerung und Regulierung der dualen Ausbildung geschaffen" (Konietzka, 1999a, S. 52). Auch Teil 2 der Handwerksordnung (HwO), der bis dato die Berufsausbildung im Handwerk regelte, wurde geändert und an das BBiG angepasst, sodass mit Einführung des BBiG eine einheitliche Regelung für alle Ausbildungsbereiche des dualen Systems vorlag (Greinert, 1995). Durch das BBiG wurde „[d]er einseitige Einfluß der Arbeitgeber auf die Berufsausbildung […] per Gesetz abgelöst von einem System differenzierter Verantwortung […]. Bund, Länder und Gewerkschaften, in eingeschränktem Maße auch die Lehrer beruflicher Schulen wirken auf verschiedenen Ebenen bei Planung, Durchführung und Kontrolle der beruflichen Bildung mit" (Greinert, 1995, S. 31). Die Inkraftsetzung des BBiG im Jahre 1969 kann daher als Geburtsstunde des heutigen dualen Systems (Greinert, 1995) und damit als wichtigste Zäsur der Berufsbildungsgeschichte betrachtet werden (Greinert, 2000). Trotz seiner Ergänzungen und Novellierungen während der letzten vier Jahrzehnte[3] hat die Fassung von 1969 (BBiG a.F.) noch heute in großen Teilen Bestand.

Bei dem dualen System der Berufsausbildung handelt es nicht um ein bewusst geplantes, sondern um ein historisch gewachsenes Ausbildungssystem (Greinert,

---

3   2005 wurde das Berufsbildungsgesetz grundlegend novelliert und stellt heute die gesetzliche Grundlage für die Berufsbildung in Deutschland dar. Die wesentlichen Gesetzesaussagen zur Berufsausbildung sind bei der Novellierung erhalten geblieben. Ergänzungen betreffen beispielsweise die Absolvierung von Ausbildungsteilen im Ausland (§ 2, Lernorte, Absatz 3) oder die Anrechnung von bisher schulisch absolvierten Ausbildungsteilen auf die Berufsausbildung (§ 7 Anrechnung beruflicher Vorbildung). Eine Übersicht über die Änderungen stellt das Bundesministerium für Bildung und Forschung auf seiner Internetseite: http://www.bmbf.de/pub/ synopse_BBiG_alt_neu.pdf bereit.

2006b). Die beiden tragenden Säulen Schule und Betrieb haben heterogene institutionelle Wurzeln (Greinert, 2006b), was dazu geführt hat, dass das duale System eher ein gespaltenes System mit zwei verschiedenen Rechtscharakteren als ein gut koordiniertes Ganzes ist (Baethge, 2008). So sind die Schulen lediglich für die Gestaltung des Berufsschulunterrichts zuständig. Zwar sind die Schulen auch in den Berufsbildungsausschüssen der Kammern vertreten, sie haben dort jedoch lediglich eine beratende Funktion und kein Stimmrecht (Baethge, 2008; Rothe, 2008). Die Berufsschule kann damit nicht als gleichberechtigter Partner der Betriebe gesehen werden, da sie weder faktisch noch rechtlich den gleichen Status hat (Baethge, 2008; Greinert, 1995; 1984, S. 45). Vielmehr muss sie als „Juniorpartner" der Betriebe betrachtet werden (Baethge, 2008, S. 546). Auch sind die zeitlichen Anteile von Schule und Betrieb ungleich verteilt, sodass die Aussage, es handele sich um die gleichzeitige Ausbildung in Schule und Betrieb, zu relativieren ist (Greinert, 1995). So verbringen die Auszubildenden lediglich ein bis zwei Tage in der Woche in der Schule, die restliche Zeit sind sie im Betrieb (Baethge, 2008).

Betrieb und Schule unterscheiden sich zudem in ihrer Trägerschaft. Während die Trägerschaft der Ausbildung im Betrieb privatrechtlicher Natur ist, basiert die Ausbildung in der Schule auf öffentlich-rechtlichen Normierungen. Die betrieblichen Ausbildungsteile werden somit privatwirtschaftlich von den Betrieben getragen[4], die Berufsschulen werden von den Ländern finanziert. Mit dieser Dualität kommt auch dem Auszubildenden eine Doppelrolle zu: Er ist gleichzeitig Schüler und Erwerbstätiger. Der zivilrechtliche Ausbildungsvertrag, der zwischen Auszubildenden und Betrieb geschlossen wird, definiert die Ausbildung als ein besonderes Arbeitsverhältnis (Baethge, 2008, S. 546). Mit der Berufsschule schließt der Auszubildende keinen Ausbildungsvertrag, ist aber – je nachdem, in welchem Bundesland er lebt und welches Schulgesetz gilt – bis zur Vollendung des 18. Lebensjahres dazu verpflichtet, die Berufsschule zu besuchen (Sekretariat der ständigen Konferenz der Kultusminister der Länder in der Bundesrepublik Deutschland, 2008). Darüber hinaus ist die einstige klare Trennung zwischen schulischer theoretischer und betrieblicher praktischer Ausbildung heute nicht mehr uneingeschränkt gültig. Denn auch in der Schule findet heute anwendungsorientierter Unterricht statt, und auch in den Betrieben werden fachtheoretische Kenntnisse vertieft (Albers, 2008). Zudem werden die Lernorte Betrieb und Schule um weitere Lernorte – wie beispielsweise überbetriebliche Bildungseinrichtungen – ergänzt, sodass von einem pluralen System der Lernorte gesprochen werden kann (Kutscha, 1985).

---

4   Auch wenn die Finanzierung zum großen Teil von den Betrieben getragen wird, so unterstützt der Staat doch bestimmte Formen der Ausbildung nach BBiG/HwO. Zu nennen sind beispielsweise die Ausbildungen für sozial benachteiligte Jugendliche oder die finanzielle Förderung von Betrieben, die Altbewerber einstellen (Ausbildungsbonus). Diese Ausbildungsformen werden in Kapitel 5.1 ausführlich vorgestellt.

Das duale System beschränkt sich somit nicht auf die Dualität der Lernorte Schule und Betrieb, sondern ist ein System multipler Dualität (Konietzka, 1999a), wobei vor allem „[e]in spezifischer makrosoziologischer Dualitätsaspekt [...] darin zu sehen, dass das duale System in zwei verschiedene gesellschaftliche Subsysteme eingebettet ist: das Bildungssystem und das Beschäftigungssystem" (Konietzka, 1999a, S. 55). Die Einbettung in das Bildungs- und Beschäftigungssystem ist damit verbunden, dass zum einen die Zahl der Schulabsolventen (Ulrich & Eberhard, 2008) und zum anderen die Entwicklung auf dem Arbeitsmarkt (Troltsch & Walden, 2007) Einfluss auf den Versorgungsgrad der Jugendlichen mit betrieblichen Ausbildungsstellen nehmen.

2.2   Das korporatistische Prinzip

Mit dem Berufsbildungsgesetz von 1969 wurde die Berufsausbildung in den Verantwortungsbereich des Staates gelegt, der seitdem die Berufsbildung organisiert sowie Bildungsziele und -inhalte festlegt. Im BBiG wurde jedoch auch die Partizipation der Sozialpartner festgehalten. So erhielten sowohl auf Bundes- wie auch auf Landesebene die Sozialpartner Mitspracherecht in Fragen der Berufsbildung (Schmidt, 2005). Damit wurde das seit dem Kaiserreich bestehende korporatistische Regelungssystem mit seiner relativ starken Stellung der Kammern und zuständigen Stellen beibehalten und um die Einbeziehung der Gewerkschaften ergänzt (Baethge, 2006).

Die korporatistische Form der Berufsbildung ist von dem reinen Marktmodell (z. B. England) und dem etatistisch-bürokratischen Schulmodell (z. B. Frankreich) abzugrenzen. In rein marktgesteuerten Ausbildungssystemen hat der Staat kaum Einfluss auf die Gestaltung der Ausbildung, da diese alleine im Verantwortungsbereich der Betriebe liegt. Jegliche Rahmenbedingungen (Einstellungskriterien, Kündigung) der Ausbildung werden von den Betrieben festgelegt (Greinert, 1999). Die Ausbildung erfolgt nicht nach einem allgemeinen (berufsspezifischen) Curriculum, sondern als betriebsspezifisches Training on the Job. Das Schulmodell wiederum orientiert sich nicht am Markt, sondern ausschließlich an der Politik. Diese steuert die berufliche Bildung und legt ohne Einbeziehung der Sozialpartner fest, welche Inhalte im Rahmen der Ausbildung zu erlernen sind (Konietzka, 1999a).

Die korporatistische Struktur des dualen Berufsausbildungssystems beinhaltet ein konsensuales Verfahren, das zwischen Sozialpartnern und Staat im Rahmen der Schaffung von Rechtsverordnungen vollzogen wird. So werden im Ordnungsgeschäft (Neuordnung oder Ordnung bereits bestehender Ausbildungsordnungen für Ausbildungsberufe) die Sozialpartner und die Länder verantwortlich einbezogen (Benner & Schmidt, 2001).

Das Konsensprinzip wurde jedoch weder in der HwO noch im BBiG durch den Gesetzgeber konkretisiert, sodass es sich lediglich um ein Gewohnheitsrecht handelt

(Avenarius & Rux, 2004). Die fehlende rechtliche Verbindlichkeit für das Konsensprinzip impliziert, dass der Bund Entscheidungen, die das duale System betreffen, ohne die Zustimmung der Sozialpartner treffen kann. Konkret bedeutet dies, dass der Staat eine Ausbildungsordnung ohne Zustimmung der Sozialpartner erlassen kann. Da jedoch das Ausbildungsengagement der Wirtschaft und die Unterstützung der Gewerkschaften im Rahmen der dualen Ausbildung unerlässlich sind, wurden in der Vergangenheit nur dann Entwürfe von Ausbildungsordnungen „erlassen, wenn sie die Paraphen der Sozialpartner trugen" (Schmidt, 2005, S. 30).

Das Konsensprinzip wird einerseits als Vorteil, andererseits aber als Nachteil des dualen Ausbildungssystems gesehen. Kritiker monieren, dass Neuerungen in der Berufsausbildung einer Einigung der Sozialpartner bzw. deren Zustimmung bedürfen, was die Flexibilität des dualen Systems einschränke (Rothe, 2008) und Neuordnungsverfahren in die Länge ziehe (Kupka, 2005). Das Konsensprinzip mache die Bundesregierung im Rahmen der (Neu-)Ordnung von Ausbildungsberufen erpressbar. Werde den Wünschen der Sozialpartner im Neuordnungsverfahren nicht entsprochen, würden diese den Erlass der Ausbildungsordnung blockieren (Schmidt, 2005, S. 28). Dennoch wird die Mitwirkung von Experten bei der Berufsentwicklung grundsätzlich als großer Vorteil gesehen. Denn durch die Zusammenarbeit mit den Sozialpartnern im Rahmen des Ordnungsgeschäftes besitzen die erlassenen Ausbildungsordnungen hohe Praxisrelevanz und -akzeptanz (Schmidt, 2005).

Auch wenn der Staat Einfluss bei der Gestaltung der Ausbildung hat (z. B. Ausbildungsordnung), so legt doch die Wirtschaft alleine fest, wie der Zugang in eine betriebliche Ausbildungsstelle geregelt ist (Baethge, 2006; Konietzka, 2007). Der Staat hat darauf verzichtet, die Freiheitsgrade der Unternehmen einzuengen – sei es durch die Festsetzung berufsspezifischer Qualifikationsvoraussetzungen seitens der Ausbildungsstellenbewerber, durch die staatliche Zuweisung von Bewerbern zu Ausbildungsbetrieben oder gar durch eine Pflicht zur Ausbildungsbeteiligung. Das heißt, den Unternehmen obliegt die Kontrolle über die Vergabe der betrieblichen Lehrstellen und damit die Definition der Zugangsregeln.

Dass Betriebe die alleinigen Eingangswächter beim Zugang in eine duale Ausbildung sind, wurde bisher nicht infrage gestellt. Dies mag vor allem darin liegen, dass der Staat aus Kostengründen daran interessiert ist, dass die Wirtschaft weiterhin den Großteil der Jugendlichen ausbildet (Kath, 1999; Klemm, 2008). Ein weiterer Grund für die Akzeptanz des marktgesteuerten Zugangs in eine Berufsausbildungsstelle ist die praxisorientierte Ausbildung in aktuellen und arbeitsmarktrelevanten Berufsbildern, welche letztlich für einen relativ leichten Übergang in das Beschäftigungssystem nach Abschluss der Ausbildung verantwortlich und somit für die Jugendlichen von großem Vorteil ist (Gangl, 2003; Konietzka, 2007; Müller & Shavit, 1998b). Allerdings vertritt die Bildungspolitik auch den Anspruch, dass grundsätzlich keine Jugendlichen vom Zugang in eine duale Ausbildungsstelle ausgeschlossen werden dürfen und dass die Wirtschaft für ein ausreichendes Ausbildungsangebot verantwortlich ist. Mit dem Urteil des Bundesverfassungsgerichts von 1980 wurde dieser für rechtmäßig erklärt, indem im Falle eines temporären Ausbildungsstellendefizits eine gesetzlich geregelte, zeitlich befristete betriebliche Umlagefinanzierung zur Überwindung von Defiziten für verfassungskonform erklärt wurde (Brase, Kath & Schummer, 2004; Kath, 1999).

Gegen diese, auch als Ausbildungsplatzabgabe bezeichnete, gesetzliche Regelung hat sich die Wirtschaft bisher erfolgreich gewehrt. Sie argumentiert, dass die Einführung einer Garantie auf einen betrieblich finanzierten Ausbildungsplatz in einem Spannungsverhältnis mit der von der Wirtschaft eingeforderten Regel stehe, die Beteiligung der Betriebe an der Berufsausbildung könne und dürfe in einem marktgesteuerten System nur freiwillig erfolgen. Eine solche Ausbildungsplatzgarantie, so das Argument der Wirtschaft weiter, würde sich in erheblichem Maße negativ auf die Ausbildungsmotivation und -qualität auswirken – mit der Konsequenz, dass der Staat die alleinige Verantwortung für das duale Berufsausbildungssystem übernehmen müsse (Kath, 1999).

Selbst als im Jahr 2004 infolge eines starken Rückgangs an angebotenen Ausbildungsplätzen von 647.383 im Jahr 2000 auf 572.474 in 2004 (Ulrich, Flemming & Granath, 2010) die Umlagefinanzierung drohte (Eberhard, 2006; Hausding, 2004), konnte diese durch die Gründung des Nationalen Pakts für Ausbildung und Fachkräftenachwuchs gestoppt werden. Im Rahmen des Pakts schlossen sich die Spitzenverbände der Wirtschaft mit der Bundesregierung und der BA mit dem Ziel zusammen, jedem ausbildungswilligen und ausbildungsfähigen Jugendlichen ein Angebot auf Ausbildung zu unterbreiten (Nationaler Pakt für Ausbildung und Fachkräftenachwuchs in Deutschland, 2004), sodass die Umlagefinanzierung erst einmal obsolet schien.

Auch wenn das korporatistische Prinzip des dualen Systems viele Vorteile einbringt, so ist die Ordnung der beruflichen Bildung hierdurch von „institutionellen Widersprüchen gekennzeichnet – einerseits ist sie von der Leitidee der Freiwilligkeit der betrieblichen Ausbildungsbeteiligung geprägt, andererseits vom Anspruch auf ein ausreichendes Berufsbildungsangebot" (Eberhard & Ulrich, 2010c, S. 134).

2.3   Das Berufsprinzip

Ein zentrales Kennzeichen des dualen Systems[5] ist das Berufsprinzip, d. h. die Ausbildung in staatlich anerkannten Ausbildungsberufen auf Basis von Berufsbildern

---

5   Auch im Schulberufssystem erfolgt die Ausbildung nach Berufsbildern, und auch an Hochschulen mehren sich berufliche Ausbildungsgänge (Deutschmann, 2005).

(Benner & Schmidt, 2001; Deißinger, 1998; Deutschmann, 2005; Greinert, 1995; Solga & Konietzka, 1999).

Das Berufsprinzip wurde mit der Inkraftsetzung des BBiG im Jahr 1969 gesetzlich verankert (Brötz, 2005), indem festgelegt wurde, dass die Ausbildung im dualen System auf eine bestimmte Berufs-Arbeit vorzubereiten habe, wobei die Arbeit konkret und klar zu definieren ist (Bundesministerium für Bildung und Forschung, 2001). Damit erhielten die Berufe erstmals eine bundeseinheitlich geregelte Ausbildungsordnung.[6]

Die Ausbildungsordnungen der Berufe werden vom Bundesministerium für Wirtschaft und Arbeit oder dem sonst zuständigen Fachministerium im Einvernehmen mit dem Bundesministerium für Bildung und Forschung (BMBF) durch Rechtsverordnung, die nicht der Zustimmung des Bundesrates bedarf, erlassen (§ 4 Abs. 1 BBiG).

Anerkannte Ausbildungsberufe dürfen seitdem ausschließlich nach der erlassenen Ausbildungsordnung ausgebildet werden (§ 4 Abs. 2 BBiG). In einer solchen Ausbildungsordnung nach BBiG oder HwO muss zumindest festgelegt sein, wie der Name des Berufes lautet, wie lange die Ausbildung dauert – wobei die Ausbildung nicht zwei Jahre unterschreiten und drei Jahre überschreiten sollte –, welche Fähigkeiten, Kenntnisse und Kompetenzen zu erwerben sind (Berufsbildung), wie und wann diese Fertigkeiten im Laufe der Ausbildung zu erwerben sind (Ausbildungsrahmenplan) und welche Prüfungsanforderungen zu stellen sind (§ 5 Abs. 1 BBiG). Damit spielt die Ausbildungsordnung bei der Institutionalisierung des Berufsprinzips in der dualen Ausbildung eine wesentliche Rolle und ist zugleich ein Qualitätssicherungsinstrument in der dualen Ausbildung (Kremer, 2005). Daneben ist das Berufsprinzip in anderen Systemen wie dem der Sozialversicherung oder des Tarifvertrages verankert (Benner & Schmidt, 2001; Drexel, 2005) und trägt zu der weitreichenden Verantwortung der Sozialpartner für die Ausbildung des eigenen Fachkräftenachwuchses bei (Drexel, 2005).

Im Zuge des Berufswahlprozesses gibt das Berufsprinzip den Jugendlichen Orientierung. Während der Ausbildung führt das Berufsprinzip zur Ausformung der persönlichen und sozialen Identität des Jugendlichen (Struck, 2006) und somit zur Entwicklung seiner beruflichen Identität (Jungkunz, 1995).

Neben berufsspezifischem und berufspraktischem erwirbt der Auszubildende während der Ausbildung auch betriebsspezifisches Wissen. Mit dem Ziel der beruflichen Handlungsfähigkeit sind die Lernprozesse jedoch einheitlich geregelt, und sowohl die Curricula der Schule als auch des betrieblichen Ausbildungsteils sind

---

6   Zwar gab es bereits vor dem BBiG Ausbildungsordnungen. Diese galten jedoch nicht immer bundesweit oder für alle Wirtschaftsbereiche (Bundesinstitut für Berufsbildung, 2009b).

berufsspezifisch fixiert (Drexel, 2005). Auch die Abschlussprüfung und die Zertifizierung erfolgen berufsspezifisch und damit bundesweit einheitlich und standardisiert (Allmendinger, 1989a; Drexel, 2005; Konietzka, 1999a, 2008). Die Orientierung am Berufsprinzip führt auf diesem Wege zu einer hohen Standardisierung und Transparenz der erworbenen Qualifikation.

Da neben dem Berufsausbildungssystem auch der Arbeitsmarkt nach dem Berufsprinzip organisiert ist (u. a. Baethge, 2004; Beck, Brater & Daheim, 1980; Georg & Sattel, 2006) und Ausbildungs- und Arbeitsmarkt eng miteinander verflochten sind (Blossfeld & Mayer, 1988; Konietzka, 1999c; Müller & Shavit, 1998a), trägt die Orientierung am Berufsprinzip dazu bei, dass die Übergänge von der Ausbildung in Erwerbsarbeit relativ unproblematisch verlaufen (Müller & Shavit, 1998a). Es zeigt sich, dass Personen den Zugang in die Erwerbsarbeit größtenteils über ihren erlernten Beruf erreichen, was auf die inhaltliche Spezifität der Ausbildung zurückzuführen ist (Konietzka, 1999a, 1999c). Darüber hinaus ermöglicht die Ausbildung nach dem Berufsprinzip die inner- und zwischenbetriebliche Mobilität auf dem berufsfachlichen Arbeitsmarkt, sodass sich der Jugendliche nach Abschluss der Ausbildung frei auf dem Arbeitsmarkt bewegen kann. Die erworbenen beruflichen Abschlüsse können betriebsübergreifend angewendet werden und stellen „Transparenz und Marktgängigkeit" sicher (Struck, 2006, S. 326–327). Mithilfe berufsspezifischer Bildungszertifikate können Betriebe leicht erkennen, über welches Qualifikationsprofil eine Person verfügt und somit darauf vertrauen, dass ausgebildete Personen die ihnen übertragenen Arbeiten nach berufstypischen Normen vollziehen können (Solga & Konietzka, 1999; Struck, 2006). Dies erklärt wiederum, warum in Deutschland Bildungszertifikate eine außerordentlich bedeutende Rolle haben (Allmendinger, 1989a; Deutschmann, 2005; Konietzka, 1999a).

Die Ausbildung in staatlich anerkannten Ausbildungsberufen darf jedoch nicht als ein exaktes Abbild des Arbeitsmarktes gesehen werden. Zum einen gibt es wesentlich weniger Ausbildungsberufe als Erwerbsberufe. So standen im Jahr 2010 348 staatlich anerkannten Ausbildungsberufen nach BBiG/HwO (Stöhr & Kuppe, 2011) rund 24.000 Berufe gegenüber, die nach der neuen Klassifikation der Berufe 2010 geführt werden (Wiemer, Schweitzer & Paulus, 2011). Zum anderen ermöglicht eine abgeschlossene Berufsausbildung „je nach Fachrichtung den Zugang in eine mehr oder weniger breite Palette von Erwerbsberufen" (Hall, 2007). Ein Wechsel zwischen Berufsgruppen findet jedoch eher selten statt (Hall, 2007; Seibert, 2007), da er mit Humankapitalverlust verbunden ist (Georg & Sattel, 2006). Des Weiteren haben Dienstleistungsberufe auf dem Arbeitsmarkt ein stärkeres Gewicht als auf dem Ausbildungsstellenmarkt. Dass der Auszubildende dennoch in arbeitsmarktverwertbaren Berufsbildern ausgebildet wird, ist unbestritten (Kremer, 2005).

Die relativ leichten Übergänge von der dualen Ausbildung in die Erwerbsarbeit dürfen jedoch nicht direkt und ausschließlich auf das Berufsprinzip zurückgeführt werden. Denn auch im Schulberufssystem und immer stärker auch an Hochschulen findet die Ausbildung nach dem Berufsprinzip statt, und dennoch sind die unmittelbaren Übergangschancen von dual ausgebildeten Jugendlichen höher als bei jenen, die schulisch oder hochschulisch ausgebildet wurden (Struck, 2006; Struck & Simonson, 2001). Vielmehr können die relativ guten Übergänge dual ausgebildeter Personen auch mit den hohen Praxisanteilen im Betrieb erklärt werden, die gleichzeitig zu einer betrieblichen Sozialisierung der Jugendlichen führen (Lempert, 1996, 2002), welche sich wiederum stark positiv auf die Übergangschancen der Auszubildenden auswirkt (Struck & Simonson, 2001). Ein indirekter Effekt des Berufsprinzips geht zudem von den nach dem Berufsprinzip organisierten Tarifverträgen aus. So sind in manchen Berufen im Rahmen von Tarifverträgen Übernahmequoten von der Ausbildung in die Erwerbstätigkeit gesetzlich festgelegt.

Trotz der Etablierung des Berufsprinzips reißt die Kritik nicht ab. Diskutiert wird, ob das Berufsprinzip nicht zu starr sei, um mit dem Wandel in der Berufswelt Schritt zu halten. Befürchtet wird, dass das Festhalten am Berufsprinzip zu Immobilität am Arbeitsmarkt führt (Baethge, 2004). Kritiker des Berufsprinzips sehen Deutschland im Zuge der Globalisierung unter hohem Konkurrenzdruck. Um im internationalen Wettbewerb zu bestehen, müsse das Berufsprinzip zugunsten des prozessorientierten Arbeitens aufgegeben werden (Baethge & Baethge-Kinsky, 1998; Dehnbostel, 2007).

Trotz dieser Kritik und der Tatsache, dass es heute den einen Lebensberuf kaum mehr gibt, blieb das Berufskonzept als strukturierendes und regulierendes Element des dualen Systems weitgehend unangetastet (Deutschmann, 2005; Struck & Simonson, 2001). Zurückzuführen ist dies sicherlich auf das beharrliche Festhalten des Bundes und der Sozialpartner am Berufsprinzip. So hebt der Bund die Wichtigkeit des Berufsprinzips hervor und erklärt dessen Stärkung zu einer der zehn Leitlinien im Rahmen der Modernisierung und Strukturverbesserung der beruflichen Bildung (Bundesministerium für Bildung und Forschung, 2007). Die Spitzenverbände der deutschen Wirtschaft forderten in einer Stellungnahme zur Europäisierung der Berufsausbildung, dass das Berufsprinzip nicht berührt werden dürfe (Bundesvereinigung der Deutschen Arbeitgeberverbände et al., 2005). Nur mit der Prämisse, dass das Berufskonzept bewahrt werde, entschied sich Deutschland für die Entwicklung eines Deutschen Qualifikationsrahmens im Zuge der Europäisierung (Kutscha, 2009). Auch der Deutsche Gewerkschaftsbund (DGB) betont die Bedeutung der Ausbildung nach dem Berufsprinzip. Nach Meinung des DGB ist der Erwerb einer ganzheitlichen Berufsfähigkeit nur über eine Ausbildung nach dem Berufsprinzip möglich (Deutscher Gewerkschaftsbund, 2009). Das Festhalten der Sozialpartner am Berufsprinzip muss jedoch auch interessenpolitisch gedeutet werden. Über das Berufsprinzip haben Berufsvereinigungen, Arbeitgebervereinigungen und Gewerkschaften enormen Einfluss auf die Berufsbildungspolitik. Würde das Berufsprinzip dem Modularisierungsprinzip oder Schulprinzip weichen, würden sie ihren Einfluss verlieren (Baethge, 2004; Greinert, 2006a).

2.4   Zusammenfasssung

In Deutschland wird der Großteil der Jugendlichen über das duale System der Berufsausbildung qualifiziert. Mit seiner dualen, korporatistischen und berufsspezifischen Organisationsform nimmt es im internationalen Vergleich eine Sonderstellung ein. Die Ausbildung erfolgt bundeseinheitlich nach BBiG/HwO, sodass die erworbenen Kompetenzen überbetrieblich genutzt werden können.

Durch die korporatistische Struktur des dualen Systems der Berufsausbildung kontrollieren allein die Betriebe die Vergabe der betrieblichen Lehrstellen und bestimmen somit die Zugangsregeln. Das Fehlen von gesetzlich verankerten Mindeststandards beim Zugang zu einer betrieblichen Ausbildungsstelle darf jedoch nicht mit einer faktischen Ausbildungsplatzgarantie für alle ausbildungsinteressierten Jugendlichen gleichgesetzt werden. Denn zum einen haben die Betriebe das Privileg, zu entscheiden, ob sie sich an der Ausbildung beteiligen, und falls ja, nach welchen Kriterien sie die Auszubildenden auswählen. Und zum anderen impliziert der marktgesteuerte Zugang, dass die Chance auf eine betriebliche Ausbildungsstelle wesentlich von dem Verhältnis zwischen Angebot und Nachfrage bestimmt wird, wobei das Angebot an Ausbildungsstellen abhängig von der gesamtwirtschaftlichen Lage ist (Hartung & Leber, 2004; Plünnecke & Werner, 2004) und die Höhe der Nachfrage von der demografischen Entwicklung bestimmt wird (Maier & Ulrich, 2011; Ulrich & Eberhard, 2008).

Dass der Staat den marktgesteuerten Zugang bisher nicht infrage gestellt hat, mag vor allem darin liegen, dass er aus Kostengründen daran interessiert ist, dass weiterhin der Großteil der Schulabgänger über das duale System qualifiziert wird. Würde er Zwangsmaßnahmen wie die Ausbildungsplatzabgabe verhängen, bestünde die Gefahr, dass sich die Wirtschaft aus der Ausbildung zurückzieht und die langfristigen Ausbildungskosten deutlich höher ausfallen als der kurzfristige Nutzen der Umlagefinanzierung. Der korporatistische Charakter des dualen Systems bewirkt demzufolge, dass eine Verknappung des Ausbildungsplatzangebots zu keiner grundsätzlichen Interessenkollision zwischen Staat und Wirtschaft führt (Bosch, 2008).

3 Der Zugang zu einer dualen Berufsausbildungsstelle nach BBiG/HwO

„Attaining vocational education is, at least up to the cohorts observed, as important and influential as ever" (Mayer, Schnettler & Aisenbrey, 2008, S. 30).

Die Komplexität der institutionellen Rahmenbedingungen an der ersten Schwelle stellt die Übergangsforschung vor besondere Herausforderungen, die in diesem Kapitel umrissen werden. Kapitel 3.1 zeigt zunächst die Besonderheiten des Untersuchungsgegenstandes, also den Übergang von der Schule in die Berufsausbildung auf, bevor in Kapitel 3.2 das Problem der intransparenten Zugangsregeln und in Kapitel 3.3 das Fehlen eines Modells bzw. einer Theorie zum Übergang von der Schule in die Berufsausbildung problematisiert werden. Kapitel 3.4 endet mit einer kurzen Zusammenfassung.

3.1 Die Bedeutung des Übergangs von der Schule in die Berufsausbildung für Jugendliche

In den Sozialwissenschaften wird der Lebensverlauf eines Menschen in zentrale, nacheinander abfolgende Phasen, Stadien, Übergänge oder Krisen eingeteilt (Brückner & Mayer, 1995, 2005; Erikson, 1966; Havighurst, 1972; Heinz, 2000). Allen Konzepten ist gemeinsam, dass Übergänge als erwartete und normative Zustandswechsel verstanden werden, die den Lebensverlauf eines Menschen prägen und die mit der Übernahme neuer Rollen, dem Ablegen alter oder der Neudefinition bestehender Rollen verbunden sind (Glaesser, 2008). Der Übergang von der Schule in die Berufsausbildung ist solch ein zentraler Wendepunkt, der in die Lebensorganisation, die Alltagserfahrung und in die Persönlichkeitsentwicklung des Jugendlichen eingreift (Friebel, 1983) und damit eine zentrale Rolle für die Identitätsentwicklung im Jugendalter spielt (Erikson, 1988; Mansel & Kahlert, 2007). Wie er erlebt und bewältigt wird, entscheidet über weitere Lebenschancen des Jugendlichen sowie über soziale Anerkennung, die er durch Dritte erfährt (Jacob, 2011; Mertens, 1984). Damit stellt der Übergang an der ersten Schwelle eine biografiesensible Phase dar (Erikson, 1966; Friebel et al., 2000; Havighurst, 1972; Heinz, 1988; Preiß, 1995).

Anhand sozialer Normen ist festgelegt, wann der Übergang in die Ausbildung stattzufinden hat, wie lange er dauern sollte und welches Resultat er zu erbringen hat (Heckhausen, 1990; Heinz, 1991; Kohli, 1985, 1988). Gelingt der Übergang in die Berufsausbildung nicht, müssen die Betroffenen mit gesellschaftlichen Sanktionen rechnen (Heckhausen, 1990). Umso bedenklicher ist es, wenn Jugendliche am Übergang scheitern oder zunächst nicht intendierte Umwege in Kauf nehmen müssen, bevor sie eine Ausbildung beginnen können. Hier besteht die Gefahr, dass Jugendliche Gründe für ihren Misserfolg größtenteils bei sich selbst suchen, was zu einer Schädigung des Selbstkonzepts und der weiteren Ausbildungsmotivation führen kann (Heckhausen, 2002; Solga, 2004; Stamm, 2006).

Dass Jugendliche bisweilen dazu neigen, Misserfolg bei der Ausbildungsplatzsuche sich selbst zuzuschreiben, ist sicherlich auch den Deutungen zur Situation auf dem Ausbildungsstellenmarkt geschuldet, die ein Scheitern beim Zugang zu einer Ausbildungsstelle auf individuelles Versagen bzw. unzureichende Begabung zurückführen (Eberhard & Ulrich, 2010c; Mansel & Kahlert, 2007). So verweist der Nationale Pakt für Ausbildung und Fachkräftenachwuchs in seinen jährlichen Pressemeldungen stets darauf, dass alle ausbildungsreifen und ausbildungswilligen Jugendlichen ein Angebot auf Berufsausbildung erhalten und nur jene Personen beim Übergang scheitern, die (noch) nicht reif für eine Ausbildung seien (Nationaler Pakt für Ausbildung und Fachkräftenachwuchs in Deutschland, 2004, 2005, 2006a, 2007, 2008, 2009, 2010). Und auch die Medienberichterstattung zur mangelnden Ausbildungsreife von Lehrstellenbewerbern trägt ihr Übriges dazu bei (Eberhard, 2006). So fragte beispielsweise die Bild-Zeitung am 03.03.2010: „Sind Azubis in Deutschland zu doof für die Ausbildung?". Anne Will widmete sich am 29.04. 2010 in ihrer Sendung ebenfalls dem Thema Ausbildungsreife und kam zu dem Schluss: „Rechtschreibung? Dürftig. Kopfrechnen? Ungenügend. Allgemeinwissen? Fehlanzeige. Immer mehr Jugendliche in Deutschland gelten als nicht ausbildungsreif." Solange die Ursachen für die Übergangsschwierigkeiten überwiegend bei den Jugendlichen gesucht werden, erscheint es nur logisch, dass jährlich hohe Summen in Maßnahmen zur Verbesserung der Übergangschancen von Jugendlichen fließen. So wurden im Jahr 2010 allein für die berufsvorbereitenden Maßnahmen der BA über 320 Millionen Euro ausgegeben (Müller & Schütte, 2011).

Für die Jugendlichen hat dies weitreichende Folgen: Durch die Personalisierung der Übergangsprobleme entstehen in der Öffentlichkeit Zweifel an ihrer Qualifikation und Motivation (Eberhard, Krewerth & Ulrich, 2005a; Hupka-Brunner, 2009). Auch wenn solche Deutungsmuster dem Selbstkonzept der Jugendlichen schaden, so tragen sie doch zur Stabilisierung der Institutionen bei (Solga, 2005a). Denn nur wenn ein Scheitern beim Übergang in die Berufsausbildung den Jugendlichen selbst und nicht den für die Bereitstellung eines ausreichenden Ausbildungsplatzangebotes verantwortlichen Institutionen angelastet werden kann, erscheinen die Zugangsregeln als gerecht und plausibel und werden von der Öffentlichkeit akzeptiert (vgl. Esser, 2000).

Im Rahmen der Übergangsforschung wurde zwar bereits mehrfach nachgewiesen, dass individuelle Faktoren nicht ausreichen, um Übergänge zu erklären; dennoch rücken institutionelle Rahmenbedingungen bislang viel zu selten ins Zentrum der Übergangsforschung (Braun, 2002; Eberhard & Ulrich, 2010c; Solga, 2005a;

Stamm, 2006; Ulrich, 2003). Nach wie vor stehen Ungleichheits- und Benachteiligungsaspekte bestimmter Personengruppen, wie z. B. Hauptschüler (u. a. Gaupp et al., 2008a; Reißig, Gaupp und Lex, 2008a) oder Migranten (u. a. Ulrich, Eberhard, Granato & Krewerth, 2006a; Ulrich & Granato, 2006), im Fokus der Studien, ohne dass die institutionellen Rahmenbedingungen beim Zugang zu einer dualen Berufsausbildungsstelle berücksichtigt wurden. Zur Erklärung von Benachteiligungseffekten werden zwar neben individuellen Ursachen – wie z. B. mangelnde Sprachkenntnisse bei Migranten (Esser, 2005, 2006, 2009) – auch soziale Faktoren – wie z. B. mangelndes Sozialkapital von Migranten (Esser, 2009; Haeberlin, Imdorf & Kronig, 2004; Imdorf, 2005) – intensiv untersucht, ihr Zusammenspiel mit institutionellen Rahmenbedingungen jedoch weitgehend ausgeblendet.

3.2 Intransparente Zugangsregeln in eine duale Berufsausbildung

Ungleichheiten beim Zugang zu einer Berufsausbildungsstelle basieren auf einem komplexen Wechselspiel individueller, sozialer und institutioneller Faktoren (Becker, 2009; Becker & Lauterbach, 2007). Ausschließlich individuelle Ursachen oder soziale Einflüsse reichen nicht aus, um zu begründen, warum eine Person beim Übergang gescheitert ist und eine andere nicht. So konnten Beicht und Ulrich (2008b) zeigen, dass selbst Jugendliche mit hohem Human- und Sozialkapital beim Zugang zu einer Ausbildungsstelle benachteiligt sind, wenn sie in Zeiten eines starken Lehrstellenmangels die allgemeinbildende Schule verließen oder in Regionen lebten, in denen die Ausbildungsplatznachfrage das Angebot weit übertrifft und für erfolglose Bewerber keine staatlich finanzierten Ausbildungsplätze geschaffen wurden. In jenen Zeiten bzw. Regionen können Beziehungen oder Qualifikationen zwar durchaus hilfreich sein, ihre positiven Effekte können jedoch von den institutionellen Bedingungen der gegenwärtigen Situation auf dem Ausbildungsstellenmarkt überlagert werden (vgl. auch Eberhard & Ulrich, 2010c; Gomolla & Radtke, 2009; Imdorf, 2007a; Solga, 2005a, 2005b, 2008b).

Ein weiteres Beispiel für die Relevanz von institutionellen Rahmenbedingungen stellt die Auswahllogik der Eingangswächter dar. Betrachtet man beispielsweise den Schulabschluss als Kriterium der Ausbildungsplatzvergabe, so wird er von den Betrieben durchaus bei der Einstellung von Auszubildenden berücksichtigt (Imdorf, 2009a). Ein positiver Zusammenhang zwischen der Höhe des Abschlusses und der Zugangschance muss aber nicht zwangsläufig gegeben sein. Ganz im Gegenteil: Ein hoher Abschluss (z. B. Studienberechtigung) kann – muss aber nicht – im Vergleich zu einem mittleren Abschluss (z. B. Realschulabschluss) sogar zu einer Chancenverschlechterung führen (Ulrich & Krewerth, 2006a). So deckte Imdorf auf, dass manche Betriebe gar die Einstellung von Studienberechtigten scheuen. Sie bevorzugen Jugendliche mit geringeren Schulabschlüssen, da sie nach Abschluss der Berufsausbildung wahrscheinlich nicht den Betrieb verlassen werden, um ein Studium aufzunehmen (Imdorf, 2009a).

Die beiden Beispiele zeigen exemplarisch, dass die Institutionen, die den Zugang zu einer dualen Berufsausbildung regeln, keinesfalls stets ausreichend transparent sind. Dies erschwert nicht nur die Forschung am Übergang an der ersten Schwelle, sondern auch die Ausbildungsplatzsuche der Jugendlichen. Denn was ist einem Schüler zu raten, der eine duale Ausbildung nach BBiG/HwO anstrebt? Weiter zur Schule gehen und das Abitur machen, um die Chancen auf eine Lehrstelle zu erhöhen, oder lieber nicht? Warten, bis sich die Lage auf dem Ausbildungsstellenmarkt entspannt hat, und zunächst eher ein Praktikum absolvieren, um erste Kontakte zum Ausbildungsbetrieb zu knüpfen? Die eigenen Eltern bei der Suche nach einer Ausbildungsstelle um Hilfe bitten? Oder lieber gleich in Regionen ziehen, in denen fehlende betriebliche Ausbildungsstellen durch staatliche Ersatzangebote in Form von außerbetrieblichen Ausbildungsplätzen kompensiert werden?

Umgekehrt ist es dagegen einfacher, einem Schüler Ratschläge zu erteilen, der ein Studium oder eine Berufsausbildung im Schulberufssystem anstrebt. Denn die Zugangsbestimmungen zu einer schulischen oder akademischen Berufsausbildung sind weitgehend transparent (Seibert, Hupka-Brunner & Imdorf, 2009). So erfolgt die Vergabe von Plätzen im Schulberufssystem nach vorab bestimmten Vorqualifikationen – z. B. Vorpraktikum, Schulabschluss (Baethge, 2008; Eberhard & Ulrich, 2010c; Feller, 2004). Und für das Hochschulstudium gilt: Je besser die Noten, desto höher die Chance, einen Studienplatz zu erhalten (Eberhard & Ulrich, 2010c).

Das duale Berufsbildungssystem stellt solche formalrechtlichen Aufnahmebedingungen hinsichtlich der schulischen Vorbildung nicht (Lakies & Nehls, 2007; Müller-Kohlenberg et al., 2005). Doch hilft dieses Privileg den Betrieben bei ihrer Bewerberauswahl und nicht den Bewerbern bei ihrer Ausbildungsplatzwahl. So lassen die Betriebe zwar Schulzeugnisse und -noten bei ihrer Bewerberauswahl keinesfalls außer Acht (Imdorf, 2009a). Sie sind aber nicht bei Vorliegen bestimmter formaler Qualifikation, z. B. mittlerer Schulabschluss, zur Einstellung der Bewerber verpflichtet – wie die Arbeiten von Imdorf gezeigt haben, können höhere Abschlüsse auch mit einer Chancenverschlechterung verbunden sein (Imdorf, 2009a). Somit ist diese Regelung für die Jugendlichen mit einer Bedeutungsabschwächung ihrer eigenen schulischen Bildungszertifikate verbunden, da ihre Zeugnisse selbst bei guten Noten ihren hinreichenden Charakter verlieren (u. a. Beicht & Ulrich, 2008b; Eberhard et al., 2006; Haeberlin, Imdorf & Kronig, 2005; Imdorf, 2005).

Für die Jugendlichen (und zum Teil auch für ihre Helfer) besteht eine besondere Herausforderung beim Übergang von der Schule in das duale System der Berufsausbildung darin, dass sie nicht von vornherein absehen können, welche Entscheidungen und Handlungen den institutionellen Vorgaben entsprechen und somit zielführend sind. Welche Ressourcen (z. B. Schulabschluss, Beziehungen, Praktika) tatsächlich relevant sind, bleibt zu einem großen Teil unklar, und eine nähere Identifizierung macht den Aufbau von Erfahrungswissen im Rahmen des Bewerbungsprozesses erforderlich.

3.3 Berücksichtigung institutioneller Rahmenbedingungen beim Übergang in eine duale Berufsausbildung

Dass die Besetzung von Ausbildungsstellen unter Konkurrenz erfolgt (Hillmert, 2001; Hillmert & Mayer, 2004), erscheint weitgehend klar. Doch so einfach die Zugangsregeln in eine duale Berufsausbildung auf den ersten Blick erscheinen, umso unklarer werden die Regeln bei genauerer Betrachtung. Denn nach welchen Kriterien Ausbildungsplätze geschaffen, angeboten und vergeben werden, ist bisher nahezu unbekannt. Die Arbeiten von Imdorf (vgl. Glossar, Anhang A: Lehrlingsselektion in kleinen und mittleren Betrieben – Integration und Ausschluss beim Übergang von der Schule in die Berufslehre), die sich mit den Selektionskriterien von klein- und mittelständischen Unternehmen in der Schweiz[7] befassen (Imdorf, 2007a, 2007b, 2008, 2010a, 2010b, 2010c), geben zwar wichtige Hinweise auf die Einstellungspraxis von Betrieben, stellen aber andererseits lediglich einen kleinen Teilaspekt der institutionellen Rahmenbedingungen beim Übergang von der Schule in die duale Berufsausbildung dar. Bedeutender für die Chancen auf eine Berufsausbildungsstelle sind dagegen Disparitäten in der Struktur des Ausbildungsstellenangebots (vgl. Eberhard & Ulrich, 2010c; Seibert et al., 2009) sowie die Interessen der an der Organisation der dualen Berufsausbildung beteiligten Gruppen.

Zu berücksichtigten sind daher insbesondere die systemisch wirkenden Institutionen, die sich auf die Quantität und die Qualität des bereitgestellten Angebots an Berufsausbildungsstellen auswirken und zudem die Vergabe von Ausbildungsstellen regeln. Zu nennen ist hier beispielsweise die regional und zeitlich variierende Bereitschaft des Staates, einen Mangel an Ausbildungsstellen anzuerkennen und diesen durch staatlich finanzierte Zusatzangebote zu kompensieren (Eberhard & Ulrich, 2011).

Bisher wurden institutionelle Einflüsse, wenn sie denn überhaupt berücksichtigt wurden, lediglich als Kontrollvariablen in empirischen Übergangsmodellen aufgenommen, wie z. B. über das Verhältnis zwischen Angebot und Nachfrage auf dem Ausbildungsstellenmarkt (u. a. bei Beicht et al., 2008; Brandes, Brosi & Menk,

---

7 Wie in Deutschland, so gibt es auch in der Schweiz ein duales System der Berufsausbildung und dementsprechend Forschungsarbeiten zum Themenbereich Übergang von der Schule in die Berufsausbildung.

1986; Konietzka, 1999a; Palamidis & Schwarze, 1989; Reißig et al., 2008a). Theoretisch wird die übergeordnete Stellung der Institutionen beim Zugang zu einer Ausbildungsstelle – bis auf wenige Ausnahmen wie z. B. in den Arbeiten von Wagner (2005) oder Imdorf (2005) – überhaupt nicht thematisiert.

Sicherlich ist dieses Desiderat der Komplexität des Übergangsgeschehens geschuldet. Allein aus forschungsökonomischen Gründen ist es schier unmöglich, alle relevanten Einflussgrößen, geschweige denn alle institutionellen Einflüsse, abzubilden. Das Fehlen eines theoretischen Modells zum Übergang an der ersten Schwelle dürfte aber die eigentliche Ursache für die Vernachlässigung der institutionellen Rahmenbedingungen bei gleichzeitiger Überbewertung individueller Merkmale darstellen: Weil grundlegende Vorstellungen darüber fehlen, wie Einflussgrößen aufseiten der Jugendlichen (z. B. Schulabschluss), Dritten (z. B. soziale Netzwerke) und den Institutionen (z. B. Anzahl der Plätze im Verhältnis zur Zahl der Bewerber) miteinander verschränkt sind und so den Übergang gestalten, wird ihr Zusammenspiel sowie die übergeordnete Stellung der Institutionen in der Forschung vernachlässigt. Damit ist eine Untersuchung des Einflusses von individuellen Merkmalen und Sozialkapital ohne Berücksichtigung der Institutionen aber stets auch in der Gefahr, widersprüchliche Ergebnisse zu produzieren und zu Fehlschlüssen zu gelangen. Zwei Beispiele sollen dies illustrieren:

1. Autoren verschiedener empirischer Untersuchungen zum Übergang an der ersten Schwelle konnten zeigen, dass Frauen eine geringere Einmündungschance in eine betriebliche Ausbildungsstelle als Männer haben (z. B. Beicht & Ulrich, 2008b; Buhr & Müller, 2008; Haeberlin et al., 2005; Reißig et al., 2008b; Ulrich & Krewerth, 2006a). So mündeten beispielsweise im Jahr 2008 lediglich 44 % der ausbildungsinteressierten Hauptschulabsolventinnen in eine duale Ausbildung ein, während die Einmündungsquote bei den jungen Männern mit Hauptschulabschluss bei 59 % lag (Friedrich, 2009b). Die niedrigere Eintrittsquote weiblicher Ausbildungsstellenbewerber beim Übergang in duale Berufsausbildung stellt ein widersprüchliches Ergebnis dar, da sie angesichts der im Schnitt besseren Schulnoten der weiblichen Bewerber nur schwerlich zu erklären ist (u.a. Beicht & Ulrich, 2008b; Brandes et al., 1986; Buhr & Müller, 2008; Friedrich, 2009a; Gaupp & Geier, 2008; Hillmert, 2001; Imdorf, 2005; Krewerth & Ulrich, 2006; Reißig et al., 2008a). Das Ergebnis legt deshalb den Schluss nahe, dass die jungen Frauen möglicherweise beim Zugang diskriminiert werden. Vermutet wird jedoch, dass die entscheidende Ursache dieses Phänomens nicht in der Diskriminierung von Frauen liegt, sondern darin begründet sein könnte, dass der Ausbildungsmarkt institutionell in zahlreiche berufs- und regionalspezifische Teilmärkte zergliedert ist und dass junge Frauen sich verstärkt auf anspruchsvolleren Teilmärkten bewegen, die eine deutlich höhere schulische Vorbildung verlangen. Dies sollte

dazu führen, dass selbst überdurchschnittliche Noten bisweilen nicht ausreichen, um auf diesen Märkten erfolgreich zu sein (Beicht & Granato, 2011; Beicht & Ulrich, 2008b; Haeberlin et al., 2005).

2. Auch die deutlich höheren Einmündungsquoten ostdeutscher im Vergleich mit westdeutschen Jugendlichen in eine Berufsausbildungsstelle sind angesichts des Mangels an betrieblichen Ausbildungsstellen in den neuen Ländern und den höheren Quoten von unversorgten Ausbildungsstellenbewerbern erklärungsbedürftig. So lag ihr Anteil beispielsweise im Jahr 2010 bei 4,0 % in den neuen und 1,8 % in den alten Ländern (Bundesagentur für Arbeit, 2010), und auch die hohe Abwanderungsbewegung ostdeutscher Ausbildungssuchender in den Westen wurde als Beleg für die schlechte Ausbildungsplatzsituation in den neuen Ländern gedeutet (Ulrich, Ehrenthal & Häfner, 2006b). Gleichzeitig lag aber die Einmündungsquote von ostdeutschen Jugendlichen in eine vollqualifizierende Berufsausbildungsstelle stets höher als die der westdeutschen Bewerber. Während beispielsweise 2010 56,3 % der ostdeutschen Bewerber in eine duale Ausbildung einmündeten, waren es nur 46,9 % der westdeutschen Bewerber (Bundesagentur für Arbeit, 2010). Dieser Widerspruch löst sich auf, wenn der institutionell unterschiedliche Umgang mit erfolglosen Ausbildungsplatzbewerbern entlang der Ost-West-Achse berücksichtigt wird. Weil in den neuen Ländern stets eine hohe Quote unversorgter Ausbildungsstellenbewerber in der Ausbildungsmarktstatistik ausgewiesen werden konnte, ohne dass dies die Legitimation der Institutionen gefährdete, wurde der Lehrstellenmangel transparent. Die Unterversorgung der ostdeutschen Jugendlichen wurde als eine unvermeidbare Nebenerscheinung des Systemwechsels vom Sozialismus zur Marktwirtschaft gedeutet. Die ostdeutsche Wirtschaft befinde sich noch im Aufbau, und deshalb könne sie noch nicht genügend betriebliche Ausbildungsplätze bereitstellen (Troltsch, Walden & Zopf, 2009). Da das Ausbildungssystem des Westens von der Wiedervereinigung unberührt geblieben war, stellte hier ein hoher Anteil unversorgter Bewerber die Funktionsfähigkeit der Institutionen infrage. Um die Legitimation der Institutionen dennoch zu erhalten, wurden die schlechten Übergangschancen der westdeutschen Bewerber auf die unzureichende Ausbildungsreife der Schulabgänger zurückgeführt (Eberhard, 2006). Dies hatte zur Folge, dass erfolglose westdeutsche Bewerber nicht als unversorgte Ausbildungsbewerber ausgewiesen wurden, sondern zu hohen Teilen in teilqualifizierende Maßnahmen des Übergangssystems umgeleitet wurden. So begannen 2010 10,1 % der Bewerber aus den alten Ländern eine Maßnahme des Übergangssystems, während es nur 5,9 % der Bewerber aus den neuen Ländern waren (Bundesagentur für Arbeit, 2010). Die Umleitung der erfolglosen westdeutschen Bewerber in das Übergangssystem führte wiederum dazu, dass die Probleme auf dem westdeutschen

Ausbildungsstellenmarkt nicht transparent waren, sodass die Bereitstellung von außerbetrieblichen Ausbildungsstellen nicht notwendig erschien (Eberhard & Ulrich, 2011). Versorgungsengpässe wurden in den neuen Ländern als Folge des Systemwechsels interpretiert, sodass als Reaktion hierauf zusätzliche staatlich finanzierte Ausbildungsstellen bereitgestellt wurden. Dieses Vorgehen führte letztlich dazu, dass den ostdeutschen Bewerbern insgesamt mehr Ausbildungsstellen gegenüberstanden als den westdeutschen Bewerbern, was demzufolge die besseren Ausbildungschancen der ostdeutschen Bewerber erklärt (Eberhard & Ulrich, 2011).

3.4   Zusammenfassung

Der Übergang von der Schule in die Berufsausbildung ist durch institutionelle Vorgaben und Regelungen stark strukturiert (Dietrich & Abraham, 2005), sodass institutionelle Rahmenbedingungen an der ersten Schwelle maßgeblich zur Erklärung von Unterschieden in den biografischen Verläufen der Jugendlichen beitragen (vgl. Below, 2002; Gomolla & Radtke, 2009; Imdorf, 2007a; Seibert et al., 2009; Wagner, 2005). Diese institutionellen Einflüsse sind aber nicht für alle Jugendlichen identisch. Zum einen variieren sie stark nach den individuellen Eigenheiten der Jugendlichen (z. B. Schulabschluss, Berufswunsch) (vgl. Uhly, 2009; Ulrich, 2009). Weil die Jugendlichen aber auch verschiedenen sozialen Gruppen und Schichten angehören und beim Versuch, den Übergang in den Beruf zu bewältigen, wiederum mit unterschiedlichen Individuen und Gruppen in Kontakt geraten, resultieren auch daraus variierende Bedingungen, welche den Übergangserfolg wahrscheinlicher oder unwahrscheinlicher machen. Um zu verstehen, wie die Institutionen den Übergang beeinflussen, sind deshalb die Besonderheiten des sozialen Handlungs- und Bedingungsgefüges sowie die individuellen Merkmale des Jugendlichen stets in Abhängigkeit der institutionellen Rahmenbedingungen zu berücksichtigen (Kuhnke, 2009).

Gerade in Anbetracht der weitreichenden Folgen, die den Ergebnissen der Übergangsforschung im Rahmen der Politikberatung zukommt, ist die einseitige Akzentuierung individueller und sozialer Merkmale im Rahmen der Übergangsforschung fatal. Denn sie führt letztlich dazu, dass die Validität der Untersuchungsergebnisse eingeschränkt ist und die Gefahr, Fehlschlüsse zu generieren, steigt. Zurückzuführen ist dieses Manko sicherlich auf die weitestgehende Theorielosigkeit im Feld der Forschung zum Übergang von der Schule in die Berufsausbildung. So hat es die primär empirisch ausgerichtete Übergangsforschung (Hillmert, 2001) bisher versäumt, ein Modell zum Übergang an der ersten Schwelle zu entwickeln (Winkler, 2008).

4 Ein theoretisches Modell zum Übergang an der ersten Schwelle: Eine kurze Einführung

„Die institutionelle Analyse ist der Kern einer jeden Analyse der Logik der Situation und damit Anfang und Ende einer jeden soziologischen Erklärung" (Esser, 2000, S. 4).

In Kapitel 3 wurde anhand einiger Beispiele gezeigt, wie wichtig es ist, die Institutionen und ihre übergeordnete Bedeutung im Rahmen der Übergangsforschung herauszustellen. Zugleich wurde aber auch deutlich, wie komplex und intransparent die Zugangsregeln sind, wie wenig über sie und ihr Zusammenspiel mit individuellen und sozialen Merkmalen bekannt ist und wie schwer es demzufolge ist, sie theoretisch zu diskutieren sowie empirisch abzubilden. Um diese Komplexität zu kontrollieren und zu verstehen, wie die Institutionen mit den individuellen und sozialen Merkmalen zusammenwirken, wurde im Rahmen der Dissertation ein umfassendes theoretisches Modell zum Übergang an der ersten Schwelle entwickelt. In Kapitel 4 soll nun ein erster kurzer Überblick über dieses Modell gegeben werden und seine Grundzüge vorgestellt werden. In Kapitel 4.1 werden zunächst der Aufbau des Modells, sein Anwendungsbereich und seine Grenzen vorgestellt, bevor in Kapitel 4.2 und 4.3 kurz die zentralen Begrifflichkeiten skizziert werden, ohne die ein Verständnis über die Grundstruktur des Modells an dieser Stelle nicht möglich ist. Anschließend werden in Kapitel 5 die einzelnen Komponenten des ressourcentheoretischen Modells zum Übergang an der ersten Schwelle ausführlich dargestellt.

4.1 Grundstrukturen des Modells zum Übergang an der ersten Schwelle

In den bisherigen Ausführungen wurde immer wieder auf die übergeordnete Stellung der Institutionen verwiesen und gezeigt, dass der Übergang an der ersten Schwelle stets unter Bezugnahme auf die institutionellen Rahmenbedingungen zu untersuchen ist. Obschon die institutionelle Perspektive dringend notwendig ist, so liefert sie doch alleine noch keine hinreichende Erklärung für die Übergangschancen von Jugendlichen an der ersten Schwelle. Denn umfassende Erklärungsmodelle erfordern neben einer institutionentheoretischen auch eine ressourcentheoretische Perspektive (Moldaschl & Diefenbach, 2006). Erst eine Betrachtung des Zusammenspiels der Ressourcen mit den Institutionen am Übergang in eine Berufsausbildung kann also helfen zu verstehen, warum bestimmte Personen oder Gruppen bei der Lehrstellensuche erfolgreich waren und andere nicht.

Aus der Verknüpfung von ressourcen- und institutionentheoretischen Ansätzen erwächst jedoch eine große Komplexität: Je nach Betrachtungskontext können Ressourcen den Charakter von Institutionen annehmen und Institutionen sich wiederum in Ressourcen verwandeln (Moldaschl & Diefenbach, 2006).

Denkt man das Übergangsgeschehen beispielsweise aus der Perspektive eines Ausbildungsbetriebs, so kann eine institutionalisierte Kooperation mit einer bestimmten Hauptschule mit günstigen Rekrutierungswegen für das Unternehmen verbunden sein. Der Ressourcencharakter (hier: soziale Netzwerke), der dieser Kooperation innewohnt, kann sich jedoch nach einer gewissen Zeit in eine starre Institution verwandeln. Diese würde dann lauten, das Unternehmen rekrutiere seine Auszubildenden ausschließlich aus der Kooperationsschule. Eine Nichtbefolgung dieser Rekrutierungsregel (z. B. Rekrutierung von Gymnasiasten) wäre für den Ausbildungsbetrieb nicht mehr ohne Weiteres möglich, da das Unternehmen in dem Fall mit Opportunitätskosten (z. B. Zuwendung der Hauptschule zu anderen Kooperationspartnern) rechnen müsste.

Anders verhält es sich aus der Perspektive des Jugendlichen. Hier stellt die Kooperation zwischen der Hauptschule des Jugendlichen und dem Unternehmen zunächst eine Institution dar, nach der die Unternehmen Jugendliche rekrutieren. Für den Jugendlichen ist diese Zugangsregel jedoch eine institutionelle Ressource: Weil er Schüler der Kooperationsschule ist, hat er eine höhere Chance auf eine Lehrstelle im Kooperationsbetrieb als Schüler anderer Schulen.

Die Beispiele verdeutlichen die Komplexität, die mit dem Doppelcharakter von Ressourcen und Institutionen verbunden ist (vgl. Moldaschl & Diefenbach, 2006). Diese Komplexität kann jedoch reduziert werden – ohne gleichzeitig auf eine Verknüpfung von institutionen- und ressourcentheoretischen Ansätzen verzichten zu müssen – indem eine einzige Betrachtungsperspektive eingenommen und beibehalten wird. Da die Forschung zum Übergang an der ersten Schwelle größtenteils auf Befragungen von Jugendlichen aufbaut, wird im Rahmen des Modells zum Übergang an der ersten Schwelle die Perspektive der Jugendlichen eingenommen. Damit ist das zu erarbeitende Modell zugleich anschlussfähig für die bisherige und künftige Forschung.

Mit der Einnahme der Perspektive der Jugendlichen sind nun Institutionen – wie das Beispiel oben gezeigt hat – als Ressourcen zu interpretieren. Aus diesem Grund soll das Modell zum Übergang an der ersten Schwelle als ressourcentheoretisches Modell zum Übergang an der ersten Schwelle bezeichnet werden.

Diesem Modell sind die übergangsrelevanten Ressourcen drei Ebenen zuzuordnen: der Mikro-, Meso- oder Makroebene. Auf der Mikroebene manifestieren sich die individuellen Ressourcen des Jugendlichen, die alleine mit der Person des Jugendlichen verknüpft sind. Auf der Mesoebene sind die Ressourcen der Helfer dargestellt, und auf der Makroebene werden die institutionellen Ressourcen abgebildet, welche Teil des institutionellen Bedingungsgefüges beim Übergang in eine duale Berufsausbildung sind. Die Ressourcen der einzelnen Ebenen werden in Kapitel 4.2 kurz skizziert und ausführlich in Kapitel 5 dargestellt. Abbildung 1 gibt einen ersten Überblick über die Struktur des ressourcentheoretischen Modells zum Übergang an der ersten Schwelle, das Merkmale der Makro- (Institutionen), Meso- (soziales Bedingungsgefüge) und Mikroebene (individuelle Merkmale) sowie ihre Interaktion berücksichtigt.

Abbildung 1: **Ebenen der Determination der Varianz beim Übergang von der Schule in die Berufsausbildung**

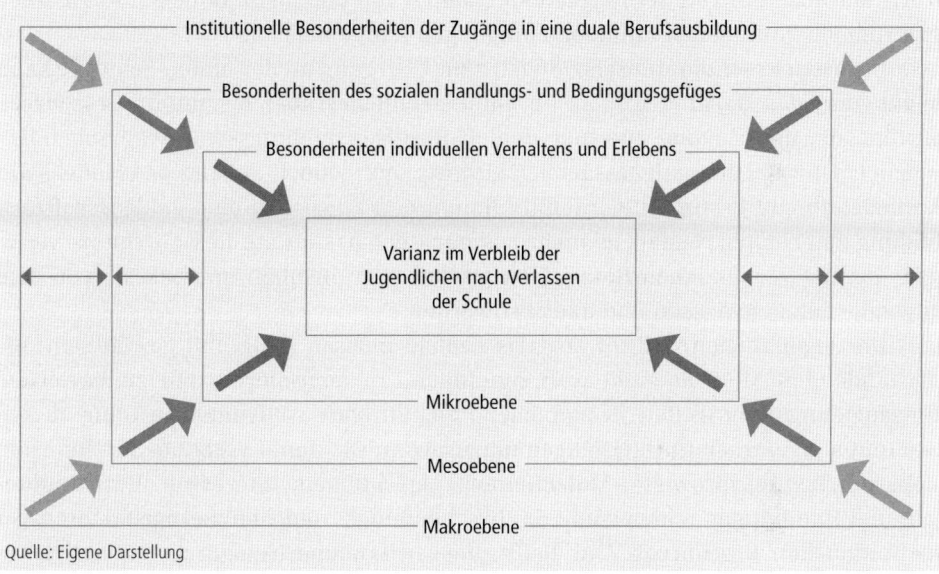

Quelle: Eigene Darstellung

Die Ressourcen der drei Ebenen unterscheiden sich in ihrer Wertigkeit bzw. in ihrer Qualität in Hinblick auf die Übergangschancen (vgl. Moldaschl & Diefenbach, 2006). Die hierarchische Verschränkung der drei Ebenen verdeutlicht, dass die konkrete Beschaffenheit der möglichen individuellen und sozialen Ressourcen allein von den Institutionen her definiert wird und dass die individuellen und sozialen Ressourcen insbesondere dafür eingesetzt werden, um institutionelle Ressourcen zu erschließen. Der hierarchische Aufbau greift somit, trotz ressourcentheoretischer Erklärung des Übergangsgeschehens, den institutionentheoretischen Ansatz auf und berücksichtigt damit die übergeordnete Stellung der Institutionen bzw. der institutionellen Ressourcen.

Greift man das oben aufgeführte Beispiel der Schulkooperation auf, wird die Sonderstellung der institutionellen Ressourcen darin deutlich, dass gegebenenfalls alleine die Kooperationsbeziehung zwischen Schule und Unternehmen ausreichend sein könnte, um dem Jugendlichen eine Chance auf eine Lehrstelle zu eröffnen. Gute Zensuren (individuelle Ressource) oder der Kontakt der Eltern zum Betriebsinhaber (soziale Ressource) hätten dagegen weniger Einfluss auf die Übergangschance des Jugendlichen, wenn mit der Kooperation bereits die Regel verbunden wäre, dass Schüler der Kooperationsschule automatisch einen Lehrvertrag erhielten. Somit wird klar, warum Esser die institutionelle Analyse so hoch aufhängt: Die Regeln definieren den Rahmen der Möglichkeiten (Esser, 1999, S. 51). Nur wem die Regel auf den Leib geschrieben wurde, kann seine sozialen und personalen Ressourcen fruchtbar machen. Von der Regelentsprechung, von den institutionellen Ressourcen bzw. den institutionellen Rahmenbedingungen hängt alles ab.

Das ressourcentheoretische Modell zum Übergang an der ersten Schwelle kann somit Aussagen darüber treffen, ob ein Jugendlicher über bestimmte Ressourcen verfügt, die den Zugang zu einer dualen Berufsausbildungsstelle wahrscheinlich machen. Ob der Übergang tatsächlich eintritt, kann jedoch anhand des Modells abschließend nicht bestimmt werden. Denn um den Zugang in eine duale Berufsausbildung zu erhalten, bedarf es mehr, als nur über bestimmte Ressourcen zu verfügen. Um die vorhandenen Ressourcen produktiv zu machen, müssen sie von dem Jugendlichen erschlossen und aktiviert werden.

Die Jugendlichen und ihr soziales Umfeld müssen fähig und gewillt sein, die vorhandenden Möglichkeiten wahrzunehmen, zu analysieren und zu bewerten, Entscheidungen zu treffen, entsprechend zielführende Aktivitäten in Gang zu setzen und all dies auch in Handlungen umzusetzen. Die damit verbundenen Informationsverarbeitungsprozesse, Motivationen, Aspirationen, Interessen, Entscheidungen und Handlungen bilden somit die Erschließungs- und Aktivierungsfaktoren der institutionellen Ressourcen. Das heißt, um vorhandene Ressourcen zu aktivieren oder neue aufzubauen, muss der Weg dorthin zum Teil erst erschlossen werden. So kann der Jugendliche beispielsweise seine kommunikativen Kompetenzen einsetzen, um Sozialkapital zu erschließen.

Der Zugang in eine duale Berufsausbildung ist somit das Produkt einer Interaktion zwischen dem Faktor des Möglichen (welche Ressourcen stehen dem Jugendlichen zur Verfügung?) und den Faktoren „Wollen und Handeln" (hat der Jugendliche diese Ressourcen genutzt?). Der tatsächliche Verbleib nach Abschluss der allgemeinbildenden Schule (Beginn einer dualen Ausbildung vs. kein Beginn einer dualen Ausbildung) kann somit nur dann vorhergesagt werden, wenn neben den gegebenen Ressourcen auch die Motivationen und Handlungen des Jugendlichen betrachtet werden[8].

---

8   Einen Überblick über Entscheidungsmodelle der Berufswahl im dualen System der Berufsausbildung gibt Reichenbach (2001).

Die Erschließungs- und Aktivierungsfaktoren sind jedoch kein unmittelbarer Gegenstand ressourcentheoretischer Betrachtung, sondern Gegenstand sonstiger Modellierungen, so z. B. Theorien der Berufswahl und anderer Entscheidungstheorien, Motivations- und Informationsverarbeitungstheorien. Gegenstand eines ressourcentheoretischen Modells ist somit weder, welche Ziele sich Individuen setzen und welche nicht, noch, welche Handlungen Individuen zur Zielerreichung ausführen oder nicht ausführen. Gegenstand ist vielmehr, welche Möglichkeiten ihnen gegeben sind, dass sie zielführende Handlungen ausführen und gesetzte Ziele erreichen könnten, und welche Möglichkeiten ihnen hierfür nicht gegeben sind.

4.2 Zentrale Komponenten des Modells

Das ressourcentheoretische Modell zum Übergang an der ersten Schwelle führt aus Sicht der Jugendlichen jene Ressourcen auf, die einen Übergang an der ersten Schwelle möglich machen (vgl. Kapitel 4.1). Ein Begriff, der ebenfalls für diese Möglichkeiten steht, ist der erweiterte Kapitalbegriff, der sich von der wirtschaftswissenschaftlichen Kapitaldefinition abhebt (Bourdieu, 1983). Demnach wird das Kapital sowohl als materielle als auch immaterielle Verkörperung (capital embodied) von Aufwendungen verstanden, die dazu geeignet sind, zur Erhaltung oder Verbesserung der Lebenschancen (hier: Zugang zu einer Berufsausbildungsstelle) beizutragen (Fuchs-Heinritz, Lautmann, Rammstedt & Wienhold, 2007). Dieser soziologische Kapitalbegriff erweitert damit die rein ökonomische Sichtweise von Kapital, indem postuliert wird, dass Ressourcen nicht nur finanzieller Natur sind, sondern z. B. auch in der Persönlichkeit, in den sozialen Netzwerken, in dem Wissen oder den Bildungszertifikaten von Personen liegen (Bourdieu, 1983).

Das ressourcentheoretische Modell zum Übergang an der ersten Schwelle greift diesen im Bildungsbereich häufig genutzten erweiterten Kapitalbegriff auf (vgl. Schwingel, 2009). Unter Kapital soll demzufolge die individuelle Ausstattung eines Jugendlichen bzw. seine individuelle Verfügungsgewalt über spezifische übergangsrelevante Ressourcen verstanden werden. Anstatt weiterhin von individuellen, sozialen oder institutionellen Ressourcen zu sprechen, wird fortan von *individuellem, sozialem* sowie *institutionellem Kapital* die Rede sein.

Obwohl Ressourcen- und Kapitalbegriff inhaltlich eigentlich dasselbe meinen, hat der Kapital- gegenüber dem Ressourcenbegriff semantisch einen entscheidenden Vorteil: Er verbindet sich mit der Assoziation, dass neben dem Kapital auch Kapitalgeber existieren müssen, welche das Kapital zur Verfügung stellen, und rückt somit auch deren Handlungsmotive in den Fokus der analytischen Betrachtung. Letztlich können die Jugendlichen lediglich über ihr individuelles Kapital frei verfügen – denn hier sind sie selbst die Kapitalgeber. Die Bereitstellung von sozialem oder institutionellem Kapital ist dagegen von Dritten abhängig. Sie gewähren dem Jugendlichen nur dann Kapital, wenn die Gegenleistung des Jugendlichen ihre Interessen befriedigt (Gouldner, 1960). Angelehnt an die Wirtschaftswissenschaften stammen die Kapitalgeber somit aus dem sozialen Umfeld des Jugendlichen (z. B. Lehrer, Eltern) oder stellen Organisationen mit institutioneller Gewalt (z. B. Betriebe, Staat) bzw. institutionelle Unterstützungsleistungen (z. B. Berufsberater) dar, die den Jugendlichen mit den für den Übergang erforderlichen Kapitalien ausstatten (vgl. Schneck, 2007).

Das institutionelle Kapital

Institutionelle Kapitalgeber sind zuvorderst jene staatlichen und nichtstaatlichen Akteure (z. B. Gesetzgeber, staatliche Exekutiven, Mitglieder von Berufsbildungsausschüssen, Betriebe), die auf der systemischen Ebene die berufliche Bildung ordnen. Sie entscheiden nicht nur über die unmittelbaren Zugangsregeln in eine Berufsausbildung, sondern darüber hinaus auch über formalisierte Unterstützungssysteme, die nach Maßgabe der bestehenden Zugangsordnung dem Jugendlichen Hilfe beim Eintritt in die duale Berufsausbildung gewähren sollen (z. B. berufsvorbereitende Maßnahmen der BA).

Institutionelles Kapital wird von den Kapitalgebern aufgrund von öffentlichen, ökonomischen oder organisatorischen Interessen gewährt. Die Kapitalgeber stehen aber zugleich unter öffentlichem Legitimationsdruck, nach dem der Ausbildungszugang effizient und gerecht erfolgen soll (vgl. Esser, 2000). Die Gegenleistung des Jugendlichen, der institutionelles Kapital erhält, besteht darin, dass er zum Überleben der Organisationen und damit indirekt auch zur Legitimität der bestehenden Institutionen beiträgt (vgl. Esser, 2000).

Um Zugang zu einer dualen Berufsausbildungsstelle zu erhalten, ist der Jugendliche auf die Hilfen der institutionellen Kapitalgeber angewiesen, welche ihre Unterstützung wiederum davon abhängig machen, inwieweit er bestimmten Kriterien und Regeln entspricht. Entspricht der Jugendliche den Regeln und Kriterien, wird ihm entsprechendes institutionelles Kapital gewährt. Dieses kann er nun für die Erschließung eines Ausbildungsplatzes nutzen. Entspricht er den Regeln in unzureichendem Maße, wird ihm institutionelles Kapital verwehrt, und er verfügt nicht über die Mittel, um in eine Berufsausbildung gelangen zu können. Das institutionelle Kapital besteht demnach aus Zugangsberechtigungen und Zugangserlaubnissen.

Das institutionelle Kapital wird von den Kapitalgebern in unterschiedlicher Weise bereitgestellt. Wenn es in Form von gesetzlichen Bestimmungen und Verordnungen verfügbar ist (z. B. gesetzlich definierte Maßnahmen zur Bereitstellung von staatlich finanzierten Ausbildungsstellen), soll von *Legislativkapital* gesprochen werden. Das Legislativkapital resultiert damit aus der im BBiG und der HwO enthaltenden Ordnung (vgl. Kapitel 2) sowie aus Bestimmungen der Sozialgesetzbücher (SGB). Programme, die über die Exekutive gewährt werden, jedoch keine eigenständige gesetzliche Grundlage haben (z. B. Bund-Länder-Programme zur Bereitstellung von staatlich finanzierten Ausbildungsplätzen), sollen als *Exekutivkapital* bezeichnet werden. Da die Zugangschancen auf eine Ausbildungsstelle im dualen System nicht nur von Legislative und Exekutive beeinflusst werden (Eberhard & Ulrich, 2010c), sondern auch stark von dem Ausbildungsstellenangebot der Betriebe bzw. von der Situation auf dem Ausbildungsstellenmarkt (Anzahl der Plätze vs. Anzahl der Bewerber) (Hillmert, 2007) abhängen, soll als dritte Form des institutionellen Kapitals das *Marktkapital* berücksichtigt werden. Das Marktkapital bildet damit eine Sonderform, die selbst über das BBiG legitimiert ist, jedoch nach Maßgabe der Verhältnisse auf dem Ausbildungsstellenmarkt vergeben wird.

Institutionelles Kapital kann der Jugendliche erwerben, indem er hierfür andere Kapitalien (soziales, personales Kapital) einsetzt, für die sich die bestehenden Institutionen empfänglich zeigen. Somit entscheidet das institutionelle Kapital auch darüber, in welcher Form der Jugendliche soziales und personales Kapital überhaupt nutzen kann, um sich eine Beteiligung an beruflicher Ausbildung zu eröffnen. Da das institutionelle Kapital spezifische institutionelle Rahmenbedingungen repräsentiert und zugleich das soziale und das personale Kapital qualifiziert, kommt ihm somit eine hervorgehobene Stellung zu.

Würde beispielsweise die Regel in Kraft gesetzt, dass alle vollqualifizierenden Ausbildungsplätze bundesweit auf einer einheitlichen, für alle zugänglichen Internetplattform auszuschreiben sind, alle interessierten Bewerber mit standardisierten schriftlichen Eingangstests überprüft werden und allein diese Tests über den Zugang in Ausbildung entscheiden, verlören Beziehungen, vermittelt z. B. durch die sozialen Netzwerke der Eltern, an Relevanz und stellten in Hinblick auf den Zugang in betriebliche Berufsausbildung auch kein soziales Kapital mehr dar. Zugleich verlören auch bestimmte individuelle Kapitalien wie z. B. mündliche Ausdrucksfähigkeit an Bedeutung, während die psychische Belastbarkeit im Umgang mit schriftlichen Tests zu einer bedeutsamen individuellen Kapitalform erhoben werden würde.

Das soziale Kapital

Soziale Kapitalgeber sind Personen aus dem sozialen Umfeld des Jugendlichen, die eine persönliche Bindung zu ihm haben. Dies können zum Beispiel Eltern sein, Gleichaltrige, Lehrer oder Berufsberater. Im Unterschied zum institutionellen Kapital ist das soziale Kapital damit in der Beziehungsstruktur des Jugendlichen zu Dritten verankert, was voraussetzt, dass die Kapitalgeber den Jugendlichen individualisiert zur Kenntnis nehmen müssen. Wird dem Jugendlichen soziales Kapital bereitgestellt, besteht seine Gegenleistung darin, dass er zur Befriedigung der sozialen Bedürfnisse des Kapitalgebers beiträgt (z. B. Bedürfnisse nach Anerkennung, Anschlussmotive, soziale Motive wie z. B. Kindesliebe, Freundschaft, Sympathie und Fürsorge) (Heckhausen & Heckhausen, 2006; Homans, 1967). Als Beispiel für soziales Kapital sind die Eltern des Jugendlichen zu nennen, welche ihr Kind bei dem Verfassen von Bewerbungsschreiben unterstützen. Unter Umständen kann aber auch der Berufsberater zum sozialen Kapital des Jugendlichen gehören. Er ist zunächst Teil des institutionellen Kapitals, der einen Jugendlichen infolge seiner gesetzlichen Funktion bei der Ausbildungsplatzsuche unterstützt (Legislativkapital). Entwickelt der Berufsberater aber eine persönliche Bindung zum Klienten und zeigt sich infolgedessen motiviert, ihn verstärkt zu unterstützen, wird er Teil des sozialen Kapitals des Jugendlichen. Bisweilen ist eine solche Bindung als soziale Kapitalbildung sogar institutionell intendiert. Aktuelle Beispiele hierfür sind die geschaffenen Rollen eines Berufseinstiegsbegleiters bzw. die Einstiegsqualifizierung (EQ) (vgl. Kapitel 5.1.3), die auf ein besonderes Engagement des Helfers bzw. auf einen „Klebeeffekt" infolge einer sich entwickelnden persönlichen Bindung zum Jugendlichen setzt.

Das personale Kapital

Personales Kapital bildet das Individuum aufgrund seines Bedürfnisses, physisch zu überleben, Anerkennung zu erfahren und als wichtig erlebte Lebensziele zu verwirklichen (vgl. Deci & Ryan, 1990; Heckhausen & Heckhausen, 2006; McClelland, Atkinson, Clark & Lowell, 1953). Der Jugendliche kann das personale Kapital nutzen, um institutionelles und soziales Kapital zu erschließen. Bedeutsame Unterformen des personalen Kapitals sind z. B. das kulturelle Kapital oder auch das ökonomische Kapital (vgl. Bourdieu, 1983), sofern es im persönlichen Besitz des Jugendlichen ist. Setzen Dritte ihr ökonomisches Kapital ein, um die Übergangschancen des Jugendlichen zu erhöhen, handelt es sich eine Untervariante des sozialen Kapitals, da es über Dritte erschlossen wird.

Zum kulturellen Kapital zählen die erworbenen Wissensbestände, Fähig- und Fertigkeiten, aber auch Bildungszertifikate und Bewerbungsschreiben, die für die Berufswahl und Ausbildungsplatzsuche eingesetzt werden können. Weitere wichtige Elemente des personalen Kapitals sind mit Merkmalen der Persönlichkeit (z. B. Intelligenz, Selbstwirksamkeit, Leistungsmotivation, psychische Belastbarkeit) sowie mit physischen Merkmalen verbunden (körperliche Konstitution, physische Belastbarkeit, äußeres Erscheinungsbild).

4.3 Erscheinungsformen der Modellkomponenten

In Kapitel 4.2 wurden die Kapitalformen kurz umrissen. Angenommen wird, dass das institutionelle, soziale und personale Kapital auf verschiedene Art und Weise in Erscheinung treten können. Daher soll im Rahmen des Modells zwischen den Konzepten der Mittelbarkeit, dem Formalitätsgrad, der Intention und der Aktivierung unterschieden werden. Zudem ist zu unterscheiden, ob das Kapital symbolische Macht besitzt (symbolisches Kapital) und inwieweit es nur scheinbar den Übergang positiv zu beeinflussen vermag (Scheinkapital).

Mittelbares vs. unmittelbares Kapital

Das Konzept der Mittelbarkeit beschreibt, wie stark die Kapitalsorten die Zugangschance eines Jugendlichen auf eine duale Berufsausbildungsstelle beeinflussen. Nehmen die Kapitalien direkt Einfluss auf die Einmündungschancen des Jugendlichen, sind sie als *unmittelbar* zu bezeichnen; *mittelbar* sind sie dann, wenn sie dem Jugendlichen die Bildung von weiteren Kapitalien ermöglichen, die er anschließend wiederum für die Eröffnung eines Zugangs in die Berufsausbildung nutzen kann. Ein Beispiel für mittelbares Sozialkapital wäre ein Vater, der seinem ausbildungsstellensuchenden Sohn ein Buch über Bewerbungsstrategien kauft. Dieser Bewerbungsratgeber vermittelt dem Jugendlichen jene Fertigkeiten, welche zur effizienten Abfassung von Bewerbungsschreiben notwendig sind, und kann somit seine Übergangschance in eine Berufsausbildung nur mittelbar beeinflussen. Über unmittelbares Sozialkapital würde dagegen der Jugendliche verfügen, wenn sein Vater Inhaber eines Betriebes wäre und der Vater seinem Kind eine Lehrstelle im familieneigenen Betrieb bereitstellen würde.

Was das personale Kapital betrifft, so dient mittelbares personales Kapital dem Aufbau von weiterem personalen Kapital, wohingegen unmittelbares personales Kapital institutionelles oder soziales Kapital aus sich selbst heraus zu erschließen vermag.

Formelles vs. informelles Kapital

Die Unterscheidung zwischen formellem und informellem Kapital gilt lediglich für das Sozialkapital. Sie dient dazu, die Art der Beziehung zwischen dem Jugendlichen und seinem sozialen Kapitalgeber zu unterscheiden. So kann das Sozialkapital formell oder informell vorliegen. *Formelles* soziales Kapital ist gegeben, wenn es aus institutionalisierten sozialen Beziehungen stammt, die allein deshalb bestehen, weil sie beim Übergang in eine Ausbildungsstelle nützlich sein können. Als Beispiele sind die formalisierten Beziehungen zwischen dem Berufsberater und dem Jugendlichen oder dem Lehrer und dem Jugendlichen zu nennen. *Informelles* soziales Kapital resultiert dagegen aus den informellen Beziehungen des Jugendlichen, welche unabhängig von der Lehrstellensuche des Jugendlichen existieren, zum Beispiel zwischen dem Jugendlichen und seinem Vater oder seinen Freunden.

Intendiertes vs. nicht intendiertes Kapital

Kapitalien, die mittelbar oder unmittelbar zum Zugang in Ausbildung beitragen, ohne dass sie vom jeweiligen Kapitalgeber hierzu gezielt eingesetzt wurden, sind als *nicht intendiertes Kapital* (bzw. als nicht intendierter Kapitaleinsatz) zu bezeichnen. Gezielt eingesetztes Kapital stellt demnach *intendiertes Kapital* dar.

Ein Beispiel für nicht intendiertes personales Kapital kann eine besonders gute sprachliche Ausdrucksfähigkeit eines Jugendlichen sein, die ihm bei der Ausbildungsplatzsuche hilft, ohne dass er sich dieses Merkmals bewusst ist bzw. diese Merkmale gezielt einsetzt. Nicht intendiertes Sozialkapital könnte z. B. darin bestehen, dass der Jugendliche im Ort durch Vereinsaktivitäten bekannt und anerkannt ist, lokale Betriebsinhaber Sympathien für ihn hegen und auf ihn zugehen, um ihm einen Ausbildungsplatz anzubieten.

Eine besondere Relevanz hat die Unterscheidung zwischen intendiertem und nicht intendiertem Kapital innerhalb der institutionellen Kapitalform. Nicht intendiertes institutionelles Kapital würde hier zum Beispiel durch eine dezidiert positive Wirtschaftskonjunktur bereitgestellt. Die gute Konjunktur würde sich positiv auf den Arbeitsmarkt und damit auch auf den Ausbildungsstellenmarkt auswirken. Hierdurch würden sich die Zugangschancen der Jugendlichen in die Berufsausbildung signifikant verbessern (Eberhard & Ulrich, 2010c; Ulrich & Eberhard, 2008), da den Jugendlichen über ein erhöhtes Angebot an Ausbildungsstellen Marktkapital zur Verfügung gestellt würde. Wäre eine positive Konjunktur sogar zu allen Zeiten zwingend erforderlich, um den Jugendlichen ausreichende Zugangschancen zu gewähren, würde dies darauf hindeuten, dass das intendierte institutionelle Kapital insgesamt zu eng gefasst ist.

Aktiviertes vs. inaktives Kapital

Schließlich ist zwischen inaktivem und aktiviertem Kapital zu unterscheiden. *Inaktives* Kapital beinhaltet alle dem Jugendlichen grundsätzlich zur Verfügung stehenden Kapitalien, die aktuell aber nicht genutzt werden. Inaktives soziales Kapital würde beispielsweise vorliegen, wenn der Jugendliche darauf verzichtet, dass seine Mutter ihre guten Kontakte zu ihrem Arbeitgeber nutzt, um diesen um einen Praktikumsplatz für ihren Sohn zu bitten.

Ist die Ursache inaktiven Kapitals darin begründet, dass dem Jugendlichen bzw. seinen Helfern die Existenz eines bestimmten Kapitals nicht bewusst ist, handelt es sich um latentes Kapital. Mit *aktiviertem* Kapital ist umgekehrt wiederum jenes Kapital gleichzusetzen, das gegenwärtig zur mittelbaren oder unmittelbaren Erschließung eines Ausbildungsplatzes eingesetzt wird.

Symbolisches Kapital

Symbolisches Kapital wird den Jugendlichen von den Eingangswächtern des Ausbildungssystems gewährt. Definiert wird es als Vertrauensvorschuss (Bourdieu, 1993), der sich förderlich auf die Übergangschancen des Jugendlichen auswirkt (Haeberlin et al., 2004; Imdorf, 2005, 2010a). Der gewährte Vertrauensvorschuss basiert wiederum auf den subjektiven Theorien der Eingangswächter (Groeben, Wahl, Schlee & Scheele, 1988).

Die Eingangswächter treffen Vermutungen darüber, welche Jugendlichen mit welchen Merkmalen besonders gut geeignet sind und damit nur wenige Probleme im Rahmen einer Ausbildung im dualen System bereiten dürften (Imdorf, 2010a). Anhand von distinkten Merkmalen des Jugendlichen wie z. B. Alter oder Migrationshintergrund treffen sie Einschätzungen über seine Qualifikationen (z. B. Pünktlichkeit und Teamfähigkeit).

Schlechte Übergangschancen von bestimmten Gruppen wie Migranten oder Altbewerber, die faktisch über eine gute Kapitalausstattung (z. B. hohe Schulabschlüsse) verfügen (vgl. hierzu u. a. Beicht & Ulrich, 2010c; Haeberlin et al., 2005; Imdorf, 2010a; Ulrich et al., 2006a), könnten folglich auf ein Fehlen von symbolischem Kapital zurückgeführt werden. So konnte beispielsweise Imdorf zeigen, dass Personalverantwortliche Jugendliche mit Migrationshintergrund seltener als kreditwürdig hinsichtlich der erfolgreichen Bewältigung der Lehrzeit einschätzen. Die Eingangswächter vermuten nicht nur eine geringere individuelle Leistungsfähigkeit bei Bewerbern mit Migrationshintergrund, sondern auch eine geringere Teampassung, eine verstärkte Gefahr von sozialen Konflikten sowie eine Störung der Kundenbeziehung, und zwar unabhängig von der Leistungsausstattung der Migranten (Imdorf, 2007a, 2007b, 2010b, 2010c). Das gleiche Phänomen ist bei älteren Bewerbern zu beobachten. Ihnen wird öfter unterstellt, sie hätten größere Schwierigkeiten, sich zu integrieren, und könnten somit den betrieblichen Ablauf stören (Imdorf, 2007a, 2007b). Die schlechteren Zugangschancen von gut qualifizierten Altbewerbern (Beicht & Eberhard, 2009a, 2011b; Beicht & Ulrich, 2010c; Ulrich & Krekel, 2007) müssen womöglich ebenfalls auf potenzielle Vorbehalte der Eingangswächter zurückgeführt werden. Vermutet werden könnte, dass diese jüngere Bewerber bevorzugen und gegenüber Altbewerbern misstrauisch reagieren.

Beim symbolischen Kapital handelt es sich folglich um symbolische Abbildungen von vermuteten Unterschieden in der Kapitalausstattung der Jugendlichen (Imdorf, 2005). Aber auch die Kapitalien selber können auf einer symbolischen Ebene, „das heisst auf der Ebene ihrer Darstellung und Wahrnehmung, als symbolisches Kapital zur Wirkung gelangen" (Imdorf, 2005, S. 30). So wird dem Jugendlichen auch infolge seiner faktischen Kapitalausstattung (z. B. kulturelles Kapital in Form einer Hochschulzugangsberechtigung) ein Vertrauensvorschuss ge- oder verwehrt. Beispielsweise haftet Jugendlichen mit maximal Hauptschulabschluss ein negatives Stigma an, das sich wiederum negativ bei der Ausbildungsplatzsuche auswirkt – und das, obwohl sie im Vergleich zu früheren Kohorten über eine höhere Bildung verfügen (längere Pflichtschulzeit, verändertes Curriculum an Hauptschulen) (Solga, 2004). Auf der anderen Seite kann beobachtet werden, dass insbesondere klein- und mittelständische Betriebe abgeneigt sind, Bewerber mit hohen Schulabschlüssen und sehr guten Noten einzustellen, da sie befürchten, dass besonders gut qualifizierte Bewerber den Betrieb frühzeitig verlassen könnten (Imdorf, 2009a, vgl. Kapitel 3.2).

Da die subjektiven Theorien der Eingangswächter unter anderem auf individuellen Erfahrungen, Denkschemata und Sozialisationsprozessen beruhen, können theoretisch jegliche Merkmale bzw. Kapitalien zu symbolischem Kapital werden. Sofern Jugendliche darüber informiert sind, können sie sich die subjektiven Theorien der Eingangswächter zunutze machen und im Bewerbungsverfahren dezidiert auf jene Merkmale hinweisen, über die ihnen das symbolische Kapital gewährt wird (vgl. Solga, 2007).

Scheinkapital

Kapitalien, die auf den ersten Blick zugangsrelevant sind, können sich tatsächlich als chancenneutral oder chancenmindernd auswirken. Das Konzept des Scheinkapitals umfasst folglich all jene den Jugendlichen vermittelten Kapitalien, die vom Jugendlichen mit der Aussicht auf Verbesserung seiner Übergangschancen genutzt wurden, sich faktisch aber als bedeutungslos in Hinblick auf die Ausbildungsziele der Jugendlichen erweisen. Somit handelt es sich letztlich bei jeder Bewerbungsadresse, die dem Jugendlichen übermittelt wurde, die letzten Endes aber nicht dazu beitrug, die Tür zur Berufsausbildung zu öffnen, um Scheinkapital.

Die gegenwärtige Diskussion zur Effektivität und Effizienz des Übergangssystems kann dementsprechend auch als eine Auseinandersetzung darüber interpretiert werden, ob es sich bei den betroffenen Bildungsgängen um echte Kapitalien oder aber um Scheinkapitalien handelt (Autorengruppe BIBB / Bertelsmann Stiftung, 2011; Baethge et al., 2007; Beicht, 2009; Münk, 2010). Das Übergangssystem umfasst Bildungsangebote, „die unterhalb einer qualifizierenden Berufsausbildung liegen bzw. zu keinem anerkannten Ausbildungsabschluss führen, sondern auf eine Verbesserung der individuellen Kompetenzen von Jugendlichen zur Aufnahme einer Ausbildung oder Beschäftigung zielen und zum Teil das Nachholen eines allgemeinbildenden Schulabschlusses ermöglichen" (Konsortium Bildungsberichterstattung, 2006, S. 79). Hierunter werden beispielsweise das Berufsgrundbildungsjahr (BGJ), das Berufsvorbereitungsjahr (BVJ) oder die berufsvorbereitenden Maßnahmen der BA, aber auch teilqualifizierende Berufsfachschulen wie die Höhere Handelsschule gezählt (Ulrich, 2008). Ziel dieser Maßnahmen ist es, die Kompetenzen der Jugendlichen zu stärken und ihnen einen strukturierten Weg in die Berufsausbildung zu eröffnen (Krone, 2010). Nachgewiesen ist insbesondere die „kompensatorische Funktion von Berufsvorbereitung in Hinblick auf schulische Defizite" (Lex & Geier, 2010, S. 184). Jedoch zeigen sich auch durchaus kritische Effekte der Maßnahmenteilnahme. So kann beobachtet werden, dass ein rascher Übergang von einer Maßnahme des Übergangssystems in eine Berufsausbildung relativ unwahrscheinlich ist (Beicht, 2009). Beispielsweise mündeten nur 40 % der Jugendlichen, die eine Berufsvorbereitung absolviert hatten, unmittelbar nach dieser Maßnahme in ein Berufsausbildung ein (Lex & Geier, 2010). Darüber hinaus wird die Gefahr der sozialen Stigmatisierung der Maßnahmenteilnehmer diskutiert, die sich ungünstig auf deren weitere Ausbildungschancen auswirken könnte (Konsortium Bildungsberichterstattung, 2006).

4.4 Zusammenfassung

Um ein erstes Verständnis über die Struktur des ressourcentheoretischen Modells an der ersten Schwelle zu vermitteln, wurde in Kapitel 4 ein kurzer Überblick über die Grundstruktur des Modells gegeben. Bevor nun in Kapitel 5 die hier vorgestellten Kapitalsorten und ihre Erscheinungsformen näher ausgeführt werden, fasst Abbildung 2 den Aufbau des ressourcentheoretischen Modells zum Übergang an der ersten Schwelle noch einmal zusammen.

Abbildung 2 verdeutlicht die hierarchische Struktur des Modells. Sie zeigt auf, dass die drei Kapitalsorten nicht gleichberechtigt nebeneinander existieren, sondern in einer hierarchischen Abhängigkeit stehen. So ist die Vergabe von institutionellem Kapital an den Jugendlichen zugleich eine notwendige und hinreichende Bedingung für die Zugangserlaubnis zu einer Ausbildungsstelle. Personales und soziales Kapital können demzufolge nur genutzt werden, um institutionelles Kapital zu erschließen. Ihr Vorhandensein kann die Chance eines Jugendlichen auf eine Ausbildungsstelle erhöhen, garantiert den Zugang jedoch nicht. Zugleich kann mittelbares institutionelles Kapital (z. B. Teilnahme an einer EQ) genutzt werden, um personales oder soziales Kapital aufzubauen, und soziales Kapital kann wiederum helfen, das personale Kapital zu vergrößern.

Abbildung 2: **Aufbau des ressourcentheoretischen Modells des Übergangs von der Schule in die Berufsausbildung**

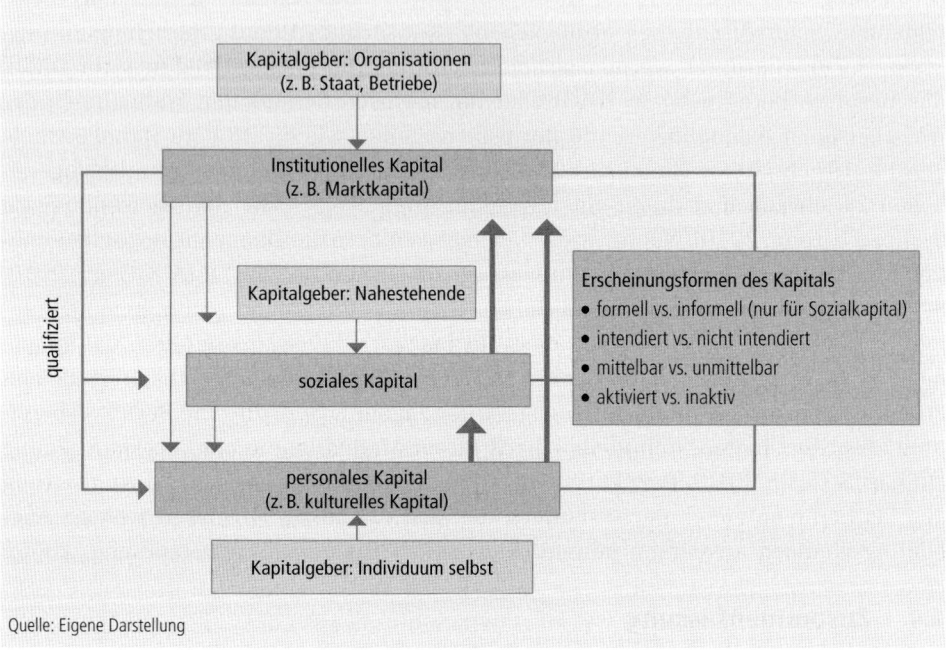

Quelle: Eigene Darstellung

5 Das ressourcentheoretische Modell des Übergangs an der ersten Schwelle

„Paradigmen und Theorieansätze leiten nicht nur unsere Forschung. Sie limitieren sie zugleich, indem sie festlegen, welche Fragen wir stellen und welche Antworten wir auf diese Fragen suchen" (Solga, 2005b, S. 52).

In Kapitel 5 wird das ressourcentheoretische Modell des Übergangs an der ersten Schwelle vorgestellt, wobei jeder der drei Kapitalformen ein eigenes Unterkapitel gewidmet ist. In Kapitel 5.1 wird das institutionelle Kapital dargestellt. In Kapitel 5.2 erfolgt die Beschreibung des sozialen Handlungs- und Bedingungsgefüges, in das der Jugendliche eingebettet ist und somit sein soziales Kapital bildet, das innerhalb des jeweiligen institutionellen Rahmens zum Gelingen oder Misslingen des Übergangs beiträgt. Die differierenden Merkmale der Jugendlichen, die das personale Kapital abbilden, bilden dementsprechend das Thema von Kapitel 5.3.

An dieser Stelle sei noch einmal angemerkt, dass das ressourcentheoretische Modell keine umfassende Theorie zum Übergangsverhalten an der ersten Schwelle darstellen kann, da es sich auf die Ressourcen und Möglichkeiten des Handelns konzentriert und nicht auf das Handeln selbst. Gleichwohl beschreibt es den Rahmen, innerhalb dessen Handeln möglich ist, und liefert somit auch für das Handeln selbst und für die daraus resultierenden Handlungsergebnisse einen wichtigen Erklärungsansatz. Das Modell ist zugleich flexibel und kann stets um neue Komponenten ergänzt werden. Da sich vor allem das institutionelle Kapital rasch verändert, z. B. indem ständig neue Unterstützungsmaßnahmen zum Übergang an der ersten Schwelle entwickelt werden, stellen die Möglichkeiten zur Erweiterung und Aktualisierung einen entscheidenden Vorteil des Modells dar.

5.1 Die Bereitstellung von institutionellem Kapital zur Bewältigung des Übergangs an der ersten Schwelle

Im Rahmen des ressourcentheoretischen Modells zum Übergang an der ersten Schwelle wird zwischen institutionellem Kapital, das sich unmittelbar auf die Zugangschancen eines Jugendlichen in eine duale Berufsausbildungsstelle auswirkt (vgl. Kapitel 5.1.1), und institutionellem Kapital, das dem Erwerb von personalem und sozialem Kapital dient und somit die Übergangschance nur mittelbar beeinflusst (vgl. Kapitel 5.1.3), unterschieden.

Auch wenn das Konzept des institutionellen Kapitals neu ist und sein Einfluss daher im Rahmen der Übergangsforschung bisher nicht explizit untersucht werden konnte, lassen sich doch eine Reihe von Forschungsergebnissen zum Übergang von der Schule in die Berufsausbildung finden, die posthoc dem institutionellen Kapital zugeordnet werden können. In Kapitel 5.1.2 werden daher die Forschungsergebnisse zum Einfluss des unmittelbaren institutionellen Kapitals und in Kapitel 5.1.4 die Ergebnisse zum Einfluss des mittelbaren institutionellen Kapitals auf den Übergang an der ersten Schwelle dargestellt.

5.1.1 Theoretische Bezüge zum unmittelbaren institutionellen Kapital

Das unmittelbare institutionelle Kapital wirkt sich unvermittelt auf die Zugangsmöglichkeiten von Jugendlichen in Berufsausbildung aus. Innerhalb der dualen Berufsausbildung wird es vor allem über den Marktmechanismus an die Jugendlichen verteilt und konkretisiert sich als sogenanntes Marktkapital in Ausbildungsplatzzusagen der Betriebe, Praxen und Verwaltungen. Das Marktkapital kann von den Jugendlichen unmittelbar für den Zugang in Berufsausbildung eingelöst werden (Hillmert, 2001; Weil & Lauterbach, 2009). Nicht alle Ausbildungsplätze im dualen System werden aber über den betrieblichen Marktmechanismus vergeben. Ein bestimmter Anteil wird vom Gesetzgeber (z. B. Ausbildungsstellen für sozial benachteiligte Personen nach SGB III) bzw. von der Exekutive (z. B. Ausbildungsstellen aus dem Bund-Länder-Programm Ost für marktbenachteiligte Jugendliche) bereitgestellt und ist deshalb dem Legislativ- und Exekutivkapital zuzuordnen (vgl. Eberhard & Ulrich, 2010c).

Unmittelbares Marktkapital

Unmittelbares Marktkapital wird den Jugendlichen in Form von Ausbildungsplatzzusagen der Betriebe gewährt, die ihre Ausbildungsplätze öffentlich ausschreiben und gegebenenfalls unter Verwendung von Auswahlverfahren besetzen. Jugendliche, die es erwerben wollen, müssen sich somit dem Ausbildungsmarkt stellen. Kapitalgeber unmittelbaren Marktkapitals sind die Betriebe, Praxen und Verwaltungen, die das Recht haben, im Rahmen einer privatrechtlichen Vertragsbeziehung (Lakies & Nehls, 2007) darüber zu entscheiden, welche Personen sie als Auszubildende in ihre Organisationen aufnehmen wollen.

Unmittelbares Marktkapital ermöglicht dem Jugendlichen einen direkten Zugang in Berufsausbildung, ist mit diesem Zugang aber nicht identisch. Denn um dieses Kapital produktiv zu machen, bedarf es einer zustimmenden Entscheidung des Jugendlichen. Hierbei kann es durchaus noch Vorbehalte geben, da der Jugendliche für die Nutzung des Marktkapitals womöglich personale Kapitalien einsetzen müsste, die ihm als Preis zu hoch erscheinen (z. B. berufliche und räumliche Flexibilität, die mit einem Verzicht auf den Wunschberuf bzw. mit einem als nicht attraktiv empfundenen Umzug verbunden sind) (z. B. Beicht & Eberhard, 2009b; Krewerth & Eberhard, 2006; Ulrich et al., 2006b). Sofern das Ziel, in irgendeine Berufsausbildung zu gelangen, in der Zielhierarchie des Jugendlichen nicht höher bewertet wird als die Kosten der Aktivierung dieser personalen Kapitalien, ist eine Absage des Jugendlichen nicht auszuschließen (vgl. Heinz & Krüger, 1985), erst recht nicht, wenn er noch über weitere Alternative verfügt.

Der Ausbildungsmarkt war bislang in erster Linie ein Angebotsmarkt, da der Zugang zur dualen Berufsausbildung durch die Betriebe geregelt wird und es einen Bewerberüberhang gab (Konietzka, 1999a). Bei der Auswahl von Ausbildungsstellenbewerbern sind Betriebe bestrebt, jene Bewerber einzustellen, die ihnen gemäß ihrer Interessen am geeignetsten erscheinen (Imdorf, 2007a, 2009a; Konietzka, 2007). Damit erfolgt die Besetzung von betrieblichen Ausbildungsplätzen unter Konkurrenz (Hillmert, 2001, 2004). Potenzielle Ausbildungskandidaten sind all jene Bewerber, denen die Betriebe die Bewältigung der Mindestanforderungen der Berufsausbildung in einem Maße zutrauen, dass aus ihrer Sicht der betriebliche Ausbildungsnutzen die betrieblichen Ausbildungskosten übersteigt. Bei dieser Kosten-Nutzen-Rechnung kalkulieren sie zum Teil auch künftige Arbeitsleistungen infolge eines sich anschließenden Beschäftigungsverhältnisses mit ein (Imdorf, 2009a, 2010a, 2010b).

Um den passenden Kandidaten zu finden, sortieren Betriebe die Ausbildungsstellenbewerber in Abhängigkeit von deren Qualifikationen und sonstiger entscheidungsrelevanter Merkmale in eine Bewerberschlange sowie die angebotenen Stellen in eine Berufeschlange (vgl. Thurow, 1975, 1979). Diesem Modell (Warteschlangenmodell) folgend, bestimmt die Position des Bewerbers in der Bewerberschlange seine Chance auf eine Ausbildungsstelle. Auf welche Bewerbermerkmale Betriebe im Einzelnen Wert legen, mag von Ausbildungsbetrieb zu Ausbildungsbetrieb unterschiedlich ausfallen. Zur Einschätzung der künftigen Produktivität und Lernfähigkeit des Ausbildungsstellenbewerbers und damit als Signal für die Humankapitalausstattung des Bewerbers dürften jedoch vor allem schulische Bildungszertifikate herangezogen werden (Arrow, 1973; Becker, 1962, 1964; Mincer, 1974; Spence, 1973, 1974). Denn auf Basis von Zertifikaten können Bildungsgruppen definiert werden (Allmendinger, 1989b; Solga, 2004), denen ein unterschiedliches Ausmaß an Leistungsvermögen unterstellt wird (Arrow, 1973; Becker, 1964, 1993; Spence, 1973, 1974).

Ein den Mindestanforderungen einer Ausbildung entsprechendes Qualifikationsprofil reicht als personales Kapital zum Erwerb des von den Betrieben zu vergebenden Zugangskapitals nicht unbedingt aus. Denn neben dem Qualifikationsprofil bestimmt vor allem das Verhältnis zwischen Angebot und Nachfrage den Rangplatz des Bewerbers. Übersteigt die Nachfrage das Angebot, ist die Wahrscheinlichkeit hoch, dass sich ausreichend viele leistungsstarke Personen in der Bewerberschlange befinden. Die Betriebe können es sich in diesem Fall leisten, selbst grundsätzlich geeignete Bewerber (Solga, 2004, 2005b; Solga & Wagner, 2001) mit dem Ziel einer Nutzenmaximierung abzulehnen. Die Wahrscheinlichkeit, selbst weniger anspruchsvolle Berufe mit leistungsstarken, wenn nicht gar überqualifizierten Bewerbern zu besetzen, ist in solchen Zeiten hoch (vgl. Thurow, 1975). Ein unzureichendes Angebot an Ausbildungsplätzen kann damit dazu führen, dass auch ausbildungsreife Ausbildungsstellenbewerber nicht genügend Qualifikationen mitbringen, um bei der Ausbildungsplatzzusage berücksichtigt zu werden. Denn sie sind auf jene hinteren Rangplätze verdrängt worden, denen keine Ausbildungsstellen mehr gegenüberstehen.

Kehren sich die Verhältnisse auf dem Ausbildungsstellenmarkt um und stehen viele Angebote wenigen Bewerbern gegenüber, rücken diese Ausbildungsstellenbewerber wieder auf die vorderen Rangplätze. Ein massiver Angebotsüberhang führt demzufolge dazu, dass Betriebe gezwungen sind, ihre Ansprüche wieder zu senken und auch jene Bewerber in Betracht zu ziehen, die ihnen nicht denselben Ausbildungsnutzen wie frühere Bewerber versprechen. Dies bedeutet jedoch nicht, dass in Zeiten des Nachfragemangels alle Bewerber unweigerlich eine Lehrstelle erhalten. Unterschreitet die eingeschätzte Lernfähigkeit der Bewerber ein Mindestmaß, werden sie erst gar nicht in die Bewerberschlange aufgenommen und werden somit von vornherein von der Lehrstellenvergabe ausgeschlossen. Denn bei einer zu geringen Lernfähigkeit besteht aus Sicht der Betriebe die Gefahr, dass die Ausbildungskosten den Ausbildungsnutzen übersteigen (vgl. Thurow, 1975).

Unmittelbares Legislativkapital

Der Gesetzgeber hat eine Reihe von konkreten Eingliederungsmaßnahmen für benachteiligte Gruppen im Rahmen der SGB III-Gesetzgebung festgelegt, die einen Zugang in überwiegend öffentlich finanzierte Berufsausbildung ermöglichen. Unmittelbares Legislativkapital wird einer Person dann zugesprochen, wenn sie bestimmte Kriterien der Benachteiligung erfüllt.

Außerbetriebliche Ausbildung für benachteiligte Jugendliche (§ 242 SGB III)

Der Staat stellt außerbetriebliche Ausbildungsplätze nach § 242 SGB III für lernbeeinträchtigte und sozial benachteiligte Jugendliche bereit, die selbst mit ausbildungsbegleitenden Mitteln nicht in eine betriebliche Ausbildung vermittelt werden können. Des Weiteren werden außerbetriebliche Plätze nach § 242 SGB III für Jugendliche angeboten, deren betriebliches Ausbildungsverhältnis gelöst wurde und eine erneute Eingliederung der Jugendlichen in eine betriebliche Berufsausbildung nicht möglich ist. In Anspruch genommen werden kann eine außerbetriebliche Ausbildung jedoch nur, wenn die Jugendlichen noch keine berufliche Erstausbildung abgeschlossen und bereits ihre allgemeinbildende Schulpflicht erfüllt haben. Im Rahmen der außerbetrieblichen Ausbildung werden sie durch individuelle sozialpädagogische Förderung in außerbetrieblichen Ausbildungsstätten (integratives Modell) oder in Kooperation zwischen dem Bildungsträger und einem Ausbildungsbetrieb (kooperatives Modell) in anerkannten Ausbildungsberufen nach BBiG/HwO ausgebildet. Vermittelt werden außerbetriebliche Ausbildungsstellen über die Berufsberater der BA, das heißt, um Zugang zu einer außerbetrieblichen Ausbildungsstelle zu erhalten, muss der Jugendliche zunächst Kontakt zur BA aufnehmen.

Innerhalb des unmittelbaren Legislativkapitals kommt der außerbetrieblichen Ausbildung nach § 242 SGB III eine relativ hohe Bedeutung zu. Von den 45.763 in Form von Legislativkapital bereitgestellten Ausbildungsplätzen (Angebote nach § 242 SGB III, Angebote nach § 100 ff. SGB III, Angebote nach BBiG an Berufsfachschulen), die 2009[9] zur Verfügung gestellt wurden, entfielen mehr als die Hälfte der Stellen (26.409) auf außerbetriebliche Ausbildungsangebote nach § 242 SGB III (vgl. Tabelle 1).

Diese Form des institutionellen Kapitals wird auch als ein Instrument zur Kompensation fehlender betrieblicher Lehrstellen genutzt (Schier, 2009). Das heißt, in manchen Regionen, in denen zu wenig Marktkapital verteilt wird, wird der Kreis der lernbeeinträchtigten und sozial benachteiligten Jugendlichen diagnostisch weiter gezogen, um den Jugendlichen ersatzweise Zugang zu unmittelbar nutzbarem Legislativkapital zu ermöglichen (Beicht & Ulrich, 2009, S. 124; Ulrich, 2003). Wie anhand von Tabelle 1 erkennbar ist, ist dies insbesondere in den ostdeutschen Regionen der Fall. Im Jahr 2009 wurden im Osten Deutschlands rund 10,9 % des Ausbildungsangebots auf überwiegend öffentlich finanzierte Ausbildungen für sozial benachteiligte und lernbeeinträchtigte Jugendliche, während es im Westen nur 3,1 % waren.

Ausbildung für behinderte Jugendliche (§§ 100 ff. SGB III)

Neben den außerbetrieblichen Ausbildungsstellen für sozial benachteiligte und lernbeeinträchtigte Jugendliche werden auf gesetzlicher Grundlage auch Ausbildungsplätze für Jugendliche mit Behinderungen bereitgestellt; dabei werden auch berufliche Ausbildungen gefördert, „die im Rahmen des Berufsausbildungsgesetzes

---

9   Bei Fertigstellung der vorliegenden Arbeit lag weder die Zahl der Ausbildungsangebote an Berufsfachschulen im Jahr 2010 noch die Zahl der neu abgeschlossenen Ausbildungsverträge zum 31.12.2010 vor, sodass das Ausbildungsplatzangebot für das Jahr 2009 ausgewiesen wurde.

oder der Handwerksordnung abweichend von den Ausbildungsordnungen für staatlich anerkannte Ausbildungsberufe oder in Sonderformen für behinderte Menschen durchgeführt werden" (§ 101 SGB III). Eine besondere Bedeutung als Lernort kommt den Werkstätten für behinderte Menschen zu.

2009 entfielen im Osten Deutschlands rund 4,2 % des Ausbildungsangebots auf überwiegend öffentlich finanzierte Ausbildungen für Jugendliche mit Behinderungen (vgl. Tabelle 1). Die Differenz zu dem im Westen gemessenen Anteil (1,5 %) ist auch hier auffallend. Sie deutet darauf hin, dass auch die öffentlich finanzierte Berufsausbildung für Jugendliche mit Behinderungen unterschiedlichen Zuteilungsregeln in West und Ost folgt.

Tabelle 1: **Verteilung des unmittelbaren institutionellen Kapitals nach neuen und alten Ländern im Jahr 2009**

	Deutschland		alte Länder		neue Länder	
	absolut	in %	absolut	in %	absolut	in %
Legislativkapital						
• Angebot nach § 242 SGB III	26.409	4,4	15.075	3,1	11.337	10,9
• Angebot nach § 100 ff. SGB III (Reha)	8.880	1,5	4.551	0,9	4.329	4,2
• Angebote in Berufsfachschule (BBiG)	10.474	1,8	6.511	1,3	3.963	3,8
Exekutivkapital						
• Sonderprogramme Bund, Länder	12.870	2,2	4.206	0,9	5.505	5,3
Marktkapital	537.323	90,2	458.612	93,8	78.711	75,8
Ausbildungsplatzangebot insgesamt	595.956	100	488.955	100	103.845	100

Quelle: Berufsbildungsstatistik zum 31.12.2009, BIBB-Erhebung über neu abgeschlossene Ausbildungsverträge zum 30.09.2009, Ausbildungsmarktstatistik der BA zum 30.09.2009, Schulstatistik des Statistischen Bundesamts zum Schuljahr 2009/2010, eigene Berechnungen

Ausbildung an Berufsfachschulen nach BBiG/HwO (§ 43 Abs. 2, BBiG)

Neben der klassischen betrieblichen Ausbildung und der außerbetrieblichen Ausbildung schuf die Bundesregierung bereits mit dem BBiG von 1969 die Möglichkeit, Jugendliche vollzeitschulisch an Berufsfachschulen in Berufen nach BBiG/HwO auszubilden und zur Kammerprüfung zuzulassen (§ 40, Abs. 3, BBiG a. F.). Ziel der vollzeitschulischen Ausbildung nach BBiG/HwO ist die Versorgung von Jugendlichen ohne betriebliche Ausbildungsstelle, um hierdurch kostenintensive Warteschleifen im Übergangssystem zu umgehen (Bundesministerium für Bildung und Forschung, 2005). Im Vergleich zu der betrieblichen Berufsausbildung nach BBiG/HwO stellt die vollzeitschulische Berufsausbildung nach BBiG/HwO ein kleines Ausbildungssegment dar. So befanden sich im Schuljahr 2009 bundesweit insgesamt 35.788 Jugendliche in einer vollzeitschulischen Berufsausbildung nach BBiG/HwO, während 1.446.452 Jugendliche betrieblich ausgebildet wurden (Beicht & Ulrich, 2010a). Angeboten wird die berufsfachschulische Ausbildung nach BBiG/HwO insbesondere in den neuen Bundesländern. Hier absolvierten im Schuljahr 2009 21 % der Berufsfachschüler die vollzeitschulische Berufsausbildung nach BBiG/HwO, während es in den alten Ländern nur 10 % waren (Feller, 2010). Anders als außerbetriebliche oder betriebliche Auszubildende schließen Jugendliche, die eine vollzeitschulische Ausbildung in einem BBiG- oder HwO-Beruf beginnen, keinen Ausbildungsvertrag ab. Damit haben sie nicht den Status eines Auszubildenden, sondern den eines Schülers. Mit der Novellierung des BBiG wurde die Berechtigung zur Anerkennung einer Ausbildung an Berufsfachschulen vom Bund auf die Länder übertragen. Welche Bildungsgänge ersatzweise schulisch absolviert werden können und zur Kammerprüfung zuzulassen sind, darüber hat seit 2005 die jeweilige Landesregierung im Benehmen mit dem jeweiligen Landesausschuss für Berufsbildung zu entscheiden (§ 43 Abs. 2 BBiG). Typische duale Berufe, die vollzeitschulisch ausgebildet werden, sind beispielsweise Kosmetiker/-in, Verkäufer/-in, Hauswirtschafter/-in oder technische/-r Zeichner/-in (Feller, 2009).

Unmittelbares Exekutivkapital

Unter dem Begriff des Exekutivkapitals werden Programme subsumiert, die selbst nicht gesetzlich fixiert sind, die Übergänge von Jugendlichen jedoch unmittelbar beeinflussen, da auch sie zusätzliche Ausbildungsstellenangebote bereitstellen. Derzeit existieren rund 70 Programme, die Berufsausbildungsstellen für bestimmte Gruppen von benachteiligten Jugendlichen zur Verfügung stellen (Kretschmer et al., 2009). Dabei handelt es sich zum einen um zusätzliche Ausbildungsplätze, die im Rahmen der Bund-Länder-Programme Ost und der (ergänzenden) ostdeutschen Länderprogramme für sogenannte „marktbenachteiligte" Jugendliche in Regionen mit fehlenden betrieblichen Ausbildungsplätzen noch bis zum Jahr 2010 angeboten wurden (Beicht & Ulrich, 2009; Bundesministerium für Bildung und Forschung, 2009, 2010). Darüber hinaus werden insbesondere im Westen über Länderprogramme überwiegend öffentlich finanzierte Plätze für sozial- oder lernbeeinträchtigte Jugendliche oder für besondere Zielgruppen, wie zum Beispiel für alleinerziehende Mütter oder

Väter, bereitgestellt. Beispiele[10] sind das Förderprogramm „Förderung zusätzlicher betrieblicher Ausbildungsplätze für benachteiligte Jugendliche" in Schleswig-Holstein (Kretschmer et al., 2009) oder das Programm „3. Weg in die Berufsausbildung in NRW", welches eine modularisierte Berufsausbildung für ausbildungswillige, aber nicht ausbildungsreife Jugendliche eröffnet (Bundesministerium für Bildung und Forschung, 2010; Kretschmer et al., 2009). Im Vergleich zum unmittelbaren Legislativkapital nimmt das unmittelbare Exekutivkapital ein geringeres Gewicht ein (vgl. Tabelle 1).

5.1.2 Forschungsergebnisse zum Einfluss des unmittelbaren institutionellen Kapitals

Die Forschungsergebnisse zum Übergang von der Schule in die Berufsausbildung weisen den starken Einfluss des unmittelbaren institutionellen Kapitals – abgebildet über das Verhältnis zwischen Angebot und Nachfrage – auf die Übergangschancen von Jugendlichen nach (vgl. u. a. Bender & Dietrich, 2001; Hillmert, 2001, 2004; Konietzka, 1999a). Verlassen Jugendliche die Schule in Zeiten eines angespannten Lehrstellenmarktes, so müssen sie trotz guter Schulabschlüsse, einem fördernden Elternhaus und Netzwerkressourcen längere Übergangszeiten in Kauf nehmen. Neben zeitgebundenen Merkmalen spielen regionale Faktoren eine entscheidende Rolle (Beicht & Ulrich, 2008b). So hatten Jugendliche aus den neuen Ländern aufgrund des chronischen betrieblichen Ausbildungsplatzdefizits lange Zeit eine geringere Chance auf eine betriebliche Ausbildungsstelle als Jugendliche aus den alten Ländern (Beicht & Ulrich, 2008b; Friedrich, 2009a; Ulrich & Krewerth, 2006a).

In Zeiten oder Regionen, in denen das Angebot unter der Nachfrage liegt, sinkt demzufolge die Einmündungschance von ausbildungsinteressierten Jugendlichen (Konsortium Bildungsberichterstattung, 2006). Insbesondere leistungsschwächere Jugendliche, die nicht auf eine Ausbildung im Schulberufssystem oder an Universitäten ausweichen können (Eberhard & Ulrich, 2010c; Gericke, 2003; Pütz, 1993), rücken im Rahmen des Warteschlangenmodells auf die hinteren Plätze und verbleiben daher oftmals ohne einen Ausbildungsplatz.

Allerdings ist neben der regional unterschiedlichen betrieblichen Angebotshöhe (Marktkapital) auch die regionale Disparität in den Angebotsstrukturen nicht zu vernachlässigen. Wie Eberhard und Ulrich (2011) zeigen konnten, unterscheiden sich die neuen und die alten Länder in ihrem institutionellen Umgang mit erfolglosen Ausbildungsstellenbewerbern. Während der Osten sie wesentlich öfter mit

---

10   Einen Überblick über die aktuellen Länderprogramme zur Förderung der dualen Berufsausbildung nach BBiG/ HwO gibt die Datenbank Länderaktiv des BIBB: http://www.laenderaktiv.de.

vollqualifizierenden Ausbildungsplätzen bei außerbetrieblichen Bildungsträgern und in Berufsfachschulen versorgte (Legislativkapital), wurden die Betroffenen im Westen bislang vor allem über teilqualifizierende Maßnahmen des Übergangssystems aufgefangen (vgl. auch Kapitel 3.3). Die Ergebnisse verdeutlichen zugleich, dass bei der Vergabe von Legislativkapital der Begriff der Benachteiligung dehnbar ist. Soweit unmittelbares Legislativkapital vorhanden ist, wird es von der BA genutzt, um ausbildungsreife, aber bei der Ausbildungsstellensuche erfolglose Jugendliche ersatzweise mit vollqualifizierenden Ausbildungsstellen zu versorgen. Auch für die Schweiz konnte die enorme Bedeutung der regionalen Angebotsstruktur sowie der Wirtschaftslage auf die Übergangschancen in eine Berufsausbildung nachgewiesen werden (Meyer, 2004; Seibert et al., 2009).

Neben dem Verhältnis zwischen Angebot und Nachfrage korreliert auch die Einwohnerdichte mit der Übergangschance von Jugendlichen. So spricht Heinz (1988) das Risiko von Jugendlichen mit unteren Bildungsabschlüssen an, die in urbanisierten Regionen leben. Gerade sie seien häufig von prekären Übergangsverläufen betroffen (Heinz, 1988, S. 13). Tatsächlich haben Jugendliche, die in Großstädten wohnen, eine geringere Chance auf eine Berufsausbildungsstelle als Jugendliche, die in weniger dicht besiedelten Gebieten leben (Ulrich, Eberhard & Krekel, 2007). Dies ist der Fall, obwohl in Großstädten in Relation zur Wohnbevölkerung und zur Zahl der dort lebenden ausbildungsinteressierten Jugendlichen deutlich mehr Ausbildungsplätze angeboten werden. Wie aber von Ulrich et al. (2007) festgestellt wurde, ist gerade das Leben in einer Großstadt mit Nachteilen bei der Suche nach einer Lehrstelle verbunden. Zum einen ist hier – trotz einem vergleichsweise hohen Angebot an Ausbildungsplätzen – die Konkurrenz um Ausbildungsstellen besonders groß, weil Ausbildungsstellenbewerber nicht nur mit den ansässigen Jugendlichen, sondern auch mit vielen Jugendlichen aus dem regionalen Umfeld konkurrieren müssen. So konnten die Autoren vor allem in den ländlichen Regionen mit einer geringen Einwohnerdichte eine hohe Bereitschaft der Bewerber zur regionalen Mobilität ausmachen. Dagegen zeigten sich Jugendliche aus den Großstädten kaum regional mobil, sodass die Nettobewegungen in die Ballungszentren nahezu allesamt positiv ausfielen (Ulrich, 2006b). Zum anderen ist das Leben in der Großstadt mit einer geringeren institutionellen Anbindung und stärkeren Anonymisierung verbunden. So sind in den Ballungsräumen besonders viele Bewerber zu finden, die nach der Statistik der BA unbekannt verbleiben (vgl. Bundesagentur für Arbeit, 2009a, 2010). Dies führt dazu, dass institutionelles und soziales Kapital seltener zur Verfügung stehen bzw. seltener genutzt werden.

Um eine betriebliche Ausbildungsplatzzusage zu erhalten (Marktkapital), benötigen Jugendliche einen Vertrauensvorschuss. Denn wie der Jugendliche sich später in der Ausbildung verhält und ob er sich bewährt, ist vor Ausbildungsbeginn für die Betriebe nicht klar abschätzbar. Dieser Vertrauensvorschuss wurde weiter oben mit symbolischem Kapital umschrieben (vgl. Kapitel 4.3). Untersuchungen deuten darauf hin, dass das symbolische Kapital bestimmten Personengruppen offenbar unabhängig von ihrer Leistungsfähigkeit seltener gewährt wird. So haben Migranten selbst unter Kontrolle ihrer schulischen Leistungen geringere Chancen beim Übergang in eine Lehrstelle als Jugendliche ohne Migrationshintergrund (Beicht & Granato, 2009; Beicht & Ulrich, 2008b; Friedrich, 2009a; Ulrich et al., 2006a). Migranten werden womöglich grundsätzlich seltener als kreditwürdig hinsichtlich der erfolgreichen Bewältigung der Lehrzeit eingeschätzt (Haeberlin et al., 2005). Das gleiche Phänomen ist bei älteren Bewerbern zu beobachten. Ihnen wird öfter unterstellt, sie hätten größere Schwierigkeiten, sich zu integrieren und könnten somit den betrieblichen Ablauf stören (Imdorf, 2007a, 2007b). Und auch die schlechteren Zugangschancen von Altbewerbern (Beicht & Eberhard, 2009a; Beicht & Ulrich, 2010c; Ulrich & Krekel, 2007) müssen womöglich auf potenzielle Vorbehalte zurückgeführt werden. Die Forscher des Nationalen Forschungsprogramms „Die Bedeutung formaler und inhaltlicher Bildungsqualifikationen für die Lehrstellensuche von in- und ausländischen Jugendlichen unter besonderer Berücksichtigung des Geschlechts" postulieren, dass die betroffenen Personen demzufolge versuchen müssen, die negativen Signale, die sie aus Sicht der Eingangswächter aussenden, mit einem höherwertigen Schulabgangszeugnis zu kompensieren (Haeberlin et al., 2005).

5.1.3 Theoretische Bezüge zum mittelbaren institutionellen Kapital

Anders als das unmittelbare institutionelle Kapital vermag das mittelbare institutionelle Kapital den Übergang nicht unvermittelt sicherzustellen. Vielmehr dient es dem Erwerb von Ressourcen, die sich auf der Ebene des personalen Kapitals (z. B. Bewerbungstraining in Schulen, Erwerb eines höheren Bildungsabschlusses), des sozialen Kapitals (z. B. Erwerb sozialen Kapitals durch die Betreuung durch Berufseinstiegsbegleiter) und des symbolischen Kapitals manifestieren und die anschließend wiederum für die weitere mittelbare oder unmittelbare Erschließung eines Ausbildungszugangs genutzt werden können. Die Angebote mittelbaren institutionellen Kapitals sind äußerst vielfältig und reichen von der Berufsvorbereitung in der allgemeinbildenden Schule, die sich an alle Schüler richtet, über die Jugendberufshilfe, welche sozial benachteiligte Jugendliche unterstützt, bis hin zu spezifischen Maßnahmen des Übergangssystems, die für Jugendliche ohne Lehrstelle konzipiert wurden. Eine Sonderstellung nimmt das mittelbare Marktkapital ein.

Mittelbares Marktkapital

Mittelbares Marktkapital gewähren die Betriebe, Praxen und Verwaltungen den Jugendlichen in Form von Einladungen zu Bewerbertests, Vorstellungsgesprächen und Probearbeitstagen. Mittelbares Marktkapital erhält somit überall dort eine besondere Bedeutung, wo die Eingangswächter in Berufsausbildung ein mehrstufiges Auswahlverfahren praktizieren (z. B. Bewertung der eingegangenen schriftlichen Bewerbungen, Eignungstests, Vorstellungsgespräche, Probetage).

Mittelbares Legislativkapital

Auf der Ebene des Legislativkapitals nehmen die Maßnahmen der BA im Rahmen der SGB III-Gesetzgebung den größten Raum ein. Ebenso wie die Hilfen im Schulsystem sollen sie vor allem die personalen Ressourcen bzw. die Handlungs- und Entscheidungskompetenz der Jugendlichen verbessern und damit ihre Übergangschancen erhöhen.

Berufsberatung und Ausbildungsvermittlung durch die Bundesagentur für Arbeit

Die BA ist im Rahmen der Maßnahmen zur vertieften Berufsorientierung (§ 33 SGB III) für die Förderung einer frühzeitigen beruflichen Orientierung von Schülern zuständig. Diese Förderung findet während des regulären Schulunterrichts statt. Außerhalb der regulären Unterrichtszeit konnten – befristet bis zum 31.12.2010 – Maßnahmen für die erweiterte Berufsorientierung über einen Zeitraum von vier Wochen erfolgen (§ 421 SGB III). Kern der institutionellen Hilfe stellt jedoch die individuelle Berufsberatung und Ausbildungsstellenvermittlung dar. So ist die BA vom Gesetzgeber beauftragt, Jugendliche, die eine duale Berufsausbildung anstreben, einerseits im Rahmen der individuellen Berufswahl (§§ 29 ff. SGB III) und andererseits bei der Lehrstellenvermittlung zu unterstützen (§§ 35 ff. SGB III).

Welchen Jugendlichen letztendlich der Status eines „Ausbildungsstellenbewerbers" und damit konkrete Unterstützung bei der Lehrstellensuche gewährt wird, darüber entscheidet die Arbeitsverwaltung. Denn die „Agentur für Arbeit hat durch Vermittlung darauf hinzuwirken, dass (...) Arbeitgeber geeignete Arbeitnehmer und Auszubildende erhalten. Sie hat dabei die Neigung, Eignung und Leistungsfähigkeit der Ausbildungsuchenden und Arbeitsuchenden sowie die Anforderungen der angebotenen Stellen zu berücksichtigen" (§ 35 SGB III). Dies bedeutet, die Arbeitsverwaltung hat nur jene Personen als Ausbildungsstellenbewerber zu führen, die eine Vermittlung „in anerkannten Ausbildungsberufen nach dem BBiG wünschen und deren Eignung dafür geklärt ist bzw. deren Voraussetzungen dafür gegeben sind"

(Bundesagentur für Arbeit, 2009a, S. 4). Aus diesem Grunde werden nur jene Rat-
suchende, die nach Maßgabe der BA als „ausbildungsreif" gelten (Nationaler Pakt
für Ausbildung und Fachkräftenachwuchs in Deutschland, 2006b), in den Kreis
der Ausbildungsstellenbewerber aufgenommen und bei der Lehrstellensuche unterstützt.[11]

Seit Januar 2005 ist die Aufgabe der Gewinnung von Berufsausbildungsstellen
und der Vermittlung von Bewerbern in Ausbildungsstellen nicht nur der BA zugeordnet, sondern stellt auch eine Aufgabe der Arbeitsgemeinschaften nach § 44 b
SGB II (ARGEn) und der zugelassenen kommunalen Träger dar (Bundesagentur für
Arbeit, 2009a). Ende 2009 erstmals mögliche Vergleiche zeigen, dass die Ausbildungsstellenbewerber, die von den zugelassenen kommunalen Trägern geführt werden, deutlich seltener in eine Berufsausbildungsstelle einmünden als Bewerber, die
bei den Agenturen für Arbeit und den Arbeitsgemeinschaften registriert sind (Bundesagentur für Arbeit, 2009a). Ob diese Differenz allein auf die Unterschiede in den
Merkmalen der beiden Personenkreise oder aber womöglich auch auf institutionelle
Besonderheiten zurückzuführen ist, ist zurzeit unklar.

Allgemeinbildende Schulen

In den Ländern lässt sich gegenwärtig eine Bewegung zur Reform der allgemeinbildenden Schulen der Sekundarstufe I mit dem Ziel beobachten, die Schüler früher
und intensiver als bislang mit der Aufgabe der Berufsfindung und den Anforderungen der Arbeitswelt vertraut zu machen. Kernelemente sind eine frühzeitige individuelle Diagnostik der spezifischen Kompetenzen des Jugendlichen, eine individuelle
Förderplanung und eine starke Einbindung von Praxisphasen, um die Orientierung
und Lernmotivation der Schüler zu stärken. So ist auf der Ebene der Schulgesetze
der Länder bereits die Betreuung von abschlussgefährdeten Jugendlichen in besonderen Klassen, den sogenannten Praxisklassen, geregelt. Praxisklassen werden z. B.
in den Bundesländern Bayern, Nordrhein-Westfalen (BuS-Klasse), Hessen, Thüringen oder Saarland angeboten. Durch die Verbindung von theoretischem und prak-
tischem Lernen – insbesondere durch einen praxis- und berufsorientierten Unterricht – sollen die Jugendlichen intensiv auf den Übergang in eine Berufsausbildung
vorbereitet, ihre Lernmotivation gesteigert und ihre schulische Leistung verbessert
werden (Gaupp & Hofmann-Lun, 2008b).

---

11   Durch die Aufnahme in den Kreis der Ausbildungsstellenbewerber erhalten diese Jugendlichen somit mögli-
      cherweise auch symbolisches Kapital, sofern dieser Verwaltungsakt auch ihren von den Betrieben perzipierten
      Status verbessert.

Berufseinstiegsbegleiter (§ 421s SGB III)

Ein arbeitsmarktpolitisches Modellprojekt aus dem SGB III-Bereich, das auf der Schulebene angesiedelt ist, betrifft die Berufseinstiegsbegleitung. Sie dient nicht nur dem Erwerb von personalen Ressourcen, sondern dem Jugendlichen soll auch persönliches Coaching mittels eines Einstiegsbegleiters gewährt werden, der die Rolle eines Mentors übernimmt und ein besonderes Vertrauensverhältnis zum Jugendlichen aufbauen soll. So sollen fest angestellte Berufseinstiegsbegleiter abschlussgefährdete Jugendliche auf dem Weg zu einem Schulabschluss sowie bei der Berufswahl und Lehrstellensuche individuell unterstützen. Die Begleitung endet ein halbes Jahr nach Beginn der Berufsausbildung – spätestens 24 Monate nach Verlassen der Schule (Bundesinstitut für Berufsbildung, 2009a). Die Berufseinstiegsbegleiter wurden erstmalig 2009 an 1.000 ausgewählten Schulen eingesetzt.

Jugendsozialarbeit an Schulen (§ 13 SGB VIII)

Sozialpädagogische Fachkräfte der Jugendhilfe betreuen Jugendliche an Haupt-, Berufsschulen und Förderschulen (Hauptschulstufe), die aufgrund ihrer sozialen Benachteiligung oder individuellen Beeinträchtigung auf Unterstützung angewiesen sind. Es werden Hilfen angeboten, welche die schulische und berufliche Ausbildung, die Eingliederung in die Arbeitswelt und die soziale Integration der Jugendlichen fördern sollen.

Maßnahmen zur Berufsvorbereitung an Berufsschulen

Auf der Ebene der Schulgesetze der Länder ist die Berufsvorbereitung an Berufsschulen geregelt. Hierunter können unter anderem das Berufsgrundbildungsjahr (BGJ), das Berufsvorbereitungsjahr (BVJ) und die teilqualifizierende Berufsfachschule subsumiert werden (Statistisches Bundesamt, 2009b). Zielgruppen sind jene Jugendlichen, die das allgemeinbildende Schulsystem der Sekundarstufe I bereits verlassen haben, die aber nicht unmittelbar in eine Berufsausbildung einmünden. Ihnen allen ist gemeinsam, dass sie Qualifikationen vermitteln sollen, welche später den Übergang erleichtern. So besteht in vielen teilqualifizierenden Bildungsgängen die Möglichkeit, einen Hauptschulabschluss bzw. einen noch höheren Schulabschluss und somit im Sinne des ressourcentheoretischen Modells kulturelles Kapital zu erwerben.

Berufsvorbereitung von bereits volljährigen Jugendlichen

Jugendlichen, die als (noch) nicht ausbildungsreif gelten und auch nicht für eine außerbetriebliche Berufsausbildung vorgesehen sind, wird der Status eines Ausbildungsstellenbewerbers nicht zuerkannt. Sie erhalten damit keine institutionellen Hilfen bei der Vermittlung von Lehrstellen, sondern werden an berufsvorbereitende Bildungsmaßnahmen (§ 61 SGB III) verwiesen. Der Teilnehmerkreis ist jedoch auf jene Jugendlichen beschränkt, die nicht mehr in der Schulpflicht stehen und noch nicht das 25. Lebensjahr vollendet haben. Ziel der Maßnahmen ist die Ausbildungsvorbereitung und die Eingliederung in Ausbildung oder Erwerbstätigkeit. Die Inhalte sind breit aufgestellt und umfassen verschiedene Qualifizierungsebenen, die von der Grundstufe (Kernelement Berufsorientierung/Berufswahl) über die Förderstufe (Kernelement Berufliche Grundfertigkeiten) bis zur Übergangsqualifizierung (Kernelement berufs- und betriebsorientierte Qualifizierung) reichen. Die Maßnahmen werden an die individuellen Bedürfnisse der zu fördernden Jugendlichen angepasst und sozialpädagogisch begleitet. Durchgeführt werden sie von regionalen Bildungsträgern. Die Förderungsdauer beträgt maximal zehn Monate (Bundesagentur für Arbeit, 2009b). Obwohl sich die berufsvorbereitenden Maßnahmen der BA an nicht ausbildungsreife Jugendliche richten, münden insbesondere in Zeiten eines angespannten Lehrstellenmarktes auch ausbildungsreife Personen in sie ein. Im Jahr 2010 mündeten rund 5 % der bei der BA und bei den Arbeitsgemeinschaften gemeldeten Ausbildungsstellenbewerber in berufsvorbereitenden Maßnahmen ein (Beicht & Eberhard, 2011a).

Die von der Arbeitsverwaltung organisierte Berufsvorbereitung und die schulische Berufsvorbereitung sind beide zum Teil institutionell mit dem außerbetrieblichen Ausbildungszugang verknüpft. So ist der Zugang nach § 242 SGB III zu eröffnen, wenn „dem an der Maßnahme teilnehmenden Auszubildenden auch mit ausbildungsbegleitenden Hilfen eine Ausbildungsstelle in einem Betrieb nicht vermittelt werden kann" und „der Auszubildende nach Erfüllung der Vollzeitschulpflicht nach den Gesetzen der Länder an einer nach Bundes- oder Landesrecht auf einen Beruf vorbereitenden Maßnahme mit einer Dauer von mindestens sechs Monaten teilgenommen hat".[12]

Einstiegsqualifizierung (§ 235b SGB III)

Bei der Einstiegsqualifizierung (EQ) handelt es sich um eine Ausbildungsvorbereitung, die für die Dauer von sechs bis längstens zwölf Monaten als Praktikum in einem Ausbildungsbetrieb erfolgt. Sie wurde als Instrument im Rahmen des Nationalen Paktes als Übergangshilfe für Jugendliche ohne Ausbildungsvertrag entwickelt (Nationaler Pakt für Ausbildung und Fachkräftenachwuchs in Deutschland, 2004).

---

12   Vom 01.08.2009 konnte „in begründeten Ausnahmefällen zugunsten von sozial benachteiligten Jugendlichen bis zum 31. Dezember 2010 von der Erfordernis der vorherigen Teilnahme an einer auf einen Beruf vorbereitenden Maßnahme abgesehen werden" (Bundesministerium für Bildung und Forschung, 2010, S. 40 f.).

Ziel der EQ ist die Vermittlung und Vertiefung von Grundlagen für den Erwerb beruflicher Handlungsfähigkeit im betrieblichen Kontext. Zentrale Aspekte der betrieblichen Ausbildung sind in der EQ aufgegriffen: Zwischen Jugendlichen und Betrieb wird ein Vertrag geschlossen; die EQ kann ausschließlich in anerkannten Berufen nach BBiG/HwO stattfinden; der Jugendliche besucht die Teilzeitberufsschule und erhält eine Vergütung von rund 200 Euro, die jedoch von der BA zunächst an den EQ-Betrieb bezahlt wird. Sollte der Jugendliche von dem Betrieb als Auszubildender übernommen werden, kann die Zeit der EQ auf die anschließende Ausbildung im Betrieb angerechnet werden.

Nach § 235 SGB III sind folgende Gruppen im Rahmen einer EQ förderfähig:

1. Bei der Agentur für Arbeit gemeldete Ausbildungsbewerber mit aus individuellen Gründen eingeschränkten Vermittlungsperspektiven, die auch nach den bundesweiten Nachvermittlungsaktionen keinen Ausbildungsplatz haben.

   Die Rede „von bei der Agentur für Arbeit gemeldeten Ausbildungsbewerbern mit aus individuellen Gründen eingeschränkten Vermittlungsperspektiven" (§ 235 SGB III) scheint der Regel zu widersprechen, dass als Bewerber für Berufsausbildungsstellen nur diejenigen Jugendlichen zählen sollen, „die im Berichtsjahr individuelle Vermittlung in eine betriebliche oder außerbetriebliche Berufsausbildungsstelle in anerkannten Ausbildungsberufen nach dem BBiG wünschen und deren Eignung dafür geklärt ist bzw. deren Voraussetzungen dafür gegeben sind" (Bundesagentur für Arbeit, 2009a, S. 4). Doch wird im Rahmen des Ausbildungsreife-Konstrukts zwischen Ausbildungsreife, Berufseignung und Vermittelbarkeit unterschieden (vgl. dazu auch § 32 SGB III). Demnach kann ein Bewerber ausbildungsreif und für einen Ausbildungsberuf geeignet sein, aber nicht vermittelbar. Einschränkungen der Vermittelbarkeit können zum einen „marktabhängig und betriebs- bzw. branchenbezogen bedingt sein", sie können aber gegebenenfalls auch in der Person selbst oder ihrem Umfeld liegen (Nationaler Pakt für Ausbildung und Fachkräftenachwuchs in Deutschland, 2006b, S. 16), z. B. aufgrund von individuellen Mobilitätshemmnissen oder eines wenig vorteilhaften äußeren Erscheinungsbildes. Eine trennscharfe Abgrenzung der Gründe dürfte in der Praxis schwierig sein: Denn „Betriebe können in ihren Anforderungen durchaus über die Eignungskriterien für den in Frage stehenden Beruf hinaus zusätzliche Anforderungen haben oder einen höheren Maßstab anlegen (im Sinne einer „Maximaleignung" oder aufgrund betriebsspezifischer Besonderheiten). Das heißt, auch bei gegebener Berufseignung kann die Vermittelbarkeit im konkreten Fall eingeschränkt sein" (Nationaler Pakt für Ausbildung und Fachkräftenachwuchs in Deutschland, 2006b, S. 16), und somit können auch individuelle Gründe der Nichtvermittelbarkeit an Relevanz gewinnen, die bei einer veränderten Marktlage von den Betrieben ignoriert würden.

2. Ausbildungssuchende, die noch nicht in vollem Maße über die erforderliche Ausbildungsreife verfügen
3. sowie lernbeeinträchtigte und sozial benachteiligte Ausbildungssuchende.

Sozialpädagogische Begleitung und organisatorische Unterstützung bei betrieblicher Berufsausbildung und Berufsausbildungsvorbereitung (§ 241a SGB III)

Jugendliche, die aufgrund ihrer Lernbeeinträchtigung oder ihrer sozialen Benachteiligung besondere Betreuung benötigen, erhalten im Rahmen einer Berufsausbildungsvorbereitung oder EQ sozialpädagogische Begleitung. Ebenfalls unterstützt werden Klein- oder Mittelbetriebe, die eine betriebliche Ausbildung, Berufsausbildungsvorbereitung oder EQ von lernbeeinträchtigten und sozial benachteiligten Jugendlichen anbieten.

Ausbildungsbonus für Altbewerber (§ 421r SGB III)

Betriebe, die einen zusätzlichen betrieblichen Ausbildungsplatz für Altbewerber (Jugendliche, die im Vorjahr oder früher die Schule verließen) ohne Schulabschluss oder mit Sonderschulabschluss, einem Hauptschulabschluss oder einem mittleren Schulabschluss mit einer höchstens ausreichenden Abschlussnote in Deutsch oder Mathematik bereitstellen, wird auf Antrag ein Ausbildungsbonus gewährt – gestaffelt in Höhe von 4.000, 5.000 oder 6.000 Euro. Auch für die Bereitstellung einer zusätzlichen Stelle für lernbeeinträchtigte oder sozial benachteiligte Altbewerber erhalten die Betriebe einen Bonus. Er kann zudem auch dann gewährt werden, wenn die zusätzliche Stelle an einen Altbewerber vergeben wird, der über einen höheren Schulabschluss verfügt, aber bereits seit mehr als zwei Jahren erfolglos auf Lehrstellensuche war.

Mittelbares Exekutivkapital

Mittelbares Exekutivkapital dient – ähnlich dem mittelbaren Legislativkapital – dem Aufbau von personalem und sozialem Kapital, das wiederum genutzt werden kann, um unmittelbares institutionelles Kapital zu erschließen.

Allgemeinbildende Schulen

Die Vielzahl und Vielfalt der schulischen Unterstützungsangebote ist kaum zu überblicken (Braun, Richter & Marquardt, 2007). Insbesondere an Hauptschulen ist die Vielfalt groß, da sie das Ziel verfolgen, ihre Schüler bereits während der Schulzeit gründlich auf die Arbeitswelt vorzubereiten (Braun et al., 2007), wohingegen die institutionell verankerte Berufsvorbereitung an Gymnasien weniger stark ausgeprägt ist (Eberhard & Ulrich, 2006). Trotz der Mannigfaltigkeit an Angeboten lässt sich eine grobe Angebotsstruktur ausmachen. So zielen die Angebote zum einen auf eine Verbesserung der schulischen Leistungen ab, dienen aber auch dem Erwerb von berufsfachlichem Wissen und überfachlicher Kompetenzen sowie von konkreten Handlungskompetenzen.

Zur Verbesserung der schulischen Leistungen wird Förderunterricht für die Hauptfächer in Kleingruppen angeboten. Genutzt wird dieser jedoch nicht nur, um Defizite auszugleichen, sondern auch, um bereits gute Schulleistungen noch weiter zu verbessern (Gaupp et al., 2008b). Darüber hinaus wird der Werkunterricht eingesetzt, um die Arbeitstugenden und das Selbstwertgefühl der Jugendlichen zu steigern (Gaupp et al., 2004). Daneben stellen Schülerfirmen eine weitere Möglichkeit dar, um kulturelles Kapital, aber auch um überfachliche Qualifikationen zu erwerben (Braun et al., 2007). Praktika gehören mittlerweile zum Standardprogramm, da sie für die Schüler der Sekundarstufe I verpflichtend sind (Braun et al., 2007). Allerdings nutzen Jugendliche über das Pflichtpraktikum hinaus weitere Praktika, sodass sich Variationen in der Anzahl und Dauer der absolvierten Betriebspraktika feststellen lassen (Hofmann-Lun, Gaupp, Lex, Mittag & Reißig, 2004). Ein Thema, das schwerpunktmäßig in den Hauptschulen behandelt wird (Gaupp et al., 2004), ist das Verfassen von Bewerbungsschreiben (68 % der Befragten gaben an, dass sie dies taten) und das Üben von Bewerbungsgesprächen (65 % gaben dies an). Es handelt sich in beiden Fällen um zentrale übergangsrelevante Handlungskompetenzen (ebenda).

Programme des Bundes und der Länder

Die Anzahl der vor Ort implementierten Programme des Bundes und der Länder differiert stark in Abhängigkeit des Bundeslandes. Unterschiedliche Organisationen (z. B. Schulen, Träger) sind für die Implementierung verantwortlich. Im Bereich des mittelbaren Exektivkapitals lassen sich Programme in den Handlungsfeldern Schule, Berufsvorbereitung und Übergang identifizieren. Programme, die in der Schule ansetzen, stellen entweder berufsorientierende Angebote oder Präventionen von Schulmüdigkeit und Schulverweigerung dar. Ein aktuelles Beispiel ist das Programm des BMBF mit dem Titel „Maßnahmen zur Verbesserung der Berufsorientierung in überbetrieblichen und vergleichbaren Berufsbildungsstätten", das insbesondere Hauptschülern zugutekommen soll. Im Rahmen des Programms sollen Jugendliche bereits während der siebten oder achten Klasse verschiedene Berufsfelder in der Schule theoretisch kennenlernen und sich anschließend bei Berufsbildungsstätten in diesen praktisch ausprobieren. Zusätzlich erhalten die Jugendlichen eine individuelle berufsübergreifende Potenzialanalyse (Bundesministerium für Bildung und Forschung, 2011). Im Handlungsfeld Berufsvorbereitung unterscheiden Kretschmer et al. (2009) längere Maßnahmen, die bis zu zwölf Monaten andauern, von solchen mit kürzerer Dauer. Im Jahr 2009 wurden Projekte des BMBF-Programms „JOBSTARTER CONNECT" gestartet, bei denen Jugendliche mittels Ausbildungsbausteinen aus 14 Berufen des dualen Systems schrittweise zum Berufsabschluss geführt werden sollen. Die Bausteine stellen aus den Ausbildungsordnungen gewonnene Teilmodule dar, die dazu dienen sollen, Berufsvorbereitung und Berufsausbildung besser miteinander zu verzahnen und insbesondere Jugendlichen in Warteschleifen, Altbewerbern sowie Personen ohne Berufsabschluss einen Weg in das duale System der Berufsausbildung zu eröffnen (Bundesministerium für Bildung und Forschung, 2010).

In den Ländern wurden von den Landesregierungen zum Teil sehr umfassende Programmansätze entwickelt. Beispielsweise zielt das Programm „Qualitätsstandards zur Optimierung der lokalen Vermittlungsarbeit bei der Schaffung und Besetzung von Ausbildungsplätzen in Hessen (OloV)" nicht nur auf eine verbesserte Berufsorientierung mit Förderung der Ausbildungsreife, sondern auch auf die Akquise von Ausbildungs- und Praktikumsplätzen sowie auf die Passung und Vermittlung der Jugendlichen in Ausbildung (Brasch, Kendzia, Lenz, Mader und Schindler, 2010). Speziell zur Verbesserung der Berufsorientierung und Förderung der Ausbildungsreife sollen unter anderem in den Schulen Curricula für die Gestaltung und Umsetzung eines fächerübergreifenden Ansatzes entwickelt, Kompetenzfeststellungsverfahren durchgeführt, individuelle Förderpläne in die Wege geleitet sowie regionale Berufsorientierungsveranstaltungen und Bewerbungstrainings durchgeführt werden. Eine besondere Bedeutung kommt dem Berufswahlpass zu, in dem alle Aktivitäten, an denen der Jugendliche teilgenommen hat, dokumentiert sind und der als eine strukturelle Hilfe für den Jugendlichen und die Bewältigung der Entwicklungsaufgabe Übergang Schule – Berufsausbildung verstanden werden kann. Der Berufswahlpass wird mittlerweile in fast allen Bundesländern eingesetzt. Zum Teil unterscheiden sich die Pässe in ihrer Handhabe jedoch von Land zu Land (Bundesarbeitsgemeinschaft Berufswahlpass, 2010).

Als Ziele und Qualitätsstandards für den Prozess der Passung und Vermittlung wurden z. B. definiert, jedem Ausbildungsstellenbewerber während des gesamten Vermittlungsprozesses einen persönlichen Ansprechpartner zur Verfügung zu stellen, dem Jugendlichen Beratungen vor und nach Vorstellungsgesprächen anzubieten und dem Jugendlichen und seinen institutionellen Helfern Transparenz über die Angebote im Übergangsbereich Schule – Berufsausbildung zu verschaffen. Eine besondere Rolle kommt dabei der Kooperation der Akteure vor Ort zu. Im OloV-Konzept sind beispielsweise als Akteure aufgeführt: allgemeinbildende und berufsbildende

Schulen, Arbeitsagenturen, Arbeitsgemeinschaften, Berufseinstiegsbegleitungen, Bildungsträger, freie Träger der Jugend(berufs)hilfe, Handwerkskammern, das Projekt „HESSENCAMPUS – Lebensbegleitendes Lernen", die Hessische Gemeinschaftsinitiative Soziale Stadt, die Industrie- und Handelskammern, Jobstarter-Projekte, die Kammern der freien Berufe, Kompetenzagenturen, Kreishandwerkerschaften, öffentliche Träger der Jugend(berufs)hilfe, optierende Kommunen, regionale Arbeitskreise wie z. B. die „Arbeitskreise Schule-Wirtschaft", die Projekte „Regionales Übergangsmanagement", Schulverwaltungsämter der Schulträger, staatliche Schulämter, Städte, Landkreise und Gemeinden, der Verband Freier Berufe sowie die Vereinigung der hessischen Unternehmerverbände. Um die effiziente Abstimmung und Zusammenarbeit dieser Akteure zu gewährleisten, werden in jeder kreisfreien Stadt und in jedem Landkreis regionale Koordinatoren benannt.

Kommunales Übergangsmanagement

Wie am Beispiel OloV deutlich wurde, befassen sich vor Ort sehr unterschiedliche Akteure mit der Förderung von Jugendlichen (vgl. Kretschmer et al., 2009), und deshalb wurden in jüngerer Zeit die Angebote zum Übergang von der Schule in die Berufsausbildung auf der kommunalen Ebene verstärkt koordiniert und miteinander verzahnt.

Nach Kretschmer et al. (2009) lassen sich die kommunalen Übergangshilfen auf folgender Abstraktionsebene zusammenfassen: Berufsvorbereitung und vorberufliche Qualifizierungsangebote, Angebote zur Berufswegplanung/Übergangsmanagement, Berufsorientierung/berufspraktische Ansätze in der allgemeinbildenden Schule, Prävention von Schulmüdigkeit und Schulverweigerung an allgemeinbildenden Schulen.

Das gesamte Spektrum des kommunalen Übergangsmanagements abzubilden erscheint angesichts der Vielzahl der Akteure und Programme als nahezu unmöglich (Kretschmer et al., 2009). Eine institutionelle Klammer bildet jedoch die Förderinitiative „Regionales Übergangsmanagement" des Programms „Perspektive Berufsabschluss" des BMBF. In Rahmen dieser Initiative werden „seit Mai 2008 insgesamt 27 Projekte in 16 Städten und elf Landkreisen gefördert. Aufgabe der Projekte ist es, regional die Voraussetzungen für ein wirksames Übergangssystem von der Schule in die Berufsausbildung für Jugendliche mit Förderbedarf zu schaffen. Die Vernetzung der Akteure und Angebote vor Ort spielt dabei eine zentrale Rolle. Besonderes Gewicht wird auch auf die bedarfsgerechte Unterstützung von Migranten und Migrantinnen gelegt" (Bundesministerium für Bildung und Forschung, 2010, S. 38).

Die kommunalen Angebote des Übergangsmanagements stellen zum Teil besondere Bedingungen an die Jugendlichen, die sich dieses spezifische institutionelle Kapital erschließen möchten. Als ein konkretes Beispiel sei die Stadt Iserlohn in Nordrhein-Westfalen genannt, deren Stadtkämmerer mit allen Hauptschülern der

Stadt Verträge geschlossen hat, die den Jugendlichen einerseits den Zugang zu einer vollqualifizierenden Berufsausbildungsstelle, weiterführenden Schule oder Arbeit rechtlich einklagbar garantieren sollen, anderseits die Jugendlichen dafür aber auch verpflichten, regelmäßig die Schule zu besuchen, keine Drogen zu nehmen, nicht gewalttätig zu werden und an Veranstaltungen zur Berufsorientierung teilzunehmen. Rund 30 engagierte ältere Mentoren („Joblotsen") sollen den Jugendlichen beim Übergang in die Berufsausbildung helfen (Krekel & Ulrich, 2009).

5.1.4 Forschungsergebnisse zum Einfluss des mittelbaren institutionellen Kapitals

Die Vielfalt des mittelbaren institutionellen Kapitals – insbesondere des mittelbaren Exekutivkapitals – ist groß, gleichzeitig hochgradig dynamisch und variiert stark nach den Regionen (vgl. Braun et al., 2007; Kretschmer et al., 2009; Müller & Braun, 2007). So werden ständig neue Programme entwickelt und angeboten, die den Jugendlichen bzw. bestimmten Zielgruppen den Übergang an der ersten Schwelle erleichtern sollen. Diese Vielfalt erklärt dann auch, warum derzeit längst nicht zu allen in Kapitel 5.1.3 aufgeführten Aspekten des mittelbaren institutionellen Kapitals Forschungsergebnisse hinsichtlich ihrer Bedeutung für den Übergang in eine Berufsausbildungsstelle vorliegen. Lediglich zum Einfluss der Berufsberatung der BA, der schulischen Unterstützungsleistungen, zu Praktika und zur EQ sowie zu Praxisklassen liegen Ergebnisse vor.

Berufsberatung

Im Rahmen der kommunalen Schulabsolventenstudie der Städte Leipzig, Halle, Jena und Frankfurt/Oder wurde der positive Einfluss der Berufsberatung durch die BA auf die Einmündung in eine Berufsausbildung nachgewiesen (Kuhnke, Reißig & Mahl, 2008b). Und auch im Rahmen des DJI-Hauptschulpanels konnte gezeigt werden, dass Jugendliche, die einen Schulabschluss erworben hatten, dann eine höhere Chance auf eine Lehrstelle hatten, wenn sie in Kontakt zu der Berufsberatung der BA standen (Buhr & Müller, 2008).

Unterstützung durch die Schule am Übergang Schule – Berufsausbildung

Die intensive schul- und berufsbezogene Förderung in Hauptschulen wird von der Mehrheit der Jugendlichen als hilfreich wahrgenommen (Hofmann-Lun et al., 2004). Und tatsächlich wirken sich die schulischen Angebote positiv auf die Übergangschancen der Jugendlichen aus. So sinkt etwa das Risiko, nach Abschluss der Schule in eine Berufsvorbereitung einzumünden, wenn die Jugendlichen bereits während ihrer Schulzeit Angebote zum Übergang Schule – Beruf genutzt haben (Hofmann-Lun & Geier, 2008). Auch Betriebspraktika, die fast alle Befragten des DJI-Hauptschulpanels mindestens einmal im Laufe ihrer Schulzeit genutzt hatten (Gaupp et al., 2008b), hatten einen positiven Einfluss auf die Einmündung in eine Berufsausbildungsstelle (Gaupp & Geier, 2008). Zudem wurden sie von den Jugendlichen positiv bewertet; aus Sicht der Jugendlichen spielen sie eine Schlüsselrolle im Prozess der Berufsorientierung und -findung (Gaupp & Hofmann-Lun, 2008a).

Die im Rahmen der Stuttgarter Schulabsolventenstudie untersuchten Hauptschulen unterscheiden sich jedoch zum Teil deutlich in ihrer Förderstruktur, und dieser Aspekt wirkt sich wiederum auf die Übergangschancen der Jugendlichen aus (Gaupp & Geier, 2008; Hofmann-Lun & Geier, 2008). Weisen die Schulen beispielsweise vergleichsweise wenige externe Kooperationspartner (z. B. Praktikumsbetrieb) auf, dann müden die Jugendlichen seltener in eine Berufsausbildungsstelle ein (Gaupp & Geier, 2008). Was die Kooperation mit externen Partnern betriff, so wird die Wahl des Kooperationspartners von der Schulform bestimmt. Hauptschulen kooperieren häufiger mit schulunterstützenden Diensten als Realschulen und Gymnasien. Auch arbeiten sie eher mit Einrichtungen und Betrieben in der Kommune zusammen, da ihre Schülerschaft sozial eher schwach ist. Demgegenüber kooperieren Ganztagsschulen und Gymnasien vor allem mit anderen Schulen. Gymnasien werden zudem öfter von Sponsoren aus der Wirtschaft gefördert. Elternarbeit findet eher an Gymnasien als an Real- oder Hauptschulen statt (Behr-Heintze & Lipski, 2004).

Besonders hoch sind die Übergangsquoten in eine Berufsausbildung, wenn die Schule die Ausbildungschancen ihrer Schülerschaft selbst als hoch einschätzt und über überdurchschnittlich viele betriebliche Kooperationspartner verfügt (Gaupp & Geier, 2008). Eine positive Grundeinstellung der Schule bzw. der Schulleiter erhöht statistisch die Chancen der Jugendlichen auf eine Lehrstelle auch unter Kontrolle ihrer tatsächlichen Leistungsfähigkeit: Bewerten Schulleiter die Leistung ihrer Schüler sowie deren Chance auf eine Lehrstelle positiv, so ist zugleich eine höhere Übergangswahrscheinlichkeit der Schulabgänger in eine Lehrstelle gegeben (Hofmann-Lun & Geier, 2008). Auch wenn die Wirkungsrichtung des Zusammenhangs nicht völlig eindeutig ist, so verweist dieses Ergebnis doch darauf, dass auch die Selbstwirksamkeitserwartungen der institutionellen Helfer für den Zugang in Berufsausbildung bedeutsam sein können.

Praktika und Einstiegsqualifizierung

In zahlreichen Untersuchungen konnte die förderliche Wirkung von Praktika bzw. von Einstiegsqualifizierungen beim Zugang in eine Ausbildungsstelle nachgewiesen werden (u. a. Beicht & Ulrich, 2008b; Braun, Gaupp & Hofmann-Lun, 2006; Eberhard & Ulrich, 2010c; Ulrich, 2011, vgl. auch „Unterstützung durch Schulen am Übergang Schule – Berufsausbildung" und „Praxisklassen"). Vor allem Risikoschüler bewerten den Nutzen von Praktika hoch (Hofmann-Lun, 2007). Und tatsächlich profitieren besonders Jugendliche mit geringen oder fehlenden Schulabschlüssen von Betriebspraktika. Je geringer die formale Qualifikation der eingemündeten Jugendlichen, desto wahrscheinlicher ist es, dass sie zuvor ein Praktikum im Ausbildungsbetrieb absolviert haben. So zeigen beispielsweise die Ergebnisse des DJI-Hauptschulpanels, dass 81 % der Jugendlichen, die trotz fehlendem Schulabschluss unmittelbar nach Verlassen der Schule in eine betriebliche Ausbildungsstelle eingemündet waren, zuvor ein Praktikum in dem Ausbildungsbetrieb absolviert hatten (Gaupp et al., 2008b). Und Imdorf (2007b, 2009a) konnte im Rahmen seiner Arbeiten zur Lehrlingsselektion in kleinen und mittleren Betrieben nachweisen, dass selbst Sonderschüler ihre Chance auf eine betriebliche Ausbildungsstelle erhöhen, wenn sie im Rahmen von Betriebspraktika überzeugen konnten. Der Klebeeffekt von Betriebspraktika ist selbst noch dann nachweisbar, wenn das Praktikum bereits längere Zeit zurückliegt (Hofmann-Lun, 2007).

Praxisklassen

Im Rahmen des DJI-Hauptschulpanels wurden Sonderauswertungen zu der Situation von Jugendlichen aus bayerischen Praxisklassen vorgenommen. Dabei handelt es sich um die Übergangswege von Jugendlichen, die keinen Hauptschulabschluss erworben[13], jedoch im Rahmen der Praxisklassen eine besondere Förderung ihrer persönlichen, sozialen und berufsbezogenen Kompetenzen erhalten hatten. Sie hatten somit eine intensive Vorbereitung auf den Übergang in die berufliche Ausbildung erfahren (Gaupp & Geier, 2008; Gaupp & Hofmann-Lun, 2008a). Aus der Befragung von Schulleitern, die an ihren Schulen Praxisklassen anbieten, geht hervor, dass das Spektrum der Förderung sehr breit ist. Ein Schwerpunkt liegt auf dem Absolvieren von Betriebspraktika. Fast alle Jugendlichen absolvieren zum Ende des letzten Schuljahres ein Praktikum. Die große Mehrheit der Schüler ist mit den Praktika zufrieden, wobei die Dauer des Praktikums keinen Einfluss auf die Zufriedenheit hat. Zur Berufsorientierung suchen Jugendliche im Sinne eines beruflichen Coachings das regelmäßige Gespräch mit Personengruppen, die ihnen kompetent erscheinen. Ungefähr ein Drittel wendet sich an Eltern oder Lehrer, jeweils 22 % an Freunde, die Berufsberater der BA und gut ein Viertel an Sozialpädagogen (Gaupp & Hofmann-

---

13   Anders als in Ländern wie NRW oder Thüringen, in denen der Schulabschluss im Rahmen von Praxisklassen erworben werden kann, wird im Konzept der bayerischen Praxisklasse ausdrücklich formuliert, dass das Erreichen des Schulabschlusses nicht Ziel der Praxisklasse ist (Gaupp & Hofmann-Lun, 2008b).

Lun, 2008a). Daneben werden Angebote zur Berufsorientierung gemacht (z. B. Tests zur Berufseignung), Hilfen beim Verfassen von Bewerbungen gegeben, soziale Kompetenztrainings, Sprachförderung für Migranten oder Angebote zur Gewaltprävention angeboten. Zur Verbesserung der schulischen Leistung und der sozialen Integration werden sozialpädagogische Angebote eingesetzt (Gaupp & Hofmann-Lun, 2008a; Gaupp et al., 2008a).

Obwohl die Jugendlichen die Schule ohne Abschluss verlassen, mündet immerhin fast ein Drittel der Absolventen der bayerischen Praxisklassen in eine Berufsausbildung ein. Damit sind ihre Übergangsquoten leicht höher als die der Absolventen aus regulären Hauptschulklassen. Vor allem der Kontakt zu den Betrieben wirkt sich positiv auf die Übergangschancen aus. So hatten 90 % derjenigen, die in eine betriebliche Ausbildung einmündeten, zuvor ein Praktikum in ihrem jetzigen Ausbildungsbetrieb gemacht. Die Autorinnen betonen, dass Jugendliche aus Praxisklassen trotz fehlendem Abschluss und „krummen Schulbiographien" eine Chance auf eine betriebliche Ausbildungsstelle haben, wenn sie sich im Praktikum als motiviert und anstrengungsbereit gezeigt haben (Gaupp & Hofmann-Lun, 2008b, S. 115). Auch diese Ergebnisse verweisen somit darauf, dass mit dem Antritt von Praktika und Einstiegsqualifizierungen oft bereits ein Teil der ersten Schwelle überwunden wird.

5.2 Die Bereitstellung von sozialem Kapital zur Bewältigung des Übergangs an der ersten Schwelle

Beim Sozialkapital handelt es sich um eine Ressource, die nicht in der Person des Jugendlichen selbst liegt, sondern in den Mitgliedern seines sozialen Netzes (Kriesi, 2007). Damit wird eine netzwerkbasierte Sichtweise von Sozialkapital eingenommen (vgl. Bourdieu, 1983; Colman, 1988; Granovetter, 1995): Über die soziale Interaktion mit Dritten werden dem Jugendlichen potenziell Zugangsmöglichkeiten in eine Berufsausbildung gewährt.

Um soziales Kapital zu aktivieren, muss jedoch nicht notwendigerweise eine soziale Interaktion zwischen dem Jugendlichen und Dritten stattfinden. Denkbar ist auch, dass zwischen Dritten (z. B. zwischen Eltern und Betrieb) ein Austausch stattfindet, an dem der Jugendliche nicht beteiligt ist. Zentral ist vielmehr, dass der Jugendliche mit den Kapitalgebern in einem persönlichen Beziehungsverhältnis steht und die Kapitalgeber unmittelbar für den Jugendlichen soziales Kapital aktiviert haben (Kriesi, 2007).

Die Wirkung von Sozialkapital ist nur schwer zu identifizieren (Kriesi, 2007). Umso wichtiger ist es, die verschiedenen Erscheinungsformen des sozialen Kapitals sowie die Ressourcen der Kapitalgeber zu berücksichtigen. Die theoretische Konzipierung des Sozialkapitals soll daher anhand der Konzepte Mittelbarkeit, Formalisierungsgrade sowie Intention erfolgen und zudem die Ressourcen der Kapitalgeber in den Blick nehmen.

Was die Forschungsergebnisse zum Einfluss des Sozialkapitals am Übergang an der ersten Schwelle betrifft, so fehlen bisher weitgehend empirische Arbeiten. Lediglich für das Konzept des formellen und informellen Sozialkapitals lassen sich einige wenige Ergebnisse darstellen. Für die übrigen Formen des Sozialkapitals liegen noch keine Ergebnisse vor.

5.2.1 Theoretische Bezüge zum formellen vs. informellen Sozialkapital

Für den Übergang an der ersten Schwelle wird das Sozialkapital zunächst in Hinblick auf den Formalisierungsgrad der Beziehungsstruktur differenziert (vgl. Pichler & Wallace, 2007). Während formelles Sozialkapital institutionell vermitteltes Kapital darstellt und aus Beziehungen entstammt, die deshalb bestehen, weil sie beim Übergang in eine Lehrstelle hilfreich sein können (z. B. Kontakt zum Berufsberater) bzw. notwendig sind, wird informelles Sozialkapital in Beziehungen bereitgestellt, die ursprünglich nicht auf das Ziel der Lehrstelleneinmündung hin eingegangen wurden (z. B. Mitgliedschaft im Fußballverein).

Unter formellem Sozialkapital sollen folglich alle jene sozialen Beziehungen zwischen einem Jugendlichen und Dritten verstanden werden, die ursprünglich rein institutionell geformt waren, wie z. B. die Interaktion zwischen dem Jugendlichen und dem Berufsberater. Damit dieses institutionalisiert bereitgestellte Helferkapital um Sozialkapital ergänzt wird, muss sich die Beziehung zwischen dem Kapitalgeber (z. B. Berufsberater) und dem Jugendlichen verändern. Die ursprünglich institutionell intendierte, stark regulierte (Rollen-)Beziehung muss sich zu einer persönlichen, vertrauensvollen Beziehung wandeln. Erst wenn die Beziehung zwischen Jugendlichen und Berater stark ist und von Vertrauen und Sympathie geprägt ist, wird der Berater die Motivation aufbringen, sich über die institutionellen Erfordernisse hinaus (Dienst nach Vorschrift) für den Jugendlichen zu engagieren (vgl. Kriesi, 2007; Voss, 2007). Dieses verstärkte, individuell auf einen bestimmten Jugendlichen zugeschnittene Engagement wird deshalb als formell gerahmtes soziales Kapital bezeichnet, das von dem institutionellen Helferkapital zu unterscheiden ist. Wird das institutionalisierte Kapital durch das Sozialkapital ergänzt, sollte sich die Wirkung des ohnehin bereitgestellten institutionellen Kapitals wiederum erhöhen (vgl. Haeberlin et al., 2005). Was das formelle Sozialkapital folglich von institutionellem Helferkapital unterscheidet, ist die Beziehungsstruktur.

Das Konzept des Formalisierungsgrads des Sozialkapitals knüpft an der Netzwerktheorie von Granovetter an, der zwischen starken Beziehungen (strong ties) und schwachen Beziehungen (weak ties) unterscheidet (Granovetter, 1973, 1995), ist aber keinesfalls mit dieser identisch. Nach Granovetter zeichnen sich starke Beziehungen durch eine hohe Reziprozität und Intimität aus; sie sind informeller Natur und ähneln damit dem informellen Sozialkapital. Schwache Beziehungen werden von Granovetter dagegen eher als formelle Beziehungen betrachtet und haben damit Ähnlichkeit zu dem Konstrukt des formell gerahmten Sozialkapitals. Da starke Beziehungen eher homogen sind, das heißt zwischen Personen stattfinden, die sich ähnlich sind, zeichnen sich formelle Beziehungen eher durch Heterogenität aus und sind weiter ausgelegt. Die Qualität der Beziehung hat nach Granovetter Einfluss auf den Erfolg bei der Arbeitsplatzsuche. So sollten sich schwache Beziehungen förderlicher erweisen, weil sie aufgrund ihrer weiten Netzwerke heterogen sind und damit weniger redundante Informationen über mögliche Vakanzen liefern als starke Beziehungen. Allerdings hat Granovetter den positiven Einfluss der schwachen Beziehung vor allem hinsichtlich des Aufstiegs in statushöhere oder einkommensstärkere Positionen untersucht (Solga, 2005b). Was den Einstieg in die Erwerbsarbeit betrifft, so betont er selber, dass starke Beziehungen eine zentrale Rolle spielen dürften (Granovetter, 1995).

Anders als bei Granovetter reduziert das ressourcentheoretische Modell des Übergangs an der ersten Schwelle den Nutzen von sozialen Netzwerken jedoch nicht auf ihren Informationsgehalt bezüglich Vakanzen (zum Anwendungsbereich der Theorie von Granovetter auf den Übergang an der ersten Schwelle vgl. Terpe & Steiner, 2005), sondern bezieht sich auf verschiedene Bereiche (z. B. auch Erwerb von personalem Kapital). Darüber hinaus ist zu bedenken, dass die Wirkung der sozialen Beziehungen stets in Abhängigkeit von den institutionellen Rahmenbedingungen zu bestimmen ist. Damit kann das ressourcentheoretische Modell zum Übergang an der ersten Schwelle a priori keine Aussagen treffen, ob sich informelle oder formelle Beziehungen förderlicher auf den Übergang auswirken sollten.

Der Aspekt der informellen starken Beziehung ist vom Gesetzgeber in bestimmten institutionellen Beziehungen intendiert. So soll der Berufseinstiegsbegleiter ein besonderes Vertrauensverhältnis zu dem Jugendlichen aufbauen und ihn individuell beim Übergang in eine Berufsausbildung unterstützen (Bundesinstitut für Berufsbildung, 2009a). Das heißt, neben dem institutionellen Kapital wird bewusst eine starke bilaterale Beziehung intendiert, um soziales Kapital bereitzustellen. Inwieweit ein solches Konzept tatsächlich Sozialkapital aktiviert, ist fraglich, da das Vertrauensprinzip zwar institutionell gefördert, aber nicht determiniert werden kann.

Informelles soziales Kapital hat seinen Ursprung dagegen in weniger stark regulierten Beziehungen, die nicht primär auf den Übergang in eine Berufsausbildung ausgerichtet sind. Als Beispiele sind hier Austauschbeziehungen zwischen Familienmitgliedern, Freunden, Bekannten oder zwischen Vereinsmitgliedern zu nennen (vgl. Pichler & Wallace, 2007).

5.2.2 Forschungsergebnisse zum Einfluss des formellen vs. informellen Sozialkapitals

Der Einfluss des formellen Sozialkapitals

Derzeit mangelt es stark an Forschungsergebnissen zum Einfluss des formell gerahmten Sozialkapitals. Untersucht wird zwar, wie institutionelles Helferkapital den Übergang in eine Ausbildung beeinflusst (z. B. Übergangsstudien des DJI). Da aber nicht nach der Beziehung zwischen den institutionellen Kapitalgebern (z. B. Berufsberater) und Jugendlichen gefragt wird, kann nicht bestimmt werden, inwieweit neben institutionellem Kapital auch soziales Kapital vermittelt wurde.

Imdorf (2005) beispielsweise versteht im Rahmen seiner Arbeiten im Projekt „Lehrstellensuche von in- und ausländischen Jugendlichen unter besonderer Berücksichtigung des Geschlechts" unter formellen Netzwerken Institutionen, die als Kontaktvermittler zwischen Jugendlichem und Ausbildungsbetrieb arbeiten (z. B. Berufsberatung). Um das formelle Sozialkapital zu operationalisieren, fragte er die Häufigkeit von Besuchen im Berufsinformationszentrum sowie die Anzahl der Besuche bei einem Berufsberater ab, nicht jedoch die Qualität der Beziehung zwischen Jugendlichem und Berufsberater. Zudem fragte er nicht ab, welche konkreten Ressourcen dem Jugendlichen gewährt wurden.

Auch im Rahmen des DJI-Hauptschulpanels beschränken sich die Fragen auf die Kontakthäufigkeit zu Berufsberatern. Allerdings wurde für andere institutionelle Helfer (z. B. Mitarbeiter der mobilen Jugendarbeit oder einer Beratungsstelle für Jugendliche) erfragt, ob diese wichtige Ratgeber für Übergangsfragen waren. Die Ergebnisse zeigen, dass neben Eltern vor allem Lehrer eine wichtige beratende Funktion für Jugendliche besitzen. Insbesondere Jugendliche mit Migrationshintergrund nennen diese deutlich häufiger als zentrale Gesprächspartner (Gaupp et al., 2008b). Wie sich jedoch die Beziehung zwischen Lehrern und Schülern gestaltete und welche Ressourcen letztlich bereitgestellt wurden, wurde nicht erfasst.

Der Einfluss von informellem Sozialkapital

Unterstützungsleistung durch Mitgliedschaft in Vereinen

Studien, die den Einfluss von Mitgliedschaften in unterschiedlichen Vereinen oder Gemeinschaften (z. B. freiwillige Feuerwehr, Kirche) auf die Übergangschancen von Jugendlichen untersuchen, weisen nach, dass sich eine Mitgliedschaft förderlich auf den Übergang in eine Berufsausbildung auswirken kann. So wiesen die Autoren der BIBB-Übergangsstudie 2006 nach, dass Jugendliche, die sich ehrenamtlich beim

Technischen Hilfswerk, der Feuerwehr oder beim Rettungsdienst engagierten, früher Erfolg bei der Lehrstellensuche hatten. Die Mitgliedschaft in einem Sport-, Gesangs-, Musik-, Kultur- oder Heimatverein hatte dagegen keinen positiven Einfluss auf die Übergangsdauer (Beicht et al., 2007a; Beicht & Ulrich, 2008b). Auch Glaesser (2008) konnte anhand der Daten der Studie „Lebensverläufe im frühen Erwachsenenalter" (LifE) den förderlichen Einfluss von Vereinsmitgliedschaften nachweisen – jedoch nur für junge Männer. Anders als bei der BIBB-Übergangsstudie 2006 sank das Risiko der Ausbildungslosigkeit für junge Männer, die sich in der Kirche engagierten. Daneben wirkten sich auch Mitgliedschaften in Vereinen förderlich aus.

Ob die Chancenverbesserung von vereinsaktiven Personen jedoch tatsächlich mit der Bereitstellung von Sozialkapital zusammenhängt, ist unklar. Denn erfasst wird lediglich, ob die Person Mitglied eines bestimmten Vereins ist. Dabei muss aber die Mitgliedschaft in einem Verein nicht bedeuten, dass zum einen übergangsrelevantes Sozialkapital verfügbar ist, und zum anderen auch nicht, dass es bereitgestellt wird. Folglich können nur Vermutungen darüber getroffen werden, warum sich die Mitgliedschaft förderlich auswirkt. So gehen Beicht und Ulrich (2008b) beispielsweise davon aus, dass sich vor allem die Mitgliedschaft in intergenerational heterogen zusammengesetzten Vereinen, wie es z. B. bei der freiwilligen Feuerwehr der Fall sein kann, förderlich auf den Übergang auswirkt, weil die sozialen Netzwerke der älteren und bereits berufstätigen Mitglieder genutzt werden können (Aktivierung von institutionellem Kapital durch den Einsatz von sozialem Kapital). Zudem postulieren sie, dass im Rahmen des Vereinslebens soziale Kompetenzen erworben werden, die förderlich für den Übergang sind (Bildung von personalem Kapital durch den Einsatz sozialen Kapitals).

Dass über die Mitgliedschaft in Vereinen Personalkapital – z. B. personale Ressourcen wie Kompetenzen in Bezug auf Organisations- und Leitungsaufgaben erworben werden (Düx, Prein, Sass und Tully, 2008; Hansen, 2008) – und Sozialkapital erworben werden kann, steht außer Frage. Allerdings hängt der Erwerb der Ressourcen vom Grad des Engagements im Verein ab (Hansen, 2008). Bisher wurde im Rahmen von Übergangsstudien jedoch nicht erfragt, wie weit das Engagement der Jugendlichen reicht. Zudem fehlen genauere Angaben darüber, welche konkreten Ressourcen durch das Sozialkapital im Rahmen der Vereinsmitgliedschaft aktiviert wurden.

Familie

Der Einfluss der Familie auf die Entwicklung personaler Ressourcen der Kinder (z. B. Persönlichkeit, schulische Leistungen) ist recht gut dokumentiert. Es ist unbestritten, dass die Familie die zentrale Sozialisationsinstanz eines Kindes darstellt und demzufolge beim Übergang an der ersten Schwelle zu berücksichtigen ist (Bourdieu, 1982, 1983; Glaesser, 2008; Kuhnke, 2009; Oerter & Montada, 1998). Soziodemografische Merkmale der Herkunftsfamilie und Merkmale der Eltern-Kind-Beziehung können als Indikatoren der spezifischen Sozialisationsbedingungen verstanden werden und sind zentral für die Bewältigung des Übergangs an der ersten Schwelle (Kuhnke, 2009). So wird beispielsweise die positive soziale Einbindung bzw. ein positives Familienklima als soziales Kapital betrachtet, das sich positiv auf den Entwicklungsverlauf des Kindes auswirkt (Glaesser, 2008). Persönlichkeitseigenschaften wie Widerstandsfähigkeit, die Jugendliche für den häufig schwierigen und langwierigen Übergangsprozess von der Schule in den Beruf benötigen, werden vor allem im Rahmen der familialen Interaktion erworben. Nach Glaesser (2008) sollte sich beispielsweise ein positives Familienklima positiv auf die Entwicklung von Resilienz auswirken. Der Erwerb personaler Ressourcen steht demzufolge im Mittelpunkt des familialen Sozialkapitals, sodass davon ausgegangen werden muss, dass es sich beim Sozialkapital der Familie häufiger um mittelbares als um unmittelbares Sozialkapital handelt.

Was die Ergebnisse zur Eltern-Kind-Interaktion bzw. zum Familienklima und dem Übergangsgeschehen an der ersten Schwelle betrifft, wurde nachgewiesen, dass sich eine positive Interaktion förderlich auf den Übergang auswirkt. Bereits in den 1980er-Jahren konnten Baethge et al. (1988) zeigen, dass der elterliche Interaktionsstil mit der Art des Übergangs in eine duale Berufsausbildung in Zusammenhang steht. Ein relativ problemloses Einmünden in den Wunschberuf trifft demzufolge stärker für Jugendliche zu, die in ihren Familien eine harmonische Interaktion führen sowie Konflikte produktiv austragen. Demgegenüber verbleiben häufig solche Jugendliche ohne eine Berufsausbildungsstelle, deren Familien eine hochgradig offene Konflikthaftigkeit in der Interaktion zeigen (Baethge et al., 1988).

Eltern sind für Jugendliche zentrale Ansprechpartner im Rahmen des Übergangsprozesses (Gaupp et al., 2008b). Jugendliche, die alle wichtigen Probleme am Übergang Schule – Berufsausbildung mit ihren Eltern besprechen, zeigen nicht nur ein flexibleres Bewerbungsverhalten, sondern sie haben auch höhere Chancen auf eine betriebliche Lehrstelle (Eberhard & Krewerth, 2006). Herrscht zwischen Eltern und Jugendlichen ein offenes, problemorientiertes Gesprächsklima, wirkt sich dies ebenfalls förderlich auf die Übergangsdauer der Jugendlichen aus (Beicht & Ulrich, 2008b).

Weshalb diese Gespräche im Einzelnen zu einer Verbesserung der Zugangschance führen, kann an dieser Stelle nicht beantwortet werden. Denkbar wäre, dass sich insbesondere jene Eltern bei der Berufswahl und Lehrstellensuche ihres Kindes engagieren, die aus eigener Sicht über wirksame Mittel verfügen, um helfen zu können. Damit würden die Selbstwirksamkeitserwartungen und Kontrollüberzeugungen der Eltern zu wichtigen Mediatorvariablen, um ihr Verhalten im Kontext der Interaktion mit dem Jugendlichen besser zu verstehen.

In Hinblick auf die Eltern-Kind-Interaktion wurde auch der Einfluss des elterlichen Anregungspotenzials untersucht. So wurden im Rahmen des DJI-Hauptschulpanels Informationen zum Lesen von Büchern und Zeitungen in der Familie, zum regelmäßigen Sich-Informieren und Austauschen über gesellschaftliche und politische Zusammenhänge und zur gemeinsamen Nutzung kultureller Angebote erhoben, um hierüber einen Indikator zum „Anregungs- und Vorbildpotenzial der Eltern" zu bilden (Kuhnke et al., 2008a). Signifikante Unterschiede im Anregungs- und Vorbildpotenzial zeigten sich in Abhängigkeit des Migrationsstatus der Familien. Eltern von Hauptschülern ohne Migrationshintergrund wiesen im Vergleich zu Migranten signifikant häufiger ein hohes Anregungs- und Vorbildpotenzial auf (Gaupp et al., 2008b). Auch die Ergebnisse der kommunalen Schulabsolventenstudie des DJI verdeutlichen die Bedeutung der elterlichen Vorbildfunktion. Zudem wirkt sich neben der Anregung durch das Elternhaus auch die Hilfe bei schulischen Aufgaben positiv auf den Übergang in eine duale Ausbildung aus (Kuhnke et al., 2008a). So variiert mit der Intensität des elterlichen Unterstützungspotenzials bei schulischen Anforderungen die Chance, in eine Ausbildung anstatt in eine Berufsvorbereitung einzumünden (Gaupp & Reißig, 2006).

Angenommen werden kann, dass auch die Familienzusammensetzung die Bereitstellung von Sozialkapital und damit die Übergangschancen beeinflusst. So zeigte Glaesser (2008), dass junge Männer, deren Eltern geschieden waren, ein höheres Risiko hatten, ausbildungslos zu verbleiben. Auch die Autoren der Studie „Transition von der Erstausbildung ins Erwerbsleben" (TREE) wiesen nach, dass Jugendliche, die nicht in einer klassischen Kernfamilie aufwachsen, über eine geringere Chance auf eine Berufsausbildungsstelle verfügen. So haben Jugendliche, die bei Alleinerziehenden leben, schlechtere Übergangschancen. Die Autoren erklären diesen Effekt damit, dass Alleinerziehende einer Mehrfachbelastung ausgesetzt sind, die sich wiederum negativ auf das soziale Kapital bzw. auf dessen Aktivierungsmöglichkeiten auswirkt. Für männliche Jugendliche üben insbesondere ältere Geschwister einen positiven Effekt aus. Sie erweisen sich als hilfreich beim Übergang an der ersten Schwelle (Hupka, Sacchi & Stalder, 2006a, 2006b).

Fast alle wichtigen Untersuchungen zum Übergang an der ersten Schwelle – die BIBB-Übergangsstudie 2006, das DJI-Hauptschulpanel, die LiFe-Studie, TREE, das Projekt „Die Bedeutung formaler und inhaltlicher Bildungsqualifikationen für die Lehrstellensuche von in- und ausländischen Jugendlichen unter besonderer Berücksichtigung des Geschlechts" sowie die Studien „Stuttgarter Haupt- und Förderschüler/-innen auf dem Weg von der Schule in die Berufsausbildung" und „Kommunale Schulabsolventenstudie der Städte Leipzig, Halle, Jena und Frankfurt" – bilden die soziale Lage des Elternhauses ab. Betrachtet werden vor allem milieuspezifische Unterschiede bei der Vermittlung von kulturellem Kapital, wobei der Bildungsstand und der Berufsstatus der Eltern sowie deren berufliches Qualifikationsniveau als entscheidende Indikatoren für das kulturelle Kapital der Familie betrachtet werden (vgl. Bourdieu, 1983). Zudem können aufgrund dieser Informationen Hinweise auf das Einkommen und damit auf das ökonomische Kapital der Familie abgeleitet werden. Überprüft wird, ob die unterschiedlichen Übergangschancen von Jugendlichen mit Milieuunterschieden, das heißt mit der milieuspezifischen Bereitstellung übergangsrelevanter Kapitalien, zu erklären sind. Dies ist relevant, weil informelles Sozialkapital der Familie nicht nur auf soziale Beziehungen beschränkt ist oder auf die Vermittlung personaler Ressourcen und kultureller Gewohnheiten abzielt, sondern auch finanzielle Unterstützung während der Suchphase beinhaltet (vgl. Dietrich & Abraham, 2005). Aber auch hier ist zu beachten, dass einkommensstarke Familien nicht zwangsläufig ihr ökonomisches Kapital einsetzen, um ihr Kind zu unterstützen, sodass auch an dieser Stelle zwischen der bloßen Verfügbarkeit und der tatsächlichen Aktivierung von Kapital unterschieden werden muss.

Die ökonomische Situation des Elternhauses kann sich bisweilen unmittelbar auf den Übergang auswirken, indem die Eltern z. B. ihrer Tochter die private Kosmetikschule bezahlen, weil sie keinen dualen Ausbildungsplatz erhalten hat. Vor allem dürfte sie aber die Entwicklung von personalen Ressourcen des Kindes beeinflussen. Armut wirkt sich offenbar vor allem bei Mädchen deprivierend auf den Erwerb von personalem Kapital aus (Glaesser, 2008).

Die eigenen sozialen Netzwerke der Eltern können sich ebenfalls positiv auf den Übergang ihrer Kinder in eine Berufsausbildung auswirken. So bevorzugen beispielsweise Betriebe bei der Einstellung von Auszubildenden die Kinder von Betriebsangehörigen (Koch, 1993).

Im Rahmen der BIBB-Übergangsstudie 2006 wurde nachgewiesen, dass Ausbildungslosigkeit intergenerational vererbt wird. So haben Jugendliche, deren Eltern über keinen Schul- oder Berufsabschluss verfügen und deren Väter keiner qualifizierten Tätigkeit nachgehen, ein höheres Risiko, ausbildungslos zu verbleiben (Beicht & Ulrich, 2008d). Privilegiert beim Zugang zu einer betrieblichen Ausbildungsstelle sind dagegen Schulabsolventen, deren Eltern über einen Schul- und Berufsabschluss verfügen sowie deren Väter einer qualifizierten Tätigkeit nachgehen. Die Autoren der BIBB-Übergangsstudie 2006 deuten dieses Ergebnis damit, dass besser qualifizierte Eltern ihren Kindern häufiger unmittelbare Zugangswege in Ausbildungsstellen eröffnen (Beicht & Ulrich, 2008b). Inwiefern die Netzwerke der Eltern tatsächlich hilfreich waren, kann anhand der Übergangsdaten jedoch nicht endgültig erklärt werden, da Angaben zu den bereitgestellten Ressourcen der Eltern fehlen.

Auch TREE und das DJI-Hauptschulpanel konnten zeigen, dass der Sozialstatus der Eltern, vermittelt über die Ausbildungsform der Kinder, reproduziert wird. Verfügen die Eltern über einen hohen beruflichen Status, steigt die Chance, dass die

Kinder eine höhere Schule besuchen (Gaupp & Reißig, 2006; Hupka et al., 2006a, 2006b). Aber auch die Einmündungschancen in eine Berufsausbildung werden über den Bildungsstand der Eltern beeinflusst. Verfügt die Mutter über keine Ausbildung oder hat sie weniger als neun Jahre lang die Schule besucht, sinkt die Einmündungschance des Kindes. Dieser Zusammenhang lässt sich noch stärker für den Bildungsstand des Vaters nachweisen (Hupka et al., 2006a, 2006b). Ist der Vater in einem höheren Beruf tätig, steigt die Chance des Kindes, nach Abschluss der Schule in eine Berufsausbildung anstatt in eine Maßnahme einzumünden (Gaupp & Reißig, 2006). Haeberlin et al. (2005) konnten zudem zeigen, dass sozial privilegierte Schweizer Jugendliche eher in erfolgversprechende Berufe einmünden als weniger privilegierte Altersgenossen. Hohes elterliches Bildungskapital wirkt sich demzufolge positiv auf die Übergangschancen der Kinder aus. Und auch das ökonomische Kapital des Elternhauses – gemessen über die Ausstattung der Wohnung – beeinflusst den Übergang (Hupka et al., 2006a, 2006b). Wie die Kapitalausstattung jedoch genau wirkt bzw. welche Ressourcen letztendlich bereitgestellt werden, ist auch hier unklar. Hinsichtlich der bisherigen Ergebnisse zum Einfluss des Sozialkapitals beim Übergang an der ersten Schwelle kann daher nur die Brückenhypothese formuliert werden, dass Eltern, die ein hohes kulturelles und ökonomisches Kapital besitzen, auch über übergangsrelevante Netzwerke verfügen und/oder ihr Kind stärker sozial und finanziell unterstützen. Das bedeutet jedoch zugleich, dass im Rahmen einer solchen Brückenhypothese die Verfügbarkeit über Kapitalien unmittelbar mit deren Verwendung gleichgesetzt wird, was jedoch fragwürdig ist.

Gleichaltrige

Neben den Eltern gehören auch die Gleichaltrigen (Peers) zur sozialen Umwelt des Jugendlichen und beeinflussen somit auch die Übergangschance auf eine Lehrstelle. So konnte Glaesser (2008) zeigen, dass junge Männer, die in ein Netzwerk von Gleichaltrigen eingebunden waren, höhere Chancen auf eine Lehrstelle hatten. Auch das DJI hat im Rahmen seines Hauptschulpanels Angaben zu den Beziehungen von Hauptschülern zu Gleichaltrigen erhoben (Kuhnke, 2009). Bisher fehlen jedoch Auswertungen zum Einfluss von Freundschaftsnetzen auf die Übergangschancen in eine Lehrstelle.

Andere informelle Beziehungsnetze

Der Einsatz von Beziehungen sollte, wie die theoretischen Ausführungen gezeigt haben, die Chancen auf eine duale Berufsausbildungsstelle erhöhen. Eberhard und Krewerth (2006) stellten jedoch, anders als vermutet, eine negative Korrelation zwischen dem Versuch, Beziehungen zu nutzen und dem Zugang in Ausbildung fest. Dieses zunächst kontraintuitiv erscheinende Ergebnis kann jedoch erklärt werden, wenn die Besonderheiten der befragten ausbildungsstellensuchenden Jugendlichen berücksichtigt werden. So handelt es sich bei den Befragten um Jugendliche, die bei der BA als Ausbildungsstellenbewerber gemeldet waren. Bedenkt man nun, dass Jugendliche zum Teil erst dann die institutionellen Hilfen der Arbeitsverwaltung bei der Vermittlung einer Berufsausbildungsstelle nachfragen, wenn sie bei ihrer bisherigen Suche erfolglos waren, ist es erklärlich, dass sich die Kausalitäten zwischen Zielerreichung und Kapitaleinsatz in dieser Gruppe bisweilen umkehren: Weil die Jugendlichen bei ihrem Versuch, Beziehungen zu nutzen, erfolglos waren, war es letztlich erst notwendig, sich bei der BA als Ausbildungsstellenbewerber registrieren zu lassen (Ulrich, Flemming, Granath & Krekel, 2009b).

Ähnliche Zusammenhänge konnten für die Zahl der geschriebenen Bewerbungen und dem Bewerbungserfolg nachgewiesen werden: Die Zahl der versandten Bewerbungsschreiben steigt, wenn die Chance auf eine Ausbildungsstelle gering ist (Eberhard & Krewerth, 2006).

5.2.3 Theoretische Bezüge zum unmittelbaren vs. mittelbaren Sozialkapital

Neben dem Formalisierungsgrad kann das Sozialkapital auch in Hinblick auf seine Zielgerichtetheit unterschieden werden, womit das Konzept des unmittelbaren und mittelbaren Sozialkapitals eingebracht wäre (vgl. Lin, 2001, zitiert nach Kriesi, 2007). Unmittelbares Sozialkapital nimmt direkt auf die Übergangschancen eines Jugendlichen Einfluss (vgl. Colman, 1988). Zu berücksichtigen ist jedoch, dass das Konzept der Zielgerichtetheit stets ergebnisoffen ist. Das heißt, ob das Sozialkapital als mittelbar oder unmittelbar zu verstehen ist, ist unabhängig davon, ob es retrospektiv betrachtet, hilfreich bei der Lehrstellenbesetzung war oder sich als bloßes Scheinkapital erwies.

Als Beispiel für unmittelbares Sozialkapital ist ein Betriebsinhaber zu nennen, der dem Jugendlichen mit besonderer Sympathie begegnet und diesem trotz nur mäßiger Schulleistung eine Lehrstelle anbietet. Mittelbares soziales Kapital wird dagegen dann gewährt, wenn es primär dem Aufbau von personalen Ressourcen (Colman, 1988) oder dem Zugang zu sonstigen sozialen bzw. zu institutionalisierten Ressourcen dient, die den Übergang wiederum beeinflussen können. Beispiele sind hier ein Vater, der seinen Sohn zu einem Berufsberater der BA schickt, damit dieser den Jugendlichen bei der Lehrstellensuche unterstützt (soziales Kapital, das institutionalisiertes Kapital aktiviert), oder die Mutter, die ihr Kind zur Pünktlichkeit erzieht (soziales Kapital, das die Bildung von personalem Kapital unterstützt).

5.2.4 Theoretische Bezüge zum intendierten vs. nicht intendierten Sozialkapital

Auf der dritten Ebene ist zudem zu berücksichtigen, ob das soziale Kapital intendiert oder nicht intendiert bereitgestellt wurde. Kapitalien, die mittelbar oder unmittelbar zum Zugang in Ausbildung beitragen, ohne dass sie vom jeweiligen Kapitalgeber hierzu gezielt eingesetzt wurden, wird als nicht intendiertes Kapital bezeichnet (bzw. als nicht intendierter Kapitaleinsatz). Von den Helfern gezielt eingesetzte Ressourcen stellen demnach intendiertes soziales Kapital dar (Franzen & Pointner, 2007). Das bedeutet jedoch nicht, dass ausschließlich intendiertes Sozialkapital hilfreich bei der Lehrstellensuche sein muss. Man denke an den Vater, der bei seinem Nachbarn über die Probleme seines Sohnes berichtet, der immer noch keine Lehrstelle gefunden hat. Ohne dass der Vater die Intention hatte, den Nachbarn um Unterstützung für den Sohn zu bitten, fragt nun der Nachbar infolge seiner Verbundenheit mit der Familie des Jugendlichen bei seinem Vorgesetzten nach, ob er den Jugendlichen einstellen könnte, und verbürgt sich dabei zugleich für die Integrität des Jugendlichen. Gerade solche Formen des nicht intendierten sozialen Kapitals dürften die besondere Bedeutung weit gespannter sozialer Netzwerke ausmachen (vgl. Granovetter, 1995).

5.2.5 Zusammenspiel der Erscheinungsformen sozialen Kapitals

Die drei beschriebenen Merkmale des Sozialkapitals – Formalisierungsgrad, Mittelbarkeit und Intention – treten nicht notwendigerweise isoliert auf, sondern sind miteinander verknüpft. In Tabelle 2 wird anhand von acht fiktiven Beispielen versucht, deren mögliches Zusammenspiel zu erläutern.

Eine besondere Bedeutung kommt dem nichtintendierten sozialen Kapital auch bei der Entwicklung personalen Kapitals zu. So ist beispielsweise die Beziehung zwischen Eltern und Kind als informelles Kapital zu bezeichnen. Herrscht in der Familie ein positives Familienklima, wirkt sich dies förderlich auf die Entwicklung von personalen Ressourcen wie z. B. Sozialkompetenz aus (Glaesser, 2008; Kuhnke, 2009). Obwohl die Eltern nicht die Intention hatten, durch einen positiven Umgangston die soziale Entwicklung ihres Kindes zu fördern, damit es soziale Kompetenzen beim Übergang in eine Lehrstelle einsetzen kann und somit schneller eine Lehrstelle erhält, sollte sich das Verhalten der Eltern positiv auf die Übergangswahrscheinlichkeit auswirken.

Tabelle 2: **Beispiele für die Erscheinungsformen des sozialen Kapitals**

Intention		Zielgerichtetheit	
		mittelbar	*unmittelbar*
formell gerahmtes Sozialkapital	*intendiert*	Ein Berufsberater unterstützt einen Jugendlichen über seine grundlegenden Aufgaben hinaus beim Verfassen von Bewerbungsschreiben.	Ein Berufsberater eröffnet einem Jugendlichen auf unbürokratischem Wege die Zugangsmöglichkeit in eine außerbetriebliche Ausbildung.
	nicht intendiert	Ein Berater führt mit einem Bekannten Gespräche über seine Tätigkeit und erzählt beiläufig von einem schwierigen Fall. Der Bekannte bietet dem Jugendlichen daraufhin ein Praktikum an.	Ein Berufsberater führt mit einem Kollegen in der Mittagspause ein Gespräch und erzählt beiläufig von den Problemen seines Klienten. Der Kollege bietet daraufhin eine außerbetriebliche Ausbildungsstelle für den Klienten an.
informelles Sozialkapital	*intendiert*	Eine Mutter kauft ihrer Tochter einen Bewerbungsratgeber.	Eine Mutter bezahlt die Ausbildung zur Kosmetikerin in der privaten Kosmetikschule, weil die Tochter keine Lehrstelle fand.
	nicht intendiert	Das positive Familienklima fördert die Entwicklung der Sozialkompetenz des Jugendlichen.	Eine Mutter berichtet dem Bäcker beiläufig von ihrer Tochter, die keine Lehrstelle als Kosmetikerin findet, woraufhin der Bäcker eine Lehrstelle als Verkäuferin anbietet.
Quelle: Eigene Darstellung			

5.2.6   Ressourcen der Kapitalgeber

Um die Frage zu beantworten, welche Formen des Sozialkapitals die Chancen auf eine Lehrstelle erhöhen, sind Informationen über die Art der Ressourcen und die Anzahl der Ressourcen, die durch den Kapitalgeber bereitgestellt werden, relevant. Die Berücksichtigung der Ressourcen ist wichtig, da eine starke Beziehung zu einem potenziellen Kapitalgeber den Kontakt noch nicht zu einem tatsächlichen Kapitalgeber macht (Franzen & Pointner, 2007). So wäre denkbar, dass der Jugendliche über eine Vielzahl von starken Beziehungen verfügt, seine Kontaktpersonen jedoch weder das deutsche Berufsausbildungssystem geschweige denn Betriebsinhaber kennen. Der Jugendliche kann dann seine Kontakte z. B. zum Fußballspielen und zur Einübung von Teamfähigkeit nutzen, nicht jedoch, um unmittelbar übergangsrelevantes Sozialkapital zu aktivieren. Hinsichtlich des Kapitalgebers ist daher zu überprüfen, ob überhaupt übergangsrelevantes Sozialkapital bereitgestellt werden kann. Dabei ist wiederum stets von den Institutionen her zu denken, da sie letztlich das Sozialkapital qualifizieren.

Hinsichtlich der Ressourcen der Kapitalgeber kann zwischen personalen Ressourcen (z. B. Wissen der Eltern über die Arbeitswelt, das an den Jugendlichen bereitgestellt wird), ökonomischen Ressourcen (z. B. Geld der Eltern, das dem Jugendlichen für eine Fahrkarte zum Berufsberater bereitgestellt wird), Adresskapital (z. B. Kontakte der Eltern, die wiederum die Eltern z. B. mit ökonomischen, personalen und Netzwerkressourcen ausstatten) und institutionellen Ressourcen (Berufsberater kann Zugangsmöglichkeit in außerbetriebliche Ausbildung eröffnen) unterschieden werden. Das heißt, bezugnehmend auf Tabelle 2 lässt sich für jede Art der Ressource des Kapitalgebers die Merkmalskombination des Sozialkapitals anwenden. So werden durch die Bezahlung der privaten Kosmetikschule ökonomische Ressourcen gewährt und darüber institutionelles Kapital erschlossen – sofern die Regel gilt, dass die Schule jeden aufnimmt, der den Merkmalen des betreffenden Jugendlichen entspricht (z. B. einen mittleren Abschluss vorweisen kann) und zugleich die finanziellen Mittel dazu bereitstellt (Schulgeld). Schreibt der Berufsberater ihm persönlich bekannte Betriebe an, stellt er dem Jugendlichen seine sozialen Netzwerke zur Verfügung; unterstützt der Berufsberater den Jugendlichen beim Verfassen von Bewerbungsschreiben, wird kulturelles Kapital gebildet; eröffnet ein Vermittler unbürokratisch einen unmittelbaren Zugang in außerbetriebliche Berufsausbildung, aktiviert er institutionelles Kapital. Letztlich ist jedoch entscheidend, ob das Sozialkapital aktiviert wurde oder nicht. Denn selbst wenn die Kontaktpersonen des Jugendlichen über übergangsrelevante Ressourcen verfügen, heißt das noch nicht, dass diese auch für den Jugendlichen eingesetzt wurden. Dabei ist zu unterscheiden, ob der Jugendliche selbst aktiv war, um soziales Kapital zu erschließen (z. B. indem er seine Mutter bittet, mit ihr Bewerbungsgespräche zu üben), oder aber ob die Kapitalgeber eigenständig und ohne Aufforderung des Jugendlichen handeln (Mutter ruft den Betriebsinhaber an und bittet, die Bewerbung ihres Sohnes bevorzugt zu behandeln).

Darüber hinaus ist auch die symbolische Wirkung der Kapitalgeber relevant. Denn Reputation und Status der Kapitalgeber nehmen Einfluss auf die Wirksamkeit des sozialen Kapitals (Kriesi, 2007; Voss, 2007). Auch kann die Mitgliedschaft in bestimmten Vereinen symbolisches Kapital im Sinne eines Signals für die Sozialkompetenz des Jugendlichen darstellen (Beicht & Ulrich, 2008b). Ob den sozialen Kapitalgebern Vertrauen entgegengebracht wird, ist alleine an die Bewertung durch die institutionellen Eingangswächter gebunden, sodass spätestens an dieser Stelle die Perspektive der Institutionen ins Spiel kommt. Denn es sind die Institutionen bzw. die institutionell bestellten Eingangswächter, die letztendlich darüber entscheiden, welche Formen des Sozialkapitals bei der Lehrstellensuche hilfreich eingesetzt werden können bzw. welchem Kapitalgeber (z. B. Eltern, Arbeitsverwaltung, Berufseinstiegsbegleitern, Migrantenorganisationen) sie Vertrauen gewähren und welchen nicht.

Ob sich das soziale Kapital bei der Lehrstellensuche als hilfreich herausstellt, hängt zudem nicht nur von den Zugriffs- und Verfügungsmöglichkeiten auf bestimmte Ressourcen, sondern auch von der Struktur der sozialen Netze ab (Franzen & Pointner, 2007). So dürfte mit der Anzahl von starken Beziehungen die Höhe des Sozialkapitals steigen (Franzen & Pointner, 2007). Und auch die soziale Zusammensetzung der Netzwerke dürfte eine Rolle spielen. So ist zwischen Netzwerken zu unterscheiden, in denen sich die Mitglieder hinsichtlich sozialer Merkmale wie z. B. Ethnie, Alter, Status sehr ähnlich sind, und solchen, die sich aus sozial heterogenen Mitgliedern zusammensetzen (Putnam, 2001). Im Übergangsgeschehen sollten sich heterogene Netzwerke als förderlich erweisen, da sie häufiger nicht-redundantes Sozialkapital bereitstellen und da hierdurch auch die Anzahl der Ressourcen steigt, die mittels Sozialkapital zur Eröffnung eines Ausbildungsplatzzugangs eingesetzt werden können (vgl. Beicht & Ulrich, 2008b).

5.3 Der Einsatz personalen Kapitals zur Bewältigung des Übergangs von der Schule in die Berufsausbildung

Der Übergang von der Schule in eine Berufsausbildung wird als zentrale Entwicklungsaufgabe des Jugendalters betrachtet (Eckert, 2007; Havighurst, 1972, vgl. Kapitel 3.1). Um diese Entwicklungsaufgabe erfolgreich zu bewältigen, bedarf es neben institutionellem und sozialem Kapital auch personalen Kapitals (vgl. Hurrelmann, 2007; Oerter & Montada, 1998).

Das personale Kapital umfasst jene Merkmale, die in der Person des Jugendlichen verankert sind bzw. zu seinem Besitz gehören und die der Jugendliche nutzen kann, um sich Sozialkapital (Portes, 1998) oder institutionelles Kapital zu erschließen. Diese Form des personalen Kapitals wird als unmittelbares personales Kapital bezeichnet. Zudem kann der Jugendliche investieren, um sein personales Kapital zu vergrößern (vgl. Becker, 1962; Franzen & Pointner, 2007). Diese Form des personalen Kapitals ist als mittelbares personales Kapital zu betrachten. Um mittelbares personales Kapital zu erwerben, benötigt der Jugendliche spezielle Varianten des personalen Kapitals, zum Beispiel Lernfähigkeit. Sie sind gleichsam auf einer Metaebene angesiedelt, da sie helfen, das auf der unmittelbaren Handlungsebene nutzbare personale Kapital zu vermehren. Des Weiteren spielt die Unterscheidung zwischen intendiertem und nicht intendiertem personalen Kapital eine Rolle.

Das Konzept des personalen Kapitals kann relativ weit gefasst werden. Als Unterformen des personalen Kapitals sollen im Rahmen des ressourcentheoretischen Modells zum Übergang an der ersten Schwelle das kulturelle Kapital, das Adresskapital und das ökonomische Kapital des Jugendlichen verstanden werden. Adresskapital und ökonomisches Kapital sind im Vergleich zum kulturellen Kapital weniger komplexe Kategorien.

5.3.1 Theoretische Bezüge zum Adress- und ökonomischen Kapital

Während unter dem Adresskapital des Jugendlichen alle sozialen und institutionellen Kontaktadressen zu verstehen sind, zu denen er Zugang hat (z. B. Jugendlicher verfügt über eine Adresse, an die er sich bei Fragen zur Abfassung von Bewerbungsschreiben werden kann), umfasst das ökonomische Kapital die finanzielle und materielle Ausstattung des Jugendlichen, die er für den Übergang an der ersten Schwelle nutzen kann (z. B. Jugendlicher nutzt sein Sparbuch, um sich einen Anzug für das Vorstellungsgespräch zu kaufen).

Das Adresskapital und das ökonomische Kapital als Kategorien des personalen Kapitals sind abzugrenzen vom institutionellen Kapital (vgl. Kapital 5.1) und vom Sozialkapital (vgl. Kapitel 5.2). Die leitende Frage zur analytischen Unterscheidung ist dabei stets, wer derjenige ist, der auf dieses Kapital Zugriff hat und es zur Verfügung stellt. Im Rahmen des personalen Kapitals kann dies nur der Jugendliche selbst sein. Das Adresskapital des Jugendlichen (seine sozialen und institutionellen Kontaktadressen, zu denen er Zugang hat) ist somit leicht vom sozialen und institutionellen Kapital unterscheidbar. Der Jugendliche kann und muss sein Adresskapital zwar nutzen, um sich eigeninitiativ soziales oder institutionelles Kapital zu erschließen (er bittet z. B. einen ihm bekannten Dritten, mit ihm Vorstellungsgespräche zu üben). Ob ihm aber das soziale oder institutionelle Kapital tatsächlich gewährt wird, hängt von den Entscheidungen Dritter nach Maßgabe ihrer eigenen sozialen Bedürfnisse bzw. eigenen organisationalen Interessen ab.

5.3.2 Theoretische Bezüge zum kulturellen Kapital

Das kulturelle Kapital des Jugendlichen ist eine relativ breite Kategorie (vgl. Bourdieu, 1983). Hierzu zählen zum einen erworbene Wissensbestände, Fähig- und Fertigkeiten (z. B. berufsspezifisches Wissen, das im Rahmen von Praktika erworben wurde, oder Lesekompetenz), aber auch Bildungszertifikate, Merkmale der Persönlichkeit wie z. B. Selbstwirksamkeit sowie das äußere Erscheinungsbild. In der Regel ist dem Jugendlichen bewusst, dass die Eingangswächter selbst Theorien darüber entwickeln, über welche personalen Merkmale ein Auszubildender verfügen sollte (vgl. Solga, 2007). Der Jugendliche kann somit wiederum eigene Theorien zu den Merkmalen der subjektiven Theorien der Eingangswächter bilden und versuchen, auf dieser Basis sein äußeres Erscheinungsbild und Signale seiner persönlichen Merkmale (z. B. Bewerbungsschreiben) so anzupassen, dass sie mit den vermeintlichen Vorstellungen der Eingangswächter korrespondieren (Eberhard et al., 2005a).

Versucht man, Merkmale des kulturellen Kapitals zu systematisieren, entstehen Parallelen zum Konzept der Ausbildungsreife (Eberhard, 2006; Eberhard & Ulrich,

2006). So weist der Kriterienkatalog Ausbildungsreife der BA unter dem Konstrukt Ausbildungsreife allgemeine Merkmale der Bildungs- und Arbeitsfähigkeit aus, die Mindestvoraussetzungen für den Einstieg in die berufliche Ausbildung sind. Diese Merkmale sind unabhängig von den einzelnen Berufen und grundsätzlich für den Einstieg in eine duale Berufsausbildung notwendig. Die Merkmalsbereiche werden nach schulischen Basiskenntnissen (z. B. Beherrschung der Rechtschreibung, mathematische Grundkenntnisse), psychologischen Leistungsmerkmalen (z. B. logisches Denken, Merkfähigkeit), physischen Merkmalen (z. B. Fähigkeit, einen 8-Stunden-Tag zu bewältigen), psychologischen Merkmalen des Arbeitsverhaltens und der Persönlichkeit (z. B. Sorgfalt, Durchhaltevermögen) und nach der Berufswahlreife (Selbsteinschätzungs- und Informationskompetenz) unterschieden (Nationaler Pakt für Ausbildung und Fachkräftenachwuchs in Deutschland, 2006b). Diese Kompetenzen werden offiziell deklariert als relevant für den Beginn jedweder Ausbildung im dualen System. Darüber hinaus kommen auf der Ebene der Einzelberufe weitere Kompetenzen ins Spiel, die an berufsspezifische Anforderungen gebunden sind und die vom Jugendlichen zu erfüllen sind (Berufseignung). So sollten ein Maurer eine überdurchschnittliche physische Belastbarkeit und ein IT-System-Elektroniker überdurchschnittliche Rechenfähigkeiten mitbringen.[14]

Im Rahmen der Ausbildungsreife-Messung werden auch Informationen aus Zertifikaten als Indikatoren für das Vorliegen ausreichenden personalen Kapitals benannt. So schlägt der Kriterienkatalog vor, schulische Basiskenntnisse anhand von Zensuren in Deutsch und Mathematik zu erfassen (Nationaler Pakt für Ausbildung und Fachkräftenachwuchs in Deutschland, 2006b).

Zertifikate werden aber auch genutzt, um überfachliche Qualifikationen abzubilden. Hohe Bildungsinvestitionen, die zu hohen Schulabschlüssen führen, werden demzufolge auf eine hohe Leistungsfähigkeit der Person zurückgeführt (Becker, 1962, 1964; Mincer, 1974; Spence, 1973, 1974). Bildungszertifikate werden damit auch genutzt, um überfachliche Qualifikationen wie Disziplin, Leistungsfähigkeit oder Lernfähigkeit einzuschätzen (Arrow, 1973; Spence, 1973; Thurow, 1979).

Darüber hinaus haben Bildungszertifikate eine soziale Bedeutung. Durch die soziale Segmentierung des Schulsystems – so finden sich beispielsweise an Hauptschulen überwiegend Schüler mit sozialen Problemen und aus sozial ärmeren Familien – wird der besuchte Schultyp zum Hinweisschild für die soziale Herkunft des Jugendlichen (Solga, 2008b; Solga & Dombrowski, 2009; Solga & Wagner, 2001).

14　Trotz vorhandener Reife und Eignung kann die Vermittelbarkeit des Jugendlichen eingeschränkt sein, wenn beispielsweise einigen Eingangswächtern dessen Äußeres (z. B. Piercings) nicht angemessen erscheint (Nationaler Pakt für Ausbildung und Fachkräftenachwuchs in Deutschland, 2006b).

Die hohe Bedeutung von Bildungszertifikaten ist darauf zurückzuführen, dass Zertifikate in Deutschland den Charakter von objektiviertem kulturellen Kapital haben (Wagner, 2005, S. 78) und demzufolge hohes symbolisches Kapital bilden. Sie werden von Betrieben als Versicherungsmotiv genutzt, um Fehlinvestitionen in weniger produktive Auszubildende zu reduzieren (Bulmahn & Kräkel, 2002).

Für alle drei Unterformen des personalen Kapitals gilt, dass der Jugendliche unvermittelt Zugang zu ihnen hat und sie beim Übergang einsetzen kann. Das bedeutet jedoch nicht, dass der Einsatz von personalen Ressourcen zwangsläufig zur Gewinnung von sozialem und institutionellem Kapital führt. Kontaktiert der Jugendliche beispielsweise seinen ehemaligen Praktikumsbetreuer, hat der Jugendliche zwar über sein Adresskapital Zugang zu einem wichtigen potenziellen Helfer, ob sich der Betreuer aber im Betrieb für den Jugendlichen einsetzen wird, hängt jedoch wiederum von seinen Bedürfnissen und Interessen ab, die der Jugendliche nicht unmittelbar steuern kann (z. B.: Findet der Praktikumsbetreuer den Jugendlichen sympathisch? Gibt es überhaupt noch freie Lehrstellen im Betrieb?).

Sobald Dritte ihre eigenen personalen Ressourcen – sei es, dass es sich um Beziehungen (z. B. Mutter nutzt den Kontakt zu einem Betriebsinhaber, um ihrem Sohn eine Lehrstelle zu verschaffen) oder um ökonomische Mittel handelt (z. B. die Arbeitsverwaltung bezahlt dem Jugendlichen die Fahrkarte zum Vorstellungsgespräch) – für den Jugendlichen einsetzen, handelt es sich aus der Perspektive des Jugendlichen um soziales oder institutionelles Kapital. Zwar kann z. B. das ökonomische Kapital der Eltern das ökonomische Leistungsvermögen der Kinder bedingen. So stammt das Taschengeld des Jugendlichen in der Regel von den Eltern. Doch geht es in den Besitz des Jugendlichen über und wird damit zu einer personalen Ressource des Jugendlichen, über die er fortan alleine verfügen kann.

5.3.3 Zusammenspiel der Erscheinungsformen personalen Kapitals

Der Einsatz der drei personalen Kapitalformen kann erfolgen, um zunächst neues personales Kapital zu gewinnen (unmittelbares personales Kapital). Er kann aber auch dazu dienen, um soziales oder institutionelles Kapital zu erschließen (mittelbares personales Kapital). Die personalen Kapitalien können zudem bewusst oder unbewusst eingesetzt bzw. aktiviert werden. In Kombination mit den Konzepten Primär- und Metaebene sowie Intention (nicht intendiert vs. intendiert) lassen sich die drei Kapitalformen zu einem Zwölf-Felder-Schema vereinigen (vgl. Tabelle 3). Tabelle 3 enthält hypothetische Beispiele für alle zwölf Kombinationsmöglichkeiten. So kann beispielsweise das kulturelle Kapital des Jugendlichen sowohl intendiert als auch nicht intendiert für die Lehrstellensuche förderlich sein: nicht intendiert, indem z. B. der mittelschichtspezifische Habitus des Jugendlichen dazu führt, dass er von den Lehrern stärker wahrgenommen wird (Bourdieu & Passeron, 1971; Ditton, 2007), hierdurch schulische Vorteile erhält (Noten, Abschlüsse), die sich wiederum förderlich bei der Lehrstellensuche auswirken werden. Ein qualifizierter Hauptschulabschluss, der Verwendung finden soll, um einen noch höheren Schulabschluss zu erreichen, kann dagegen als ein Beispiel für mittelbares intendiertes kulturelles Kapital genannt werden. Ebenso verhält es sich mit kulturellem Kapital, das in Form von demonstriertem Wissen über den Beruf und den Betrieb gezielt im Vorstellungsgespräch genutzt wird; allerdings findet der Einsatz des kulturellen Kapitals hier unmittelbar statt, da es in diesem Fall um die Erschließung institutionellen Kapitals geht. Denkbar ist auch, dass das kulturelle Kapital nicht intendiert eingesetzt wird, z. B., wenn der Jugendliche sein berufs- und betriebsspezifisches Wissen mit einer überdurchschnittlich guten Ausdrucksfähigkeit schildert, ohne sich seiner kommunikativen Fertigkeiten bewusst zu sein.

In Tabelle 3 sind die verschiedenen Möglichkeiten, die drei verschiedenen Formen des personalen Kapitals (kulturelles, Adress-, ökonomisches Kapital) mittelbar einzusetzen, stets nur mit solchen Beispielen illustriert, die innerhalb derselben Sorte personalen Kapitals verbleiben (z. B. kann die Adresse einer Suchmaschine genutzt werden, um weitere Adressen zu finden, die für den Zugang in Berufsausbildung relevant sind). Doch sind natürlich auch viele Beispiele denkbar, in der eine bestimmte personale Kapitalsorte eingesetzt wird, um eine andere Sorte zu gewinnen. So kann z. B. die Adresse eines Nachhilfelehrers genutzt werden, um durch dessen Hilfe weiteres kulturelles Kapital zu bilden.

Tabelle 3: **Beispiele für die Erscheinungsformen des personalen Kapitals**

	mittelbares personales Kapital		unmittelbares personales Kapital	
	intendiert	*nicht intendiert*	*intendiert*	*nicht intendiert*
kulturelles Kapital	Ein qualifiziertes Hauptschulzeugnis, das der Jugendliche erwarb, um einen noch höheren Schulabschluss anstreben zu können	Der Habitus des Jugendlichen, welcher ihm unbewusst Sympathien bei Lehrern einbringt und hierüber den Lernerfolg in der Schule steigert	Das Wissen über den Betrieb und den Beruf, das der Jugendliche im Vorstellungsgespräch demonstriert	Die mündliche Ausdrucksfähigkeit, die der Jugendliche unbewusst im Vorstellungsgespräch beweist
Adresskapital	Die Adresse des Berufsberaters, über den der Jugendliche die aktuellen Adressen jener Betriebe erhalten kann, welche noch über freie Lehrstellen verfügen	Die Adresse einer effizienten Suchmaschine im Internet, die der Jugendliche vorab nicht anvisierte, gleichwohl wichtige Kontaktadressen zu liefern vermag	Die Adresse einer Verwandten, die dem Jugendlichen eine Wohngelegenheit am Ort des Ausbildungsbetriebes bieten kann	Die Adresse eines Unternehmens, das den Jugendlichen am Hauptsitz nicht einstellen kann, aber auf freie Ausbildungsplätze in seinen Zweigstellen verweist
ökonomisches Kapital	Das Taschengeld, das eingesetzt wird, um Nachhilfe und somit bessere Noten zu erhalten	Das Taschengeld, das der Jugendliche in ein gepflegtes Äußeres investiert, um seine Attraktivität beim anderen Geschlecht zu erhöhen	Das Ersparte, das der Jugendliche nutzt, um die private Kosmetikschule zu bezahlen	Das Motorrad, das der Jugendliche zu Freizeitzwecken erwirbt und damit auch beruflich mobil wird
Quelle: Eigene Darstellung				

5.3.4 Forschungsergebnisse zum Einfluss des personalen Kapitals

Die Forschung zum Einfluss von personalen Ressourcen auf den Übergang an der ersten Schwelle konzentriert sich meist auf die Untersuchung von kulturellem Kapital. Aber auch hier liegen längst nicht zu allen vorgestellten Konzepten Ergebnisse vor. Die bereits vorliegenden Forschungsergebnisse geben aber wichtige Hinweise zum Einfluss von Persönlichkeitsmerkmalen, schulischen Zertifikaten, Kompetenzen (z. B. PISA-Kompetenzen oder Culture Fair Test) und zur Berufswahlreife auf die Übergangschance.

Bildungszertifikate und Kompetenzen

Aufgrund der hohen Stratifizierung des deutschen Bildungssystems werden auf Basis von Zertifikaten Bildungsgruppen definiert (Allmendinger, 1989b), denen ein unterschiedliches Ausmaß an Leistungsvermögen unterstellt wird (vgl. Arrow, 1973;

Becker, 1962, 1964; Mincer, 1974; Spence, 1973, 1974). Bildungszertifikate strukturieren daher – obwohl gesetzlich nicht verankert (vgl. Kapitel 2) – den Übergang in eine duale Ausbildung (Dietrich & Abraham, 2005; Konietzka, 1999a; Solga, 2004). Und selbst wenn objektive Maße zu den Kompetenzen von Jugendlichen herangezogen werden, zeigen die Ergebnisse, dass das Leistungslabel gewichtiger zu sein scheint als die Leistung selbst.

Der Eintritt in den Ausbildungsstellenmarkt ohne einen Schulabschluss ist kaum noch möglich (Dietrich & Abraham, 2005; Solga, 2004, 2005b, 2008a; Wagner, 2005). Obwohl Jugendliche ohne Schulabschluss heute über eine höhere Bildung verfügen als frühere Kohorten (längere Pflichtschulzeit, verändertes Curriculum an Haupt- und Berufsschulen), wird ein fehlender Abschluss als Stigma wahrgenommen, das ihnen den Weg in eine betriebliche Ausbildung versperrt (Solga, 2004). Das derzeitige Durchschnittsniveau in der Berufsausbildung liegt bei einem mittleren Abschluss (Realschulabschluss) (Baethge et al., 2007; Herget, 2011). Damit besitzen jedoch Jugendliche mit maximal Hauptschulabschluss einen negativen Minderheitenstatus (Solga, 2004), sodass der Hauptschulabschluss zwar eine notwendige jedoch in vielen Fällen keine hinreichende Bedingung für den Eintritt in eine betriebliche Berufsausbildung ist (Gaupp & Reißig, 2007). Diese Entwicklung ist Folge der Bildungsexpansion: Dadurch, dass die Hauptschule zur Restschule mutierte (Konietzka, 2007), haben Hauptschüler einen negativen Minderheitsstatus und damit geringere Chancen auf dem Ausbildungsstellenmarkt[15] (Friedrich & Hall, 2007; Hurrelmann, 1989; Konsortium Bildungsberichterstattung, 2006); ihnen scheint es an symbolischem Kapital zu fehlen.

Die Bedeutung des Schulabschlusses ist auch den Förderschülern bewusst, sodass die Mehrheit von ihnen im Anschluss an die Schule nicht den unmittelbaren Übergang in eine Berufsausbildung, sondern zunächst eine Berufsvorbereitung anstrebt. Unter den Förderschülern, die einen direkten Einstieg in das duale System gewünscht haben, münden Mädchen häufiger in eine Berufsausbildung ein als Jungen, was die Autoren jedoch auf das gewählte Berufsfeld (Hauswirtschaftshelferin und Köchin) zurückführen (Gaupp & Prein, 2007) und auch mit den institutionellen Möglichkeiten in diesem Berufen zusammenhängen dürfte, außerbetriebliche Ausbildungsplätze zu erschließen.

Besonders benachteiligt beim Übergang von der Schule in eine betriebliche Berufsausbildung sind daher Jugendliche, die maximal einen Hauptschulabschluss aufweisen. Im Rahmen der BIBB-Übergangsstudie 2006 konnte gezeigt werden, dass sie stark verzögerte Übergänge aufweisen und dass selbst nach Ablauf des gesamten Beobachtungszeitraums von 60 Monaten rund ein Viertel der Jugendlichen mit ma-

---

15   Bourdieu greift dieses Phänomen mit dem Begriff „Les exclus de l'intérieur" auf (Bourdieu, 1998).

ximal Hauptschulabschluss nicht in eine betriebliche Ausbildungsstelle einmündete. Privilegiert sind dagegen Ausbildungsstellenbewerber, die über eine Studienberechtigung verfügen (Beicht et al., 2007a, 2007b; Beicht & Ulrich, 2008b). Das Risiko, auf Dauer ausbildungslos zu verbleiben, traf in den vergangenen Jahren vor allem Jugendliche, die schlechte Noten im Abschlusszeugnis aufwiesen (Beicht & Ulrich, 2008d), darüber hinaus – ungeachtet der vorliegenden institutionellen Hilfen – auch Jugendliche mit einem Abschlusszeugnis der Sonderschule bzw. Jugendliche, die die Schule ohne einen Abschluss verlassen hatten. Dabei hatte allerdings ein größerer Teil von ihnen durchaus einmal mit einer vollqualifizierenden Berufsausbildung begonnen, diese jedoch nicht abgeschlossen. Auch im Rahmen des DJI-Hauptschulpanels konnte gezeigt werden, dass das Fehlen eines Schulabschlusses sowie schlechte Noten in Deutsch labile Übergänge (gekennzeichnet durch häufige Episodenwechsel) begünstigen (Skrobanek & Müller, 2008). Zudem unterstreichen die Ergebnisse der BIBB-Schulabgängerbefragung und der BA/BIBB-Bewerberbefragung die geringen Chancen von Jugendlichen mit maximal Hauptschulabschluss oder von Jugendlichen mit schlechten Noten beim Zugang in eine betriebliche Berufsausbildungsstelle (Friedrich, 2009b, 2011b; Ulrich, 2011; Ulrich & Krewerth, 2006a). Auch Auswertungen des Sozio-ökonomischen Panels (SOEP) unterstreichen den Einfluss von Bildungszertifikaten. So konnten Protsch und Diekhoff (2011) zeigen, dass Schulabsolventen der Geburtskohorte von 1987–1992 mit mittleren Schulabschlüssen höhere und schnellere Übergangsraten in eine vollqualifizierende Berufsausbildung aufweisen als Jugendliche mit Hauptschulabschluss. Die Autorinnen wiesen zudem nach, dass die Unterschiede zwischen den Bildungsgruppen bestehen bleiben, wenn das Abschneiden der Befragten bei kognitiven Leistungstests berücksichtigt wird.

Im Rahmen der TREE-Untersuchung konnte nachgewiesen werden, dass die PISA-Lesekompetenz kaum Erklärungskraft für den Übergang in eine betriebliche Berufsausbildung besitzt. Demgegenüber wirken sich Zensuren, Angaben über den besuchten Schultyp sowie Aussagen über die Fehlzeiten und die Pünktlichkeit der Jugendlichen auf den Übergangserfolg aus (Hupka et al., 2006a). Auch Haeberlin et al. (2004, 2005) zeigten, dass die im Rahmen von Schulleistungstests gemessenen Kompetenzen die Übergänge von Jugendlichen kaum vorhersagen können, während Bildungszertifikate sehr wohl die Chancen auf eine Lehrstelle beeinflussen. Für den Übergang in eine betriebliche Ausbildung bedeutsam scheinen jedoch Mathematikleistungen zu sein (Hupka-Brunner, Sacchi & Stalder, 2010).

Da sich die Übergänge in eine duale Berufsausbildungsstelle verlängert haben, ist aber neben kulturellem Kapital auch ökonomisches Kapital von Bedeutung. So wiesen Friebel et al. (2000) nach, dass Jugendliche, welchen die nötigen kulturellen und finanziellen Ressourcen fehlen, um die kurvenreichen, langwierigen und komplexen Übergänge zu bewältigen, verstärkt ohne einen Berufsabschluss verbleiben.

Die Strukturierung des Übergangs anhand von schulischen Bildungszertifikaten in eine duale Ausbildung fällt umso stärker aus, je stärker die Nachfrage nach Ausbildungsplätzen das Stellenangebot übersteigt. Faktisch bedeutet dies, dass in Zeiten eines starken Nachfrageüberhangs die schulischen Eintrittsschranken in eine duale Ausbildung nach BBiG/HwO höher ausfallen können, als dies bei dem Zugang zu einer Berufsausbildung an Berufsfachschulen der Fall ist (Seibert et al., 2009).

Dieses Phänomen zeigt jedoch wiederum auf, dass die Institutionen den Übergang strukturieren. Sie geben vor, wie viel an personalem Kapital vorhanden sein muss, damit die Chance auf eine Lehrstelle steigt. Dabei handelt es sich nicht um eine zeitstabile absolute Maßgabe, sondern zum Teil um variable und diffuse Regelungen, die bei insgesamt nur begrenzt transparenten Marktverhältnissen von den Jugendlichen nur schwer zu durchschauen sind.

Persönlichkeitsmerkmale und überfachliche Qualifikationen

Die Persönlichkeit strukturiert das Denken und Handeln des Jugendlichen (Asendorpf, 2004) und nimmt damit Einfluss auf den Übergang an der ersten Schwelle. Förderlich sollten sich Merkmale wie Selbstwirksamkeitsüberzeugung oder Leistungsmotive auswirken, die den Jugendlichen zu einem aktiven, zielorientierten Handeln befähigen (Glaesser, 2008). Aber lediglich zwei Untersuchungen zum Übergang an der ersten Schwelle konnten bisher den Einfluss von Persönlichkeitsmerkmalen nachweisen. So zeigte zum einen TREE, dass die Selbstwirksamkeitserwartung eine zentrale Persönlichkeitsressource ist, die signifikant positive Effekte auf das Übergangsgeschehen hat (Hupka et al., 2006a, 2006b). Anhand der Daten des SOEP konnten Protsch und Diekhoff (2011) zeigen, dass Jugendliche, die vergleichsweise hohe Werte bei dem Merkmal Gewissenhaftigkeit aufweisen, höhere Erfolgschancen beim Zugang in eine Ausbildungsstelle haben. Die Autorinnen wiesen nach, dass selbst Schulnoten ihren signifikanten Einfluss auf den Übergang in eine Berufsausbildungsstelle verlieren, wenn das Persönlichkeitsmerkmal Gewissenhaftigkeit kontrolliert wird.

Zwar erhob auch das DJI-Hauptschulpanel verschiedene Merkmale der Persönlichkeit sowie überfachliche Qualifikationen (Selbstwert, Selbstwirksamkeit, Befindlichkeit, soziale Kompetenz und Problemlösekompetenz), die sich förderlich auf den Übergang auswirken sollten (Kuhnke, 2009). Bisher liegen jedoch noch keine Analysen zum Einfluss von Merkmalen der Persönlichkeit sowie überfachlicher Qualifikationen vor.

Im Rahmen der BIBB-Übergangsstudie 2006 wurde die Kontrollmotivation nach Rotters (1966) erfragt. Dabei deuteten die Antworten der weitaus meisten Befragungsteilnehmer auf eine internale Kontrollüberzeugung hin, und es war damit kaum noch möglich, Varianz in den Einmündungschancen anhand dieses Persönlichkeitskonzept zu erklären. Die Autoren führen diesen Effekt zum einen auf die lediglich dichotome Abfrage zurück (stimme eher zu; stimme eher nicht zu), zum anderen aber auch auf einen zunehmenden Individualisierungsdruck der Gesellschaft. Er könnte Befragungsteilnehmer dazu motivieren, sich auch im Telefoninterview als Gestalter der eigenen Bildungs- und Berufsbiografie zu präsentieren (Beicht & Ulrich, 2010b).

Persönlichkeit und überfachliche Kompetenzen dürften zentrale übergangsrelevante Ressourcen darstellen, die die Chancen auf eine Lehrstelle unmittelbar beeinflussen. Denn auch die betrieblichen Eingangswächter nennen Persönlichkeit und überfachliche Kompetenzen als wichtige Auswahlkriterien (Gericke, Krupp & Troltsch, 2009). So werden aus den Zeugnissen Signale über die Persönlichkeit des Jugendlichen abgeleitet. Angaben über die Abwesenheit der Jugendlichen von der Schule dienen den Betrieben beispielsweise als Hinweise für die Motivation und Stabilität des Jugendlichen. Jugendliche, die gar nicht oder nur wenige Tage gefehlt haben, werden als motivierter, stabiler und produktiver bewertet und haben demzufolge höhere Chancen auf eine Ausbildungsstelle (Helland & Støren, 2006). Auch TREE konnte zeigen, dass Angaben zu den Fehlzeiten und zur Pünktlichkeit im Zeugnis die Übergangschancen der Jugendlichen beeinflussen (Hupka & Gaupp, 2006; Hupka et al., 2006a, 2006b).

Berufswahl bzw. Berufswahlreife

Die erfolgreiche Bewältigung des Übergangs von der Schule in die Berufsausbildung setzt die Wahl eines Berufes bzw. die Entscheidung über den weiteren Bildungsweg voraus. Daher kann die Entwicklung eines Berufswunsches als erste Etappe auf dem Weg von der Schule in eine Berufsausbildung verstanden werden (Stuhlmann, 2009). Die Berufsfindung ist jedoch keine zeitlich befristete Aufgabe, die alle Jugendlichen spätestens mit dem Verlassen der allgemeinbildenden Schule erfolgreich beendet haben. Da die Jugendphase von Identitätskrisen geprägt ist (Erikson, 1993), haben nicht alle Jugendlichen bei Verlassen der Schule eine stabile Identität ausgebildet (Archer, 1993; Marcia, 1993). Diese ist jedoch notwendig, um eine angemessene Berufswahl zu treffen (Archer, 1993). Denn das Wissen um die eigenen Neigungen, Interessen und Talente ist erforderlich, um es mit den beruflichen Umwelten abzugleichen und eine Berufswahlentscheidung zu treffen (Ginzberg, Ginsburg, Axelrad & Herma, 1951; Holland, 1985; Super, 1953, 1957). Ein klarer Berufswunsch ist damit Ausdruck einer festgelegten Identität und zugleich Voraussetzung einer realistischen und angemessenen Berufswahl. Eine Person, die diese Kriterien erfüllt, kann demzufolge als berufswahlreif bezeichnet werden (Super, 1953, 1957), wobei Berufswahlreife zugleich als ein Merkmal von Ausbildungsreife definiert wird (Nationaler Pakt für Ausbildung und Fachkräftenachwuchs in Deutschland, 2006b).

Die Ergebnisse zum Übergang an der ersten Schwelle verweisen auf die Bedeutung der Berufswahlreife. Bezugnehmend auf den berufsbezogenen Identitätsstatus nach Marcia konnte Stuhlmann (2009) nachweisen, dass Jugendliche, die über eine gefestigte Identität verfügen, eine höhere Wahrscheinlichkeit haben, in ihren Wunschberuf einzumünden. Sowohl in der BIBB-Übergangsstudie 2006 als auch im Rahmen der DJI-Studien stellte sich ein klarer Berufswunsch[16] als förderlich für den Beginn einer Berufsausbildung heraus. So hatten Jugendliche, die über einen konkreten Berufswunsch verfügten, ein geringeres Risiko, ausbildungslos zu verbleiben (Beicht & Ulrich, 2008b), und hatten eine höhere Chancen auf eine Berufsausbildungsstelle (Buhr & Müller, 2008; Reißig et al., 2008b). Mangelte es den Jugendlichen dagegen an konkreten beruflichen Plänen, konnten verstärkt labile Übergänge beobachtet werden.

5.4   Zusammenfassung

Im ersten Teil der Arbeit wurde ein ressourcentheoretisches Modell zum Übergang an der ersten Schwelle aus Sicht der Jugendlichen entwickelt. Hierbei war es notwendig, alte Wege der Übergangsforschung zu verlassen. Im Unterschied zu bisherigen Erklärungsansätzen zum Übergangsgeschehen nimmt das Modell die Gesamtheit aller möglichen Einflussfaktoren in den Blick und unterscheidet zwischen personalem, sozialem und institutionellem Kapital.

Das Herzstück des Modells bildet das institutionelle Kapital. Denn es bestimmt, in welcher Form der Jugendliche soziales und personales Kapital überhaupt nutzen kann, um sich einen Zugang zu beruflicher Ausbildung zu eröffnen. Damit beginnt und endet die Erklärung des Übergangs von der Schule in die Berufsausbildung bei den Institutionen (vgl. Esser, 2000).

Das institutionelle Kapital wird von den Interessen der Kapitalgeber sowie von den Entwicklungen auf dem Ausbildungsstellenmarkt geprägt (Eberhard & Ulrich, 2010c; Eberhard & Ulrich, 2011). Verändern sich diese, ändern sich damit auch die Zugangsbedingungen in eine duale Berufsausbildung. Die Dynamik des institutionellen Kapitals geht wiederum auf das soziale und personale Kapital über, da die beiden Kapitalsorten letztlich von den Institutionen qualifiziert werden. Damit unterliegt das ressourcentheoretische Modell zum Übergang an der ersten Schwelle einem stetigen Wandel. Während seine hierarchische Struktur und die Idee der drei zentralen Kapitalsorten von Veränderungen bei den Interessen der Kapitalgeber sowie der Situation auf dem Ausbildungsstellenmarkt unberührt bleiben, kann sich

---

16   Im Rahmen des DJI-Hauptschulpanels zeigte sich, dass die Berufswünsche von Hauptschülern nicht als realitätsfern betrachtet werden können (Gaupp & Hofmann-Lun, 2008b).

die konkrete Ausprägung des institutionellen, sozialen und personalen Kapitals jedoch jederzeit ändern.

Das Modell reagiert flexibel auf solche Veränderungen. Dies ist insofern vorteilhaft, als sich insbesondere das mittelbare institutionelle Kapital ständig verändert. So werden derzeit beispielsweise verstärkt institutionelle Unterstützungsangebote für Jugendliche aus schwächeren sozialen Verhältnissen bzw. mit Migrationshintergrund aufgebaut. Um den künftigen Fachkräftebedarf zu sichern, zielen die institutionellen Kapitalgeber darauf ab, die Förderung der Berufsorientierung in den allgemeinbildenden Schulen unter stärkerer Beteiligung der Wirtschaft weiter zu verbessern, das Image von Berufen, die insgesamt oder von bestimmten Gruppen von Jugendlichen nur wenig nachgefragt werden (z. B. technische Berufe von jungen Frauen, Handwerksberufe von Abiturienten), zu steigern oder regionale Übergangsmanagementsysteme vor allem zur Förderung der beruflichen Integration benachteiligter Jugendlicher zu etablieren (u. a. Gaupp, Lex & Reißig, 2010; Krekel & Ulrich, 2009; Zentralverband des deutschen Handwerks, 2010). Sobald der Aufbau dieser Maßnahmen abgeschlossen ist, existieren demnach neue institutionelle Übergangshilfen. Diese Elemente ließen sich problemlos als weitere Faktoren des mittelbaren Exekutivkapitals in das ressourcentheoretische Modell zum Übergang an der ersten Schwelle integrieren, ohne die Grundstruktur des Modells zu verändern. Und auch eine Reduzierung des Modells um bestimmte Komponenten wäre jederzeit denkbar. Sollte beispielsweise die EQ im Zuge des demografischen Wandels aus dem Leistungsspektrum des SGB entfernt werden, könnte das mittelbare Legislativkapital gleichfalls um die EQ reduziert werden.

Die Ausführungen zu den Kapitalien haben gezeigt, dass das Modell aus einer Vielzahl von einzelnen Komponenten besteht. Aus forschungsökonomischen Gründen dürfte es daher nahezu unmöglich sein, alle im Modell benannten Faktoren im Rahmen einer empirischen Studie zu berücksichtigen. Aber auch hier zeigt sich das Modell flexibel. Das heißt, eine empirische Untersuchung zum Übergang an der ersten Schwelle kann auch dann unter Berücksichtigung der Modellannahmen erfolgen, wenn nicht jegliche Komponenten der Kapitalien (z. B. Einfluss der Berufsberatung) empirisch abgebildet werden können. Zentral erscheint jedoch, dass bei der Konzeption neuer Untersuchungen auf eine möglichst valide Darstellung des unmittelbaren institutionellen Kapitals Wert gelegt wird, um Fehlschlüsse zu vermeiden.

Unter Bezugnahme auf das ressourcentheoretische Modell zum Übergang an der ersten Schwelle lassen sich Faktoren, die empirisch nicht untersucht wurden, leicht identifizieren. Daher eignet sich das Modell besonders, um Ergebnisse der Übergangsforschung zu bewerten. Hat sich beispielsweise eine Untersuchung ausschließlich mit den personalen und sozialen Kapitalien von ausbildungsinteressierten Jugendlichen beschäftigt, ohne das institutionelle Kapital – z. B. über die regionale Situation auf dem Ausbildungsstellenmarkt – zu berücksichtigen, ist äußerste Vorsicht bei der Ergebnisinterpretation geboten.

Die Zusammenstellung der empirischen Forschungsergebnisse zum Übergang an der ersten Schwelle hat gezeigt, dass der künftige Forschungsbedarf groß ist. Sowohl was den Einfluss des institutionellen wie des sozialen als auch des personalen Kapitals angeht, tun sich viele Forschungslücken auf; einige sollen an dieser Stelle kurz benannt werden.

Forschungsbedarf zum institutionellen Kapital

Derzeit lassen sich über die Daten zur Situation auf dem Ausbildungsstellenmarkt das unmittelbare Legislativ-, Exekutiv- und Marktkapital nicht ausreichend gut darstellen, da die Validität Ausbildungsmarktindikatoren bisher keinesfalls eindeutig geklärt ist (u. a. Behringer & Ulrich, 1997; Krekel & Ulrich, 2009; Solga, 2009; Ulrich, 2005, 2006a, 2006b). Eine zentrale Aufgabe der künftigen Übergangsforschung besteht damit in der Operationalisierung von Angebot und Nachfrage. Dabei ist zudem zu berücksichtigen, dass sich letztlich der Ausbildungsmarkt in Verbindung mit den beruflichen Interessenschwerpunkten der Jugendlichen in eine Vielzahl von unterschiedlichen Teilmärkten (Uhly, 2009; Ulrich, 2009) mit teilweise stark divergierenden Zugangsbedingungen zersplittert. Diese Segmentierung des Marktes ist jedoch wiederum mit einer Segmentierung der Zugangsregeln verbunden (Eberhard & Ulrich, 2010c; Thurow, 1979) und dürfte sich auf die Übergangschancen der Jugendlichen auswirken. Wissen darüber, wie solche individuellen Märkte zu messen sind und wie sie sich auf die Übergangschancen der Jugendlichen auswirken, fehlt jedoch bisher.

Nach Gericke et al. (2009) wurde zudem bislang nicht ausreichend untersucht, nach welchen Regeln Betriebe, Praxen und Verwaltungen ihre Ausbildungsstellen besetzen, welche Auswahlinstrumente sie dabei einsetzen und in welcher Form sie auf Veränderungen von Angebot und Nachfrage reagieren. Gerade diese Aspekte sind aber von besonderer Bedeutung, da diese Organisationen hierbei immer wieder neue Institutionen setzen, die für die Qualifizierung des personalen und sozialen Kapitals von besonderer Bedeutung sind. Für die Jugendlichen ergibt sich zudem das Problem, dass auch sie gezwungen sind, sich letztlich mit zum Teil diffusen und nicht ausreichend transparenten Zugangsregeln arrangieren zu müssen.

Auch gibt es keine umfassenden Informationen darüber, inwieweit die bereits etablierten institutionellen Unterstützungssysteme (mittelbares Legislativ- und Exekutivkapital) zu einer Verbesserung des Übergangs von der Schule in die Berufsausbildung wirksam beitragen können. Und es ist unklar, in welchem Ausmaß es hierdurch gelingt, Gruppen von Jugendlichen verstärkt in die duale Ausbildung einzubeziehen, deren Beteiligung in der Vergangenheit insgesamt oder in bestimmten Berufsgruppen unterdurchschnittlich ausfiel und die somit vorrangig als zu aktivierende „stille Reserve" im Bemühen um eine Minderung des drohenden Fachkräftemangels zu betrachten sind.

Forschungsbedarf zum Sozialkapital

Der Einfluss des Sozialkapitals am Übergang an der ersten Schwelle ist ebenfalls nur wenig erforscht. So fehlen insbesondere Informationen darüber, ob und in welcher Form formell gerahmtes Sozialkapital für Jugendliche am Übergang bereitgestellt wird und inwieweit dieses hilfreich für den Übergang in die Berufsausbildung ist.

Aber auch in Hinblick auf das informelle Sozialkapital ist die Ergebnislage dürftig. Bisher beschränkten sich die Fragen auf die Mitgliedschaft in Gruppen und Vereinen. Erfasst wurde folglich, in welchen sozialen Netzwerken (z. B. Mitgliedschaft bei der freiwilligen Feuerwehr) die Person Mitglied ist. Über welche Ressourcen die Mitglieder solcher Netze verfügen und ob diese für den Jugendlichen eingesetzt werden, wurde bisher nicht erforscht.

Auch der Einfluss des familialen Sozialkapitals ist schwer zu identifizieren. Häufig werden Brückenhypothesen dahingehend aufgestellt, dass das kulturelle, soziale und ökonomische Kapital der Eltern auch zur Anwendung kommt und somit den Übergang beeinflusst. Überprüft wird jedoch nicht, ob und unter welchen Bedingungen die Eltern ihre Ressourcen für den Übergang der Jugendlichen tatsächlich einsetzen. Zu vermuten ist, dass die Berücksichtigung dieser Informationen zu deutlich höheren Aufklärungsraten der Übergangsvarianz führen würde. Zudem sind weiterhin Brückenhypothesen nötig, um den Einfluss der Familie auf die Entwicklung personaler Ressourcen des Kindes, die wiederum übergangsrelevant werden, zu erklären.

Forschungsbedarf zum personalen Kapital

Obwohl sich das personale Kapital aus einer Vielzahl von Merkmalen und Kapitalien zusammensetzt, liegt der Fokus der meisten Untersuchungen jedoch auf den Bildungszertifikaten; vernachlässigt werden dagegen Persönlichkeitsmerkmale, Schlüsselqualifikationen und überfachliche Kompetenzen. Was das Konzept der Ausbildungsreife betrifft, so ist empirisch nicht gesichert, welche Merkmale Jugendliche beim Zugang zu einer Lehrstelle tatsächlich benötigen und was genau unter Ausbildungsreife zu verstehen ist. So konnten Untersuchungen zeigen, dass längst nicht alle Jugendlichen, die von der Arbeitsverwaltung als ausbildungsreif deklariert werden, in eine Lehrstelle einmünden (Eberhard & Ulrich, 2010c; Eberhard & Ulrich, 2011; Ulrich & Krewerth, 2006a). Zurückzuführen ist der Misserfolg vielfach auf die institutionellen Rahmenbedingungen. Damit wird an dieser Stelle erneut deutlich, dass das Vorhandensein personaler Ressourcen keine Lehrstelle garantiert und dass auch das personale (Zugangs-)Kapital stets nur von den aktuell gültigen Zugangsinstitutionen her gedacht werden kann.

Zu berücksichtigen ist zudem, dass die Adoleszenz von altersspezifischen Sorgen und Problembelastungen geprägt ist, die durchaus auch aus anderen Lebensbereichen als der Berufs- und Bildungsentscheidung resultieren und sich dennoch negativ auf den Übergang in eine Berufsausbildung bzw. auf die Übergangschancen auswirken können (Gaupp et al., 2008b). Aus diesem Grund könnten neben den Ressourcen auch individuelle Risikofaktoren berücksichtigt werden, die den Übergang behindern (Glaesser, 2008). Letztlich stellen diese Risikofaktoren jedoch nichts anderes als spezifische Merkmale dar, die auf eine eingeschränkte Verfügbarkeit von verschiedenen personalen Kapitalien hindeuten. So ist bei emotionalen Problemen die emotionale Stabilität eingeschränkt, und damit ist personales Kapital nicht in dem Maße gegeben, wie es womöglich für einen längeren Übergangsprozess erforderlich ist. Das DJI zählt zu den Risikofaktoren Sorgen, Problembelastungen oder gesundheitliche Probleme (Gaupp et al., 2008b; Kuhnke, 2009). Und auch Glaesser (2008) benennt Risikofaktoren wie Angst und psychosomatische Beschwerden, gesundheitliche Probleme, aber auch Aggression und Suchtverhalten. So könne das Rauchen im Jugendalter ein Indikator für geringe soziokognitive Kompetenzen, Leistungsorientierungen und Selbstkompetenzbewusstsein gedeutet werden. Ungünstige Auswirkungen sollten zudem zu früh vollzogene Entwicklungsschritte, wie z. B. eine Schwangerschaft im Jugendalter, haben (Glaesser, 2008). Die empirische Basis zum Einfluss von individuellen Risikofaktoren auf den Übergang in die Berufsausbildung ist jedoch äußerst dünn. Bisher fehlen noch Auswertungen des DJI-Hauptschulpanels; lediglich Glaesser (2008) konnte zeigen, dass sich psychosomatische Belastungen negativ auf den Übergangsverlauf von jungen Frauen auswirken.

Hinsichtlich der ausgewiesenen Wirkung von Persönlichkeitsmerkmalen ist Vorsicht geboten. Denn es muss berücksichtigt werden, dass Merkmale der Persönlichkeit, wie z. B. Selbstwirksamkeit, keine absolut zeitstabilen Konzepte sind. Vielmehr entwickeln und verändern sie sich auf der Basis von Erfahrungen (Asendorpf, 2004; Judge, Higgins, Thoresen & Barrick, 1999). So können beispielsweise Jugendliche, die in der Schule über eine relativ hohe Selbstwirksamkeitserwartung verfügen, durch missglückte Übergänge und andauernde Misserfolgserfahrungen eine geringe Selbstwirksamkeitserwartung ausbilden (Heckhausen & Tomasik, 2002; Solga, 2004; Stamm, 2006). Aus diesem Grund wäre es eigentlich erforderlich, nicht nur einmalig die Persönlichkeit des Jugendlichen zu erfragen, sondern im Rahmen künftiger Forschung die Messung in bestimmten Zeitabständen zu wiederholen.

6 Hypothesen und Forschungsdesign

„Obwohl ein hohes Problembewusstsein über die Sachverhalte besteht [...], steckt die Erforschung von Übergängen im Bildungssystem in den Kinderschuhen. [...]. Als terra incognita muss endlich der Übergang von der Schule in den berufsbildenden Sektor gefasst werden" (Winkler, 2008, S. 71).

In Kapitel 5 wurde ein ressourcentheoretisches Modell zum Übergang an der ersten Schwelle entwickelt. Im empirischen Teil der Arbeit gilt es nun die zentrale Modellannahme zur übergeordneten Stellung der Institutionen empirisch zu überprüfen. In Kapitel 6.1 werden zunächst die Hypothesen vorgestellt, die anhand der Daten der BA/BIBB-Bewerberbefragung 2008, einer repräsentativen Befragung von gemeldeten Ausbildungsstellenbewerbern des Jahres 2008, geprüft werden. Die Besonderheiten dieses Datensatzes sowie die ausgewählte Untersuchungsstichprobe werden in Kapitel 6.2 beschrieben. Anschließend wird in Kapitel 6.3 dargestellt, wie die einzelnen Untersuchungskonzepte operationalisiert wurden. Ebenfalls in Kapitel 6.3 werden deskriptive Auswertungen für die Untersuchungskonzepte dargelegt. Kapitel 6 schließt mit einer kurzen Zusammenfassung (vgl. Kapitel 6.4).

6.1 Hypothesen

Das ressourcentheoretische Modell des Übergangs an der ersten Schwelle postuliert, dass der Zugang zu einer dualen Berufsausbildungsstelle letztlich an die Vergabe von unmittelbarem institutionellem Kapital gekoppelt ist; ohne unmittelbares institutionelles Kapital bleibt dem Jugendlichen somit der Eintritt in eine Lehrstelle verwehrt. Um dieses institutionelle Zugangskapital zu erhalten, kann der Jugendliche personale (z. B. Schulabschluss) oder soziale Ressourcen (z. B. Kontakte der Eltern zu Betrieben) einsetzen. Und auch der Erhalt von mittelbarem institutionellem Kapital (z. B. Unterstützung durch die Schule bei der Berufswahl) kann helfen, den Zugang in eine Ausbildungsstelle zu eröffnen, weil er dem Aufbau von personalem und sozialem Kapital dient. Ob die eingesetzten Ressourcen aber tatsächlich den Stellenwert von Kapitalien erhalten, ist davon abhängig, ob sich die Institutionen für diese empfänglich zeigen. So kann beispielsweise ein hoher Schulabschluss beim Übergang in eine Ausbildungsstelle förderlich sein. Unter anderen institutionellen Rahmenbedingungen ist aber auch der umgekehrte Fall denkbar, dass sich ein guter Abschluss als chancenneutral oder sogar als chancenmindernd und damit lediglich als Scheinkapital entpuppt (vgl. Kapitel 3.2). Mit anderen Worten: Unterschiedliche Institutionen fordern unterschiedliche Formen des personalen, sozialen und mittelbaren institutionellen Kapitals, um Zugang zu einer Berufsausbildung zu erhalten.

Unterschiedliche Zugangslogiken in betriebliche und außerbetriebliche Berufsausbildung nach BBiG/HwO

Für den Zugang in eine duale Berufsausbildungsstelle nach BBiG/HwO können drei verschiedene Formen des unmittelbaren institutionellen Kapitals unterschieden werden: das Marktkapital, das Legislativ- und das Exekutivkapital. Während Ersteres den Zugang in eine klassische betriebliche Ausbildungsstelle regelt, eröffnet das unmittelbare Legislativkapital entweder Eintritt in eine außerbetriebliche Ausbildung für benachteiligte Jugendliche nach § 242 SGB III, in eine Ausbildung für behinderte Jugendliche nach § 100 ff. SGB III oder in die vollzeitschulische Ausbildung an Berufsfachschulen nach BBiG/HwO. Unmittelbares Exekutivkapital gibt Jugendlichen die Möglichkeit, eine Ausbildung in Programmstellen der Länder oder Bund-Länder-Programmen (z. B. „Ausbildungsplatzprogramm Ost" oder „3. Weg in die Berufsausbildung in NRW") aufzunehmen.

Im Rahmen des ressourcentheoretischen Modells des Übergangs an der ersten Schwelle wird analytisch zwischen dem unmittelbaren Legislativ- und Exekutivkapital unterschieden, um das Modell übersichtlich zu gestalten (vgl. Kapitel 5.1.1). So wird dann von unmittelbarem Legislativkapital gesprochen, wenn angebotene Ausbildungsstellen aus der im BBiG, der HwO oder dem SGB enthaltenen gesetzlichen Ordnung resultieren (z. B. außerbetriebliche Berufsausbildung nach § 242 SGB III). Dagegen geht das Exekutivkapital auf Ausbildungsangebote aus Ausbildungsprogrammen der Exekutive zurück, die keine unmittelbare gesetzliche Grundlage haben (z. B. Ausbildungsplatzprogramm Ost). Faktisch unterscheiden sich die beiden Kapitalformen jedoch kaum, da sie beide überwiegend oder ganz aus öffentlicher Hand finanziert werden und sich an markt-, lern- oder sozial benachteiligte Jugendliche richten. Aus diesem Grund soll im empirischen Teil der Arbeit die analytische Trennung zwischen Legislativ- und Exekutivkapital aufgehoben werden. Die beiden Kapitalformen werden fortan als eine identische institutionelle Rahmenbedingung betrachtet, die sich wiederum vom unmittelbaren Marktkapital unterscheidet.

Unmittelbares Marktkapital gewähren ausbildende Unternehmen jenen Bewerbern, die sie im Vergleich zu den übrigen Bewerbern als am besten geeignet einschätzen und daher als Auszubildende in ihre Organisation aufnehmen möchten. Bei ihrer Entscheidung berücksichtigen sie die künftige Arbeitsleistung des Jugendlichen und sind bestrebt, die Bewerber auszuwählen, welche die besten Voraussetzungen für eine erfolgreiche Ausbildungszeit mitbringen. Alleine den betrieblichen Anforderungen zu entsprechen reicht jedoch nicht aus, damit ein Bewerber Zugang zu einer betrieblichen Ausbildungsstelle erhält. Neben dem Bewerberprofil bestimmen insbesondere die Verhältnisse auf dem Ausbildungsstellenmarkt die Position in der

Warteschlange und die daraus resultierende Chance eines Ausbildungsstellenbewerbers, unmittelbares Marktkapital zu erhalten (vgl. Kapitel 5.1.1 und Kapitel 5.1.2).

Jugendliche, die keine betriebliche Ausbildungsstelle erhalten haben, haben dann immer noch die Möglichkeit, eine vollqualifizierende Berufsausbildung nach BBiG/HwO aufzunehmen, wenn ihnen unmittelbares Legislativ- und Exekutivkapital angeboten wird. Dieses Kapital wird von staatlicher Seite bereitgestellt. Vergeben wird es durch die Berufsberater der BA oder – wenn es sich um die vollzeitschulische Berufsausbildung nach BBiG/HwO handelt – von den Berufsfachschulen. Bei seiner Vergabe spielen betriebliche Marktmechanismen keine Rolle, sodass hier keine „Bestenauslese" stattfindet. Zentral ist vielmehr, dass bei den Jugendlichen ein besonderer Förderbedarf erkennbar wird. So wird es Jugendlichen zugesprochen, die bei der Vergabe von betrieblichen Ausbildungsstellen erfolglos waren und die darüber hinaus als markt-, sozial- oder lernbeeinträchtigt deklariert wurden (vgl. Kapitel 5.1.1). Die Definition der Bedürftigkeit ist aber dehnbar, sodass außerbetriebliche Ausbildungsstellen auch genutzt werden, um prinzipiell ausbildungsreifen, aber erfolglosen Ausbildungsstellenbewerbern Zugang zu einer Berufsausbildung zu ermöglichen. Unmittelbares Legislativ- und Exekutivkapital stellt somit für benachteiligte und erfolglose Ausbildungsstellenbewerber eine Möglichkeit dar, ersatzweise unmittelbares institutionelles Kapital zu erhalten; vorausgesetzt der Staat stellt eine ausreichende Anzahl von außerbetrieblichen Ausbildungsangeboten bereit und die Jugendlichen entsprechen den institutionellen Zugangslogiken in eine außerbetriebliche Berufsausbildung nach BBiG/HwO (vgl. Kapitel 5.1.1).

Die aus dem ressourcentheoretischen Modell des Übergangs an der ersten Schwelle abgeleitete Annahme lautet demnach: Der Zugang zu einer betrieblichen Berufsausbildung (Marktkapital) auf der einen Seite und zu einer außerbetrieblichen Ausbildung (Legislativ- und Exekutivkapital) auf der anderen Seite stellen zwei verschiedene Institutionen der dualen Berufsausbildung nach BBiG/HwO dar. In Abhängigkeit dieser institutionellen Rahmenbedingungen müssen die Jugendlichen unterschiedliche Formen des personalen und sozialen Kapitals einsetzen, um das entsprechende institutionelle Zugangskapital zu erhalten. Zudem erweisen sich in Abhängigkeit der Zugangsinstitutionen unterschiedliche Formen des mittelbaren institutionellen Kapitals, welche dem Aufbau von personalem und sozialem Kapital dienen, als relevant.

In Abbildung 3 wird diese zu überprüfende Kernannahme grafisch dargestellt. Demnach sind für den Zugang in eine betriebliche Berufsausbildungsstelle (= Erhalt von unmittelbarem Marktkapital) andere Formen des mittelbaren institutionellen Kapitals, des sozialen und personalen Kapitals notwendig als für den Zugang in eine außerbetriebliche Berufsausbildungsstelle (= Erhalt von unmittelbarem Legislativ- und Exekutivkapital). Das heißt, eine Person, deren kulturelles Kapital hoch ausgeprägt ist – zum Beispiel durch einen hohen Schulabschluss –, kann es nutzen, um unmittelbares Marktkapital zu erschließen. Für den Zugang in eine außerbetriebliche Berufsausbildung sollte sich ein hohes kulturelles Kapital jedoch als eher hinderlich erweisen, da die Person damit das formale Kriterium der Benachteiligung weniger gut erfüllen kann. Dementsprechend sollte bei der Erschließung von unmittelbarem Legislativ- und Exekutivkapital nicht ein hoher Schulabschluss, sondern eine andere Form des personalen Kapitals relevant sein.

Abbildung 3: **Zu überprüfende Kernaussage des ressourcentheoretischen Modells des Übergangs an der ersten Schwelle**

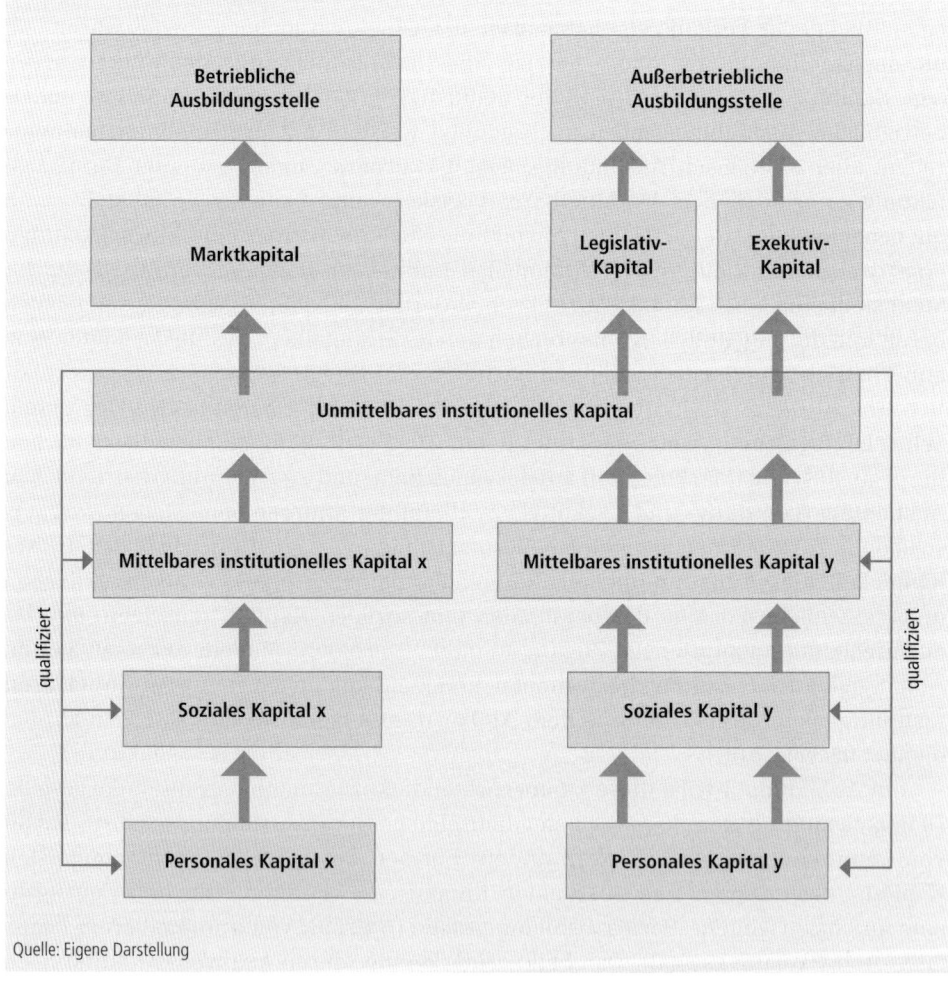

Quelle: Eigene Darstellung

Entsprechend den in Kapitel 5 dargelegten theoretischen Grundlagen lassen sich in Hinblick auf die institutionellen Zugangslogiken in eine betriebliche und außerbetriebliche Ausbildung nach BBiG/HwO die folgenden gerichteten Hypothesen formulieren:

Hypothesenblock I: Zugang zu einer betrieblichen Ausbildungsstelle (unmittelbares Marktkapital)

Ia) Die Ausbildungsreife ist Teil des personalen Kapitals. Sie umfasst Merkmale, die als Mindestvoraussetzungen für den Einstieg in die betriebliche Ausbildung gelten. Ihr Merkmalsbereich ist umfassend und reicht von schulischen Basiskenntnissen (z. B. Beherrschung der Rechtschreibung, mathematische Grundkenntnisse) über psychologische Leistungsmerkmale (z. B. logisches Denken, Merkfähigkeit), physische Merkmale (z. B. Fähigkeit, einen 8-Stunden-Tag zu bewältigen), psychologische Merkmale des Arbeitsverhaltens und der Persönlichkeit (z. B. Sorgfalt, Durchhaltevermögen) bis hin zur Berufswahlreife (Selbsteinschätzungs- und Informationskompetenz). Für die Betriebe ist die Ausbildungsreife ein wichtiges Auswahlkriterium, da bei der Besetzung von betrieblichen Ausbildungsstellen nur jene Bewerber potenzielle Kandidaten darstellen, denen die Betriebe die Bewältigung der Mindestanforderungen einer Berufsausbildung zutrauen. Jugendliche, die ausbildungsreif sind, haben daher eine hohe Chance, von den Betrieben in die Bewerberschlange aufgenommen zu werden, und somit eine hohe Chance, unmittelbares Marktkapital zu erhalten.

Hypothese Ia: Jugendliche, die Merkmale der Ausbildungsreife aufweisen, haben im Vergleich zu Jugendlichen, die dies nicht tun, eine höhere Chance, eine betriebliche Ausbildungsstelle zu erhalten.

Ib) Die Besetzung von betrieblichen Ausbildungsstellen erfolgt unter Konkurrenz. Betriebe sind bestrebt, jene Jugendlichen einzustellen, die in ihren Augen am besten geeignet erscheinen. Zur Beurteilung der Eignung ziehen sie Bildungszertifikate heran. Gute Noten und hohe Schulabschlüsse sind für den Zugang zu einer betrieblichen Ausbildungsstelle somit wichtige Aspekte des personalen Kapitals.

Hypothese Ib_1: Je höher die Schulabschlüsse der Bewerber ausfallen, desto höher sind ihre Chancen auf den Erhalt einer betrieblichen Ausbildungsstelle.

Hypothese Ib_2: Je besser die Schulnoten der Bewerber ausfallen, desto höher sind ihre Chancen auf den Erhalt einer betrieblichen Ausbildungsstelle.

Ic) Jugendliche, die in der allgemeinbildenden Schule gut auf die Ausbildungsstellensuche vorbereitet wurden, haben mittelbares institutionelles Kapital erhalten. Durch die schulische Vorbereitung haben sie Wissen über die Anforderungen am betrieblichen Ausbildungsstellenmarkt und die Besetzungsstrategien der Eingangswächter erworben. Das heißt, durch die Bereitstellung von mittelbarem institutionellem Kapital haben sie personales Kapital aufbauen können. Dieses personale Kapital hilft ihnen bei der Erschließung von unmittelbarem Marktkapital.

Hypothese Ic: Jugendliche, die in der allgemeinbildenden Schule gut auf die Zeit der Lehrstellensuche vorbereitet wurden, haben eine höhere Chancen, eine betriebliche Ausbildungsstelle zu erhalten, als Jugendliche, die nicht gut vorbereitet wurden.

Id) Betriebspraktika helfen den Jugendlichen, berufs- und betriebsspezifisches Wissen zu erwerben sowie frühzeitig Kontakt zu Ausbildungsbetrieben aufzubauen. Unabhängig von den sonstigen Qualifikationen (z. B. Schulabschluss) helfen Praktika den Jugendlichen, eine Brücke in die betriebliche Berufsausbildung zu schlagen, sodass ein absolviertes Betriebspraktikum die Zugangschance in eine betriebliche Berufsausbildungsstelle erhöht.

Hypothese Id: Jugendliche, die ein Praktikum absolviert haben, haben im Vergleich zu Jugendlichen, die dies nicht getan haben, höhere Chancen auf eine betriebliche Ausbildungsstelle.

Ie) Maßnahmen des Übergangssystems (z. B. BVJ, EQ) werden von den institutionellen Kapitalgebern bereitgestellt, damit Jugendliche personales Kapital aufbauen können. So soll eine Teilnahme an Übergangsmaßnahmen die Kompetenzen von Jugendlichen stärken und ihnen einen Weg in die Berufsausbildung erleichtern. Für den Übergang in eine betriebliche Berufsausbildungsstelle können sie jedoch nicht als Formen des personalen Kapitals genutzt werden, da Bewerber, welche an Maßnahmen teilgenommen haben, von Betrieben ein negatives Label erhalten. Für den Übergang in eine betriebliche Ausbildungsstelle erweisen sich Maßnahmen des Übergangssystems daher lediglich als Scheinkapital.

Hypothese Ie: Jugendliche, die an Maßnahmen des Übergangssystems teilgenommen haben, haben im Vergleich zu Jugendlichen, die noch nie an einer Maßnahme teilgenommen haben, keine höhere Chance auf eine betriebliche Ausbildungsstelle.

If) Unterstützung durch das soziale Umfeld der Jugendlichen bei der Suche nach einer betrieblichen Ausbildungsstelle ist von Vorteil. Informationen über Vakanzen, das Üben von Vorstellungsgesprächen, Hilfe beim Verfassen von Bewerbungsschreiben sind Beispiele dafür, welchen Nutzen Jugendliche aus sozialen Netzwerken ziehen können.

Hypothese If: Ausbildungsstellenbewerber, die von ihrem sozialen Umfeld bei der Ausbildungsstellensuche unterstützt wurden, haben eine höhere Chance auf eine betriebliche Ausbildungsstelle als Jugendliche, die keine Unterstützung erfahren haben.

Ig) Im Gegensatz zu Zensuren und Schulabschlüssen sind Herkunft und Alter Merkmale der Bewerber, die sie selbst nicht beeinflussen können. Sie werden von den Betrieben aber ebenfalls als Signale zur Eignungseinschätzung genutzt und sind Teil des symbolischen Kapitals. Als kreditwürdig hinsichtlich eines erfolgreichen und problemlosen Ausbildungsverlaufs werden bevorzugt jüngere Bewerber und Bewerber ohne Migrationshintergrund eingeschätzt; und zwar unabhängig vom personalen und sozialen Kapital der Bewerber. Nicht zu alt zu sein und keinen Migrationshintergrund zu haben, sind demnach Formen des symbolischen Kapitals, die für den Zugang in eine betriebliche Berufsausbildung förderlich sind.

Hypothese Ig_1: Jugendliche ohne Migrationshintergrund haben im Vergleich zu Jugendlichen mit Migrationshintergrund eine höhere Chance, eine betriebliche Ausbildungsstelle zu erhalten.

Hypothese Ig_2: Jüngere Bewerber haben eine höhere Chance auf den Erhalt einer betrieblichen Ausbildungsstelle.

Ih) Dass Jugendliche den institutionellen Zugangsvoraussetzungen in eine betriebliche Ausbildung überhaupt entsprechen können, setzt voraus, dass entsprechende Ressourcen (betriebliche Ausbildungsplätze) zur Verfügung stehen. Fehlen beispielsweise betriebliche Ausbildungsstellen, dann sinken die Chancen der Jugendlichen, unmittelbares Marktkapital zu erhalten. Dementsprechend spielt – unabhängig vom personalen und sozialen Kapital der Bewerber – das Verhältnis zwischen dem Angebot an betrieblichen Ausbildungsstellen und den ausbildungsstelleninteressierten Jugendlichen auf dem Ausbildungsstellenmarkt eine entscheidende Rolle für die Möglichkeit der Jugendlichen, sich Marktkapital erschließen zu können. Steigt die Zahl der angebotenen betrieblichen Ausbildungsstellen im Vergleich zu den nachfragenden Jugendlichen, rücken die Jugendlichen in der Bewerberschlange nach vorne, und es erhöhen sich die Chancen der Bewerber auf betriebliches Zugangskapital.

Hypothese Ih: Je mehr betriebliche Ausbildungsstellen den Ausbildungsstellenbewerbern gegenüberstehen, desto höher ist ihre Chance, Zugang zu einer betrieblichen Ausbildungsstelle zu erhalten.

Hypothesenblock II: Zugang zu einer außerbetrieblichen Ausbildungsstelle (Legislativ- und Exekutivkapital)

IIa) Da der Zugang zu einer außerbetrieblichen Ausbildungsstelle institutionell mit dem Übergangssystem verknüpft ist, stellen die von den Bewerbern bereits absolvierten Maßnahmen des Übergangssystems (z. B. BVJ, EQ) eine wichtige Form des personalen Kapitals dar. Jugendliche, die an Maßnahmen des Übergangssystems teilgenommen haben, haben demzufolge eine höhere Chance, unmittelbares Legislativ- und Exekutivkapital zu erhalten als Bewerber, die noch keine Maßnahme absolviert haben, wobei die Chance mit der Zahl der absolvierten Maßnahmen steigt.

Hypothese IIa: Je mehr Übergangsmaßnahmen die Jugendlichen bereits absolviert haben, desto höher sind ihre Chancen, Zugang zu einer außerbetrieblichen Ausbildungsstelle zu erhalten.

IIb) Außerbetriebliche Ausbildungsstellen werden für Jugendliche bereitgestellt, welche die betrieblichen Eingangsvoraussetzungen nicht erfüllen können, weil sie in irgendeiner Form benachteiligt sind. Unmittelbares Legislativ- und Exekutivkapital wird zudem genutzt, um fehlende betriebliche Stellen zu kompensieren und Jugendliche, die bei der Vergabe von unmittelbarem Marktkapital nicht zum Zuge gekommen sind, ersatzweise mit einer außerbetrieblichen Ausbildungsstelle zu versorgen. Bisweilen wird hierfür das Kriterium der Benachteiligung diagnostisch erweitert, sodass auch prinzipiell für eine betriebliche Ausbildung geeignete Jugendliche eine Chance auf eine ersatzweise außerbetriebliche Ausbildung haben. Allerdings darf das kulturelle Kapital, welches über die Bildungszertifikate sichtbar ist, nicht hoch ausgeprägt sein, da sonst das Kriterium der Benachteiligung nicht mehr anwendbar ist. Jugendliche, die über einen hohen Schulabschluss verfügen, haben demzufolge kaum eine Chance auf eine außerbetriebliche Ausbildungsstelle.

Hypothese IIb: Je höher die Schulabschlüsse der Ausbildungsstellenbewerber ausfallen, desto geringer sind ihre Chancen, eine außerbetriebliche Ausbildungsstelle zu erhalten.

IIc) Das Legislativ- und Exekutivkapital setzt sich aus verschiedenen überwiegend staatlich finanzierten Ausbildungsangeboten zusammen. Der größte Teil des Legislativ- und Exekutivkapitals wird über die außerbetriebliche Ausbildung nach § 242 SGB III bereitgestellt. Diese kann nur an Jugendliche vergeben werden, die bereits ihre allgemeinbildende Pflichtschulzeit absolviert haben. Da die Pflichtschulzeit erst mit dem 18. Lebensjahr endet, bedeutet dies, dass das Erreichen der Volljährigkeit eine notwendige Form des personalen Kapitals ist, um Zugang zu einer außerbetrieblichen Ausbildung nach § 242 SGB III zu erhalten. An die übrigen Formen des unmittelbaren Legislativ- und Exekutivkapitals ist diese personale Voraussetzung nicht geknüpft, sodass jüngere Bewerber zwar nicht grundsätzlich bei der Vergabe von unmittelbarem Legislativ- und Exekutivkapital ausgeschlossen sind, jedoch aufgrund ihre Alters keinen Zugang zum größten Segment des bereitgestellten Legislativ- und Exekutivkapitals haben.

Hypothese IIc: Jugendliche unter 18 Jahren haben eine geringere Chance, eine außerbetriebliche Ausbildungsstelle zu erhalten, als Jugendliche, die bereits volljährig sind.

IId) Da der Zugang in eine außerbetriebliche Ausbildungsstelle von staatlicher Seite vergeben wird, sollte die ethnische Herkunft der Bewerber – anders als beim Zugang zu einer betrieblichen Ausbildungsstelle – bei der Vergabe von unmittelbarem Legislativ- und Exekutivkapital keine Rolle spielen.

Hypothese IId: Beim Zugang zu einer außerbetrieblichen Ausbildungsstelle hat der Migrationshintergrund keinen Einfluss.

IIe) Um unmittelbares Legislativ- und Exekutivkapital zu erhalten, reicht es nicht aus, dass die Jugendlichen über zugangsrelevantes Kapital verfügen. Voraussetzung für den Erhalt von unmittelbarem institutionellem Legislativ- und Exekutivkapital ist, dass der Staat überhaupt eine ausreichende Zahl an außerbetrieblichen Stellen bereitstellt. Das heißt, wenn die Zahl der angebotenen außerbetrieblichen Ausbildungsstellen im Vergleich zu den ausbildungsinteressierten Jugendlichen zunimmt, dann steigen die Chancen der Bewerber auf unmittelbares Legislativ- und Exekutivkapital.

Hypothese IIe: Je mehr außerbetriebliche Ausbildungsstellen den Ausbildungs-
stellenbewerbern gegenüberstehen, desto höher sind ihre Chancen, Zugang zu
einer außerbetrieblichen Ausbildungsstelle zu erhalten.

IIf) Wie viele außerbetriebliche Ausbildungsstellen angeboten werden, ist jedoch
davon abhängig, wie stark das Übergangssystem ausgebaut ist. In Regionen, in
denen das Übergangssystem ein hohes Gewicht hat, wird weniger unmittelbares Legislativ- und Exekutivkapital bereitgestellt als in Regionen, in denen das
Übergangssystem kaum ausgebaut ist, sodass die Struktur der Bildungsangebote die Übergangschancen der Jugendlichen beeinflusst.

Hypothese IIf: Je stärker das Übergangssystem ausgebaut ist, desto geringer
sind die Chancen der Bewerber, eine außerbetriebliche Ausbildungsstelle zu
erhalten.

Verbleib außerhalb des Bildungssystems

Jugendliche, die weder eine betriebliche (unmittelbares Marktkapital) noch eine
außerbetriebliche Ausbildungsstelle (unmittelbares Legislativ- und Exekutivkapital)
erhalten haben, müssen, wenn sie noch nicht das 18. Lebensjahr erreicht haben,
ihrer Schulpflicht nachkommen. Dabei haben sie die Wahl, ob sie eine allgemeinbildende Schule besuchen oder stattdessen am Teilzeitunterricht einer Berufsschule
teilnehmen. Sie sind damit weiterhin Teilnehmer des Bildungssystems und erhalten mittelbares institutionelles Kapital in Form von schulischer Bildung. Erfolglose
Ausbildungsstellenbewerber, die nicht mehr schulpflichtig sind, haben ebenfalls die
Möglichkeit, mittelbares institutionelles Kapital (z. B. über den Besuch der Sekundarstufe II) zu erhalten und auf diesem Wege ihr personales Kapital zu erhöhen.
Neben den allgemeinbildenden Schulen stehen ihnen hierfür auch die Maßnahmen
des Übergangssystems (z. B. EQ, Fachoberschule) offen. Aber nicht alle erfolglosen
Ausbildungsstellenbewerber münden in diese teilqualifizierenden Bildungsangebote
ein. Wie aus der Ausbildungsmarktstatistik der BA hervorgeht, gingen im Jahr 2010
rund 5 % der erfolglosen Ausbildungsstellenbewerber einer Erwerbstätigkeit nach,
anstatt eine Bildungsmaßnahme zu absolvieren (Beicht & Eberhard, 2011a).

Warum erfolglose und nicht mehr schulpflichtige Ausbildungsstellenbewerber außerhalb des Bildungssystems verbleiben, anstatt in das teilqualifizierende
Bildungssystem einzumünden, kann aus den bisherigen Forschungsergebnissen
zum Übergang an der ersten Schwelle nicht erklärt werden. Dabei ist diese Frage
durchaus relevant, denn wie die Ergebnisse der BIBB-Übergangsstudie 2006 zeigen,
haben insbesondere jene erfolglosen Ausbildungsstellenbewerber ein hohes Risiko,

nie in eine Ausbildungsstelle einzumünden und damit keinen Berufsabschluss zu erwerben, die im Anschluss an ihre erfolglose Suche nicht in das teilqualifizierende Bildungssystem einmündeten (Beicht, 2009; Beicht & Ulrich, 2008d). Daher soll im empirischen Teil der vorliegenden Arbeit auch der Frage nachgegangen werden, welche Faktoren den Verbleib in teilqualifizierenden Bildungsgängen beeinflussen und unter welchen Bedingungen erfolglose Ausbildungsstellenbewerber außerhalb des Bildungssystems verbleiben.

6.2 Datenmaterial

Um die Hypothesen zur übergeordneten Stellung der Institutionen empirisch zu überprüfen, war es notwendig, auf Datenmaterial zurückzugreifen, welches die verschiedenen institutionellen Rahmenbedingungen möglichst differenziert und trennscharf abbildet. Denn nur so konnte untersucht werden, ob sich die Zugangslogiken in eine betriebliche Ausbildungsstelle von denen in eine außerbetriebliche Berufsausbildungsstelle unterscheiden. So war es wichtig, unterscheiden zu können, ob die Jugendlichen Zugang zu einer betrieblichen Ausbildungsstelle und damit unmittelbares Marktkapital erhalten hatten oder ob ihnen Zutritt zu einer außerbetrieblichen Berufsausbildung und somit unmittelbares Legislativ- und Exekutivkapital gewährt wurde.

Diese Voraussetzungen werden besonders gut von den Daten der BA/BIBB-Bewerberbefragung 2008 erfüllt. Bei der BA/BIBB-Bewerberbefragung 2008 handelt es sich um eine schriftlich-postalisch und anonym durchgeführte Repräsentativbefragung von Jugendlichen, die im Jahr 2008 bei der BA als Ausbildungsstellenbewerber registriert waren. Die BA/BIBB-Bewerberbefragungen werden seit 1997 in einem mittlerweile zweijährigen Turnus auf Weisung des BMBF durchgeführt und dienen neben der Vorbereitung des Berufsbildungsberichts der Politikberatung sowie der Forschung zum Übergang an der ersten Schwelle.

Grundgesamtheit

Grundgesamtheit der BA/BIBB-Bewerberbefragung 2008 waren die 620.202 Jugendlichen, die im Jahr 2008 als Ausbildungsstellenbewerber bei der BA gemeldet waren und ihren Wohnsitz in Deutschland hatten. Bei den gemeldeten Bewerbern handelt es sich um Jugendliche, die bei ihrer Suche nach einer Ausbildungsstelle im dualen System nach BBiG/HwO institutionell durch die BA unterstützt wurden. Da die BA nur jenen Jugendlichen institutionelle Hilfestellung bei der Lehrstellenvermittlung gewährt, die nach ihrer Einschätzung ausbildungsreif sind, setzt sich die Gruppe der gemeldeten Bewerber nicht nur aus ausbildungsinteressierten, sondern auch aus offiziell ausbildungsreifen Jugendlichen zusammen.

Was die BA unter Ausbildungsreife versteht, ist in einem Kriterienkatalog festgehalten, der das Konzept über fünf zentrale Merkmalsbereiche definiert (Nationaler Pakt für Ausbildung und Fachkräftenachwuchs in Deutschland, 2006b):

1. Schulische Basiskenntnisse (z. B. mathematische Grundkenntnisse oder Beherrschung der deutschen Rechtschreibung)
2. Psychologische Leistungsmerkmale (z. B. logisches Denken oder Konzentrationsfähigkeit)
3. Physische Merkmale (z. B. körperliche Befähigung, einen 8-Stunden-Tag zu bewältigen)
4. Psychologische Merkmale des Arbeitsverhaltens und der Persönlichkeit (z. B. Durchhaltevermögen und Frustrationstoleranz)
5. Berufswahlreife (z. B. Kenntnis der eigenen Fähigkeiten und Fertigkeiten)

Nur Jugendliche, die alle Kriterien erfüllen, erhalten den Status eines gemeldeten Ausbildungsstellenbewerbers (Bundesagentur für Arbeit, 2009a; Müller-Kohlenberg et al., 2005) und damit mittelbares institutionelles Legislativkapital (vgl. Kapitel 5.1.3).

Eine aktuelle Statistik darüber, wie viele Jugendliche bei der BA im Jahr 2008 vorstellig wurden, aber letztlich nicht als Bewerber geführt wurden – sei es, dass sie als nicht ausbildungsreif befunden wurden oder (noch) keine duale Ausbildung anstreben wollten, existiert nicht. Ältere Zahlen verdeutlichen jedoch, dass die BA das Kriterium der Ausbildungsreife und Ausbildungsmotivation relativ streng vergibt. So kontaktierten im Jahr 2006 2.058.988 Jugendliche die Berufsberatung der BA. Davon wurden 763.097 (37 %) schließlich als Ausbildungsstellenbewerber geführt. Die restlichen 1.295.891 Jugendlichen wurden entweder als (noch) nicht reif eingestuft oder hatten sich gegen eine Ausbildung im dualen System entschieden (Bundesagentur für Arbeit, 2006). Generell fehlen Daten darüber, wie viele der ausbildungsinteressierten Jugendlichen überhaupt bei der BA vorstellig werden. Die BA geht jedoch davon aus, dass ihr Einschaltungsgrad durch Jugendliche im Rahmen der Ausbildungsstellensuche hoch ist, eine Zahl nennt sie jedoch nicht (vgl. Bundesagentur für Arbeit, 2008).

Obwohl es sich bei den gemeldeten Bewerbern ausschließlich um offiziell ausbildungsreife Jugendliche handelt, stellen sie doch kein perfektes Abbild aller ausbildungsreifen ausbildungsstellensuchenden Jugendlichen in Deutschland dar. Da der Kontakt zur BA freiwillig ist und die Vergabe einer Ausbildungsstelle nicht an den Bewerberstatus geknüpft ist, befinden sich auch Jugendliche auf Ausbildungsstellensuche, die nicht als Bewerber registriert sind, weil sie nie bei der BA vorstellig wurden. Die Gruppe der gemeldeten Bewerber bildet daher nur eine Teilmenge der ausbildungsreifen Jugendlichen ab, die sich in einem bestimmten Jahr auf der Suche nach einem Ausbildungsplatz befinden (Bundesagentur für Arbeit, 2008). Daneben ist es sehr wahrscheinlich, dass sich auch „nicht-ausbildungsreife" Jugendliche auf dem Ausbildungsstellenmarkt bewegen, da es keine Institution gibt, welche die Ausbildungssuche an den Bewerberstatus koppelt.

Beachtet werden muss, dass es sich bei den gemeldeten Bewerbern nicht ausschließlich um aktuelle Schulabsolventen handelt, da sich auch Absolventen früherer Jahre an die BA wenden. Wie aus der Ausbildungsmarkstatistik der BA hervorgeht, hatte rund jeder zweite gemeldete Bewerber (52 %) des Jahres 2008 die Schule bereits im Vorjahr oder früher verlassen (Bundesagentur für Arbeit, 2008), und 40 % der Ausbildungsstellenbewerber des Jahres 2008 hatten sich schon einmal zu einem früheren Jahr um eine Ausbildungsstelle bemüht (Beicht & Eberhard, 2009a).

Stichprobenziehung

Aus der Grundgesamtheit der 620.202 gemeldeten Ausbildungsstellenbewerber zog die BA jeweils aus den Arbeitsagenturbezirken der Flächenstaaten sowie für das Bundesland Berlin eine 2 %ige einfache Zufallsstichprobe; aus den Arbeitsagenturbezirken in Hamburg, Bremen und dem Saarland jeweils eine 5 %ige Zufallsstichprobe. Die erhöhte Stichprobe in Hamburg, Bremen und dem Saarland war notwendig, um auch für diese Regionen zu einer ausreichend hohen Teilstichprobe zu gelangen und somit reguläre Aussagen zu ermöglichen.

Die Stichprobenziehung erfolgte nach Abschluss des Geschäftsjahres der BA (30.09.2008) Anfang November 2008 in der Zentralstelle in Nürnberg. Insgesamt gelangten die Adressen von 13.000 Bewerbern in die Stichprobe, die an das BIBB übermittelt wurden.

Fragebogen

Der 2008 verwendete Fragebogen gleicht in wesentlichen Teilen früheren Fragebögen und setzt sich aus einem Repertoire von Standardfragen zusammen (vgl. Anhang B). Ein kurzer Einleitungstext erläuterte zunächst das Ziel der Befragung und wies auf die Gewährleistung der Anonymität sowie der Freiwilligkeit der Teilnahme hin. In einem ersten Fragenblock wurden die Jugendlichen gebeten, Angaben zu ihrem derzeitigen Verbleib zu machen (z. B. Lehre, schulische Berufsausbildung, Studium, Arbeitslosigkeit) sowie ihre Zufriedenheit mit dieser Situation zu benennen. Jugendliche, die angaben, derzeit eine duale Berufsausbildung zu absolvieren, wurden danach gefragt, mit wem sie einen Lehrvertrag abgeschlossen hatten (z. B. Betrieb, außerbetriebliche Bildungsstätte), wann sie die Lehre begonnen hatten und in welchem Beruf sie ausgebildet wurden.

In einem zweiten Fragenblock wurden Personen, die angaben, sich derzeit in einer Lehre zu befinden, zu ihrer regionalen Mobilität (z. B. ob sie im Zuge des Lehrbeginns umziehen mussten) befragt. Zudem sollten sie die Gründe nennen, die ihrer Meinung nach dazu beigetragen hatten, dass sie die Lehrstelle erhalten haben (z. B. „habe auf meinen Wunschberuf verzichtet" oder „habe im Ausbildungsbetrieb ein Praktikum absolviert"). Jene Befragten, die sich derzeit nicht in einer Lehre befanden, wurden nach den Gründen für den Nicht-Beginn einer dualen Berufsausbildung (z. B. „weil meine schulische Vorbildung nicht ausreichte" oder „weil ich zu alt bin") sowie danach gefragt, ob sie weiterhin an einer Lehrstelle interessiert sind.

Im dritten Fragenblock sollten die Jugendlichen angeben, ob sie sich schon einmal aktiv auf Ausbildungsstellensuche befunden hatten; falls sie dies bejahten, sollten sie benennen, wie sie die Zeit der Lehrstellensuche empfunden hatten (z. B. „ich fühlte mich sehr unsicher"), was sie im Rahmen der Lehrstellensuche unternommen hatten (z. B. Angabe, wie viele Bewerbungen sie verfasst hatten, in welchen Berufen sie sich beworben hatten, ob sie ihre Eltern um Hilfe gebeten hatten) und ob sie schon einmal früher auf Ausbildungsstellensuche gewesen waren.

Der vierte Block richtete sich erneut an alle Jugendlichen und fragte nach dem Jahr, in dem sie die allgemeinbildende Schule verlassen hatten, sowie nach der Teilnahme (abgebrochen oder beendet) an bestimmten Bildungsmaßnahmen (z. B. Bewerbungstraining, Fachoberschule).

Im letzten Block wurden soziodemografische Merkmale wie das Geschlecht, der höchste Schulabschluss, die Abschlussnoten in Deutsch und Mathematik abgefragt. Des Weiteren wurden der Geburtsort, die erlernte Muttersprache, die Staatsangehörigkeit und – falls ein Jugendlicher nicht durchgängig in Deutschland gelebt hatte – die Aufenthaltsdauer in Deutschland abgefragt. Darüber hinaus wurden die Befragten gebeten, die Postleitzahl ihres Wohnortes anzugeben. Der Fragebogen schloss mit der Möglichkeit, offene Anmerkungen zu formulieren.

Ablauf der Befragung

Anhand der Ergebnisse der Stichprobenziehung wurde der Versand der 13.000 Fragebögen durch das BIBB vorbereitet. Die Fragbögen wurden kuvertiert und mit Adressaufklebern versehen und in Paketen an die BA gesendet. Anfang Dezember 2008 verschickte die Poststelle der BA die Fragebögen an die Jugendlichen. Die Rücksendung der ausgefüllten Fragebögen an das BIBB war für die Befragungsteilnehmer kostenlos, da das Rückporto vom BIBB übernommen wurde.

Im Januar 2009 wurden durch das BIBB Erinnerungs- bzw. Dankesschreiben vorbereitet und von der BA an alle zu befragenden Bewerber versandt. Da aus Gründen des Datenschutzes nicht erfasst werden konnte, welche Person bereits geantwortet hatten und welche nicht, wurde die gesamte Stichprobe erneut angeschrieben. In dem Schreiben bedankten sich BIBB und BA bei denjenigen, die bereits an der Befragung teilgenommen hatten, und baten zugleich diejenigen, die dies noch nicht getan hatten, an der Befragung teilzunehmen. Diese Erinnerungsaktion erwies sich wie bereits in den Vorjahren als äußerst fruchtbar, da der Rücklauf nach Versand der Schreiben noch einmal deutlich zunahm. Der Befragungszeitraum endete mit Eintreffen der letzten ausgefüllten Fragebögen Anfang April 2009.

Rücklauf

Von den insgesamt 13.000 angeschriebenen Personen antworteten 5.197 Bewerber, was einer Rücklaufquote von rund 40 % entspricht. In die Auswertungsstichprobe gelangten schließlich 5.086 Fragebögen (39 %). Ausgeschlossen wurden Fragebögen, die für die Zwecke der Auswertung unzureichend ausgefüllt waren.

Tabelle 4 zeigt, dass ein Vergleich mit den Verhältnissen in der Gesamtpopulation nur geringe Abweichungen in Hinblick auf zentrale Merkmale wie Geschlecht, schulische Vorbildung oder Wohnregion ergab.

Tabelle 4: Vergleich zwischen der Grundgesamtheit und der Stichprobe anhand zentraler Merkmale

Merkmale	Grundgesamtheit %	Stichprobe %
Geschlecht		
weiblich	47,2	49,9
männlich	52,8	50,1
Schulabschluss		
max. Hauptschulabschluss	39,0	38,4
mittlerer Abschluss	45,8	46,1
Studienberechtigung	13,7	13,9
keine Angaben	1,5	1,6
Wohnregion		
Baden-Württemberg	11,6	11,5
Bayern	15,3	16,5
Berlin	4,5	3,2
Brandenburg	3,4	2,9
Bremen	1,2	2,0

Fortsetzung Tabelle 4

Merkmale	Grundgesamtheit %	Stichprobe %
Hamburg	1,3	2,8
Hessen	6,7	5,9
Mecklenburg-Vorpommern	2,6	2,4
Niedersachsen	10,0	8,9
Nordrhein-Westfalen	22,8	21,8
Rheinland-Pfalz	5,0	5,4
Saarland	1,1	2,8
Sachsen	5,5	5,1
Sachsen-Anhalt	3,2	3,1
Schleswig-Holstein	2,8	2,6
Thüringen	3,0	3,0
	N = 620.202	n = 5.086

Quelle: Ausbildungsmarktstatistik der BA zum 30.09.2008, BA/BIBB-Bewerberbefragung 2008, eigene Berechnungen

Fallauswahl

Die Auswahl der Untersuchungsstichprobe erfolgte über das Ausschlussverfahren. Folgende Gruppen wurden ausgeschlossen:

- Jugendliche, die ein Studium aufgenommen hatten
- Jugendliche, die in eine Ausbildung des Schulberufssystems außerhalb BBiG/HwO eingemündet waren
- Junge Männer, die ihren Wehr- oder Zivildienst absolvierten
- Jugendliche, die ein freiwilliges soziales oder ökologisches Jahr begonnen hatten
- Jugendliche, deren Verbleib nicht eindeutig bestimmt werden konnte

Die Studierenden und die Auszubildenden des Schulberufssystems wurden ausgeschlossen, da die Marktsituation beider Gruppen im Rahmen der Arbeit nicht abgebildet werden konnte. Um diese zu berücksichtigen, wären Vergleichsdaten von jenen Jugendlichen notwendig, die den direkten Weg in das Schulberufssystem bzw. das Hochschulstudium suchten, ohne zuvor Interesse an einer Ausbildung nach BBiG/HwO bekundet zu haben. Solche Daten lagen jedoch nicht vor.

Wehrdienst- und Zivildienstleistende sowie Jugendliche, die ein freiwilliges soziales oder ökologisches Jahr aufgenommen hatten, mussten ausgeschlossen werden, weil sie einen Sonderfall darstellen. Faktisch müssten sie der Gruppe der erfolglosen Ausbildungsstellenbewerber zugerechnet werden, welche weder unmittelbares noch mittelbares institutionelles Kapital erhalten haben und demzufolge außerhalb des Bildungssystems verblieben waren. Sie dieser Gruppe zuzurechnen wäre jedoch falsch, da sie sich weitgehend von den Ausbildungsstellenbewerbern unterscheiden, die z. B. arbeitsuchend gemeldet sind oder einem 400-Euro-Job nachgehen (Eberhard & Ulrich, 2011). So haben Wehr- und Zivildienstleistende sowie Jugendliche, die ein freiwilliges soziales oder ökologisches Jahr absolvieren, nach Abschluss ihres Dienstes eine gute Chance auf den Erhalt einer Ausbildungsstelle – anders als Jugendliche, die außerhalb des Bildungssystems verbleiben (Beicht & Ulrich, 2008b).

Da der aktuelle Verbleib der Bewerber die abhängige Variable darstellt, mussten zudem alle Fälle ausgeschlossen werden, deren Verbleib nicht eindeutig identifiziert werden konnte (z. B. Personen, aus deren Angaben nicht klar hervorging, ob sie eine betriebliche oder außerbetriebliche Berufsausbildung absolvierten). Des Weiteren wurden die Angaben von Befragten von der Analyse ausgeschlossen, die sagten, sie hätten sich nicht aktiv auf der Suche nach einer Ausbildungsstelle befunden, da in solchen Fällen Angaben zu ihren Bewerbungsstrategien fehlten.

Nach Ausschluss dieser Gruppen umfasste die Untersuchungsstichprobe 2.994 Fälle. In Tabelle 5 ist die Zusammensetzung der Untersuchungsstichprobe nach Geschlecht, Schulabschluss und regionaler Herkunft der befragten Ausbildungsstellenbewerber dargestellt. Die Verteilung nach Art des Verbleibs wird in Kapitel 6.3.1 beschrieben.

Tabelle 5: **Geschlecht, Schulabschluss und Wohnregion der Bewerber**

	n	%
Geschlecht		
weiblich	1.517	50,7
männlich	1.477	49,3
Schulabschluss		
max. Hauptschulabschluss	1.171	39,1
mittlerer Abschluss	1.440	48,1
Studienberechtigung	383	12,8
Regionale Herkunft		
neue Länder	471	15,7
alte Länder	2.523	84,3
Gesamt	2.994	100

Quelle: BA/BIBB-Bewerberbefragung 2008, eigene Berechnungen

Während das Geschlechterverhältnis nahezu ausgeglichen ist – 50,7 % der Befragten waren weiblich – fällt der Anteil der Studienberechtigten in der Untersuchungsgruppe relativ gering aus. Nur 12,8 % der Bewerber wiesen eine Studienberechtigung auf, wohingegen fast die Hälfte (48,1 %) einen mittleren Schulabschluss (z. B. Realschulabschluss) erworben hatte. 39,1 % verfügten maximal über einen Hauptschulabschluss[17]. Zurückzuführen ist dies insbesondere darauf, dass Studienberechtige im Verhältnis zu den übrigen Absolventengruppen ein geringeres Interesse an einer dualen Berufsausbildung nach BBiG/HwO haben (Friedrich, 2009a, 2009b).

Das Alter in der Untersuchungsstichprobe lag mit 18,8 (SD = 2,31) etwa ein Jahr unter dem Durchschnittsalter der Jugendlichen (19,7), die 2008 einen neuen Ausbildungsvertrag abgeschlossen hatten (Gericke, 2010). Das geringere Durchschnittsalter in der Untersuchungsgruppe dürfte unter anderem darauf zurückzuführen sein, dass die BA nur Jugendliche als Ausbildungsstellenbewerber führt, die noch nicht älter als 25 Jahre sind. Für den Abschluss eines Ausbildungsvertrages ist jedoch kein Höchstalter definiert.

Im Rahmen der BA/BIBB-Bewerberbefragung 2008 wurde standardmäßig wie bei den Vorgängeruntersuchungen der Migrationshintergrund der Befragten über die Variablen Geburtsland, Staatsangehörigkeit und Muttersprache erhoben. Bewerber, die in Deutschland geboren wurden und alleine die deutsche Staatsangehörigkeit besaßen und ausschließlich Deutsch als Muttersprache gelernt hatten, wurden als Deutsche ohne Migrationshintergrund eingeordnet; bei allen anderen wurde von einem Migrationshintergrund ausgegangen (Beicht & Eberhard, 2009b). Über die spezifischen Angaben zum Geburtsland, der in der Kindheit erlernten Sprache und der Staatsangehörigkeit ließen sich zudem ethnische Differenzierungslinien innerhalb der Gruppe der Jugendlichen mit Migrationshintergrund ziehen. Da die Migrationsgründe der Befragten bzw. ihrer Familien nicht bekannt sind (z. B. Aussiedler, Kriegsflüchtlinge, Nachkommen von Gastarbeitern), erfolgte die ethnische Differenzierung anhand von geografischen Zugehörigkeiten. In Anlehnung an andere Studien zum Übergang an der ersten Schwelle (z. B. BIBB-Übergangsstudie 2006) wurde zwischen vier Migrantengruppen unterschieden: Jugendliche mit türkisch-arabischem Migrationshintergrund[18] (z. B. Jugendliche, die in Deutschland geboren wurden, die deutsche Staatsangehörigkeit besitzen, aber als erste Muttersprache

---

17   Nur 39 Bewerber wiesen keinen Schulabschluss auf, 14 Personen hatten einen Sonderschulabschluss erworben. Damit waren diese beiden Gruppen zu klein, um sie gesondert in die Analysen aufzunehmen. Die Personen ohne Schulabschluss bzw. mit Sonderschulabschluss sind daher Teil der Gruppe „Bewerber mit maximal Hauptschulabschluss".

18   Von den 207 Bewerbern mit türkisch-arabischem Migrationshintergrund besaßen 124 Personen die türkische Staatsangehörigkeit. Weitere 77 Jugendliche besaßen die deutsche Staatsangehörigkeit, hatten aber als Muttersprache Türkisch oder Kurdisch (n = 66), Arabisch oder Marokkanisch erlernt (n = 11). Die übrigen sechs Bewerber verfügten entweder über eine syrische, libanesische oder marokkanische Staatsangehörigkeit.

Türkisch lernten), Jugendliche mit osteuropäischem Migrationshintergrund bzw. mit Migrationshintergrund der Gemeinschaft Unabhängiger Staaten (GUS)[19] (z. B. Jugendliche mit deutscher Staatsangehörigkeit, die in Russland geboren wurden oder Jugendliche mit polnischer Staatsangehörigkeit), Jugendliche mit Migrationshintergrund südeuropäischer Staaten (Italien, Griechenland, Portugal, ehemaliges Jugoslawien, Spanien)[20] sowie Bewerber mit sonstigem Migrationshintergrund. Die letztgenannte Gruppe stellt eine heterogene Sammelgruppe dar, welche sich aus Personen mit unterschiedlichem Migrationshintergrund zusammensetzt (z. B. Bewerber, die aus Vietnam, den USA, Österreich oder Luxemburg stammen). Tabelle 6 gibt einen Überblick über den Migrationshintergrund der befragten Ausbildungsstellenbewerber. Demnach haben 75,4 % der Bewerber keinen Migrationshintergrund. Bei den übrigen 24,6 % stellen die Personen mit osteuropäischem/GUS-Migrationshintergrund die größte Gruppe (9,6 %), gefolgt von den Migranten türkisch-arabischer Herkunft (6,9 %).

---

19   Es ist zu vermuten, dass sich in dieser Gruppe eine Reihe von Aussiedlern befindet. So besaßen 232 Personen die deutsche Staatsangehörigkeit, wurden aber in osteuropäischen Ländern oder Ländern der GUS geboren. Da jedoch keine Angaben über die Migrationsgründe bzw. Angaben zu den Eltern vorlagen, ließ sich die Gruppe der Aussiedler nicht valide bestimmen. So wäre etwa denkbar, dass Jugendliche ohne deutsche Wurzeln in Polen geboren wurden, das Land mit den Eltern verließen und nun die deutsche Staatsangehörigkeit besitzen. Umgekehrt wäre aber auch möglich, dass sich unter den Personen mit einer polnischen Staatsangehörigkeit Aussiedler befinden könnten, weil sie zum Befragungszeitpunkt noch nicht die deutsche Staatsangehörigkeit erhalten bzw. beantragt hatten. Von den 287 Jugendlichen mit osteuropäischem/GUS-Migrationshintergrund besaßen 264 die deutsche Staatsangehörigkeit, sechs die polnische, 15 die russische und jeweils eine Person die rumänische bzw. ukrainische Staatsangehörigkeit. Von den 264 Personen mit deutscher Staatsangehörigkeit wurden 232 in osteuropäischen Ländern (z. B. Polen) oder in den GUS-Staaten geboren. Die übrigen 32 wurden in Deutschland geboren, hatten aber als Muttersprache Rumänisch, Russisch, Polnisch oder Lettisch erlernt.

20   Innerhalb dieser Gruppe besaßen nur 25 Personen die deutsche Staatsangehörigkeit. Von den übrigen 109 Befragten verfügten 20 über die griechische, drei über die spanische, vier über die portugiesische, 34 über die italienische und weitere 48 über eine Staatsangehörigkeit der Staaten des ehemaligen Jugoslawien. Unter den Personen mit deutscher Staatsangehörigkeit wurde eine Person in Italien und sechs Personen wurden im ehemaligen Jugoslawien geboren. Die übrigen Bewerber hatten als Muttersprache Griechisch (n = 2), Italienisch (n = 8), Portugiesisch (n = 2), Kroatisch (n = 2) oder Serbisch (n = 4) gelernt.

Tabelle 6: **Migrationshintergrund der Ausbildungsstellenbewerber**

	Deutsche ohne Migrations- hintergrund		Migranten türkisch- arabischer Herkunft		Migranten südeuro- päischer Herkunft		osteuro- päischer/ GUS-Hinter- grund		sonstige Migranten		
	n	%	n	%	n	%	n	%	n	%	Gesamt
Geschlecht											
männlich	1.123	49,7	108	52,2	62,0	46,3	132	46,0	52,0	48,1	1.477
weiblich	1.135	50,3	99	47,8	72,0	53,7	155	54,0	56,0	51,9	1.517
Schulabschluss											
max. Hauptschulabschluss	846	37,6	104	50,2	60,0	44,8	116	40,4	45,0	41,7	1.171
mittlerer Abschluss	1.111	49,2	84	40,6	60,0	44,8	133	46,3	52,0	48,1	1.440
Studienberechtigung	301	13,2	19	9,2	14,0	10,4	38	13,2	11,0	10,2	383
Gesamt	2.258	100	207	100	134	100	287	100	108	100	2.994

Quelle: BA/BIBB-Bewerberbefragung, eigene Berechnung

Was die schulischen Bildungsvoraussetzungen betrifft, so lassen sich zwar Unterschiede zwischen den einzelnen ethnischen Gruppen feststellen, doch fallen diese moderat aus (Cramers V = ,05, p < ,05). So schneiden die Bewerber mit türkisch-arabischen Migrationshintergrund zwar verhältnismäßig schlecht ab, jedoch haben 40,6 % einen mittleren Schulabschluss vorzuweisen und 9,2 % eine Studienberechtigung. Vergleicht man die Bildungsabschlüsse der Personen mit osteuropäischem Migrationshintergrund bzw. Migrationshintergrund der GUS mit denen der Deutschen ohne Migrationshintergrund, so ist die Quote der Studienberechtigten mit 13,2 % identisch.

6.3 Operationalisierung der zentralen Konzepte

In Kapitel 6.3 wird geschildert, wie die abhängige Variable – der Verbleib der Bewerber zum Befragungszeitpunkt – und die unabhängigen Variablen operationalisiert wurden.

6.3.1 Der Verbleib der Bewerber zum Untersuchungszeitpunkt

Der Verbleib der Ausbildungsstellenbewerber nach Abschluss des Ausbildungsvermittlungsjahres wird als abhängige Variable operationalisiert. Aus dem Verbleib kann abgeleitet werden, ob und in welcher Form den Jugendlichen institutionelles Kapital gewährt wurde. So haben Jugendliche, die in eine betriebliche Berufsausbildung einmündeten, unmittelbares Marktkapital, und Bewerber, die in einer außerbetrieblichen Ausbildung verblieben, unmittelbares Legislativ- und Exekutivkapital erhalten – denn ohne die Vergabe von unmittelbarem institutionellem Kapital kann der Zugang in eine betriebliche oder außerbetriebliche Ausbildungsstelle nicht erfolgen (vgl. Kapitel 5.1.1). Bewerber, die eine teilqualifizierende Bildungsmaßnahme begannen, erhielten kein unmittelbares institutionelles Kapital, sondern nur mittelbares institutionelles Kapital (vgl. Kapitel 5.1.3), wohingegen Jugendlichen, die außerhalb des Bildungssystems verblieben, weder mittelbares noch unmittelbares institutionelles Kapital zuteil wurde.

An dieser Stelle muss jedoch angemerkt werden, dass mit dieser Form der Operationalisierung ein Teil des bereitgestellten unmittelbaren institutionellen Kapitals nicht erfasst werden kann. So ist für den Verbleib in einer betrieblichen oder außerbetrieblichen Berufsausbildungsstelle die Bereitstellung von unmittelbarem institutionellem Kapital zwar eine notwendige Bedingung, jedoch keine hinreichende. Um eine Berufsausbildung aufzunehmen, bedarf es zusätzlich einer zustimmenden Entscheidung des Jugendlichen; er muss das bereitgestellte Kapital annehmen und produktiv machen. Da im Rahmen der BA/BIBB-Bewerberbefragung 2008 das Entscheidungsverhalten des Jugendlichen (z. B. Jugendlicher entschied sich – trotz einer Lehrstellenzusage – weiterhin die allgemeinbildende Schule zu besuchen, weil der angebotene Ausbildungsberuf nicht seinem Wunschberuf entsprach) nicht erfragt wurde, bleiben mögliche latente Formen des gewährten Zugangskapitals unberücksichtigt. Die Wahrscheinlichkeit, einmal gewährtes unmittelbares Marktkapital oder Legislativ- und Exekutivkapital nicht zu erfassen, dürfte jedoch relativ gering sein, da der Beginn einer betrieblichen bzw. außerbetrieblichen Berufsausbildung in der Zielhierarchie der Ausbildungsstellenbewerber weit oben steht und kaum jemand ein vollqualifizierendes Berufsbildungsangebot zugunsten eines Verbleibs außerhalb einer Berufsausbildung nach BBiG/HwO ausschlagen dürfte (Eberhard & Ulrich, 2011; Ulrich, 2011).

Zur Rekonstruktion des Verbleibs mussten neben den Verbleibsangaben (z. B. „mache eine Lehre") weitere Angaben der Jugendlichen verwendet werden. Da in einem ersten Schritt die Jugendlichen ausgeschlossen werden sollten, die eine Ausbildung im Schulberufssystem absolvierten, wurden neben den Angaben zum Verbleib die Berufsbezeichnungen der Ausbildungsberufe berücksichtigt. Anhand der Berufsangaben, denen Berufskennziffern zugespielt wurden, ließ sich rekonstruieren, ob die Ausbildung nach BBiG/HwO geordnet oder Teil des Schulberufssystems war. Bei den 33 Berufen, die 2008 sowohl nach BBiG/HwO als auch im Schulberufssystem erlernt werden konnten (z. B. Chemielaborant, Technischer Zeichner), wurde zusätzlich überprüft, ob die Jugendlichen einen Ausbildungsvertrag abgeschlossen hatten. Jugendliche, die keinen Vertrag geschlossen hatten, konnten als Auszubildende des Schulberufssystems identifiziert werden und wurden somit ausgeschlossen.

In einem zweiten Schritt galt es innerhalb der Gruppe der Auszubildenden nach BBiG/HwO zu differenzieren, ob die Jugendlichen betrieblich oder außerbetrieblich ausgebildet wurden. Hierzu wurden neben den Verbleibsangaben die Angaben zum Ausbildungsvertrag genutzt. So wurden nur jene Bewerber als betriebliche Auszubildende ausgewiesen, die derzeit eine Lehre absolvierten und einen „Lehrvertrag mit einem ‚richtigen' Betrieb (Firma, Geschäft, Praxis, Behörde) abgeschlossen" hatten. Als außerbetriebliche Auszubildende wurden Jugendliche deklariert, die zwar eine Lehre absolvierten, aber einen Vertrag mit „einer über-/außerbetrieblichen Einrichtung/Organisation als Träger für die Ausbildung" oder gar keinen Ausbildungsvertrag geschlossen hatten, weil „die Ausbildung ersatzweise von einer berufsbildenden Schule durchgeführt" wurde.

Zur Konstruktion der Verbleibsgruppen „teilqualifizierende Bildungsangebote" und „Verbleib außerhalb von Bildung" reichte es, die Angaben zum gegenwärtigen Verbleib der Bewerber zu verwenden. Was die Einmündung in eine teilqualifizierende Bildungsmaßnahme betrifft, so wurden hierunter der Besuch der allgemeinbildenden Schule, einer teilqualifizierenden Berufsschule bzw. Berufsfachschule, eines BVJ oder ähnlicher Bildungsgänge (z. B. Berufsorientierungsjahr), eines BGJ, einer EQ, einer BvB oder eines Praktikums summiert. Personen, die jobbten, einer Erwerbstätigkeit nachgingen oder als arbeitssuchend gemeldet waren, wurden der Gruppe der außerhalb des Bildungssystems verbliebenen Bewerber zugerechnet. Tabelle 7 gibt einen Überblick über die Verbleibe der befragten Bewerber zum Untersuchungszeitpunkt.

Demnach hatten 42,1 % der Ausbildungsstellenbewerber unmittelbares Marktkapital erhalten und waren dementsprechend in eine betriebliche Berufsausbildung eingemündet. Weiteren 8,4 % wurde unmittelbares Legislativ- und Exekutivkapital gewährt, sodass sie eine außerbetriebliche Ausbildung begonnen hatten. Mehr als ein Viertel der befragten Bewerber (28,2 %) waren in einem teilqualifizierenden Bildungsgang verblieben. Die meisten von ihnen besuchten die teilqualifizierende Berufsfachschule, wobei davon ausgegangen werden muss, dass es sich hierbei größtenteils um Jugendliche handelt, die ihre Schulpflicht absolvieren mussten, denn mehr als die Hälfte von ihnen war unter 18 Jahre alt. Außerhalb des Bildungssystems verblieben 21,3 %, wobei 11,5 % als arbeitsuchend gemeldet waren.

Tabelle 7: **Verbleib der Ausbildungsstellenbewerber zum Befragungszeitpunkt**

Verbleib der Bewerber	n	%
betriebliche Berufsausbildung	1.259	42,1
außerbetriebliche Berufsausbildung	252	8,4
teilqualifizierende Bildung	844	28,2
darunter:		
• *allgemeinbildende Schule*	*133*	*4,4*
• *Besuch der berufsbildenden Schule oder Berufsfachschule*	*231*	*7,7*
• *BVJ, BEJ, BOJ*	*55*	*1,8*
• *BGJ*	*51*	*1,7*
• *EQ*	*89*	*3,0*
• *berufsvorbereitende Maßnahme der BA*	*220*	*7,4*
• *Praktikum*	*65*	*2,2*
außerhalb von Bildung	639	21,3
darunter:		
• *jobben*	*176*	*5,9*
• *erwerbstätig*	*120*	*4,0*
• *arbeitsuchend gemeldet*	*343*	*11,5*
Gesamt	2.994	100

Quelle: BA/BIBB-Bewerberbefragung 2008, eigene Berechnungen

6.3.2   Die Ausbildungsmarktverhältnisse

Angenommen wird, dass die Zugangschancen der Bewerber zu einer betrieblichen
oder außerbetrieblichen Ausbildungsstelle wesentlich von der Situation auf dem Ausbildungsstellenmarkt zum Zeitpunkt der Ausbildungsstellensuche bestimmt werden.
So wird postuliert, dass die Chance auf den Erhalt von unmittelbarem Marktkapital
oder Legislativ- und Exekutivkapital zunimmt, wenn die Zahl der angebotenen betrieblichen bzw. außerbetrieblichen Stellen im Verhältnis zu den ausbildungsstellensuchenden Jugendlichen steigt (Hypothese Ih) und Hypothese IIe). Hinsichtlich der
außerbetrieblichen Ausbildung wird außerdem vermutet, dass die Zugangschancen
sinken, wenn die Angebote im Übergangssystem zunehmen (Hypothese IIf). Zur Rekonstruktion der Ausbildungsmarktverhältnisse wurden externe Daten herangezogen und drei entsprechende Ausbildungsmarktindikatoren (betriebliche Angebotsquote, außerbetriebliche Angebotsquote und Indikator für das Übergangssystem)
auf der Ebene der 16 Bundesländer für das Jahr 2008 berechnet. Ergänzt wurden

diese Indikatoren durch eine im Rahmen der Arbeit entwickelte Angebotsquote, die neben regionalen auch berufsspezifische Teilmärkte berücksichtigt. Diese wurde auf der Ebene der 176 Arbeitsagenturbezirke berechnet.

Über die Angaben der Bewerber zu ihrem Wohnort (Postleitzahl) zum Zeitpunkt der Ausbildungssuche bzw. zu den von ihnen umworbenen Berufen konnten die berechneten Ausbildungsmarktindikatoren den Bewerberdaten zugespielt werden. Ausgangslage für die Berechnung der verschiedenen Indikatoren waren die im Rahmen der offiziellen Berufsbildungsberichterstattung üblicherweise verwendeten Ausbildungsmarktindikatoren. Allerdings stellen die im Rahmen der vorliegenden Arbeit berechneten Indikatoren eine Neuerung der gängigen Ausbildungsmarktberichterstattung dar. Damit wurde der in Kapitel 5.4 dargestellten Forderung nach valideren Indikatoren im Rahmen der Übergangsforschung versucht nachzukommen. Um ein Verständnis dafür zu vermitteln, inwieweit die verwendeten Indikatoren (betriebliche Angebotsquote, außerbetriebliche Angebotsquote, Indikator für das Übergangssystem und regionale berufsspezifische Angebotsquote) von den offiziellen Marktindikatoren abweichen, sollen zunächst Letztere samt ihrer Datengrundlage vorgestellt werden, bevor die verwendeten Ausbildungsmarktindikatoren im Einzelnen beschrieben werden.

Die Messung von Angebot und Nachfrage in der Berufsbildungs-berichterstattung

Um überprüfen zu können, ob den ausbildungsstellensuchenden Jugendlichen ein quantitativ und qualitativ auswahlfähiges Angebot an Ausbildungsstellen bereitsteht (§ 85 Abs. 2 BBiG), hat die Bundesregierung die Aufgabe, in einem jährlichen Berufsbildungsbericht über das Verhältnis zwischen Angebot und Nachfrage auf dem Ausbildungsstellenmarkt zu berichten (§ 86 BBiG). Sollte sie dabei einen Mangel an Ausbildungsstellen feststellen, soll der Bericht Vorschläge enthalten, wie das Ungleichgewicht beseitigt werden kann.

Das BBiG regelt, welche Zahlen im jährlichen Berufsbildungsbericht auszuweisen sind, und damit, wie das Verhältnis zwischen Angebot und Nachfrage definiert ist. So ist nach § 86 Absatz 2 (a) BBiG, „auf der Grundlage von Angaben der zuständigen Stellen, die in das Verzeichnis der Berufsausbildungsverhältnisse nach diesem Gesetz oder der Handwerksordnung eingetragenen Berufsausbildungsverträge, die vor dem 1. Oktober des vergangenen Jahres in den vorangegangenen zwölf Monaten abgeschlossen worden sind und am 30. September des vergangenen Jahres noch bestehen", auszuweisen. Des Weiteren ist nach § 86 Absatz 2 (b) über „die Zahl der am 30. September (…) nicht besetzten, der Bundesagentur für Arbeit zur Vermittlung angebotenen Ausbildungsplätze und die Zahl der zu diesem Zeitpunkt bei der Bundesagentur für Arbeit gemeldeten Ausbildungsplätze suchenden Personen" zu berichten. Demnach werden zwei Datenquellen im Rahmen der Ausbildungsmarktbilanzierung bzw. zur Messung von Angebot und Nachfrage herangezogen: die Ausbildungsmarktstatistik der BA und die Erhebung über neu abgeschlossene Ausbildungsverträge zum 30.09. des BIBB, kurz BIBB-Erhebung zum 30.09.

BIBB-Erhebung zum 30.09.

Im Rahmen der Erhebung über neu abgeschlossene Ausbildungsverträge zum 30.09. wird jedes Jahr für den Zeitraum vom 01. Oktober bis zum 30. September des Folgejahres ermittelt, wie viele Ausbildungsverträge neu abgeschlossen wurden und schließlich auch noch am 30. September bestanden (Bundesinstitut für Berufsbildung, 2008). Die Zahl der neu abgeschlossenen Ausbildungsverträge zum 30.09. quantifiziert folglich die erfolgreiche Nachfrage (Zahl der Jugendlichen, die einen Vertrag abgeschlossenen haben) sowie das erfolgreiche Angebot an Berufsausbildungsstellen (Zahl der Berufsausbildungsstellen, die besetzt werden konnten) und damit das erfolgreich bereitgestellte unmittelbare institutionelle Kapital. Der Meldeweg über die neu abgeschlossenen Ausbildungsverträge sieht dabei wie folgt aus: Schließt ein Betrieb mit einem Jugendlichen einen Ausbildungsvertrag nach BBiG oder HwO ab, hat er dies seiner für die Berufsausbildung zuständigen Stelle zu melden. Die zuständigen Stellen (Industrie und Handel, Handwerk, Öffentlicher Dienst, Öffentlicher Dienst – Kirche, Landwirtschaft, Hauswirtschaft, Seeschifffahrt, Ärzte, Zahnärzte, Tierärzte, Apotheker, Juristen und Steuerberater) leiten die Angaben wiederum an das BIBB weiter, welches schließlich die Summe aller neu abgeschlossenen Ausbildungsverträge in Deutschland errechnet.

Die Ausbildungsmarktstatistik der Bundesagentur für Arbeit

Die Ausbildungsmarktstatistik der BA umfasst Daten aus dem aktiven Vermittlungsgeschäft der Arbeitsverwaltung für den Zeitraum ihres Geschäftsjahres vom 01. Oktober bis zum 30. September des Folgejahres. Grundlage ihrer Arbeit ist das SGB III bzw. SGB II, wonach sie den gesetzlichen Auftrag hat, Berufsberatung durchzuführen, Ausbildungsstellen(-bewerber) zu vermitteln sowie Berufsausbildung zu fördern. Das heißt, die Arbeitsverwaltung hat sowohl Betriebe zu beraten, die Ausbildungsstellen anbieten, als auch Jugendliche, die eine duale Berufsausbildung anstreben, wobei die Inanspruchnahme dieser Dienste durch Arbeitgeber und Jugendliche freiwillig ist (Beicht & Eberhard, 2011a; Bundesagentur für Arbeit, 2008).

Allerdings werden nur jene Jugendlichen als Bewerber geführt und damit bei der Ausbildungsstellensuche unterstützt, deren Ausbildungsreife geklärt ist und die grundsätzlich für eine Ausbildung im dualen System geeignet sind (vgl. Kapitel 6.2). Mithilfe ihres statistischen Fachverfahrens VerBIS (Vermittlungs-, Beratungs- und Informationssystem) führt die BA die Ausbildungsmarktstatistik und dokumentiert zum Ende des Vermittlungsjahres, wie viele gemeldete Ausbildungsstellen noch unbesetzt sind bzw. wie die gemeldeten Bewerber verblieben sind. Die Ausbildungsmarktstatistik der BA liefert demnach Hinweise über die erfolglose Nachfrage (wie viele Jugendliche sind noch auf Ausbildungsplatzsuche) und das erfolglose Ausbildungsplatzangebot (wie viele Ausbildungsplätze stehen noch zur Verfügung).

Addiert man nun jeweils die Zahl der noch unbesetzten Ausbildungsstellen (erfolgloses Angebot) als auch die Zahl der noch ausbildungsstellensuchenden Bewerber (erfolglose Nachfrage) mit der Anzahl der neu abgeschlossenen Ausbildungsverträge zum 30. September (erfolgreiche Nachfrage und erfolgreiches Angebot), erhält man die im jährlichen Berufsbildungsbericht ausgewiesenen Bilanzierungsgrößen „Ausbildungsplatzangebot" und „Ausbildungsplatznachfrage". Abbildung 4 stellt die Berechnung von Angebot und Nachfrage nach § 86 BBiG dar.

Abbildung 4: Berechnung von Angebot und Nachfrage nach § 86 BBiG

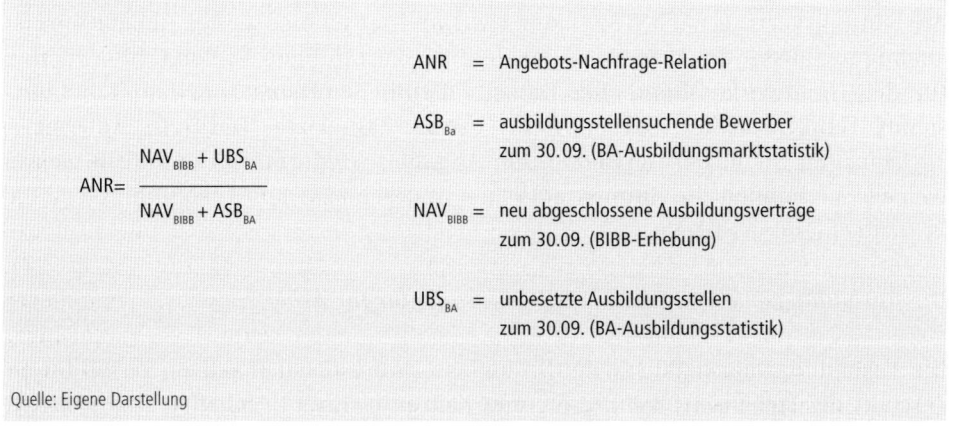

$$ANR = \frac{NAV_{BIBB} + UBS_{BA}}{NAV_{BIBB} + ASB_{BA}}$$

ANR   = Angebots-Nachfrage-Relation

ASB_{Ba} = ausbildungsstellensuchende Bewerber
zum 30.09. (BA-Ausbildungsmarktstatistik)

NAV_{BIBB} = neu abgeschlossene Ausbildungsverträge
zum 30.09. (BIBB-Erhebung)

UBS_{BA} = unbesetzte Ausbildungsstellen
zum 30.09. (BA-Ausbildungsstatistik)

Quelle: Eigene Darstellung

Während die Zahl der am 30. September noch unbesetzten Ausbildungsstellen als erfolgloses Ausbildungsplatzangebot leicht zu identifizieren ist, ist die Identifikation der zu diesem Zeitpunkt bei der BA gemeldeten Ausbildungsplätze suchenden Personen umstritten. Zur Kategorisierung des Vermittlungsstatus der Ausbildungsstellenbewerber zum Ende des Berichtsjahres am 30.09. unterscheidet die BA (2010, S. 5) vier unterschiedliche Gruppen, die sie wie folgt definiert:

a) Unter *einmündenden Bewerbern* werden Personen verstanden, die sich im Laufe des Berichtsjahres oder später Zugang zu einer Berufsausbildungsstelle verschaffen konnten.

b) *Andere ehemalige Bewerber* sind Jugendliche, die nicht in eine Berufsausbildungsstelle eingemündet sind, jedoch keine weitere aktive Hilfe bei der Ausbildungssuche mehr nachfragen und deren Profil somit nicht weiter von der BA betreut wird. Bei den anderen ehemaligen Bewerbern werden zwei Personengruppen unterschieden. Zum einen kann es sich um Bewerber handeln, die eine Ausbildungsalternative begannen (z. B. berufsvorbereitende Maßnahmen, Jobben, Praktikum) und derzeit keine weitere Ausbildungsvermittlung wünschen, und zum anderen um Jugendliche, deren Verbleib der BA nicht bekannt ist, weil sie sich nicht mehr bei der BA gemeldet haben.

c) Setzt der Jugendliche seine Ausbildungssuche fort, verfügt aber zugleich auch über eine alternative Verbleibsmöglichkeit, wird er den *Bewerbern mit Alternative* zum 30.9. zugeordnet. Zu den alternativen Verbleiben gehören z. B. der Besuch einer allgemeinbildenden Schule, eines Berufsgrundschuljahres, Jobben oder der Wehr- bzw. Zivildienst.

d) Zu den *unversorgten Bewerbern* zählen Jugendliche, für die weder die Einmündung in eine Berufsausbildung noch in eine Alternative zum 30.9. bekannt ist und für die ebenfalls noch Vermittlungsbemühungen weiterlaufen.

Da das BBiG verlangt, die zum 30. September „bei der Bundesagentur für Arbeit gemeldeten Ausbildungsplätze suchenden Personen" (§ 86 Absatz 2 (b) BBiG) auszuweisen und dabei nicht die Operationalisierung über eine bestimmte Verbleibsform fordert, sind die unter c) und d) genannten Bewerbergruppen als erfolglose Ausbildungsplatzbewerber auszuweisen. Die langjährige Praxis der Berufsbildungsberichterstattung weicht davon jedoch ab: Als erfolglose, unversorgte Ausbildungsstellenbewerber werden nur die unter d) subsumierten Personen betrachtet, während die unter c) genannten Personen als „versorgt" gelten, obwohl die Vermittlungsbemühungen für sie unverändert weiterlaufen (vgl. hierzu z. B. die jährlichen Pressemitteilungen des Nationalen Paktes für Ausbildung und Fachkräftesicherung) (Eberhard & Ulrich, 2010c). Begründet wird dieses Vorgehen damit, dass die statistische Beschränkung der erfolglosen Ausbildungsplatznachfrager auf die „unversorgten Bewerber" der gesetzlichen Definition entspreche (vgl. hierzu z. B. Autorengruppe Bildungsberichterstattung, 2008, 2010; Konsortium Bildungsberichterstattung, 2006; Oschmiansky, 2010). Dies lässt sich aus dem Gesetzestext selbst jedoch nicht ableiten. Ausgewiesen werden sollen Bewerber, die auch am 30.09. noch auf der Suche nach einer Ausbildungsstelle sind. Da die BA explizit auf die noch andauernde Ausbildungssuche der Bewerber mit Alternative zum 30.09. hinweist (Bundesagentur für Arbeit, 2010, S. 5), müssen neben den unversorgten Bewerbern auch die Bewerber mit Alternative zum 30.09. zu den Ausbildungsstellensuchenden gerechnet werden. Dies ist in der Forschung inzwischen auch üblich, denn es gilt seit Längerem als unbestritten, dass mit der klassischen Nachfragemessung die Nachfrage nicht vollständig abgebildet werden kann (Bundesministerium für Bildung und Forschung, 2010, S. 18). Wird bei der Berechnung des Nachfragevolumens die erfolglose Nachfrage alleine über die unversorgten Bewerber gemessen, können Angebot und Nachfrage kaum voneinander abweichen, da beide Größen ausschließlich von der Zahl der neu abgeschlossenen Ausbildungsverträge bestimmt werden. Ein auf diese Weise „gemessenes ‚Interesse' der Jugendlichen an einer Lehrstelle hängt nun vor allem davon ab, in welchem Ausmaß Lehrstellen zur Verfügung stehen" (Behringer & Ulrich, 1997, S. 617). Sinkt das Angebot an Ausbildungsstellen, werden weniger Lehrverträge geschlossen, und das erfolgreich realisierte Angebot und die erfolgreich realisierte Nachfrage gehen in gleichem Maße zurück (Behringer & Ulrich, 1997). Die Zahl der unversorgten Bewerber nimmt jedoch nicht unweigerlich zu, da Jugendliche notgedrungen auf Ersatzangebote ausweichen (Ulrich, 2005; Ulrich et al., 2010; Ulrich & Gutknecht, 2000; Ulrich & Krewerth, 2006b). Diese wurden bzw. werden ihnen in großer Zahl im Rahmen von Maßnahmen des Übergangssystems zur Verfügung gestellt (Autorengruppe Bildungsberichterstattung, 2008; Eberhard et al., 2006; Konsortium Bildungsberichterstattung, 2006; Krekel & Ulrich, 2009; Münk, 2010; Ulrich & Eberhard, 2008). Die Zahl der unversorgten Ausbildungsplatznachfrager fällt somit stets relativ klein aus und reduziert sich auf eine „Marktbereinigungs-Restgröße", in der vor allem Ausbildungsstellenbewerber zu finden sind, für die eine erneute ersatzweise Einmündung in das Übergangssystem nicht mehr infrage kommt (Eberhard & Ulrich, 2010b). Damit entspricht die erfasste „Gesamtnachfrage" selbst in Krisenjahren weitgehend dem „Gesamtangebot" (Behringer & Ulrich, 1997; Krekel & Ulrich, 2009; Solga, 2009; Ulrich, 2005). Krekel und Ulrich bringen die Probleme dieser klassischen Nachfragemessung auf den Punkt und schreiben hierzu:

> Die bisherige Ausbildungsmarktbilanzierung suggeriert selbst in Zeiten eines größeren Ausbildungsplatzmangels weitgehend ausgeglichene Angebots-Nachfrage-Relationen und damit einen ausreichenden Versorgungsgrad. Denn Bilanz wird stets erst dann gezogen (Ende September), wenn die meisten erfolglosen Bewerber bereits in das Übergangssystem oder sonstige Alternativen eingemündet sind und auf diese Weise ‚versorgt' wurden. Da diese Jugendlichen nicht mehr als Ausbildungsplatznachfrager mitgezählt werden (selbst dann nicht, wenn sie zum Stichtag der Bilanzierung weiter auf Ausbildungsplatzsuche sind), wird die Nachfrage der Jugendlichen viel zu niedrig ausgewiesen und entspricht so statistisch weitgehend dem Angebot (Krekel & Ulrich, 2009, S. 20).

Auch die Bundesregierung problematisierte bereits zu Beginn der Berufsbildungs-berichterstattung die klassische Nachfragemessung (Bundesministerium für Bildung und Wissenschaft, 1977, S. 24) und erörtert stets, wie hier im Berufsbildungsbericht von 2004, ihre Probleme.

> Wenn inzwischen so viele Bewerber und Bewerberinnen, die nicht zu den am 30. September unvermittelten Jugendlichen zählen, sich auf Grund des offen-sichtlich nicht ausreichenden Ausbildungsplatzangebotes für Alternativen ent-scheiden, obwohl sie eine Ausbildung wünschen, ist zu überdenken, ob mit der in § 3 Abs. 2 Berufsbildungsförderungsgesetz[21] vorgenommenen Definition die Ausbildungsplatznachfrage erfasst wird bzw. die tatsächlich ablaufenden Pro-zesse auf dem Ausbildungsstellenmarkt adäquat wiedergegeben werden (Bun-desministerium für Bildung und Forschung, 2004, S. 3).

Seit einigen Jahren weist der Berufsbildungsbericht daher neben der traditionellen ANR auch die sogenannte erweiterte ANR aus, die neben den unversorgten Bewer-bern auch die alternativ verbliebenen Bewerber mit weiterem Vermittlungswunsch als erfolglose Nachfrager zählt. Naturgemäß stoßen solche Messungen, die zu deutlich schlechteren Werten führen, auf den Widerstand der Wirtschaft; nach ihrer Ansicht sollte auf „die widersprüchliche Angabe einer sog. Erweiterten Angebots-Nachfrage-Relation [...] verzichtet werden" (Bundesinstitut für Berufsbildung, 2010b, S. 3).

In Abbildung 5 sind die Berechnungen der traditionellen und der erweiterten ANR gegenübergestellt. Hier wird deutlich, dass sie sich alleine hinsichtlich der Mes-sung der erfolglosen Nachfrager unterscheiden. Während die traditionelle ANR aus-schließlich die unversorgten Bewerber berücksichtigt, gehen in die Berechnung der erweiterten ANR neben den unversorgten Bewerbern auch die alternativ verblie-benen Bewerber mit weiterem Vermittlungswunsch ein.

Die erweiterte ANR berücksichtigt damit alle Ausbildungsstellenbewerber, die auch nach Ende des Geschäftsjahres der BA offiziell auf der Suche nach einer Ausbildungsstelle sind. Gegenüber der traditionellen ANR stellt die erweiterte ANR somit einen Ausbildungsmarktindikator dar, dem eine stärkere Validität in Hinblick auf die Messung der tatsächlichen Ausbildungsplatznachfrage zugebil-ligt werden muss. Gleichwohl wird auch mit diesem Indikator nur ein Teil der Nachfrage widergespiegelt, da die Messung der erfolglosen Nachfrage auch hier stichtagsbezogen erfolgt. Erfasst wird, wie viele Bewerber eines jeden Jahres am

---

21 2004 war das Berufsbildungsförderungsgesetz die gesetzliche Grundlage für die Berufsbildungsberichterstat-tung und den Berufsbildungsbericht. § 3 Abs. 2 entspricht heute § 86 Abs. 2 BBiG.

30. September noch auf der Suche nach einer Ausbildungsstelle sind – also zu einem Zeitpunkt, zu dem das neue Ausbildungsjahr bereits mehrere Wochen alt ist und sich viele Jugendliche bereits als Reaktion auf zu geringe Chancen von diesem Markt zurückgezogen haben und ihren Ausbildungswunsch aktuell nicht mehr verfolgen (Krekel & Ulrich, 2009). Erfolglose Nachfrager, die ihre Suche vor dem 30. September eingestellt haben, bleiben unberücksichtigt. Bei der Berechnung der erfolglosen Nachfrage über die Zahl der unversorgten Bewerber und der alternativ verbliebenen Bewerber mit weiterem Vermittlungswunsch zum 30. September handelt es sich somit im Wesentlichen um eine Messung, welche die Marktdynamik der vorausgegangenen Monate nicht valide wiedergibt (Ulrich, 2006b). Folglich weist nicht nur die klassische, sondern auch die erweiterte Nachfragemessung Schwächen auf.

Abbildung 5: Berechnung der traditionellen und erweiterten ANR im Vergleich

$$ANR_{traditionell} = \frac{NAV_{BIBB} + UBS_{BA}}{NAV_{BIBB} + UVB_{BA}}$$

$$ANR_{erweitert} = \frac{NAV_{BIBB} + UBS_{BA}}{NAV_{BIBB} + AVBV_{BA}\ UVB_{BA}}$$

ANR = Angebots-Nachfrage-Relation

$AVBV_{BA}$ = alternativ verbliebene Bewerber mit weiterem Vermittlungswunsch zum 30.09. (BA-Ausbildungsmarktstatistik)

NAV_{BIBB} = neu abgeschlossene Ausbildungsverträge zum 30.09. (BIBB-Erhebung)

UBS_{BA} = unbesetzte Ausbildungsstellen zum 30.09. (BA-Ausbildungsmarktstatistik)

UVB_{BA} = unversorgte Bewerber zum 30.09. (BA-Ausbildungsmarktstatistik)

Quelle: Eigene Darstellung

Um die Nachfragemessung nicht durch die Ausweichreaktionen der gemeldeten Bewerber zum Ende des Berichtsjahres der BA zu verfälschen, wurden im Rahmen dieser Arbeit weder die klassische noch die erweiterte ANR verwendet. Berechnet wurden stattdessen eine *regionale betriebliche* und eine *regionale außerbetriebliche Angebotsquote*. Beide Quoten fassen die Nachfrage noch weiter als die erweiterte ANR und ermöglichen zugleich, auf der Angebotsseite zwischen betrieblichen und außerbetrieblichen Stellenangeboten zu differenzieren, was wiederum zur Abbildung der unterschiedlichen institutionellen Rahmenbedingungen (Zugang zu einer betrieblichen Ausbildungsstelle vs. Zugang zu einer außerbetrieblichen Ausbildungsstelle) notwendig ist.

Die regionale betriebliche Angebotsquote

Für die regionale betriebliche Angebotsquote wurde die Gesamtzahl aller institutionell erfassten ausbildungsinteressierten Personen als Nachfrager definiert. Diese setzt sich aus der Zahl der neu abgeschlossenen Ausbildungsverträge zum 30.09. und aus der Anzahl aller bei der BA gemeldeten Bewerber zusammen, die zum 30.09. offiziell nicht in eine Berufsausbildung eingemündet waren. Der Einschluss aller gemeldeten Bewerber, die nicht in eine Berufsausbildungsstelle einmünden konnten, unabhängig davon, ob sie am 30.09. weiterhin auf der Suche nach einer Ausbildungsstelle sind, hat den Vorteil, dass das gesamte messbare Nachfragepotenzial eines Jahres abgebildet wird (Gericke, Uhly & Ulrich, 2011; Maier & Ulrich, 2011).

Da in der Zahl der neu abgeschlossenen Ausbildungsverträge die betrieblichen und die außerbetrieblichen Verträge enthalten sind, war auf der Angebotsseite nach betrieblichen und außerbetrieblichen Angeboten zu differenzieren. Theoretisch könnte die Zahl der erfolgreichen betrieblichen Angebote aus der BIBB-Erhebung zum 30.09. abgelesen werden, da seit 2008 die Finanzierungsform des eingetragenen Ausbildungsverhältnisses (betrieblich finanziert vs. überwiegend öffentlich finanziert) verbindlich erfasst wird. Im ersten Jahr der Erhebung gab es jedoch noch relativ große Messprobleme, die zu einer Untererfassung der außerbetrieblichen Ausbildungsverhältnisse führten (Ulrich, Flemming & Granath, 2009a). Die BIBB-Erhebung zum 30.09. konnte somit im Rahmen der Arbeit nicht genutzt werden, um das betriebliche Angebot zu identifizieren. Stattdessen wurde auf Daten der BA zu den gemeldeten außerbetrieblichen Berufsausbildungsstellen zurückgegriffen. Da über die BA nahezu alle außerbetrieblichen Ausbildungsprogramme und außerbetrieblichen Ausbildungsvermittlungen abgewickelt werden, wird mit den BA-Daten das Volumen der außerbetrieblichen Ausbildungsangebote recht gut abgebildet. Durch die Subtraktion der bei der BA gemeldeten außerbetrieblichen Stellen von den neu abgeschlossenen Ausbildungsverträgen zum 30.09. ließ sich somit das erfolgreiche betriebliche Angebot schätzen (Bundesinstitut für Berufsbildung, 2010a). Was das erfolglose Angebot betrifft, so wurde die Zahl der noch bei der BA gemeldeten unbesetzten Stellen herangezogen. Da sich unter den noch unbesetzten Ausbildungsstellen ausschließlich betriebliche Ausbildungsstellen befinden (Bundesagentur für Arbeit, 2008), war dies problemlos möglich. In Abbildung 6 ist die Berechnung der regionalen betrieblichen Angebotsquote wiedergegeben.

Abbildung 6: **Berechnung der regionalen betrieblichen Angebotsquote**

$$i \quad = \text{Region}$$

BEW_{Ba} = gemeldete Bewerber zum 30.09. (BA-Ausbildungsmarktstatistik)

EIN_{Ba} = eingemündete gemeldete Bewerber zum 30.09. (BA-Ausbildungsmarktstatistik)

$$\text{Regionale betriebliche Angebotsquote} = \frac{NAV_{i(BIBB)} - GAS_{i(BA)} + UBS_{i(BA)}}{NAV_{i(BIBB)} + BEW_{i(BA)} - EIN_{i(BA)}}$$

NAV_{BIBB} = neu abgeschlossene Ausbildungsverträge zum 30.09. (BIBB-Erhebung)

GAS_{BA} = gemeldete außerbetriebliche Ausbildungs-stellen zum 30.09. (BA-Ausbildungsmarktstatistik)

UBS_{Ba} = unbesetzte Ausbildungsstellen zum 30.09. (BA-Ausbildungsmarktstatistik)

Quelle: Eigene Darstellung

Berechnet wurde die regionale betriebliche Angebotsquote auf der Ebene der Bundesländer. Eine tiefere regionale Gliederung, z. B. eine Berechnung auf der Ebene der Arbeitsagenturbezirke, war nicht möglich, da die Schätzung des betrieblichen bzw. außerbetrieblichen Angebotsvolumens nach Bundesländern und nicht nach Arbeitsagenturbezirken erfolgte.

In Tabelle 8 sind die betrieblichen Ausbildungsangebote in Relation zu jeweils 100 institutionell erfassten ausbildungsinteressierten Personen für das Jahr 2008 aufgeführt. Deutlich wird, dass rein rechnerisch im Jahr 2008 in keinem Bundesland das betriebliche Angebot ausreichend war, um das gesamte Nachfragepotenzial abzudecken. Besonders ungünstig fielen die betrieblichen Angebotsquoten in Brandenburg (51,1), Sachsen (51,3) und in Mecklenburg-Vorpommern (53,5) aus. Vergleichsweise gut sah dagegen die Situation in Hamburg (71,1) und Bayern (72,1) aus, wobei auch hier das betriebliche Angebot unzureichend war.

Tabelle 8: **Verteilung der betrieblichen Angebotsquote im Jahre 2008 nach Bundesländern**

	betriebliche Angebote je 100 ausbildungsinteressierte Jugendliche	Prozentanteil der Befragten in der Region
Baden-Württemberg	67,5	11,9
Bayern	72,1	16,4
Brandenburg	51,1	2,8
Bremen	64,3	2,1
Hamburg	71,1	2,9
Hessen	60,0	5,9
Mecklenburg-Vorpommern	53,5	2,2
Niedersachsen	60,5	10,2
Nordrhein-Westfalen	59,5	23,4
Rheinland-Pfalz	63,0	5,8
Saarland	67,0	2,6
Sachsen	51,3	4,6
Sachsen-Anhalt	56,6	3,2
Schleswig-Holstein	69,3	2,9
Thüringen	57,0	2,9
alte Länder	59,5	83,7
neue Länder	53,9	16,3
Gesamtdeutschland	57,7	100

n = 2.994

Quelle: BIBB-Erhebung zum 30.09.2008, Ausbildungsmarktstatistik der BA zum 30.09.2008, BA/BIBB-Bewerberbefragung 2008, eigene Berechnungen

Die regionale außerbetriebliche Angebotsquote

Um das Verhältnis der außerbetrieblichen Ausbildungsstellen zu den Ausbildungsstellen nachfragenden Jugendlichen und damit die Chance der ausbildungsinteressierten Jugendlichen auf ein außerbetriebliches Ausbildungsplatzangebot zu rekonstruieren, wurde das Nachfragevolumen der Jugendlichen – wie bei der betrieblichen Angebotsquote – über die Zahl der institutionell erfassten ausbildungsinteressierten Personen gemessen. Auf der Angebotsseite wurde die Zahl der außerbetrieblichen Angebote anhand der bei der BA gemeldeten außerbetrieblichen Ausbildungsstellen bestimmt (Bundesinstitut für Berufsbildung, 2010a). Um das erfolgreiche außerbetriebliche Angebot in vollzeitschulischer Form zu ermitteln (Ausbildung an

Berufsfachschulen nach BBiG/HwO), wurde der Schulstatistik der Länder die Zahl der Schüler entnommen, die eine vollqualifizierende Berufsausbildung nach BBiG/ HwO an einer Berufsschule begonnen hatten (Statistisches Bundesamt, 2009a). Was die erfolglosen außerbetrieblichen Angebotsanteile betrifft, so wurden diese nicht berücksichtigt, weil keine Statistik die noch unbesetzten außerbetrieblichen Stellen ausweist. Da außerbetriebliche Stellen bedarfsabhängig angeboten werden und zudem genutzt werden, um fehlende betriebliche Ausbildungsstellen zu kompensieren, ist jedoch davon auszugehen, dass es keine unbesetzten außerbetrieblichen Ausbildungsstellen gibt. Die Berechnung der regionalen außerbetrieblichen Angebotsquote ist in Abbildung 7 dargestellt.

Abbildung 7: **Berechnung der regionalen außerbetrieblichen Angebotsquote**

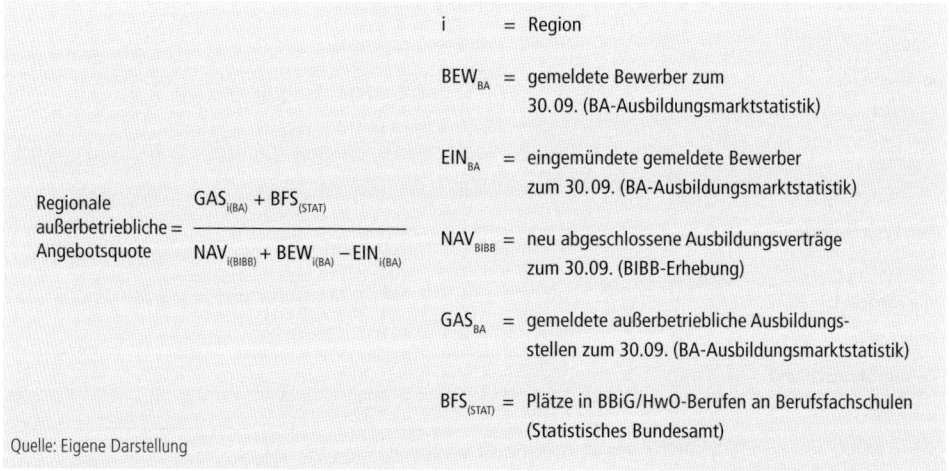

$$\text{Regionale außerbetriebliche Angebotsquote} = \frac{GAS_{i(BA)} + BFS_{(STAT)}}{NAV_{i(BIBB)} + BEW_{i(BA)} - EIN_{i(BA)}}$$

i = Region

BEW_{BA} = gemeldete Bewerber zum 30.09. (BA-Ausbildungsmarktstatistik)

EIN_{BA} = eingemündete gemeldete Bewerber zum 30.09. (BA-Ausbildungsmarktstatistik)

NAV_{BIBB} = neu abgeschlossene Ausbildungsverträge zum 30.09. (BIBB-Erhebung)

GAS_{BA} = gemeldete außerbetriebliche Ausbildungsstellen zum 30.09. (BA-Ausbildungsmarktstatistik)

$BFS_{(STAT)}$ = Plätze in BBiG/HwO-Berufen an Berufsfachschulen (Statistisches Bundesamt)

Quelle: Eigene Darstellung

Wie auch die betriebliche Angebotsquote, so konnte die außerbetriebliche Quote lediglich auf der Bundeslandebene berechnet werden, da 2008 die Zahl der außerbetrieblichen Stellen nur für die Bundesländer und nicht für die Arbeitsagenturbezirke geschätzt wurde.

In Tabelle 9 sind die berechneten außerbetrieblichen Angebotsquoten für das Jahr 2008 auf der Ebene der 16 Bundesländer wiedergegeben. Auch hier wurde – wie bei der betrieblichen Angebotsquote – das Angebot in Relation zu 100 ausbildungsinteressierten Jugendlichen gesetzt. Sichtbar wird die beträchtliche Varianz zwischen den neuen und den alten Ländern im staatlich bereitgestellten Legislativ- und Exekutivkapital. So standen in den neuen Bundesländern im Jahr 2008 18,6 außerbetriebliche Plätze 100 ausbildungsinteressierten Jugendlichen gegenüber. In den alten Ländern waren es dagegen nur 4,3 Stellen.

Tabelle 9: **Verteilung der außerbetrieblichen Angebotsquote im Jahre 2008 nach Bundesländern**

	außerbetriebliche Angebote je 100 ausbildungsinteressierte Jugendliche	Prozentanteil der Befragten in der Region
Baden-Württemberg	6,6	11,9
Bayern	3,2	16,4
Brandenburg	20,0	2,8
Bremen	4,2	2,1
Hamburg	4,5	2,9
Hessen	4,7	5,9
Mecklenburg-Vorpommern	17,6	2,2
Niedersachsen	4,8	10,2
Nordrhein-Westfalen	4,7	23,4
Rheinland-Pfalz	5,5	5,8
Saarland	4,5	2,6
Sachsen	17,7	4,6
Sachsen-Anhalt	20,2	3,2
Schleswig-Holstein	4,6	2,9
Thüringen	17,4	2,9
alte Länder	4,3	83,7
neue Länder	18,6	16,3
Gesamtdeutschland	8,8	100

n = 2.994

Quelle: BIBB-Erhebung zum 30.09.2008, Ausbildungsmarktstatistik der BA zum 30.09.2008, Schulstatistik des Statistischen Bundesamts 2009, BA/BIBB-Bewerberbefragung 2008, eigene Berechnungen

Aus der regionalen Disparität der außerbetrieblichen Angebotsquote kann abgeleitet werden, dass außerbetriebliche Stellen größtenteils genutzt werden, um fehlendes betriebliches Kapital zu kompensieren. Denn vor allem dort, wo die betriebliche Angebotsquote relativ gering ist, fällt die außerbetriebliche Angebotsquote verhältnismäßig hoch aus. Ein gutes Beispiel stellt Brandenburg dar. Während die betriebliche Angebotsquote in Brandenburg 2008 lediglich bei 51,1 lag (vgl. Tabelle 8), standen 20,0 außerbetriebliche Stellen 100 ausbildungsinteressierten Jugendlichen gegenüber (vgl. Tabelle 9). In Bayern, dem Bundesland mit der besten betrieblichen Angebotsquote im Jahr 2008 (vgl. Tabelle 8, betriebliche Angebotsquote = 72,1) fiel die außerbetriebliche Angebotsquote mit 3,2 dementsprechend gering aus (vgl. Tabelle 9).

Die regionalisierte berufsspezifische Angebotsquote

Sowohl die betriebliche als auch die außerbetriebliche Angebotsquote eignen sich, um regionale Teilmärkte und damit regionale Disparitäten in der Angebotsstruktur zu messen. Der Ausbildungsstellenmarkt in Deutschland untergliedert sich jedoch nicht nur in Abhängigkeit von Regionen, sondern zersplittert auch in Verbindung mit den beruflichen Interessensschwerpunkten der Jugendlichen in eine Vielzahl von berufsspezifischen Teilmärkten, die wiederum Einfluss auf die Zugangschance der Bewerber nehmen (Ulrich et al., 2009a). Hatte sich ein Jugendlicher im Jahr 2008 beispielsweise auf den Beruf „Gestalter für visuelles Marketing" beworben, so musste er sich bundesweit gegen 1.180 Konkurrenten durchsetzen. Gleichzeitig gab es jedoch nur 644 Ausbildungsangebote, sodass seine Zugangschance – unabhängig von seinem personalen und sozialen Kapital – relativ gering ausgefallen wäre. Bessere Chancen hätte er dagegen gehabt, wenn er sich als „Fachmann für Systemgastronomie" beworben hätte. Hier lag die Nachfrage mit 1.437 registrierten Bewerbern weit unter dem registrierten Angebot (3.374) (Ulrich et al., 2009a, vgl. Tabelle A1.1-5 auf S. 325).

Eine berufsspezifische Berechnung von Angebot und Nachfrage ist grundsätzlich möglich, da die BA den Berufswunsch der gemeldeten Ausbildungsstellenbewerber und die BIBB-Erhebung zum 30.09. die Zahl der neu abgeschlossenen Ausbildungsverträge in Abhängigkeit der Berufe erfasst. Das für den Beruf „Gestalter für visuelles Marketing" und „Fachmann für Systemgastronomie" oben ausgewiesene Angebot wurde berechnet, indem die Zahl der neu abgeschlossenen Ausbildungsverträge zum 30.09. und die Zahl der unbesetzten Stellen zum 30.09. jeweils für diese Berufe addiert wurden. Die Nachfrage wurde nach der erweiterten Definition ermittelt (vgl. Abbildung 5). Addiert wurde also die Zahl der neu abgeschlossenen Ausbildungsverträge mit der Zahl der unversorgten Bewerber und der Zahl der alternativ verbliebenen Bewerber mit weiterem Vermittlungswunsch.

Das oben aufgeführte Beispiel zeigt exemplarisch, wie wichtig es ist, neben den regionalen auch die berufsspezifischen Teilmärkte bzw. Warteschlangen zu berücksichtigen. Nur wenn beachtet wird, in welchen Berufssegmenten sich die Bewerber bewegen, kann kontrolliert werden, ob die zum Teil schlechteren Zugangschancen bestimmter Gruppen (z. B. Jugendlicher mit Migrationshintergrund) darauf zurückzuführen sind, dass sie sich im Schnitt auf besonderen berufsspezifischen Märkten mit überdurchschnittlich langen Warteschlangen bewegen (vgl. Beicht & Ulrich, 2008b; Haeberlin et al., 2005). Aus diesem Grund wurde im Rahmen dieser Arbeit ein weiterer Indikator berechnet, der neben der regionalen Herkunft auch die individuellen Berufswünsche der Befragten abbildet.

Voraussetzung für die Konstruktion regionalisierter berufsspezifischer Teilmärkte ist, nicht nur den Wohnort der Befragten zu kennen, sondern auch zu wissen, auf welche Berufe sie sich beworben hatten. Diese Angaben lagen im Rahmen der BA/BIBB-Bewerberbefragung 2008 vor, sodass durch die Kombination von Region und beworbene Berufe für alle Bewerber regionalisierte berufsspezifische Angebotsquoten ermittelt werden konnten, welche ihre individuelle Position in der Warteschlange näherungsweise widerspiegelten. So nannten die befragten Ausbildungsstellenbewerber im Mittel (Median) drei unterschiedliche Berufe, auf die sie sich beworben hatten. Diesen Berufsangaben wurden Berufskennziffern nach der Berufsklassifikation der BA zugespielt (Bundesanstalt für Arbeit, 1988). Über die Berufskennziffern und die Wohnortangaben der Befragten ließen sich externe Daten aus der BIBB-Erhebung zum 30.09. (erfolgreiches Angebot und erfolgreiche Nachfrage) sowie der Ausbildungsmarktstatistik der BA (erfolgloses Angebot und erfolglose Nachfrage) zuspielen. Zur Berechnung des Angebots wurde in Abhängigkeit der Wohnregion des Befragten (Arbeitsagenturbezirk[22]) die Zahl der neu abgeschlossenen Ausbildungsverträge in dem von ihm beworbenen Beruf (z. B. Koch) mit der Zahl der in diesem Beruf noch unbesetzten Ausbildungsstellen addiert. Auf der Nachfrageseite wurde ebenfalls in Abhängigkeit der Wohnregion des Befragten gezählt, wie viele Ausbildungsverträge im entsprechenden Beruf geschlossen wurden und wie viele alternativ verbliebene Bewerber mit weiterem Vermittlungswunsch bzw. wie viele unversorgte Bewerber bei der BA am 30.09. registriert waren (vgl. Abbildung 8). Da diese Daten auf der Arbeitsagenturbezirksebene vorlagen, konnten diese für die 176 Arbeitsagenturbezirke berechnet werden.

Demnach wurde für die regionalisierte berufsspezifische Angebotsquote die Nachfrage nach der erweiterten Nachfragedefinition (vgl. Abbildung 5: ANR erweitert) und nicht – wie bei der Messung der betrieblichen und außerbetrieblichen Angebotsquote – über die Gesamtzahl der institutionell erfassten ausbildungsinteressierten Jugendlichen (vgl. Abbildung 6 und Abbildung 7) gemessen. Das heißt, zur Berechnung der regionalisierten berufsspezifischen Nachfrage wurde nur eine Teilgruppe der erfolglosen Ausbildungsstellenbewerber berücksichtigt. So wurde neben der Anzahl der neu abgeschlossenen Verträge (erfolgreiche Nachfrage) nur die Zahl der unversorgten Bewerber sowie die der alternativ verbliebenen Bewerber mit weiterem Vermittlungswunsch (erfolglose Nachfrage) verwendet. Dieses Vorgehen ist darauf zurückzuführen, dass im Jahr 2008 berufsspezifische Angaben lediglich für die Gruppe der unversorgten Bewerber und der alternativ

---

22 Diese Daten waren nicht nur auf Bundeslandebene, sondern auch auf der Ebene der 176 Arbeitsagenturbezirke vorhanden. Da die Ausbildungsmarktstrukturen innerhalb eines Bundeslandes sehr unterschiedlich ausfallen, sollte, wenn möglich, stets mit Daten auf der Arbeitsagenturbezirksebene gerechnet werden (Ulrich et al., 2009a).

verbliebenen Bewerber mit weiterem Vermittlungswunsch vorlagen; nicht jedoch für die übrigen erfolglosen Bewerber.

Abbildung 8: **Berechnung der regionalisierten berufsspezifischen Angebotsquote**

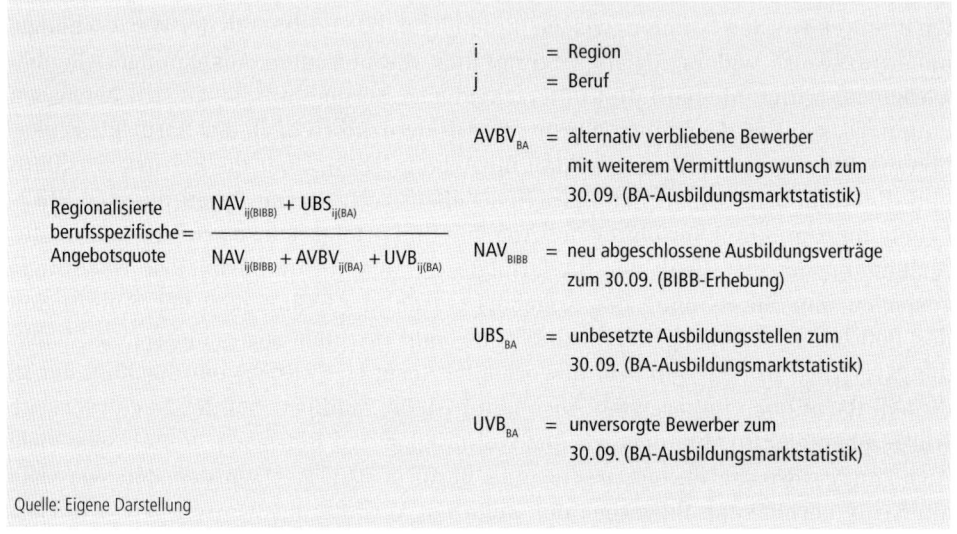

$$\text{Regionalisierte berufsspezifische Angebotsquote} = \frac{NAV_{ij(BIBB)} + UBS_{ij(BA)}}{NAV_{ij(BIBB)} + AVBV_{ij(BA)} + UVB_{ij(BA)}}$$

i　　= Region

j　　= Beruf

$AVBV_{BA}$ = alternativ verbliebene Bewerber mit weiterem Vermittlungswunsch zum 30.09. (BA-Ausbildungsmarktstatistik)

NAV_{BIBB} = neu abgeschlossene Ausbildungsverträge zum 30.09. (BIBB-Erhebung)

UBS_{BA} = unbesetzte Ausbildungsstellen zum 30.09. (BA-Ausbildungsmarktstatistik)

UVB_{BA} = unversorgte Bewerber zum 30.09. (BA-Ausbildungsmarktstatistik)

Quelle: Eigene Darstellung

Die regionalisierte berufsspezifische Angebotsquote kombiniert also Daten der Mikroebene (individuelle Berufswünsche der Befragten) mit Makrodaten (Angebot und Nachfrage in den von den Befragten umworbenen Berufen in der Region des Befragten). Auf diesem Weg wurden insgesamt 10.079 regionalisierte berufsspezifische Angebotsquoten berechnet. Da die befragten Bewerber jeweils eine unterschiedliche Anzahl von Berufen nannten, wurde für jeden Befragten eine durchschnittliche regionalisierte berufsspezifische Angebotsquote ermittelt. Anhand der regionalisierten berufsspezifischen Quote konnte nun abgelesen werden, wie hoch das Ausbildungsangebot in den von den Bewerbern nachgefragten Berufen in der Wohnregion der Bewerber im Verhältnis zu 100 Nachfragern ausfiel.

In Tabelle 10 sind die durchschnittlichen regionalisierten berufsspezifischen Angebotsquoten in Abhängigkeit des Geschlechts, des Schulabschlusses und der regionalen Herkunft der Befragten dargestellt. Deutlich wird, dass sich Frauen (84,5) und Jugendliche aus den neuen Ländern (87,7) auf etwas schwierigeren Märkten bewegten als Männer (87,0) und Jugendliche aus den alten Ländern (89,9).

Tabelle 10: **Durchschnittliche regionalisierte berufsspezifische Angebotsquote nach Geschlecht, Schulabschluss und regionaler Herkunft der Befragten im Jahr 2008**

	M	SD
Geschlecht		
weiblich	84,5	13,6
männlich	87,0	13,1
Schulabschluss		
max. Hauptschulabschluss	85,7	13,2
mittlerer Abschluss	86,0	13,1
Studienberechtigung	84,9	15,5
Regionale Herkunft		
neue Länder	87,7	13,3
alte Länder	89,9	11,8
Gesamtdeutschland	85,7	13,4
n = 2.994		

Quelle: BIBB-Erhebung zum 30.09.2008, Ausbildungsmarktstatistik der BA zum 30.09.2008, BA/BIBB-Bewerberbefragung 2008, eigene Berechnungen

Der Indikator zum Übergangssystem

Das Übergangssystem setzt sich aus teilqualifizierenden Bildungsangeboten zusammen, die helfen sollen, den Übergang in eine Berufsausbildung zu verbessern (Konsortium Bildungsberichterstattung, 2006). Um welche Bildungsangebote es sich im Einzelnen handelt, ist nicht eindeutig festgelegt. Während der Nationale Bildungsbericht teilqualifizierende Berufsfachschulen (z. B. Höhere Handelsschule), das BGJ, das BVJ, berufsschulischen Unterricht für schulpflichtige Jugendliche ohne Ausbildungsvertrag, weitere berufsfachschulische Bildungsgänge, berufsvorbereitende Maßnahmen der BA sowie die EQ dem Übergangssystem zurechnet (Konsortium Bildungsberichterstattung, 2006), ergänzt Ulrich (2008) die Bildungsangebote um die Fachoberschule (FOS), da diese auch von erfolglosen Ausbildungsstellenbewerbern gezielt zur Verbesserung der personellen Ressourcen genutzt werden (Krekel & Ulrich, 2009).

Im Rahmen der vorliegenden Arbeit wurde die von Ulrich um die FOS erweiterte Liste von Bildungsangeboten des Übergangssystems verwendet. Berechnet wurde, welche relative Bedeutung dem Übergangssystem in den einzelnen Ländern[23] zukommt. Dies geschah, indem die Zahl der Plätze im Übergangssystem in ein rechnerisches Verhältnis zur Zahl der institutionell erfassten Ausbildungsstellenbewerber[24] gesetzt wurde. In Tabelle 11 sind die Plätze des Übergangssystems im Verhältnis zu den ausbildungsinteressierten Jugendlichen nach Bundesland für das Jahr 2008 dargestellt.

Tabelle 11: **Verteilung der Plätze des Übergangssystems im Verhältnis zu je 100 ausbildungsinteressierten Jugendlichen im Jahre 2008 nach Bundesländern**

	Plätze des Übergangssystems je 100 ausbildungsinteressierte Jugendliche	Prozentanteil der Befragten in der Region
Baden-Württemberg	64,6	11,9
Bayern	34,1	16,4
Brandenburg	32,9	2,7
Bremen	49,2	2,1
Hamburg	42,4	2,9
Hessen	51,4	5,9
Mecklenburg-Vorpommern	30,5	2,2
Niedersachsen	62,3	10,2
Nordrhein-Westfalen	50,7	23,4
Rheinland-Pfalz	42,3	5,8
Saarland	90,8	2,6
Sachsen	49,4	4,6
Sachsen-Anhalt	32,8	3,2
Schleswig-Holstein	37,9	2,9
Thüringen	38,0	2,9
alte Länder	47,8	87,7
neue Länder	36,7	16,3
Gesamtdeutschland	49,6	100

n = 2.994

Quelle: BIBB-Erhebung zum 30.09.2008, Ausbildungsmarktstatistik der BA zum 30.09.2008, Maßnahmenstatistik der BA, BA/BIBB-Bewerberbefragung 2008, Schulstatistik des Statistischen Bundesamts, eigene Berechnungen

---

23   Wie bei der betrieblichen und der außerbetrieblichen Angebotsquote, konnte auch die Verteilung der Plätze des Übergangssystems im Verhältnis zu den ausbildungsinteressierten Jugendlichen nur auf der Bundeslandebene berechnet werden, weil die Daten nicht in einer tieferen regionalen Gliederungseinheit vorlagen.

24   Für die Berechnung der relativen Bedeutung der FOS wurden aufseiten der institutionell erfassten Ausbildungsstellenbewerber nur Personen ohne Studienberechtigung berücksichtigt, da die FOS dem Erwerb der Studienberechtigung dient.

Wie bereits bei dem betrieblichen und dem außerbetrieblichen Marktindikator, wird auch hier eine deutliche Ost-West-Differenz sichtbar. So standen in den alten Ländern im Jahr 2008 durchschnittlich 47,8 Plätze des Übergangssystems 100 ausbildungsinteressierten Jugendlichen gegenüber, in den neuen Ländern waren es jedoch nur 36,7. Überdurchschnittlich hoch fiel das Verhältnis im Saarland aus (90,8), unterdurchschnittlich dagegen in Mecklenburg-Vorpommern (30,5).

Abschließende Bemerkung zu den Indikatoren

Bringt man die drei Indikatoren – betriebliche Angebotsquote, außerbetriebliche Angebotsquote und Indikator zum Übergangssystem – zusammen, so geben sie in der Gesamtschau erste Einblicke in die Verteilungslogik des dualen Systems der Berufsausbildung nach BBiG/HwO. Bei Betrachtung der Korrelationskoeffizienten wird deutlich, dass in Regionen, in denen das Marktkapital relativ gering ausgeprägt ist, das Legislativ- und Exekutivkapital umso höher ausfällt. So kann Tabelle 12 entnommen werden, dass die betriebliche und außerbetriebliche Angebotsquote mit -,67 korrelieren.

Tabelle 12: **Bivariate Zusammenhänge zwischen den vier Marktindikatoren**

	regionale betriebliche Angebotsquote	regionale außerbetriebliche Angebotsquote	Indikator zum Übergangssystem	regionalisierte berufsspezifische Angebotsquote
regionale betriebliche Angebotsquote	1	-,67***	-,05**	,13***
regionale außerbetriebliche Angebotsquote		1	-,25***	,09**
Indikator zum Übergangs-system			1	-,10**
regionalisierte berufs-spezifische Angebotsquote				1

n = 2.994
*** $p < ,01$; ** $p < ,05$; * $p < ,10$

Anmerkung: Berechnet wurden Produkt-Moment-Korrelationen nach Pearson.
Quelle: BA/BIBB-Bewerberbefragung, eigene Berechnungen

Da außerbetriebliche Ausbildungsstellen vorrangig für sozial- und lernbeeinträchtigte Jugendliche bereitgestellt werden (vgl. Kapitel 5.1), könnte aus dieser Verteilung abgeleitet werden, dass die außerbetriebliche Angebotsquote gerade in solchen Regionen hoch ausfällt, in denen der Anteil der sozial- und lernbenachteiligten

Jugendlichen besonders hoch ist. Das entsprechend niedrige Marktkapital in diesen Regionen wäre somit als eine Anpassungsreaktion der Betriebe auf die vergleichs- weise geringe Zahl von geeigneten Bewerbern zu deuten: Weil es an geeigneten Bewerbern mangelt, konnten die Betriebe ihre Ausbildungsplätze nicht besetzen, sodass sie diese nicht erneut angeboten haben und somit ihr Ausbildungsplatzan- gebot reduzierten (zu dieser Argumentation vgl. Dorn & Nackmeyer, 2004; Zedler, 2003).

Würde unmittelbares Legislativ- und Exekutivkapital jedoch tatsächlich über- wiegend genutzt werden, um sozial- oder lernbeeinträchtigte Jugendliche zu ver- sorgen, wäre aus der regionalen Varianz zu schlussfolgern, dass Jugendliche in den neuen Ländern wesentlich häufiger lern- und sozial benachteiligt seien als in den alten Ländern. Davon ist jedoch nicht auszugehen. Vielmehr lässt sich zeigen, dass auch die Ausbildungsplätze für Benachteiligte genutzt werden, um Jugendliche aus Regionen mit einer schwierigen Beschäftigungslage eine Ausbildungschance einzu- räumen (Schier, 2009; Ulrich, 2004). Gegen eine höhere Benachteiligungsquote in den neuen Ländern spricht zudem, dass das Übergangssystem in den alten Ländern stärker ausgebaut ist als in den neuen Ländern (vgl. hierzu Tabelle 11). Wären ins- besondere in den neuen Ländern Jugendliche anzutreffen, die für eine betriebliche Berufsausbildung ungeeignet sind, müsste hier jedoch das Übergangssystem stärker ausgebaut sein als in den alten Ländern. Denn schließlich sollen die Angebote des Übergangssystems eingesetzt werden, um schwächeren Jugendlichen den Weg in die Berufsausbildung zu ebnen. Tabelle 11 zeigt jedoch, dass gerade in den alten Ländern das Übergangssystem stark ausgebaut ist. Darüber hinaus kann Tabelle 12 entnommen werden, dass Plätze des Übergangssystems in solchen Regionen ver- stärkt angeboten werden, in denen das außerbetriebliche Angebot gering ist. So korrelieren die außerbetriebliche Angebotsquote und die Angebote des Übergangs- systems mit -,25 miteinander. Die Marktindikatoren geben vielmehr erste Hinweise auf einen regional unterschiedlichen Umgang mit erfolglosen betrieblichen Ausbil- dungsstellenbewerbern: Während sie in den alten Ländern öfter mit teilqualifizie- renden Maßnahmen des Übergangssystems versorgt werden, werden für sie in den neuen Bundesländern häufiger ersatzweise außerbetriebliche Ausbildungsstellen bereitgestellt.

Was die regionalisierte berufsspezifische Angebotsquote betrifft, so mag man sich am Ende dieses Kapitels fragen, warum überhaupt noch betriebliche und au- ßerbetriebliche Angebotsquoten notwendig sind, wenn die regionalisierte berufs- spezifische Quote neben regionalen auch berufsspezifische Teilmärkte zu trennen vermag. Die Frage ist einfach zu beantworten: Die regionalisierte berufsspezifische Angebotsquote trennt nicht zwischen betrieblichen und außerbetrieblichen Ausbil- dungsstellenmärkten. Eine zusätzliche Information hierzu ist jedoch im Rahmen dieser Arbeit zwingend erforderlich, um die unterschiedlichen institutionellen Rahmenbedingungen bzw. das bereitgestellte institutionelle Kapital differenziert zu erfassen. Auf den individuellen Ausbildungsmarktindikator zu verzichten, da er Informationen über betriebliche und außerbetriebliche Märkte vermengt, ist jedoch auch nicht zweckmäßig, da ohne ihn die aus den individuellen beruflichen Interessen der Jugendlichen resultierenden Marktverhältnisse nicht berücksichtigt werden könnten. Die regionalisierte berufsspezifische Ausbildungsquote bildet somit andere Teilmärkte ab als die betriebliche oder außerbetriebliche Ausbildungsquote und liefert somit trotz ihrer Schwächen wichtige Zusatzinformationen, die über die regionalen Marktverhältnisse hinausgehen. Deutlich wird dies nicht zuletzt in der relativ geringen Korrelation zwischen den Indikatoren. So kann Tabelle 12 entnommen werden, dass die regionale betriebliche Angebotsquote und die regionalisierte berufsspezifische Angebotsquote mit ,13 sowie die regionale außerbetriebliche Angebotsquote und die regionalisierte berufsspezifische Angebotsquote mit ,09 korrelieren.

6.3.3 Die von den Jugendlichen eingesetzten Ressourcen

Jugendliche können zur Erschließung von Marktkapital bzw. Legislativ- und Exekutivkapital personale oder soziale Ressourcen einsetzen (vgl. Kapitel 5.2 und 5.3). Zur Operationalisierung der eingesetzten personalen und sozialen Ressourcen wurden Items aus dem Datensatz der BA/BIBB-Bewerberbefragung 2008 verwendet.

Soziales Kapital

Was den Zugang in eine betriebliche Berufsausbildung betrifft, so wird postuliert, dass jene Bewerber höhere Chancen auf den Erhalt von Marktkapital haben, die während der Zeit der Lehrstellensuche durch ihr soziales Umfeld unterstützt wurden (Hypothese If). Im Rahmen der BA/BIBB-Bewerberbefragungen wird das soziale Kapital der Bewerber standardmäßig über die folgenden Items erfasst:
a) ich habe Verwandte/Bekannte/Freunde um Hilfe gebeten
b) ich habe versucht, „Beziehungen" zu nutzen
c) ich habe alle wichtigen Fragen mit meinen Eltern besprochen
d) ich wurde ausreichend unterstützt[25]

Item c) und Item d) symbolisieren die soziale Unterstützungsleistung, die Jugendliche durch andere erhalten haben. So kann angenommen werden, dass Jugendliche, die

---

25 Das Originalitem lautete: „Ich hätte noch mehr Unterstützung gebraucht". Da jedoch das Vorhandensein und nicht das Fehlen von Ressourcen abgebildet werden sollte, wurde das Item rekodiert.

sagen, sie wurden im Rahmen der Ausbildungsstellensuche ausreichend unterstützt (Item d), soziales Kapital erhalten hatten, selbst wenn an dieser Stelle unklar bleibt, um welche konkreten Unterstützungsleistungen es sich handelt. Zudem kann davon ausgegangen werden, dass Jugendliche, die bei allen wichtigen Fragen im Rahmen der Lehrstellensuche ihre Eltern zurate gezogen haben, über ein positives häusliches Gesprächsklima und damit über eine günstige Sozialisationsbedingung verfügten (Beicht & Ulrich, 2008b; Kuhnke, 2009), welche sich wiederum positiv auf die übergangsrelevanten Persönlichkeitsmerkmale wie Widerstandsfähigkeit oder Frustrationstoleranz auswirken sollte (Glaesser, 2008). Zwar bleibt an dieser Stelle unklar, über welche Ressourcen die Eltern verfügen, angenommen werden kann jedoch, dass sich insbesondere jene Eltern bei der Berufswahl und Lehrstellensuche ihres Kindes engagieren, die über wirksame Mittel verfügen (z. B. Wissen über die Berufswelt, Kontakt zu Ausbildungsbetrieben oder Tipps, wie eine Bewerbung auszusehen hat), um zu helfen.

Analysen zur BA/BIBB-Bewerberbefragung 2008 sowie zu früheren BA/BIBB-Bewerberbefragungen zeigten, dass die Items „ich habe Verwandte/Bekannte/ Freunde um Hilfe gebeten" (Item a) „ich habe versucht, ‚Beziehungen' zu nutzen" (Item b) negativ mit der Einmündung in eine Ausbildungsstelle korrelieren (Projektgruppe BA/BIBB-Bewerberbefragung, 2009). Die Autoren führen diese Ergebnisse darauf zurück, dass die Items lediglich das Bemühen des Jugendlichen messen, soziales Kapital zu aktivieren. Ob die Bewerber tatsächlich Unterstützung erfahren haben, bleibt unklar. Im Rahmen des ressourcentheoretischen Modells zum Übergang an der ersten Schwelle ist soziales Kapital jedoch als konkrete Unterstützung definiert, die Jugendliche durch Dritte erhalten (vgl. Kapitel 5.2). Aus diesem Grund wurden die Items a) und b) im Rahmen der Auswertungen nicht berücksichtigt.

In Tabelle 13 ist dargestellt, welche Bewerber angaben, ausreichend unterstützt worden zu sein bzw. zentrale Fragen der Berufswahl und Lehrstellensuche mit ihren Eltern besprechen konnten. So gab fast die Hälfte der Befragten (45,5 %) an, dass sie ihre Eltern um Rat gefragt haben. Männliche Jugendliche (Cramers V = ,06, p < ,01) gaben etwas häufiger an, von den Eltern unterstützt worden zu sein als weibliche. Die große Mehrheit der Ausbildungsstellenbewerber (79,9 %) bewertete die soziale Unterstützung während der Zeit der Lehrstellensuche als ausreichend, wobei Jugendliche mit mittlerem Abschluss etwas häufiger angaben, die Unterstützung sei ausreichend gewesen (Cramers V = ,06, p < ,05).

Tabelle 13: **Soziales Kapital der Ausbildungsstellenbewerber**

	habe alle wichtigen Fragen mit Eltern besprochen		Unterstützung war ausreichend		
	n	%	n	%	Gesamt
Geschlecht					
männlich	715	48,4	1.200	81,2	1.477
weiblich	648	42,7	1.193	78,6	1.517
Schulabschluss					
max. Hauptschulabschluss	525	44,8	919	78,5	1.171
mittlerer Abschluss	676	46,9	1.182	82,1	1.440
Studienberechtigung	162	42,3	292	76,2	383
Gesamt	1.363	45,5	2.393	79,9	2.994

Quelle: BA/BIBB-Bewerberbefragung, 2008, eigene Berechnungen

Personale Ressourcen

Für den Zugang zu einer *betrieblichen* Ausbildungsstelle wird erwartet, dass ausbildungsreife Bewerber eine höhere Zugangschance haben als nicht-ausbildungsreife Bewerber (Hypothese Ia) und dass hohe Bildungszertifikate bzw. gute Zensuren (Hypothese Ib), ein bereits absolviertes Praktikum (Hypothese Id) und eine gute Vorbereitung durch die allgemeinbildende Schule auf die Zeit der Lehrstellensuche (Hypothese Ic) die Eintrittswahrscheinlichkeit in eine betriebliche Ausbildungsstelle erhöhen. Angenommen wird zudem, dass sich bereits absolvierte Maßnahmen des Übergangssystems chancenneutral auswirken (Hypothese Ie) und dass sich ein Migrationshintergrund sowie ein höheres Lebensalter negativ auf die Übergangschance auswirken sollte (Hypothese Ig). Demgegenüber sollten für den Eintritt in eine *außerbetriebliche* Lehre hohe Bildungsabschlüsse (Hypothese IIb) und ein niedriges Alter (Hypothese IIc) hinderlich sein. Bereits absolvierte Maßnahmen des Übergangssystems sollten sich förderlich auswirken (Hypothese IIa). Ein Migrationshintergrund sollte die Übergangschance in eine außerbetriebliche Ausbildungsstelle nicht beeinflussen (Hypothese IId).

Berufliche Eignung und Berufswahlreife als Komponenten der Ausbildungsreife

Das Konzept der Ausbildungsreife setzt sich aus mehreren Teilkomponenten zusammen (vgl. Kapitel 5.3.2). Unterschieden wird zwischen schulischen Basiskenntnissen, psychologischen Leistungsmerkmalen, physischen Merkmalen, psychologischen Merkmalen des Arbeitsverhaltens sowie der Persönlichkeit und der Berufswahlreife. Im

Rahmen der BA/BIBB-Bewerberbefragung 2008 wurden Aspekte der Teilbereiche physische Merkmale sowie Berufswahlreife erfasst. Ist die physische Konstitution sowie die Berufswahlreife eingeschränkt, reduziert sich die Vermittlungschance der Jugendlichen (Nationaler Pakt für Ausbildung und Fachkräftenachwuchs in Deutschland, 2006b).

Zwar handelt es sich bei den befragten Jugendlichen um Ausbildungsstellenbewerber, die bei der BA registriert waren, und demzufolge um formal ausbildungsreife und für die von ihnen angestrebten Berufe geeignete Jugendliche, doch stellen insbesondere physische Merkmale kein starres Konstrukt dar. So kann beispielsweise ein ehemals geeigneter Jugendlicher durch einen Unfall oder durch eine Krankheit seine physische Leistungsfähigkeit verlieren. Denkbar ist auch, dass beispielsweise bei Allergikern gesundheitliche Einschränkungen vorliegen, sodass konkrete Berufe aufgrund einer Unverträglichkeit (z. B. Bäcker, Friseur) von vornherein ausgeschlossen werden müssen. Stehen den Ausbildungsstellenbewerbern jedoch aufgrund gesundheitlicher Einschränkungen nicht (mehr) alle Ausbildungsberufe offen, sinken damit ihre Vermittlungschancen in eine betriebliche Ausbildungsstelle (Nationaler Pakt für Ausbildung und Fachkräftenachwuchs in Deutschland, 2006b). Über das Item „gesundheitliche Einschränkungen haben meine Berufswahl und Lehrstellensuche nicht erschwert[26]" wurde erkennbar, ob ein Aspekt des Konstrukts „physische Konstitution" bzw. die berufliche Eignung bei den Bewerbern zum Befragungszeitpunkt gegeben waren. Die Befragungsdaten gaben zudem Hinweise auf einen weiteren Teilbereich der Ausbildungsreife, nämlich den der Berufswahlreife (vgl. Kapitel 5.3.2). Die Berufswahlreife beinhaltet unter anderem, dass Jugendliche ihre Neigungen und Talente kennen und diese mit den Anforderungen der Berufe bzw. Ausbildungsbereiche abstimmen (vgl. Holland, 1985; Super, 1953, 1957). Mitunter wird in diesem Zusammenhang von den Jugendlichen erwartet, dass sie flexibel auf die Anforderungen des Marktes reagieren und sich nicht auf einzelne Berufe konzentrieren (Krewerth & Eberhard, 2006). Jugendliche, die sich im Klaren darüber waren, dass eine Ausbildung im dualen System nach BBiG/HwO genau das Richtige für sie ist („ich wusste, dass eine Lehre genau das Richtige für mich ist[27]"), oder sich nicht nur auf einzelne Berufe konzentrierten („habe mich auf mehrere Berufe beworben"), kann somit die Berufswahlreife grundsätzlich nicht abgesprochen werden.

Aus Tabelle 14 geht hervor, dass der Großteil der Befragten (94,9 %) keine gesundheitlichen Einschränkungen aufwies, welche die Berufswahl oder Lehrstellensuche erschwert hätten. Was die Berufswahlreife betrifft, so zeigt sich, dass die meisten befragten Jugendlichen (91,8 %) keine Zweifel daran erkennen ließen, dass

---

26   Das Originalitem lautete: „Gesundheitliche Einschränkungen haben meine Berufswahl und Lehrstellensuche erschwert". Um das Vorhandensein der physischen Leistungsfähigkeit zu erfassen, wurde es rekodiert.

27   Das Originalitem lautete: „Ich wusste nicht so recht, ob eine Lehre wirklich das Richtige für mich ist". Um das Vorhandensein der Berufswahlreife zu messen, wurde es rekodiert.

eine Lehre genau das Richtige für sie ist. Dabei gaben Jugendliche mit einer Studienberechtigung (86,7 %) etwas seltener an, sie hätten gewusst, dass eine Lehre genau das Richtige für sie sei (Cramers V = ,09, p < ,01). Der Anteil der Befragten, die sich in mehreren Berufen beworben hatten, lag bei etwa zwei Drittel (62,7 %), wobei sich besonders häufig Studienberechtigte in mehreren Berufen beworben hatten (Cramers V = ,16; p < ,01).

Tabelle 14: **Berufliche Eignung und Berufswahlreife der Ausbildungsstellenbewerber**

	wusste, dass eine Lehre das Richtige ist		habe mich in mehreren Berufen beworben		gesundheitliche Einschränkungen haben meine Berufswahl und Lehrstellensuche nicht erschwert		
	n	%	n	%	n	%	Gesamt
Geschlecht							
männlich	1.358	91,9	895	60,6	1.401	94,9	1.477
weiblich	1.389	91,6	983	64,8	1.441	95,0	1.517
Schulabschluss							
max. Hauptschulabschluss	1.105	94,4	631	53,9	1.101	94,0	1.171
mittlerer Abschluss	1.310	91,0	955	66,3	1.371	95,2	1.440
Studienberechtigung	332	86,7	292	76,2	370	96,6	383
Gesamt	2.747	91,8	1.878	62,7	2.842	94,9	2.994

Quelle: BA/BIBB-Bewerberbefragung 2008, eigene Berechnungen

Schulische Vorbereitung

Bewerber, die eine gute Vorbereitung durch die allgemeinbildende Schule auf die Zeit der Lehrstellensuche erhalten hatten, hatten genauso wie die Ausbildungsbewerber, die bereits teilqualifizierende Maßnahmen oder ein mehrmonatiges betriebliches Praktikum absolviert hatten, mittelbares institutionelles Kapital erhalten und hierdurch personelle Bildungsressourcen aufgebaut. Aus Tabelle 15 geht hervor, dass insbesondere Jugendliche mit einer Studienberechtigung beklagen, sie seien durch die Schule nur unzureichend vorbereitet worden (Cramers V = ,15, p < ,01). Hieraus lässt sich schließen, dass an Gymnasien die Vorbereitung auf eine duale Berufsausbildung nach BBiG/HwO weniger stark verfolgt wird als in anderen Schulformen. Dies ist wohl darauf zurückzuführen, dass Abiturienten gemeinhin unterstellt wird, sie hätten kein Interesse an einer Ausbildung im dualen System nach BBiG/ HwO (Eberhard & Ulrich, 2006).

Tabelle 15: **Vorbereitung der Bewerber durch die Schule auf die Zeit der Lehrstellensuche**

	Schule hat gut auf Zeit der Lehrstellensuche vorbereitet		
	n	%	Gesamt
Geschlecht			
männlich	647	43,8	1.477
weiblich	680	44,8	1.517
Schulabschluss			
max. Hauptschulabschluss	548	46,8	1.171
mittlerer Abschluss	685	47,6	1.440
Studienberechtigung	94	24,5	383
Gesamt	2.994	1.327	2.994

Quelle: BA/BIBB-Bewerberbefragung 2008, eigene Berechnungen

Absolvierte Maßnahmen des Übergangssystems

Im Rahmen der BA/BIBB-Bewerberbefragung 2008 wurde erhoben, an welchen Übergangsmaßnahmen die Ausbildungsstellenbewerber bereits teilgenommen haben. Tabelle 16 gibt einen Überblick über die von den Befragten bereits absolvierten Maßnahmen des Übergangssystems. So hatten 22,8 % der Bewerber an einem Bewerbungstraining teilgenommen, eine berufsvorbereitende Maßnahmen hatten 15,6 %, ein BVJ oder Ähnliches (z. B. BEJ) hatten 13,3 % beendet, ein BGJ 7,7 %. Jeweils um die 6 % der Befragten hatten bereits eine EQ, die FOS, höhere Handelsschule oder eine berufliche Schule, die eine berufliche Grundbildung vermittelt, absolviert. Frauen hatten häufiger die FOS (Cramers V = ,09, p < ,01) sowie die höhere Handelsschule (Cramers V = ,10, p < ,01), Männer etwas häufiger ein BGJ (Cramers V = ,05, p < ,01) beendet. Zudem zeigt sich, dass in Abhängigkeit der Schulabschlüsse bestimmte Maßnahmen häufiger absolviert wurden als andere. So hatten Studienberechtigte eher selten ein Bewerbungstraining (Cramers V = ,07, p < ,01) oder eine BvB (Cramers V = ,11, p < ,01) durchlaufen. Stattdessen hatten sie häufiger als Jugendliche mit Realschulabschluss die FOS (Cramers $V = ,31$, $p < ,01$) oder die Höhere Handelsschule absolviert (Cramers $V = ,24$, $p < ,01$), was darauf hindeutet, dass ein Teil der Jugendlichen mit Studienberechtigung an der FOS oder Höheren Handelsschule die Studienberechtigung erworben hat. Demgegenüber hatten Jugendliche mit maximal Hauptschulabschluss häufiger an einem BVJ oder ähnlichen Bildungsgängen (Cramers $V = ,25$, $p < ,01$) oder an einem BGJ (Cramers $V = ,19$, $p < ,01$) teilgenommen.

Tabelle 16: **Art der von den Bewerbern absolvierten Übergangsmaßnahmen**

absolvierte Maßnahme	Geschlecht		Schulabschluss			Gesamt %	n
	männlich %	weiblich %	max. Hauptschul- abschluss %	mittlerer Abschluss %	Studien- berechti- gung %		
Bewerbungstraining	22,3	23,3	25,4	22,5	16,2	22,8	683
BvB	16,0	15,2	20,2	13,5	9,4	15,6	467
EQ	6,3	6,5	7,5	6,0	4,7	6,4	192
BVJ oder ähnliches	13,4	13,1	23,6	7,6	2,9	13,3	397
BGJ	9,1	6,5	13,9	4,5	1,0	7,7	232
FOS	4,1	8,4	-	6,1	24,8	6,3	188
höhere Handelsschule	3,7	8,4	-	7,2	18,5	6,0	181
berufliche Schule, die Grundbildung vermittelt	6,5	5,8	4,4	7,6	6,3	6,1	184
n	1.477	1.517	1.171	1.440	383		

n = 2.994

Anmerkung: Mehrfachnennungen waren möglich.

Quelle: BA/BIBB-Bewerberbefragung 2008, eigene Berechnungen

Weniger als die Hälfte der Befragten hatten noch nie an einer Maßnahme des Übergangssystems teilgenommen (vgl. Tabelle 17). 6,8 % der Ausbildungsstellenbewerber hatten bereits drei oder mehr Maßnahmen absolviert. Im Durchschnitt hatten die Jugendlichen an 0,84 (SD = 0,98) Maßnahmen teilgenommen, wobei Jugendliche mit Hauptschulabschluss häufiger teilqualifizierende Bildungsangebote beendet hatten als Bewerber mit mittlerem Schulabschluss ($p < ,01$)[28] (vgl. Tabelle 17).

---

28   Es wurden Scheffé-Tests berechnet (Bortz, 1999).

Tabelle 17: **Anzahl absolvierter Übergangsmaßnahmen durch die Ausbildungsstellenbewerber**

	bereits an teilqualifizierenden Maßnahmen teilgenommen?				durchschnittliche Maßnahmenanzahl		
	nein	ja, an einer	ja, an zwei	ja, an drei oder mehr			
	%	%	%	%	M	SD	n
Geschlecht							
männlich	47,5	32,8	13,5	6,3	0,81	1,00	1.477
weiblich	42,5	37,3	12,9	7,3	0,87	0,97	1.517
Schulabschluss							
max. Hauptschulabschluss	39,7	36,0	16,1	8,3	0,96	1,03	1.171
mittlerer Abschluss	49,2	33,9	11,5	5,3	0,75	0,94	1.440
Studienberechtigung	44,6	36,8	10,7	7,8	0,84	0,98	383
Gesamt	44,9	35,1	13,2	6,8	0,84	0,98	2.994
n	1.345	1.050	395	204			

n = 2.994

Quelle: BA/BIBB-Bewerberbefragung 2008, eigene Berechnungen

Absolviertes Praktikum

Obwohl ein Betriebspraktikum mittlerweile zum Standardrepertoire für Schüler der allgemeinbildenden Schulen zu gehören scheint (vgl. Kapitel 5.1.3 und Kapitel 5.1.4), haben längst nicht alle befragten Bewerber ein Betriebspraktikum absolviert. So kann Tabelle 18 entnommen werden, dass weniger als zwei Drittel der Befragten (63,3 %) bereits ein Betriebspraktikum beendet hatten. Vor allem bei Jugendlichen mit einer Studienberechtigung fiel der Anteil der Praktikumsabsolventen mit 52 % verhältnismäßig gering aus (Cramers V = ,11, p < ,01). Dies deutet erneut darauf hin, dass die Berufsvorbereitung in Gymnasien weniger stark ausgebaut ist als in anderen Schulformen (Eberhard & Ulrich, 2006).

Tabelle 18: **Von den Ausbildungsstellenbewerbern absolviertes Praktikum**

	bereits ein Praktikum absolviert		
	n	%	Gesamt
Geschlecht			
männlich	957	64,8	1.477
weiblich	938	61,8	1.517
Schulabschluss			
max. Hauptschulabschluss	801	68,4	1.171
mittlerer Abschluss	895	62,2	1.440
Studienberechtigung	199	52,0	383
Gesamt	1.895	63,3	2.994

Quelle: BA/BIBB-Bewerberbefragung 2008, eigene Berechnung

6.4 Zusammenfassung

Anhand der Daten der BA/BIBB-Bewerberbefragung 2008, einer repräsentativen Befragung von Jugendlichen, die im Jahr 2008 bei der BA als Ausbildungsstellenbewerber registriert waren, sollen die unterschiedlichen Zugangslogiken in eine betriebliche und außerbetriebliche Berufsausbildung empirisch untersucht werden. Zudem soll der Frage nachgegangen werden, unter welchen Umständen erfolglose Ausbildungsstellenbewerber in eine teilqualifizierende Bildungsmaßnahme einmünden, anstatt außerhalb des Bildungssystems zu verbleiben. Zur Operationalisierung der abhängigen und unabhängigen Variablen wurden neben Daten der BA/BIBB-Bewerberbefragung 2008 auch externe Daten zur Modellierung der Situation auf dem Ausbildungsstellenmarkt im Jahr 2008 verwendet. Dabei wurde – was die Berechnung der Ausbildungsmarktindikatoren betrifft – darauf verzichtet, die gängigen Indikatoren der Bildungsberichterstattung zu verwenden, da diese mit großen Validitätsproblemen behaftet sind. Stattdessen wurden die klassischen Indikatoren erweitert sowie ein neuer Indikator eingeführt, der neben den regionalen auch die berufsspezifischen Disparitäten auf dem Ausbildungsstellenmarkt abbildet.

7 Ergebnisse

„Especially in the phase of transition from education to the labour market, young people are the most vulnerable" (Bertschy, Cattaneo & Wolter, 2011, S. 235).

Im Rahmen der Arbeit gilt es zu überprüfen, wie das personale und soziale Kapital sowie die Situation auf dem Ausbildungsstellenmarkt die Eintrittschancen in eine betriebliche (Hypothesenblock I) bzw. außerbetriebliche Berufsausbildung (Hypothesenblock II) beeinflussen. Des Weiteren soll untersucht werden, welche Bedingungen dazu führen, dass erfolglose Ausbildungsstellenbewerber in ein teilqualifizierendes Bildungsangebot (z. B. Schule, BvB) einmünden, anstatt außerhalb des Bildungssystems (z. B. Jobben, arbeitsuchend) zu verbleiben (explorative Fragestellung). Zur Überprüfung dieser Fragestellungen wurden binäre logistische Regressionen berechnet. Die zentralen Voraussetzungen zur Anwendung binärer logistischer Regressionen wurden im Vorfeld überprüft. Multikollinearität konnte nicht nachgewiesen werden, und die Zahl der Untersuchungsfälle war ausreichend, um dieses Analyseverfahren anzuwenden (Backhaus, Erichson, Plinke & Weiber, 2006). Um die Determinanten des Zugangs in eine betriebliche Berufsausbildung zu identifizieren, wurde in einem ersten Regressionsmodell der Einfluss der unabhängigen Variablen auf die Chance eines Ausbildungsstellenbewerbers geschätzt, zur Gruppe der betrieblichen Auszubildenden zu gehören (vgl. Kapitel 7.1). Demgegenüber wurde in einem zweiten Modell die Chance für jene Bewerber geschätzt, welche nicht in eine betriebliche Ausbildung eingemündet waren, Teil der Gruppe der außerbetrieblichen Auszubildenden zu sein (vgl. Kapitel 7.2). Modell 3 und Modell 4 beinhalten schließlich Schätzungen für die Gruppe der Jugendlichen, die weder eine betriebliche noch eine außerbetriebliche Ausbildung beginnen konnten, eine teilqualifizierende Maßnahme aufzunehmen, anstatt außerhalb des Bildungssystems zu verbleiben (vgl. Kapitel 7.3). Die Analysen erfolgten in SPSS 15.

Die ersten beiden Regressionsmodelle wurden iterativ in mehreren Schritten, entsprechend den Einzelhypothesen (Hypothesenblock I und Hypothesenblock II), aufgebaut. Zur Beantwortung der Frage, unter welchen Bedingungen erfolglose Bewerber eine teilqualifizierende Maßnahme aufnehmen, wurden die unabhängigen Variablen nicht schrittweise aufgenommen, sondern eine Schätzung über alle unabhängigen Variablen vorgenommen, da keine Annahmen darüber getroffen werden konnten, welche Faktoren den Verbleib in teilqualifizierenden Bildungsgängen beeinflussen könnten.

In den Regressionsmodellen werden Odds Ratios (Effektkoeffizienten bzw. e^{β}) ausgewiesen, da sie einfacher als die ß-Koeffizienten zu interpretieren sind. Die Effektkoeffizienten sind folgendermaßen zu lesen: Nehmen sie Werte größer eins an, dann erhöht sich die Chance des Bewerbers, zur Gruppe der betrieblichen Auszubildenden (Hypothesenblock I bzw. Modell 1), der außerbetrieblichen Auszubildenden (Hypothesenblock II bzw. Modell 2) oder der teilqualifizierenden Bildungsteilnehmer (explorative Fragestellung bzw. Modell 3 und Modell 4) zu gehören. Werte kleiner eins signalisieren dagegen eine verminderte Chance. Im Gegensatz zur Alltagssprache, in der die Begriffe Chance und Wahrscheinlichkeit oft gleichgesetzt werden, benennen die Begriffe in der Statistik etwas Unterschiedliches. So beschreibt die Chance das Verhältnis von Wahrscheinlichkeit zu Gegenwahrscheinlichkeit. Das heißt, die Chance meint hier die Relation zwischen der Wahrscheinlichkeit, z. B. eine betriebliche Ausbildungsstelle begonnen zu haben, und der Wahrscheinlichkeit, außerhalb einer betrieblichen Ausbildungsstelle verblieben zu sein (Backhaus et al., 2006).

Als Gütemaß für die Regressionsmodelle wird Nagelkerkes R^2 dargestellt. Nagelkerkes R^2 wird analog zum Determinationskoeffizient in der linearen Regression interpretiert. Das bedeutet, Nagelkerkes R^2 gibt wieder, wie viel Varianz in der abhängigen Variable durch die Prädiktorvariablen aufgeklärt wird, wobei der Koeffizient den Maximalwert 1 erreichen kann (Backhaus et al., 2006). Des Weiteren wird der Chi^2 Wert des Omnibus-Tests für die jeweils berechneten Modelle ausgewiesen (ebenda).

Alle Hypothesen wurden auf einem α-Niveau von 5 % überprüft. In den Ergebnistabellen wird der Vollständigkeit halber jedoch auch berichtet, ob die p-Werte unter p = ,10 oder unter p = ,01 lagen.

7.1   Zur Sortierlogik des betrieblichen Ausbildungssystems nach BBiG/HwO

Zur Berechnung der Determinanten für den Verbleib in einer betrieblichen Ausbildung wurden alle 2.994 zur Untersuchungsgruppe gehörenden Ausbildungsstellenbewerber des Jahres 2008 herangezogen. 1.259 (42,1 %) der Bewerber waren in eine betriebliche Ausbildungsstelle eingemündet.

Die Regressionsschätzungen für den Einfluss der unabhängigen Variablen auf die Chance, in eine betriebliche Ausbildungsstelle einzumünden, erfolgten iterativ in insgesamt neun, der Zahl der Hypothesen entsprechenden Schritten. In einem ersten Schritt wurden Variablen einbezogen, welche das Vorhandensein der *beruflichen Eignung* sowie der *Berufswahlreife* der Bewerber und damit Teilkonstrukte der *Ausbildungsreife* widerspiegeln, da eine vorhandene Ausbildungsreife Voraussetzung dafür ist, überhaupt eine Ausbildung im dualen System aufnehmen zu können bzw. von den Betrieben in die Bewerberschlange aufgenommen zu werden (Hypothese Ia). In einem zweiten Schritt wurde das Modell um *schulische Bildungszertifikate* erweitert (Hypothese Ib). In Schritt drei wurde berücksichtigt, ob die Jugendlichen gut durch die *allgemeinbildende Schule auf die Zeit der Ausbildungsstellensuche vorbereitet* wurden (Hypothese Ic) und in Schritt vier, ob sie bereits ein *betriebliches Praktikum absolviert* haben (Hypothese Id). Es folgte der fünfte Block, in dem die Anzahl der bereits absolvierten *Maßnahmen des Übergangssystems* aufgenommen wurden (Hypothese Ie). Dabei wurde die Zahl der bereits absolvierten Übergangsmaßnahmen dummy-kodiert. Dieses Vorgehen wurde gewählt, um zu überprüfen, ob ab einer bestimmten Anzahl von absolvierten Maßnahmen die Übergangschancen nicht erhöht werden können oder ob Maßnahmen grundsätzlich den Übergangserfolg nicht zu fördern vermögen. Der sechste Block umfasste die beiden Variablen zum *sozialen Kapital* der Jugendlichen (Hypothese If). Anschließend wurden in einem siebten Block das *Alter* und der *Migrationshintergrund* der Bewerber berücksichtigt, um zu zeigen, dass selbst unter Kontrolle des personalen und sozialen Kapitals der Migrationshintergrund und das Alter einen eigenständigen Einfluss auf die Einmündungschance in eine betriebliche Ausbildungsstelle haben (Hypothese Ig). Die *regionale betriebliche Angebotsquote* sowie die *regionalisierte berufsspezifische Angebotsquote* wurden im vorletzten Schritt berücksichtigt, um zu testen, ob die Lage auf dem Ausbildungsstellenmarkt selbst unter Kontrolle des personalen und sozialen Kapitals die Chance der Ausbildungsstellenbewerber beeinflusst, in eine betriebliche Ausbildung einzumünden (Hypothese Ih). Im neunten und letzten Schritt wurde als Kontrollvariable das Geschlecht aufgenommen, um sicherzugehen, dass geschlechtsspezifische Effekte berücksichtigt wurden. Da alle Hypothesen gerichtet formuliert wurden, erfolgte die Hypothesentestung einseitig.

Die Ergebnisse der binären logistischen Regression zum Übergang in eine betriebliche Ausbildungsstelle sind in Tabelle 19 dargestellt. Insgesamt erklärt das Modell unter Berücksichtigung aller Variablen 24 % der Gesamtvarianz und ist damit akzeptabel (Backhaus et al., 2006).

Tabelle 19: **Effekte des personalen, sozialen und institutionellen Kapitals auf die Einmündungschancen in eine betriebliche Ausbildungsstelle**

	Schritt 1 e^B	Schritt 2 e^B	Schritt 3 e^B	Schritt 4 e^B
Aspekte der Ausbildungsreife				
wusste, dass Lehre das Richtige ist *(Ref.: nein)*	1,331**	1,651***	1,621***	1,633***
in mehreren Berufen beworben *(Ref.: nein)*	1,877***	1,630***	1,662***	1,568***
keine gesundheitlichen Probleme *(Ref.: nein)*	3,003***	2,816***	2,686***	2,710***
Schulabschluss (Ref.: mittlerer Abschluss)				
max. Hauptschulabschluss		,526***	,522***	,510***
Studienberechtigung		1,830***	2,116***	2,176***
Zensuren				
Deutschnote		1,313***	1,315***	1,315***
Mathematiknote		1,341***	1,305***	1,305***
gute schulische Vorbereitung (Ref.: nein)			1,804***	1,790***
Praktikum absolviert (Ref.: nein)				1,254***
Zahl der beendeten Übergangsmaßnahmen (Ref.: keine)				
1 Maßnahme				
2 Maßnahmen				
3 oder mehr Maßnahmen				
soziales Kapital				
alle wichtigen Fragen mit Eltern besprochen *(Ref.: nein)*				
wurde ausreichend unterstützt *(Ref.: nein)*				
Alter				
Migrationshintergrund (Ref.: Deutsche ohne Migrationshintergrund)				
osteuropäischer/GUS-Migrationshintergrund				
türkisch-arabischer Migrationshintergrund				
südeuropäischer Migrationshintergrund				
sonstiger Migrationshintergrund				
Ausbildungsstellenmarkt				
regionale betriebliche Angebotsquote[1]				
regionalisierte berufsspezifische Angebotsquote[2]				
Geschlecht (Ref.: männlich)				
n	2.994	2.994	2.994	2.994
Chi² des Modells	100,50***	324,39***	377,84***	384,77***
Pseudo R² (Nagelkerke)	,044	,138	,159	,162

*** p < ,01; ** p < ,05; * p < ,10

Anmerkung:

[1] 10 betriebliche Angebote je 100 Nachfrager in der Region der Bewerber

[2] 10 Ausbildungsangebote je 100 Nachfrager in der Region der Bewerber sowie in den von den Bewerbern umworbenen Berufen

Quelle: BA/BIBB-Bewerberbefragung 2008, eigene Berechnungen

Fortsetzung Tabelle 19

	Schritt 5 e^β	Schritt 6 e^β	Schritt 7 e^β	Schritt 8 e^β	Schritt 9 e^β
Aspekte der Ausbildungsreife					
wusste, dass Lehre das Richtige ist *(Ref.: nein)*	1,650***	1,623***	1,689***	1,700***	1,723***
in mehreren Berufen beworben *(Ref.: nein)*	1,578***	1,600***	1,624***	1,606***	1,626***
keine gesundheitlichen Probleme *(Ref.: nein)*	2,646***	2,610***	2,419***	2,435***	2,421***
Schulabschluss *(Ref.: mittlerer Abschluss)*					
max. Hauptschulabschluss	,519***	,526***	,499***	,476***	,456***
Studienberechtigung	2,201***	2,245**	3,162***	3,217***	3,285***
Zensuren					
Deutschnote	1,315***	1,310***	1,275***	1,262**	1,312***
Mathematiknote	1,306***	1,304***	1,301***	1,296**	1,274***
gute schulische Vorbereitung *(Ref.: nein)*	1,787***	1,697***	1,542***	1,538***	1,557***
Praktikum absolviert *(Ref.: nein)*	1,285**	1,281**	1,188**	1,184**	1,175**
Zahl der beendeten Übergangsmaßnahmen *(Ref.: keine)*					
1 Maßnahme	,931	,938	1,041	1,063	1,086
2 Maßnahmen	,808	,819	1,039	1,078	1,098
3 oder mehr Maßnahmen	,702**	,728	1,031	1,077	1,097
soziales Kapital					
alle wichtigen Fragen mit Eltern besprochen *(Ref.: nein)*		1,145**	,992	,992	,977
wurde ausreichend unterstützt *(Ref.: nein)*		1,491***	1,289***	1,261**	1,240**
Alter			,842***	,853***	,851***
Migrationshintergrund *(Ref.: Deutsche ohne Migrationshintergrund)*					
osteuropäischer/GUS-Migrationshintergrund			,803	,770**	,779**
türkisch-arabischer Migrationshintergrund			,408***	,381***	,381***
südeuropäischer Migrationshintergrund			,405***	,378***	,382***
sonstiger Migrationshintergrund			,606**	,569***	,569***
Ausbildungsstellenmarkt					
regionale betriebliche Angebotsquote[1]				1,199***	1,214***
regionalisierte berufsspezifische Angebotsquote[2]				1,231***	1,219***
Geschlecht *(Ref.: männlich)*					,761***
n	2.994	2.994	2.994	2.994	2.994
Chi² des Modells	391,11***	408,49***	523,92 ***	577,87 ***	587,91 ***
Pseudo R² (Nagelkerke)	,165	,172	,216	,236	,240

*** p < ,01; ** p < ,05; * p < ,10

Anmerkung:

[1] 10 betriebliche Angebote je 100 Nachfrager in der Region der Bewerber

[2] 10 Ausbildungsangebote je 100 Nachfrager in der Region der Bewerber sowie in den von den Bewerbern umworbenen Berufen

Quelle: BA/BIBB-Bewerberbefragung 2008, eigene Berechnungen

Wie in *Hypothese Ia* vermutet, zeigt sich, dass *berufswahlreife Ausbildungsstellen-bewerber, deren berufliche Eignung nicht eingeschränkt* war, eine signifikant höhere Chance haben, in eine betriebliche Ausbildungsstelle einzumünden. Alle drei Variablen, welche Aspekte der Ausbildungsreife operationalisieren, haben einen hochsignifikanten Einfluss auf den Verbleib in einer betrieblichen Ausbildungsstelle. Zusammen erklären sie 4,4 % der Gesamtvarianz der abhängigen Variablen. Aus Tabelle 19 geht hervor, dass Jugendliche, die wussten, dass eine Lehre für sie das Richtige ist, eine 1,331-fach höhere Zugangschance haben als Jugendliche, die daran zweifelten, ob für sie eine Ausbildung im dualen System passend ist. Unter Kontrolle der übrigen Formen des personalen und des sozialen Kapitals, des symbolischen Kapitals sowie der Lage auf dem Ausbildungsstellenmarkt nimmt dieser positive Einfluss noch zu (Schritt 9: $e^\beta = 1,723$, p < ,01). Ebenfalls positiv wirkt sich die berufliche Flexibilität der Bewerber aus. So haben Jugendliche, die sich in mehreren Berufen beworben haben, eine 1,877-fach höhere Zugangschance als Jugendliche, die dies nicht taten. Besonders stark wird die betriebliche Zugangschance von der Gesundheit der Bewerber beeinflusst: Bewerber, die über keine gesundheitlichen Einschränkungen klagen, haben eine 3,003-fach höhere Chance, eine betriebliche Berufsausbildung zu beginnen, als Jugendliche, die bei ihrer Berufswahl und Lehrstellensuche gesundheitlich eingeschränkt waren. Der Einfluss der gesundheitlichen Unversehrtheit nimmt zwar im Laufe der einzelnen Schätzungen kontinuierlich ab, ist aber in Modellschätzung 9 mit $e^\beta = 2,421$ immer noch hoch.

Gemäß *Hypothese Ib* spielen *schulische Bildungszertifikate* für den Verbleib in einer betrieblichen Berufsausbildung eine entscheidende Rolle. Demzufolge wächst unter Berücksichtigung der Schulnoten und der Schulabschlüsse der Anteil der aufgeklärten Varianz von 4,4 % auf 13,8 % an. In Schritt 2 zeigt sich, dass Jugendliche mit maximal Hauptschulabschluss ($e^\beta = ,526$, p < ,01) eine geringere und Bewerber mit einer Studienberechtigung ($e^\beta = 1,830$, p < ,01) eine höhere Eintrittschance in eine betriebliche Berufsausbildung als Jugendliche mit einem mittleren Abschluss haben (*Hypothese Ib₁*). Tabelle 19 kann entnommen werden, dass der Effekt der Studienberechtigung mit Aufnahme der übrigen Prädiktoren stark ansteigt. So haben unter Berücksichtigung aller Einflussvariablen studienberechtigte Ausbildungsstellenbewerber eine 3,285-fach höhere Zugangschance als Jugendliche, die über einen Realschulabschluss verfügen (Schritt 9). Ferner gilt: Je besser die Schulnoten in Mathematik und Deutsch, desto höher die Chance, einen betrieblichen Ausbildungsstellenplatz zu erhalten (*Hypothese Ib₂*).

Ebenfalls bestätigt werden konnten *Hypothese Ic* und *Id*. Es zeigt sich, dass Jugendliche, die von der *Schule gut auf die Zeit der Lehrstellensuche vorbereitet* wurden, eine 1,804-fach (Schritt 3) und Bewerber, die bereits ein *betriebliches Praktikum* absolviert haben, eine 1,254-fach (Schritt 4) höhere Chance auf eine betriebliche Ausbildungsstelle haben als Jugendliche, die keine gute schulische Vorbereitung erhalten bzw. kein Betriebspraktikum absolviert haben. Auch hier wird, wie schon bei den zuvor vorgestellten Prädiktorvariablen, deutlich, dass ihr positiver Einfluss auf die Übergangschance erhalten bleibt, wenn weitere Einflussfaktoren kontrolliert werden (Schritt 9).

Absolvierte *Maßnahmen des Übergangssystems* haben einen negativen Einfluss auf die Zugangschance in eine betriebliche Ausbildungsstelle, wobei dieser Zusammenhang erst ab drei oder mehr absolvierten Übergangsmaßnahmen statistisch signifikant ist (Schritt 5). Wird zusätzlich das soziale Kapital der Bewerber kontrolliert, verschwindet der signifikante Einfluss, gleichwohl bleibt die Richtung bestehen (Schritt 6). Sobald jedoch die Prädiktoren Alter, Migrationshintergrund, Lage auf dem Ausbildungsstellenmarkt und Geschlecht kontrolliert werden, kehren sich die Effekte um – ohne aber signifikant zu werden (Schritt 7 bis Schritt 9). Damit sind, wie in *Hypothese Ie* postuliert, bereits absolvierte Maßnahmen des Übergangssystems für den Übergang in eine betriebliche Berufsausbildungsstelle chancenneutral.

Ein differenziertes Bild zeigt sich bei Betrachtung des *sozialen Kapitals*. Bei Einführung der Variablen „habe alle wichtigen Fragen mit meinen Eltern besprochen" und „wurde ausreichend unterstützt" in Schritt 6 kann zunächst für beide Variablen der erwartete positive Einfluss auf die Übergangschance in eine betriebliche Ausbildungsstelle nachgewiesen werden. Sobald jedoch das Alter und der Migrationshintergrund kontrolliert werden, kehrt sich der Effekt der elterlichen Unterstützung auf die Zugangschance um (Schritt 7). Das heißt, Jugendliche, die Fragen der Lehrstellensuche mit ihren Eltern besprechen, haben tendenziell eine schlechtere Chance auf eine betriebliche Ausbildungsstelle als Jugendliche, die ihre Eltern nicht einbeziehen. Der negative Einfluss bleibt auch dann erhalten, wenn die Ausbildungsstellenmarktsituation und das Geschlecht der Bewerber berücksichtigt werden (Schritt 8 und Schritt 9). Anders verhält es sich dagegen mit der Einschätzung der Befragten, während der Zeit der Lehrstellensuche ausreichend unterstützt worden zu sein. So haben Jugendliche, die das Gefühl hatten, genügend Unterstützung durch andere erfahren zu haben, auch unter Kontrolle aller übrigen Prädiktoren eine höhere Übergangschance in eine betriebliche Ausbildung als Jugendliche, die dies nicht hatten. Berücksichtigt werden muss jedoch, dass der Einfluss der sozialen Unterstützung kontinuierlich abnimmt und in Schritt 9 nur noch auf dem 5 %-Niveau signifikant ist ($e^{\beta} = 1,240$, p < ,05). *Hypothese If* kann somit nur für die als ausreichend wahrgenommene soziale Unterstützung durch andere, nicht jedoch für die elterliche Unterstützung angenommen werden.

Ein höheres *Alter* und der *Migrationshintergrund* haben, wie in *Hypothese Ig* angenommen, auch dann einen signifikant negativen Einfluss auf die Zugangschance in eine betriebliche Ausbildungsstelle, wenn das personale und soziale Kapital der Bewerber kontrolliert werden. Das Alter wurde am Mittelwert der Stichprobe zentriert, sodass gilt: Mit jedem Lebensjahr, das der Bewerber vom Durchschnittsalter (18,8 Jahre) der Stichrobe nach oben abweicht, sinkt seine betriebliche Verbleibchance um 15,8 %. (1 – ,842) (*Hypothese Ig₂*). Werden alle Einflussvariablen berücksichtigt, sinkt die Zugangschance mit jedem Lebensjahr um 14,9 % (1 – ,851). Ferner sinkt, wie vermutet, die Übergangschance, wenn die Ausbildungsstellenbewerber einen Migrationshintergrund aufweisen (*Hypothese Ig₁*). Insbesondere Jugendliche mit einem türkisch-arabischen Migrationshintergrund (e^β = ,408, p < ,01) und Jugendliche mit südeuropäischem Migrationshintergrund (e^β = ,405, p < ,01) sind gegenüber deutschen Bewerbern ohne Migrationshintergrund im Nachteil. Der negative Effekt des Migrationshintergrundes bleibt bestehen, wenn die Lage auf dem Ausbildungsstellenmarkt (Schritt 8) und das Geschlecht (Schritt 9) berücksichtigt werden.

Wie in *Hypothese Ih* angenommen, zeigt sich, dass unabhängig von den vorhandenen Ressourcen die *Situation auf dem Ausbildungsstellenmarkt* einen signifikanten Einfluss auf den Verbleib der Bewerber hat. So erhöht sich die betriebliche Einmündungschance um das 1,199-fache, wenn die Zahl der betrieblichen Ausbildungsangebote um zehn Plätze je 100 ausbildungsinteressierte Personen erhöht wird (bzw. unter Kontrolle des Geschlechts: e^β = 1,214). Ähnliches gilt für die regionalisierte berufsspezifische Angebotsquote, die das Berufswahlverhalten der befragten Ausbildungsstellenbewerber berücksichtigt. Demzufolge steigt die Zugangschance um das 1,231-fache, wenn die Zahl der Ausbildungsangebote in den von den Jugendlichen umworbenen Berufen um zehn Plätze im Verhältnis zu 100 Nachfragern, die sich in derselben Region um dieselben Berufe bewerben, steigt.

Die Variable *Geschlecht*, die im letzten Schritt als Kontrollvariable in das Modell eingeführt wurde, erwies sich als hochsignifikant. Es zeigt sich, dass Frauen unter Kontrolle des personalen und sozialen Kapitals sowie ihrer individuellen Situation auf dem Ausbildungsstellenmarkt eine 23,9 % (1 – ,761) geringere Chance auf eine betriebliche Ausbildungsstelle haben als Männer.

7.2   Zur Sortierlogik des außerbetrieblichen Ausbildungssystems nach BBiG/HwO

Zur empirischen Überprüfung der Verbleibchancen in einer außerbetrieblichen Berufsausbildung wurde die Gesamtstichprobe um die bereits betrieblich versorgten Bewerber reduziert (n = 1.259), sodass die Untersuchungsstichprobe 1.735 Fälle umfasst. 14,5 % waren in eine außerbetriebliche Ausbildung eingemündet, die übrigen 85,5 % nahmen entweder an teilqualifizierender Bildung (z. B. Schulbesuch oder BvB) teil oder waren außerhalb des Bildungssystems (z. B. Jobben, Erwerbstätigkeit) verblieben.

Die Modellschätzung erfolgte iterativ in sechs den Hypothesen entsprechenden Schritten. In einem ersten Schritt wurde die Anzahl der bereits absolvierten *Maß-*

nahmen des Übergangssystems aufgenommen (Hypothese IIa). Anders als bei der Modellschätzung zum Verbleib in einer betrieblichen Ausbildungsstelle (vgl. Kapitel 7.1) wurde die Variable nicht dummy-kodiert. Da die These zu überprüfen war, dass mit der Zahl der absolvierten Maßnahmen die Übergangschance der Bewerber in eine außerbetriebliche Ausbildungsstelle steigt, wurde die Variable in ihrer metrischen Form belassen. Der zweite Variablenblock umfasst die *schulischen Bildungsabschlüsse* der Bewerber (Hypothese IIb). Im dritten Block wurde das *Alter* der Befragten aufgenommen (Hypothese IIc). Um den Einfluss der Volljährigkeit auf die Zugangschance in eine außerbetriebliche Ausbildungsstelle zu testen, wurde die Variable Alter dummy-kodiert (volljährig vs. minderjährig). Im vierten Schritt wurde der *Migrationshintergrund* der Bewerber berücksichtigt (Hypothese IId). Variablenblock fünf umfasst schließlich die *Situation auf dem Ausbildungsstellenmarkt*. Berücksichtigt wurden hier neben der außerbetrieblichen Angebotsquote sowie der regionalisierten berufsspezifischen Angebotsquote (Hypothese IIe) auch Plätze im Übergangssystem (Hypothese IIf). Analog zur Schätzung der Zugangschance in eine betriebliche Ausbildungsstelle wurde im sechsten und letzten Schritt das Geschlecht aufgenommen, um mögliche geschlechtsspezifische Einflüsse auf die Übergangschance in eine außerbetriebliche Ausbildungsstelle zu kontrollieren.

Bis auf Hypothese IId (Einfluss des Migrationshintergrundes auf die Verbleibchance) wurden alle Thesen einseitig getestet. Da Hypothese IId ungerichtet formuliert wurde, erfolgte hier eine zweiseitige Testung.

In Tabelle 20 sind die Ergebnisse der schrittweise berechneten binären logistischen Regression dargestellt. Insgesamt liegt der Anteil der aufgeklärten Varianz mit 20,5 % in einem akzeptablen Bereich (Backhaus et al., 2006).

In Schritt 1 zeigt sich, dass – wie in *Hypothese IIa* vermutet – mit der Zahl der absolvierten Übergangsmaßnahmen die Zugangschance der Bewerber in eine außerbetriebliche Ausbildungsstelle signifikant steigt. So wächst mit jeder beendeten Maßnahme die Chance, in eine außerbetriebliche Ausbildung einzumünden, um das 1,433-fache. Dieser positive Einfluss nimmt im Laufe der weiteren Schätzungen leicht ab ($e^\beta = 1{,}387$, p < ,01), bleibt aber auch dann bestehen, wenn der Schulabschluss, das Alter, der Migrationshintergrund, die Lage auf dem Ausbildungsstellenmarkt sowie das Geschlecht kontrolliert werden (Schritt 6).

Schulabschlüsse haben eine wichtige Bedeutung für die Erklärung des Verbleibs der Ausbildungsstellenbewerber in einer außerbetrieblichen Ausbildungsstelle. Werden neben der Zahl der absolvierten Maßnahmen des Übergangssystems auch die Abschlüsse der Bewerber kontrolliert, steigt der Anteil der aufgeklärten Varianz von 3,5 % auf 8,1 % an. Wie in *Hypothese IIb* angenommen, wird deutlich, dass ein hoher Schulabschluss für die Einmündung in eine außerbetriebliche Ausbildung hinderlich ist, ein geringer Abschluss dagegen förderlich. So haben Jugendliche mit einer Studienberechtigung eine 58 % (1 – ,420) geringere Zugangschance, in eine außerbetriebliche Ausbildungsstelle einzumünden, als Jugendliche mit einem mittleren Abschluss, wohingegen Bewerber mit maximal Hauptschulabschluss eine 2,218-fach höhere Chance auf den Erhalt einer außerbetrieblichen Ausbildungsstelle haben als Bewerber mit mittlerem Abschluss. Auch hier zeigt sich, dass der Einfluss des Schulabschlusses bestehen bleibt, wenn die übrigen Prädiktorvariablen kontrolliert werden (Schritt 6).

Tabelle 20: **Effekte des personalen, sozialen und institutionellen Kapitals auf die Einmündungschancen in eine außerbetriebliche Ausbildungsstelle**

	Schritt 1 e^B	Schritt 2 e^B	Schritt 3 e^B	Schritt 4 e^B	Schritt 5 e^B	Schritt 6 e^B
Zahl beendeter Übergangsmaßnahmen	1,433***	1,415***	1,306***	1,298***	1,390***	1,387***
Schulabschluss *(Ref.: mittlerer Abschluss)*						
max. Hauptschulabschluss		2,218***	2,285***	2,290***	2,348***	2,223***
Studienberechtigung		,420***	,355***	,350***	,349***	,353***
Alter *(Ref.: minderjährig)*			2,435***	2,487***	2,474***	2,484***
Migrationshintergrund *(Ref.: Deutsche ohne Migrationshintergrund)*						
osteuropäischer/GUS-Migrationshintergrund				,759	1,081	1,092
türkisch-arabischer Migrationsintergrund				,766	1,108	1,092
südeuropäischer Migrationshintergrund				,378**	,592	,595
sonstiger Migrationshintergrund				,603	,852	,863
Ausbildungsstellenmarkt						
regionale außerbetriebliche Angebotsquote[1]					2,662***	2,653***
regionalisierte berufsspezifische Angebotsquote[2]					1,132**	1,115**
Plätze im Übergangssystem[3]					,857**	,856**
Geschlecht *(Ref.: männlich)*						,695**
n	1.735	1.735	1.735	1.735	1.735	1.735
Chi² des Modells	34,68***	81,24***	106,55***	116,60***	207,60***	213,45***
Pseudo R² (Nagelkerke)	,035	,081	,106	,115	,200	,205

*** p < ,01; ** p < ,05; * p < ,10

Anmerkungen:

[1] 10 außerbetriebliche Angebote je 100 Nachfrager in der Region der Bewerber

[2] 10 Ausbildungsangebote je 100 Nachfrager in der Region der Bewerber sowie in den von den Bewerbern umworbenen Berufen

[3] 10 Plätze im Übergangssystem je 100 Nachfrager in der Region der Bewerber

Quelle: BA/BIBB-Bewerberbefragung 2008, eigene Berechnungen

Wird das *Alter* kontrolliert, wächst der Anteil der aufgeklärten Varianz noch einmal von 8,1 % auf 10,6 % an. Gemäß den in *Hypothese IIc* getroffenen Annahmen haben *volljährige* Bewerber eine höhere Chance, in eine außerbetriebliche Ausbildungsstelle einzumünden als minderjährige Jugendliche ($e^\beta = 2{,}435$, p < ,01). Werden der Migrationshintergrund, die Ausbildungsstellenmarktsituation und das Geschlecht kontrolliert, bleibt der positive Einfluss der Volljährigkeit bestehen ($e^\beta = 2{,}484$, p < ,01).

Wie erwartet spielt der *Migrationshintergrund* für den Zugang in eine außerbetriebliche Berufsausbildungsstelle keine Rolle (*Hypothese IId*). Zwar zeigt sich zunächst, dass Jugendliche mit einem südeuropäischen Migrationshintergrund eine signifikant schlechtere Chance auf den Erhalt einer außerbetrieblichen Ausbildungsstelle haben als deutsche Bewerber ohne Migrationshintergrund (Schritt 4: $e^\beta = ,378$, p < ,05). Wird aber in Schritt 5 die Situation auf dem Ausbildungsstellenmarkt kontrolliert bzw. in Schritt 6 das Geschlecht berücksichtigt, ist dieser Effekt statistisch nicht signifikant. Zudem zeigt sich, dass unter Berücksichtigung der Ausbildungsmarktlage und des Geschlechts Jugendliche mit osteuropäischem bzw. GUS-Migrationshintergrund und Jugendliche mit türkisch-arabischem Migrationshintergrund tendenziell höhere Zugangschancen in eine außerbetriebliche Ausbildungsstelle haben als deutsche Bewerber ohne Migrationshintergrund.

Wie in *Hypothese IIe* und *IIf* postuliert, ist unabhängig von den vorhandenen Ressourcen der Jugendlichen die *Versorgungslage mit Ausbildungsplätzen* entscheidend für den Verbleib der Bewerber in einer außerbetrieblichen Berufsausbildungsstelle. So nimmt der Anteil der aufgeklärten Varianz von 11,5 % auf 20,0 % zu, wenn neben der regionalen außerbetrieblichen sowie der regionalisierten berufsspezifischen Angebotsquote auch die Zahl der Plätze im Übergangssystem in der Region der Befragten berücksichtigt wird. Erwartungskonform zeigt sich, dass die Zugangschance wächst, wenn die Zahl der außerbetrieblichen Ausbildungsstellen zunimmt, und dass sie sinkt, wenn die Anzahl der Plätze im Übergangssystem steigt. Steigt das Angebot an außerbetrieblichen Stellen um 10 Plätze in der Region des Befragten im Verhältnis zu 100 ausbildungsinteressierten Jugendlichen, nimmt die Zugangschance der Bewerber um das 2,662-fache zu. Und steigt das Angebot an außerbetrieblichen Stellen um 10 Plätze nicht nur in der Region, sondern auch in den von den Bewerbern umworbenen Berufen im Verhältnis zu 100 Nachfragern in eben diesen Regionen und für diese Berufe, dann erhöht sich die Zugangschance der Bewerber um das 1,132-fache. Wird dagegen das Angebot an Übergangsmaßnahmen um 10 Plätze je 100 ausbildungsinteressierte Personen erhöht, reduziert sich die Übergangschance der Bewerber in eine außerbetriebliche Ausbildungsstelle um 14,3 % (1 – ,857).

Wie schon zur Erklärung des Verbleibs in einer betrieblichen Berufsausbildungsstelle zeigt sich auch für den Zugang in eine außerbetriebliche Ausbildungsstelle, dass selbst unter Kontrolle aller Prädiktoren Frauen eine signifikant geringere Übergangschance ($e^\beta = {,}695$, $p < {,}05$) haben als Männer (Schritt 6).

Da im Rahmen der Arbeit herausgestellt werden soll, dass der Zugang in eine außerbetriebliche Ausbildungsstelle nach einer anderen Logik erfolgt als der Zugang in eine betriebliche Berufsausbildungsstelle –, und damit andere Kapitalformen für den außerbetrieblichen Zugang relevant sind – wurde posthoc untersucht, in welchem Zusammenhang die Determinanten des betrieblichen Ausbildungszugangs mit dem Verbleib in einer außerbetrieblichen Ausbildungsstelle stehen. Hierzu wurde auf das Ergebnis der Modellschätzung zum Verbleib in einer außerbetrieblichen Ausbildungsstelle zurückgegriffen (vgl. Tabelle 20) und in einem weiteren, siebten Schritt alle Prädiktoren des betrieblichen Zugangs (vgl. Tabelle 19), welche im Modell zur Erklärung des außerbetrieblichen Verbleibs noch nicht berücksichtigt wurden, aufgenommen und zweiseitig getestet. Es handelt sich dabei um die Variablen zu Aspekten der Ausbildungsreife, schulischen Vorbereitung auf die Zeit der Berufswahl und Ausbildungsstellensuche, zum absolvierten Betriebspraktikum, zum Sozialkapital sowie der Deutsch- und Mathematiknote. Die Ergebnisse der Modellschätzung sind in Anhang C zu finden. Es zeigt sich, dass bis auf ein absolviertes Praktikum keine der Determinanten des betrieblichen Verbleibs eine Rolle für den Zugang in eine außerbetriebliche Ausbildungsstelle spielen. Lediglich ein absolviertes Praktikum erhöht die Zugangschance in eine außerbetriebliche Ausbildungsstelle ($e^\beta = 1{,}386$, $p < {,}10$), wobei der Effekt lediglich auf dem 10 %-Niveau signifikant ist.

7.3   Zum Verbleib in teilqualifizierenden Bildungsangeboten

Zur Beantwortung der Frage, unter welchen Bedingungen erfolglose Ausbildungsstellenbewerber in eine teilqualifizierende Maßnahme einmünden, anstatt außerhalb des Bildungssystems zu verbleiben, wurden die Daten der 1.483 Jugendlichen berücksichtigt, die weder in eine betriebliche noch in eine außerbetriebliche Ausbildung eingemündet waren. Da davon ausgegangen wird, dass minderjährige Bewerber, die keinen Ausbildungsplatz erhalten haben, mit einer hohen Wahrscheinlichkeit in einen teilqualifizierenden Bildungsgang einmünden, weil sie ihrer Schulpflicht nachkommen müssen, wurden zwei separate Modellschätzungen gerechnet: Während das erste Modell alle 1.483 erfolglosen Ausbildungsstellenbewerber berücksichtigt, schätzt das zweite Modell nur für die 1.008 volljährigen Bewerber die Chance, in einem teilqualifizierenden Bildungsgang zu verbleiben. Anders als bei den in Kapitel 7.1 und Kapitel 7.2 vorgestellten Modellen erfolgten die Modellschätzungen nicht iterativ, sondern in einem Schritt, da keine Annahmen zu möglichen Einflussgrößen auf den Verbleib vorliegen. Dargestellt sind jeweils zweiseitige Irrtumswahrscheinlichkeiten.

Was den Einfluss der Variablen auf die Verbleibchancen in teilqualifizierenden Maßnahmen betrifft, so zeigen sich zwischen den beiden Modellen (alle erfolglosen Bewerber vs. erfolglose volljährige Bewerber) kaum Unterschiede (vgl. Tabelle 21). Sowohl für alle erfolglosen Ausbildungsstellenbewerber als auch für die volljährigen erfolglosen Bewerber erhöht ein absolviertes Praktikum (Modell 1: e^{β} = 1,457, p < ,01; Modell 2: e^{β} = 1,570, p < ,01) die Chance, in einen teilqualifizierenden Bildungsgang einzumünden. Des Weiteren steigt die Chance um das 1,135-fache (Modell 1) bzw. um das 1,157-fache (Modell 2), wenn die Zahl der Übergangsangebote im Verhältnis zu 100 ausbildungsinteressierten Jugendlichen um jeweils 10 Plätze zunimmt. Daneben haben sowohl Studienberechtigte (Modell 1: e^{β} = ,537, p < ,01; Modell 2: e^{β} = ,555, p < ,05) als auch Bewerber mit maximal Hauptschulabschluss (Modell 1: e^{β} = ,510, p < ,01; Modell 2: e^{β} = ,504, p < ,01) eine signifikant geringere Chance als Jugendliche mit einem mittleren Abschluss. Was das Alter betrifft, so gilt in beiden Modellen: Je älter die Bewerber, desto unwahrscheinlicher ist es, dass sie in einem teilqualifizierenden Bildungsgang verbleiben.

Für die Gesamtgruppe der erfolglosen Bewerber zeigt sich zudem, dass eine gesundheitliche Unversehrtheit (Modell 1: e^{β} = 1,775, p < ,05) die Chance auf einen Verbleib in teilqualifizierenden Bildungsgängen erhöht und Jugendliche, die sich in mehreren Berufen beworben haben, eine geringere Chance auf den Verbleib in einem teilqualifizierenden Bildungsgang haben (Modell 1: e^{β} = ,775, p < ,05).

Die Tatsache, dass sich die Bewerber im Klaren darüber waren, dass eine Lehre genau das Richtige für sie ist, erklärt ebenso wenig die Chance, in einer teilqualifizierenden Maßnahme zu verbleiben, wie die Schulnoten, eine gute schulische Vorbereitung auf die Zeit der Ausbildungsstellensuche, die Zahl der bereits absolvierten Übergangsmaßnahmen, das soziale Kapital der Bewerber, der Migrationshintergrund oder das Geschlecht.

Vergleicht man Nagelkerkes R^2 in den beiden Modellen, so fällt auf, dass unter Ausschluss der minderjährigen Bewerber in Modell 2 der Anteil der aufgeklärten Varianz von einem nahezu als gut zu bezeichnenden Wert von 37,5 % auf einen akzeptablen Wert von 21,2 % sinkt (Backhaus et al., 2006). Gedeutet werden kann dies dahingehend, dass insbesondere die Volljährigkeit bzw. die Schulpflicht der Bewerber erklärt, ob erfolglose Ausbildungsstellenbewerber in eine teilqualifizierende Bildungsmaßnahme einmünden oder außerhalb des Bildungssystems verbleiben.

Tabelle 21: **Effekte des personalen, sozialen und institutionellen Kapitals auf die Einmündungschancen in ein teilqualifizierendes Bildungsangebot**

	Modell 1: alle erfolglosen Bewerber e^B	Modell 2: erfolglose volljährige Bewerber e^B
Aspekte der Ausbildungsreife		
wusste, dass Lehre das Richtige ist *(Ref.: nein)*	,711	,852
in mehreren Berufen beworben *(Ref.: nein)*	,755**	,746*
keine gesundheitlichen Probleme *(Ref.: nein)*	1,775**	1,726*
Schulabschluss (Ref.: mittlerer Abschluss)		
max. Hauptschulabschluss	,510***	,504***
Studienberechtigung	,537***	,555**
Zensuren		
Deutschnote	1,036	,995
Mathematiknote	1,043	,952
gute schulische Vorbereitung (Ref.: nein)	1,100	1,112
Praktikum absolviert (Ref.: nein)	1,457***	1,570***
Zahl der beendeten Übergangsmaßnahmen (Ref.: keine)		
1 Maßnahme	1,005	1,121
2 Maßnahmen	,744	,816
3 oder mehr Maßnahmen	,708	,716
soziales Kapital		
alle wichtigen Fragen mit Eltern besprochen *(Ref.: nein)*	1,009	,925
wurde ausreichend unterstützt *(Ref.: nein)*	1,038	1,048
Alter	,572***	,669***
Migrationshintergrund (Ref.: Deutsche ohne Migrationshintergrund)		
osteuropäischer/GUS-Migrationshintergrund	1,180	1,102
türkisch-arabischer Migrationshintergrund	1,366	1,245
südeuropäischer Migrationshintergrund	,798	,923
sonstiger Migrationshintergrund	1,114	1,100
Plätze im Übergangssystem[1)]	1,135**	1,157**
Geschlecht (Ref.: männlich)	,849	,941
n	1.483	1.008
Chi² des Modells	486,36***	173,23***
Pseudo-R² (Nagelkerke)	,375	,212

*** p < ,01; ** p < ,05; * p < ,10

Anmerkungen:

[1)] 10 Plätze im Übergangssystem je 100 Nachfrager in der Region der Bewerber

Quelle: BA/BIBB-Bewerberbefragung 2008, eigene Berechnungen

Bei allen in Kapitel 7 berichteten Regressionsmodellen wurden unbeobachtete regionale Kovariaten, welche Einfluss auf den Verbleib der Bewerber genommen haben könnten, nicht berücksichtigt. Das heißt, in den Modellen wurde nicht kontrolliert, inwieweit in den Wohnregionen der Befragten (Arbeitsagenturbezirke) unterschiedliche Ausgangsbedingungen herrschten, welche den Einfluss auf die Übergangschancen der Bewerber in eine betriebliche bzw. außerbetriebliche Berufsausbildung oder in einen teilqualifizierenden Bildungsgang beeinflusst haben könnten. Dass dieses Vorgehen jedoch durchaus korrekt war, zeigen die Ergebnisse von Mehrebenenanalysen, die für den Verbleib in eine betriebliche, außerbetriebliche Berufsausbildung und in teilqualifizierenden Bildungsgängen berechnet wurden (vgl. Anhang D). Demnach sind die Varianzanteile, die auf die Kontextzugehörigkeit der Befragten (hier: Wohnregion in Arbeitsagenturbezirk) entfallen, unbedeutsam (vgl. Hox, 2002). Deshalb unterscheiden sich auch die Regressionskoeffizienten der Mehrebenenmodelle faktisch nicht von denen der einstufigen logistischen Regressionsmodelle. Das heißt, eine zusätzliche Kontrolle der regionalen Ebene im Rahmen von Mehrebenenmodellen war nicht erforderlich.

8 Der Übergang von der Schule in die Berufs-ausbildung – Mehr Schatten als Licht?

„Wenn der erreichte Bildungsgrad der Menschen ihre soziale Stellung prägt, so muß dies kein Ausdruck von Chancengleichheit sein" (Hradil, 2005, S.153).

Der Übergang von der Schule in die Berufsausbildung ist richtungweisend für den weiteren beruflichen und gesellschaftlichen Werdegang sowie für die Persönlichkeitsentwicklung der Jugendlichen (Blossfeld, 1985; Erikson, 1966; Glaesser, 2008; Heinz, 1988; Heinz, 2000; Jacob, 2001). Missglückt der Übergang an der ersten Schwelle, müssen Jugendliche mit negativen Folgen für ihren weiteren Lebensweg rechnen (Blossfeld, 1985; Stalder, Meyer & Hupka-Brunner, 2008). In Deutschland ist die duale Berufsausbildung nach BBiG/HwO das zentrale System der beruflichen Qualifizierung von jungen Menschen. Derzeit wird mehr als die Hälfte (61 %) aller in Deutschland lebenden Jugendlichen in einem Ausbildungsberuf des dualen Systems nach BBiG/HwO ausgebildet (Gericke, 2011). Für Jugendliche mit maximal Hauptschulabschluss stellt eine Ausbildung im dualen System sogar nahezu die einzige Möglichkeit dar, einen vollqualifizierenden Berufsabschluss zu erlangen, da es für sie keine formalen Zugangsbedingungen gibt (Müller-Kohlenberg et al., 2005).

Seit Mitte der 1990er-Jahre erschwerten sich jedoch die Übergänge von der Schule in eine duale Berufsausbildung nach BBiG/HwO erheblich. Längst nicht allen ausbildungsinteressierten Jugendlichen gelang es, unmittelbar nach Abschluss ihrer Schulzeit in eine duale Berufsausbildungsstelle einzumünden. So durchliefen beispielsweise fast ein Drittel der nicht studienberechtigten Schulabsolventen der Geburtskohorte von 1982 bis 1986 nach Abschluss der allgemeinbildenden Schulzeit zunächst eine Maßnahme des Übergangssystems, obwohl die Jugendlichen eigentlich eine Ausbildung im dualen System angestrebt hatten (Beicht, 2009). Selbst für offiziell ausbildungsreife Ausbildungsstellenbewerber war es in den letzten Jahren schwer, eine Ausbildungsstelle zu erhalten. Wie aus der Ausbildungsmarktstatistik der BA hervorgeht, mündeten seit 2002 jährlich weniger als die Hälfte der bei der BA gemeldeten und offiziell für ausbildungsreif befundenen Ausbildungsstellenbewerber in eine betriebliche oder außerbetriebliche Berufsausbildung ein (Bundesagentur für Arbeit, 2010, 2011).

Als Erklärung für die Übergangsschwierigkeiten an der ersten Schwelle werden vielfältige Gründe, wie z. B. die gesunkene Ausbildungsreife der Bewerber (einen Überblick über die Diskussion gibt Eberhard, 2006) oder ein unzureichendes Ausbildungsplatzangebot (u. a. Eberhard, Krewerth & Ulrich, 2005b; Krekel, Troltsch & Ulrich, 2004; Krekel & Ulrich, 2009; Ulrich, 2006a), diskutiert. Selten werden die möglichen Einflussfaktoren jedoch miteinander in Verbindung gebracht – und das, obwohl das Übergangsgeschehen auf ein komplexes Wechselspiel individueller, sozialer und institutioneller Faktoren zurückzuführen ist (Becker, 2009; Becker & Lauterbach, 2007; Haeberlin et al., 2005; Wagner, 2005). Insbesondere die Nichtberücksichtigung der institutionellen Rahmenbedingungen ist problematisch, wenn es um die Identifikation zentraler Einflussfaktoren geht.

Zurückgeführt werden kann dieses Desiderat darauf, dass bisher ein theoretisches Modell zum Übergang an der ersten Schwelle fehlte, welches das Zusammenspiel der Ressourcen vor dem Hintergrund der verschiedenen institutionellen Rahmenbedingungen umfassend darstellt. Um diese Lücke zu schließen, wurde im ersten Teil der Arbeit ein ressourcentheoretisches Modell des Übergangs von der Schule in die Berufsausbildung entwickelt. Das Modell führt jene Ressourcen auf, die den Zugang in eine duale Berufsausbildungsstelle nach BBiG/HwO möglich machen. Die Grundzüge des erarbeiteten Modells werden am Ende dieser Arbeit in Kapitel 8.1 noch einmal kurz umrissen. Im zweiten Teil der Arbeit wurde die Kernaussage des erarbeiteten Modells zur übergeordneten Stellung der Institutionen empirisch überprüft. Gezeigt wurde, dass der Zugang in eine betriebliche und außerbetriebliche Ausbildung unterschiedlichen Zugangslogiken folgt und dementsprechend verschiedene Formen des personalen und sozialen Kapitals für den Übergang in eine Ausbildungsstelle relevant sind. Darüber hinaus wurde der Frage nachgegangen, welche Faktoren dafür verantwortlich sind, dass erfolglose Ausbildungsstellenbewerber, anstatt in teilqualifizierenden Bildungsangeboten einzumünden, außerhalb des Bildungssystems verbleiben; eine Frage, welche die Übergangsforschung bisher nicht untersucht hat. Die Ergebnisse der empirischen Untersuchungen werden in Kapitel 8.2 rekapituliert und diskutiert.

8.1   Rekapitulation: Ein ressourcentheoretisches Modell des Übergangs an der ersten Schwelle

Auch wenn allein aus forschungsökonomischen Gründen niemals alle Einflussgrößen zum Übergang von der Schule in die Berufsausbildung empirisch untersucht werden können, so ist es dennoch notwendig, auf theoretischer Ebene eine Systematisierung aller möglichen Einflussfaktoren vorzunehmen und ihr Zusammenspiel abzubilden. Erst der Rückgriff auf ein umfassendes Modell zum Übergang von der Schule in die Berufsausbildung erlaubt es, empirische Forschung systematisch zu verfolgen, Ergebnisse zu verstehen, zu erklären und Forschungslücken aufzuzeigen. Aus diesem Grund wurde im Rahmen der Arbeit ein Modell zum Übergang an der ersten Schwelle entwickelt, das aus einer ressourcentheoretischen Perspektive alle Aspekte des Übergangsgeschehens reflektiert. Es handelt sich dabei um ein Drei-Ebenen-Modell, das durch Berücksichtigung des institutionellen, sozialen und personalen Kapitals die Voraussetzungen für einen erfolgreichen Übergang von der Schule in die Berufsausbildung mit all seinen Interdependenzen abbilden soll.

Im Rahmen des ressourcentheoretischen Modells kommt dem institutionellen Kapital eine Sonderstellung zu, da es in seiner unmittelbaren Form einer Zugangsberechtigung in eine duale Berufsausbildungsstelle entspricht. Ohne unmittelbares institutionelles Kapital bleibt demnach den Ausbildungsstellenbewerbern der Zugang in eine Ausbildungsstelle verwehrt. Jugendliche, denen unmittelbares Marktkapital gewährt wird, haben die Möglichkeit, eine betriebliche Ausbildungsstelle aufzunehmen, und Jugendliche, die unmittelbares Legislativ- oder Exekutivkapital erhalten, haben direkten Zugang in eine außerbetriebliche Ausbildungsstelle. Unter mittelbarem institutionellem Kapital sind wiederum Ressourcen zu verstehen, die dem Erwerb von personalem, sozialem oder unmittelbarem institutionellen Kapital dienen, wie z. B. die Teilnahme an einer berufsvorbereitenden Maßnahme, ein betriebliches Praktikum oder ein Berufseinstiegsbegleiter. Mittelbares institutionelles Kapital kann von den Jugendlichen also auch genutzt werden, um unmittelbares institutionelles Kapital und damit Zugang zu einer Ausbildungsstelle zu erschließen. Institutionelle Kapitalgeber sind jene staatlichen und nicht staatlichen Akteure, die über die Zugangsregeln und formalisierten Unterstützungssysteme in eine duale Berufsausbildungsstelle nach BBiG/HwO entscheiden.

Das soziale Kapital repräsentiert alle Ressourcen, die dem Jugendlichen über ihm nahestehende Dritte zur Verfügung gestellt werden (z. B. Kontakt der Eltern zu Betriebsinhabern), und das personale Kapital beinhaltet schließlich jene Ressourcen, die in der Person des Jugendlichen liegen und auf die der Jugendliche Zugriff hat, ohne auf Dritte angewiesen zu sein (z. B. kulturelles Kapital in Form von Bewerbungswissen). Personales und soziales Kapital können eingesetzt werden, um unmittelbares institutionelles Kapital zu erschließen. Als wirksam beim Übergang in eine Berufsausbildungsstelle können sich diese Ressourcen jedoch nur dann erweisen, wenn sich die Zugangsinstitutionen für die eingesetzten Kapitalien empfänglich zeigen. Da die institutionellen Rahmenbedingungen beim Übergang an der ersten Schwelle stark variieren (z. B. in Abhängigkeit der Betriebe oder der Ausbildungsformen), kann somit nur unter Berücksichtigung der jeweils spezifischen Zugangsregeln übergangsrelevantes Kapital identifiziert werden.

Auf der Metaebene bindet sich diese Varianz in den institutionellen Zugangsmöglichkeiten in den verschiedenen Formen des unmittelbaren institutionellen Kapitals (Marktkapital, Legislativ- und Exekutivkapital). Welche Formen des personalen und sozialen Kapitals die Chance auf einen Ausbildungsplatz erhöhen, variiert jedoch nicht nur mit den unterschiedlichen Zugangsvoraussetzungen der beiden Ausbildungsformen, sondern wird zudem maßgeblich vom Ausmaß des den Jugendlichen insgesamt bereitgestellten unmittelbaren institutionellen Kapitals bestimmt. Nimmt beispielsweise die Zahl der betrieblichen Ausbildungsangebote im Verhältnis zu den Ausbildungsstellenbewerbern ab, erhöhen sich die Zugangsvoraussetzungen in eine Ausbildungsstelle, da die Bewerberschlange wächst (vgl. Thurow, 1975, 1979). Gefragt ist beispielsweise dann nicht mehr allein ein Bewerber mit mindestens mittlerem Abschluss, sondern mit mittlerem Abschluss und sehr guten Zensuren.

Auch wenn somit deutlich wird, dass die Definition der institutionellen Rahmenbedingungen nicht den Jugendlichen selbst obliegt, so sind die Jugendlichen und ihre soziale Umwelt doch maßgeblich an der Auswahl beteiligt, welche konkreten institutionellen Bedingungen in ihrem Fall beim Übergang in die Berufsausbildung gelten sollen. Entscheidet sich der Jugendliche beispielsweise für den Bäckerberuf, gelten für ihn andere institutionelle Zugangsbedingungen als für den Beruf des Bankkaufmanns. Für Jugendliche mit mittlerem Schulabschluss eröffnen die bestehenden Institutionen neben den betrieblichen Ausbildungsplatzangeboten vielfältige weitere Möglichkeiten für eine vollqualifizierende schulische Berufsausbildung, z. B. im Schulberufssystem. Eine Erklärung, welche Angebote letztlich von den Jugendlichen wie angestrebt werden, kommt ohne Bezugnahme auf individuelle Besonderheiten der Jugendlichen und ihrer Umwelten nicht aus. Das bedeutet, in welcher Intensität bzw. Richtung die Zugangsinstitutionen auf die Verbleibe der Jugendlichen Einfluss nehmen, hängt auch davon ab, wie sie von den Jugendlichen und ihren sozialen Umwelten wahrgenommen, interpretiert und genutzt werden.

Für die empirische Übergangsforschung beinhaltet die Modellvorstellung wichtige Implikationen, denn ohne die vorherige Analyse der Institutionen sind übergangsrelevante Ressourcen nicht bestimmbar. Das heißt, wird auf das ressourcentheoretische Modell zurückgegriffen, werden die institutionellen Rahmenbedingungen zwangsläufig in den Fokus der Untersuchung gerückt. Tatsächlich zeigt sich bereits jetzt, dass ein solches ressourcentheoretisches Modell großen heuristischen Wert für die empirische Übergangsforschung besitzt. So sind die Grundzüge des Modells in ein unveröffentlichtes Gutachten für das Nationale Bildungspanel eingeflossen, welches die Autorin zusammen mit dem BIBB im Auftrag des Wissenschaftszentrums Berlin für Sozialforschung (WZB) verfasst hat (Eberhard & Ulrich, 2010a). Die Modellstruktur wurde von den WZB-Forschern aufgegriffen und lieferte die Basis für die Instrumentenentwicklung des Nationalen Bildungspanels zum Themenkomplex Übergang an der ersten Schwelle. Erste Stimmen aus der Fachwelt sind ebenfalls positiv und betrachten das Modell als großen Fortschritt (Enggruber, 2011). Ferner wurde das ressourcentheoretische Modell zum Übergang an der ersten Schwelle positiv vom BIBB aufgenommen und auf seinen Nutzen für aktuelle Datenanalysen der Ausbildungsmarktentwicklung 2010 überprüft (Ulrich, 2011). Es scheint also, als sei das Modell für die Übergangsforschung verwertbar und könne die Basis für Forschungsplanung und Datenanalyse liefern.

Verstanden werden darf das Modell jedoch nicht als starres Gebilde. Zwar sind die Institutionen stets als übergeordnet zu verstehen, die konkreten Ausprägungen der Modellkomponenten sind jedoch veränderlich. Das heißt, genauso wie sich die zugangsrelevanten Merkmale (z. B. erneute Einführung von Kopfnoten) oder Unterstützungsleistungen der Jugendlichen (z. B. Berufseinstiegsbegleiter) am Übergang an der ersten Schwelle ändern können, können die Komponenten des Modells inhaltlich verändert werden. Die Modellkomponenten sind folglich als Werkzeuge zu betrachten, die jederzeit angepasst werden können und dadurch helfen, den Übergang an der ersten Schwelle stets möglichst umfassend und unter aktuellen Gesichtspunkten zu erforschen.

8.2 Unterschiedliche Ausbildungsformen erfordern unterschiedliche Ressourcen

Welche Ressourcen aufseiten der Jugendlichen oder ihrer sozialen Netzwerke den Zugang in eine Ausbildungsstelle eröffnen können, ist Folge der unterschiedlichen institutionellen Rahmenbedingungen. Diese Kernannahme des im Rahmen der Arbeit entwickelten ressourcentheoretischen Modells zum Übergang an der ersten Schwelle galt es empirisch zu überprüfen. Hierzu wurden Daten einer repräsentativen Befragung von 2.994 Ausbildungsstellenbewerbern des Jahres 2008 herangezogen. Untersucht wurde, ob das unmittelbare Marktkapital, welches für einen marktabhängigen Ausbildungszugang in eine betriebliche Berufsausbildungsstelle steht (Corsten & Hillmert, 2001; Konietzka, 2008; Weil & Lauterbach, 2009), einer anderen Verteilungslogik folgt als das Legislativ- und Exekutivkapital, welches außerbetriebliche und damit überwiegend staatlich finanzierte Stellen symbolisiert (Beicht & Ulrich, 2009; Kretschmer et al., 2009). Hierzu wurden zwei binäre logistische Regressionsmodelle berechnet. Im ersten Modell wurde unter Einbeziehung aller Befragten untersucht, welche Formen des personalen und sozialen Kapitals die Übergangchance in eine betriebliche Ausbildungsstelle beeinflussen und inwieweit die Lage auf dem Ausbildungsstellenmarkt (institutionelles Kapital) Einfluss auf die Übergangchance nimmt. Im zweiten Modell wurden nur noch jene Befragungsteilnehmer berücksichtigt, die nicht in eine betriebliche Ausbildungsstelle eingemündet waren. Geschätzt wurde hier, welche Ressourcen die Chance, in eine außerbetriebliche Ausbildungsstelle einzumünden, erhöhen und welche sie senken. Eine besondere Herausforderung bei den Hypothesentests bestand darin, die Lage auf dem Ausbildungsstellenmarkt möglichst valide abzubilden. Hierzu wurden im Rahmen der Arbeit vier Ausbildungsmarktindikatoren entwickelt, wobei ein Indikator neben der regionalen Varianz auf dem Ausbildungsstellenmarkt auch die berufsspezifische Varianz berücksichtigt. Die Ergebnisse der beiden Modellberechnungen werden im Folgenden diskutiert. Kapitel 8.2.1 widmet sich den Zugangslogiken in eine betriebliche und Kapitel 8.2.2 den Zugangslogiken in eine außerbetriebliche Ausbildungsstelle. In Kapitel 8.2.3 werden die Ergebnisse zur Frage, welche Faktoren den Verbleib von erfolglosen Ausbildungsstellenbewerbern in einer teilqualifizierenden Bildungsmaßnahme beeinflussen, diskutiert.

8.2.1 Zugangslogiken in eine betriebliche Ausbildung nach BBiG/HwO

Bis auf den vermuteten positiven Einfluss der elterlichen Gespräche als Teil des sozialen Kapitals konnten alle aufgestellten Hypothesen zu den Zugangslogiken in eine betriebliche Ausbildung bestätigt werden. Für den Zugang in eine betriebliche Ausbildungsstelle erwiesen sich die Berufswahlreife sowie die berufliche Eignung als Aspekte der Ausbildungsreife, absolvierte Betriebspraktika, eine gute schulische Vorbereitung und hohe Bildungszertifikate als übergangsförderliche Aspekte des personalen Kapitals. Daneben erhöhten eine ausreichende Unterstützung durch Dritte als Teil des sozialen Kapitals sowie eine günstige Lage auf dem Ausbildungsstellenmarkt die Übergangschancen. Hinderlich für den Zugang in eine betriebliche Ausbildungsstelle wirkten sich dagegen ein höheres Alter und ein Migrationshintergrund aus. Absolvierte Maßnahmen des Übergangssystems nahmen keinen Einfluss auf die Übergangschance. Das Geschlecht wurde als Kontrollvariable eingeführt. Es zeigte sich, dass Frauen geringere Übergangschancen als Männer hatten.

Berufswahlreife und berufliche Eignung als Aspekte der Ausbildungsreife

Die Ausbildungsreife stellt ein mehrdimensionales Konstrukt dar, welches aus fünf Teilbereichen (z. B. Berufswahlreife) besteht, die ein Jugendlicher für die Erfüllung der Mindestanforderungen einer dualen Berufsausbildung nach BBiG/HwO benötigt (Hilke, 2007; Müller-Kohlenberg et al., 2005; Nationaler Pakt für Ausbildung und Fachkräftenachwuchs in Deutschland, 2006b). Bei den im Rahmen der BA/BIBB-Bewerberbefragung befragten Jugendlichen handelt es sich zwar um offiziell ausbildungsreife Bewerber, sodass grundsätzlich alle Befragten die Mindestanforderungen einer dualen Berufsausbildung erfüllen müssten. Aus den Befragungsdaten konnte abgeleitet werden, welche Jugendlichen bestimmte Anforderungen der Teilbereiche „berufliche Eignung" und „Berufswahlreife" des Ausbildungsreifekonstrukts zum Befragungszeitpunkt tatsächlich erfüllten. So berichteten 94,9 % der 2.994 befragten Bewerber, dass keine gesundheitlichen Einschränkungen vorlagen, die ihre Berufswahl und Ausbildungsstellensuche behindert hätten, 91,8 % sagten, dass sie sich sicher gewesen seien, dass eine Lehre das Richtige für sie ist, und 62,7 % hatten sich in mehreren Berufen beworben. Zu beachten ist jedoch, dass die berufliche

Flexibilität der Bewerber als Kennzeichen der Berufswahlreife kontrovers diskutiert wird. So ist es in bestimmten Fällen gar nicht notwendig, dass sich Jugendliche in mehreren Berufen bewerben, weil sie bereits nach einer Bewerbung in einem Beruf eine Ausbildungsstellenzusage erhalten haben. Das heißt, Bewerbungen in mehreren Berufen sind häufig erst Folge des bisher erfolglosen Bewerbungsverhaltens der Jugendlichen (Eberhard & Krewerth, 2006). Auf der anderen Seite werden Mehrfachbewerbungen als Zeichen der beruflichen Flexibilität betrachtet und damit als Merkmal der Berufswahlreife.

Im Rahmen der Analysen zeigte sich dann auch, wie erwartet, dass Jugendliche, die sich in mehreren Berufen beworben hatten und damit flexibel auf die Anforderungen des Ausbildungsstellenmarktes reagierten, eine höhere Übergangschance in eine betriebliche Ausbildungsstelle hatten. An dieser Stelle wäre es interessant zu untersuchen, wie stark die berufliche Mobilität hinsichtlich der umworbenen Berufe tatsächlich ausfällt. Auf wie viele unterschiedliche Berufe bewarben sich die Jugendlichen? Falls sie sich in mehreren Berufen beworben hatten, wie hoch war die Varianz zwischen den Berufen? Hatten sie sich gezielt auf solche Berufe beworben, die sich ähneln (z. B. Bäcker und Konditor)? Oder ging es den Jugendlichen lediglich darum, eine Ausbildungsstelle zu erhalten, und zwar unabhängig vom Beruf?

Neben der beruflichen Flexibilität erwiesen sich klare Vorstellungen über die beruflichen Ausbildungswünsche förderlich auf die Übergangschance. So erreichten Jugendliche, die sich sicher waren, dass eine Ausbildung im dualen System nach BBiG/HwO genau das Richtige für sie sei, häufiger ihr Ziel und mündeten mit einer höheren Wahrscheinlichkeit in eine betriebliche Ausbildungsstelle ein. Die Ergebnisse zum Einfluss der Berufswahlreife auf den Übergang an der ersten Schwelle reihen sich damit in die bisherigen Forschungsergebnisse ein. Sie bestätigen, dass eine klare Vorstellung über die eigenen beruflichen Wünschen und ihre Realisierbarkeit als Ausdruck einer stabilen Identität gedeutet werden können (u. a. Archer, 1993; Holland, 1985; Marcia, 1993; Stuhlmann, 2009; Super, 1953, 1957), die sich wiederum förderlich auf die Übergangswahrscheinlichkeit in eine Ausbildungsstelle auswirkt (Beicht & Ulrich, 2008b; Buhr & Müller, 2008; Reißig et al., 2008b).

Wie erwartet, stellte sich auch die gesundheitliche Unversehrtheit als bedeutsam für den Übergangserfolg in eine betriebliche Ausbildungsstelle heraus: Jugendliche, die bei ihrer Berufswahl und Ausbildungsstellensuche durch ihren gesundheitlichen Zustand nicht eingeschränkt waren, mündeten häufiger in eine betriebliche Ausbildungsstelle ein. Ungeklärt bleibt jedoch, wie stark die gesundheitlichen Einschränkungen bei den Betroffenen ausfielen. Waren die Jugendlichen überhaupt nicht mehr in Lage, eine Berufsausbildung aufzunehmen, weil sie z. B. schwer erkrankt waren? Oder waren sie lediglich gezwungen, bestimmte Berufe auszuschließen? Bisher fehlen Untersuchungen zum Einfluss der Gesundheit auf das Bewerbungsverhalten und den Übergangserfolg an der ersten Schwelle gänzlich. Im Fokus des Interesses stehen bisher die beruflichen Wünsche der Jugendlichen. Dabei wäre es von hohem Interesse zu überprüfen, welche konkreten Merkmale der Ausbildungsreife beim Zugang in eine betriebliche Ausbildungsstelle tatsächlich benötigt werden und wie die Einzelkomponenten miteinander interagieren.

Bildungszertifikate

Aufseiten des personalen Kapitals kommen dem Schulabschluss sowie den Zensuren eine besondere Bedeutung zu, da sie zentrale Zuweisungskriterien darstellen (Konietzka, 1999a). Für Betriebe sind Schulabschlüsse und Noten Hinweisschilder, die Informationen über das Leistungsniveau der Bewerber geben (Imdorf, 2007a, 2009a; Konietzka, 2007). Aus den Bildungszertifikaten lassen sich zudem Hinweise auf die soziale Herkunft und das Sozialkapital der Ausbildungsstellenbewerber ableiten, da sich unter den Jugendlichen mit maximal Hauptschulabschluss häufig Jugendliche aus unteren sozialen Schichten und mit sozialen Problemen befinden (Solga, 2008b; Solga & Dombrowski, 2009; Solga & Wagner, 2001). Darüber hinaus greifen Betriebe auf Schulzeugnisse zurück, um hierüber die individuellen Ausprägungen allgemeiner Merkmale des Arbeits-, Leistungs- und Sozialverhaltens der Ausbildungsstellenbewerber abschätzen zu können (Troltsch, Krekel & Ulrich, 2004).

Wie bereits in zahlreichen Untersuchungen gezeigt wurde (u. a. Autorengruppe Bildungsberichterstattung, 2008, 2010; Beicht & Ulrich, 2008b, 2008c, 2008d; Friedrich, 2009a; Konsortium Bildungsberichterstattung, 2006; Seibert et al., 2009; Skrobanek & Müller, 2008), so verdeutlichen auch die Ergebnisse der vorliegenden Arbeit, dass Jugendliche mit maximal Hauptschulabschluss die schlechtesten und Bewerber mit einer Studienberechtigung die besten Übergangschancen haben. Darüber hinaus haben Zensuren einen eigenständigen Effekt: Je besser die Noten in Deutsch und in Mathematik, desto höher ist die Chance auf eine Ausbildungsstelle.

Die starke Heterogenisierung der Klientel nach ihrer Vorbildung, welche zulasten der Gruppe am unteren Ende der Bildungshierarchie geht (Konietzka, 1999a, S. 104), wird mitunter heftig kritisiert, und die Integrationskraft des dualen Systems nach BBiG/HwO wird dementsprechend infrage gestellt (u. a. Baethge et al., 2007; Euler & Severing, 2006; Konsortium Bildungsberichterstattung, 2006; Krekel & Ulrich, 2009; Pütz, 1993). Inwieweit die schlechten Chancen der Hauptschulabsolventen Folge des akuten Lehrstellenmangels der letzten Jahre sind (vgl. hierzu das Warteschlangenmodell von Thurow, 1975, 1979) oder aber auf die gestiegenen Anforderungen der Arbeitswelt zurückzuführen sind (Eberhard, 2006; Konietzka, 2007), wird sich in den nächsten Jahren zeigen, wenn die Zahl der Schulabsolventen stark gesunken ist und die Betriebe vermehrt nach Auszubildenden suchen werden

(Ulrich, 2010). Interessant wird sein, ob die Betriebe an ihrer Einstellungspraxis festhalten oder aufgrund des akuten Bewerbermangels verstärkt Jugendliche mit schwächeren Bildungszertifikaten einstellen werden. Ergebnisse aus Betriebsbefragungen zeigen, dass Betriebe, die bei der Bewerberauswahl insbesondere Bildungszertifikate heranziehen, bereits heute erhebliche Probleme haben, ihre Vakanzen zu besetzen. Keine Besetzungsprobleme haben demgegenüber Ausbildungsbetriebe, die verstärkt auf die Persönlichkeit und überfachliche Kompetenzen der Bewerber achten (Ebbinghaus & Loter, 2010).

Bisher vernachlässigt die Übergangsforschung den Einfluss von Persönlichkeitsmerkmalen, Schlüsselqualifikationen und überfachlichen Kompetenzen. Im Fokus der Untersuchungen stehen Bildungszertifikate, obwohl Personalverantwortliche angeben, bei der Auswahl von Auszubildenden vor allem auf das Interesse der Bewerber am anvisierten Beruf sowie auf deren Persönlichkeit, auf kommunikative Fähigkeiten, auf Schlüsselqualifikationen und auf Sozialkompetenz zu achten (Gericke et al., 2009). Ein Vergleich zwischen der von Ausbildungsbetrieben behaupteten und der faktischen Bedeutung der individuellen Bewerbermerkmale für den Ausbildungszugang könnte wichtige Hinweise darüber liefern, welche tatsächlichen Merkmale und Eigenschaften sich hinter den Messmodellen der Eingangswächter verbergen, welche personalen Ressourcen tatsächlich zugangsrelevant sind und welche als relevant deklarierten Kapitalien womöglich lediglich Scheinkapital darstellen. Erste Hinweise geben die Ergebnisse von Protsch und Diekhoff (2011), die anhand der SOEP-Daten von rund 500 Personen der Geburtsjahre von 1997 bis 1992 mit Hauptschulschulabschluss oder mittlerem Abschluss den Einfluss des Persönlichkeitsmerkmals Gewissenhaftigkeit auf den Übergang in eine Berufsausbildungsstelle untersucht haben. Die Autorinnen wiesen nach, dass Gewissenhaftigkeit die Übergangschance beeinflusst. So mündeten sehr gewissenhafte Jugendliche häufiger in eine Berufsausbildungsstelle ein und zwar auch dann, wenn sie schlechte Zensuren hatten. Auch Autoren der TREE-Studie konnte zeigen, dass die Persönlichkeit den Übergang beeinflusst. Demnach hatten Jugendliche mit einer hohen Selbstwirksamkeitserwartung – gemessen vor und nicht nach dem Übergang – höhere Zugangschancen in eine Berufsausbildung (Hupka et al., 2006a, 2006b).

Werden in künftigen Untersuchungen verstärkt Persönlichkeitsmerkmale erfasst, so ist jedoch hinsichtlich ihrer Wirkung Vorsicht geboten. Berücksichtigt werden muss, dass Merkmale der Persönlichkeit keine zeitstabilen Konzepte sind. Vielmehr entwickeln und verändern sie sich auf der Basis von Erfahrungen (Asendorpf, 2004; Judge et al., 1999). Aus diesem Grund sollten Fragen nach der Persönlichkeit des Jugendlichen nicht in querschnittlichen, sondern ausschließlich in prospektiven längsschnittlichen Designs verwendet werden und dort möglichst mehrfach, das heißt zu mehreren Befragungszeitpunkten erfolgen. Zudem gilt es zu berücksichtigen, dass es bei der Einstellung nicht auf die faktischen Persönlichkeitsmerkmale der Jugendlichen ankommt, sondern auf die von den Eingangswächtern wahrgenommenen Merkmale.

Schulische Vorbereitung

Ebenfalls als förderlich für den Übergang in eine betriebliche Ausbildungsstelle erwies sich eine *gute Vorbereitung auf die Zeit der Lehrstellensuche durch die Schule*. Jugendliche, die bereits während der Schulzeit auf die Berufswahl und Ausbildungsstellensuche vorbereitet wurden, haben wichtige übergangsrelevante Handlungskompetenzen und Wissen aufgebaut und damit personales Kapital erworben. Doch was genau verbirgt sich hinter einer guten schulischen Vorbereitung auf die Zeit der Lehrstellensuche? Aus den Befragungsdaten selber kann diese nicht abgeleitet werden. Aus anderen Untersuchungen ist jedoch bekannt, dass sich die schulische Vorbereitung häufig auf das Üben von Bewerbungsschreiben und Bewerbungsgesprächen konzentriert (Eberhard & Ulrich, 2006; Gaupp et al., 2004).

Auffallend ist die hohe interschulische Varianz in der Bewertung der schulischen Vorbereitung durch die Befragten. So gaben Jugendliche mit Studienberechtigung mit 24,5 % besonders selten an, eine gute Vorbereitung durch die Schule erfahren zu haben. Demgegenüber stellte etwa die Hälfte der Bewerber mit maximal Hauptschulabschluss und mit mittlerem Abschluss der Schule ein gutes Zeugnis aus – ein Ergebnis, das bereits in der BA/BIBB-Bewerberbefragung 2004 herausgearbeitet wurde. Damals wurde schwerpunktmäßig die schulische Vorbereitung auf die Berufswahl und das Berufsleben untersucht. Es zeigte sich, dass die Studienberechtigten mit 65 % Zustimmung fast doppelt so häufig wie die übrigen Absolventengruppen beklagten, dass die Berufswahl und Ausbildungsstellensuche in der Schule zu wenig behandelt wurden. Weniger als die Hälfte der befragten Bewerber mit Studienberechtigung hatte in der Schule gelernt, wie man ein Bewerbungsschreiben verfasst, während dies über 70 % der Jugendlichen mit maximal Hauptschulabschluss und mittleren Abschluss in der Schule geübt hatten (Eberhard & Ulrich, 2006).

Interessant wäre zu erfahren, wie sich die schulische Vorbereitung gegenwärtig gestaltet und ob sich die Konzepte tatsächlich als übergangsrelevant erweisen. Im Rahmen des kommunalen Übergangsmanagements werden derzeit allgemeinbildende Schulen verstärkt in die Berufsorientierung einbezogen (Kracke, Hany, Driesel-Lange & Schindler, 2011). Zudem werden Schulen, die eine gute Berufsorientierung durchführen, mit dem Etikett „Berufswahlfreundliche Schule" ausgezeichnet (Bertelsmann Stiftung, Bundesarbeitsgemeinschaft SchuleWirtschaft und MTO Psychologische Forschung und Beratung GmbH, 2010), sodass davon auszugehen ist, dass sich die schulische Vorbereitung hinsichtlich Hilfen zur Berufsorientierung und Bewerbungsstrategien bereits verbessert hat und in den nächsten Jahren noch weiter verbessern wird. Des Weiteren werden Forderungen laut, die Berufsorientierung in der allgemeinbildenden Schule systematisch zu verbessern, um die Ausbildungsreife der Jugendlichen zu erhöhen (Bertelsmann Stiftung, 2011). Denkbar wäre, dass in Zukunft in allen allgemeinbildenden Schulen ein eigenständiges Fach Berufsorientierung angeboten wird. Nach Meinung von Berufsbildungsexperten würde sich dies als förderlich am Übergang Schule – Berufsausbildung erweisen (Autorengruppe BIBB/Bertelsmann Stiftung, 2011).

Eine wichtige künftige Forschungsfrage ist, wie das Bildungswesen auf die Forderung nach verbesserten Übergangshilfen reagieren wird. Um den Einfluss der schulischen Maßnahmen auf den Übergangserfolg in künftigen Untersuchungen zu eruieren, sollte den Befragungsteilnehmern eine möglichst umfassende Liste der wichtigsten Maßnahmen vorgelegt werden mit der Bitte, jene Hilfen zu nennen, die sie von der Schule erhalten haben. Auf eine globale Einschätzung, wie gut die Schule auf die Zeit der Lehrstellensuche vorbereitet hatte, sollte künftig aus zwei Gründen verzichtet werden. Zum einen wird die Anzahl und Heterogenität der schulischen Übergangshilfen steigen, sodass eine globale Bewertung über alle Maßnahmen hinweg schwierig erscheint. Zum anderen birgt dieses Vorgehen die Gefahr, dass Ursache-Wirkungs-Zusammenhänge nicht eindeutig identifiziert werden können. So wäre im Rahmen der vorliegenden Untersuchung denkbar, dass der positive Zusammenhang zwischen der als gut befundenen schulischen Vorbereitung und dem Übergangserfolg darauf zurückzuführen ist, dass erfolglose Bewerber nach Gründen für den Misserfolg suchen, die außerhalb der eigenen Person liegen. Das heißt, erfolglose Ausbildungsstellenbewerber könnten die schulische Vorbereitung deshalb als schlecht einschätzen, weil sie ihren Selbstwert schützen wollen. Dieses als selbstwertdienliche Verzerrung bezeichnete Phänomen (Miller & Ross, 1975) könnte jedoch kontrolliert werden, wenn die Bewerber angeben müssten, in welcher Form sie von der Schule vorbereitet wurden, ohne diese Vorbereitung zu bewerten.

Praktika

Die Ergebnisse zum Einfluss von *Betriebspraktika* bestätigen ihre bereits oftmals nachgewiesene übergangsförderliche Wirkung (u. a. Beicht & Ulrich, 2008b; Gaupp & Geier, 2008). Der positive Einfluss der Betriebspraktika dürfte auf verschiedene Punkte zurückzuführen sein. Zum einen nutzen Betriebe das Praktikum als Diagnoseinstrument, um potenzielle Auszubildende unter realen Bedingungen kennenzulernen (Imdorf, 2010c). Damit können Jugendliche wiederum Betriebspraktika nutzen, um Betriebe von ihrer Leistung zu überzeugen. Hinterlassen sie dort einen guten Eindruck, haben sie auch bei schlechter schulischer Leistungen eine gute Chance, einen Ausbildungsplatz zu erhalten (Gaupp & Hofmann-Lun, 2008a; Hofmann-Lun, 2007; Imdorf, 2007b, 2009a). Zudem können Jugendliche informelle und formelle Kontakte zu den Mitarbeitern des Betriebs und somit Sozialkapital aufbauen, um beispielsweise über künftige Vakanzen informiert zu werden (vgl. Granovetter, 1995). Der positive Einfluss des Praktikums dürfte aber auch dann gegeben sein, wenn sich der Jugendliche auf eine Ausbildungsstelle außerhalb des Praktikumsbetriebs bewirbt. In diesem Fall dient das absolvierte Praktikum den Betrieben als Signal dafür, dass der Jugendliche erste berufspraktische Erfahrungen in der Arbeitswelt sammeln und Berufswahlreife aufbauen konnte. Neben dieser symbolischen Wirkung verbessern Praktika tatsächlich nachweislich die Berufswahlorientierung der Jugendlichen. Sie spielen eine Schlüsselrolle im Prozess der Berufsorientierung und Berufsfindung und helfen den Jugendlichen, konkrete Berufswünsche zu entwickeln (Gaupp & Hofmann-Lun, 2008a), die sich wiederum förderlich auf die Übergangswahrscheinlichkeit auswirken (Beicht & Ulrich, 2008b; Buhr & Müller, 2008; Reißig et al., 2008b).

Übergangssystem

Betriebspraktika und die schulische Vorbereitung auf die Zeit der Lehrstellensuche sind Formen des mittelbaren institutionellen Kapitals, die – wie die Ergebnisse der empirischen Hypothesentests gezeigt haben – für die Jugendlichen zentrale Übergangshilfen darstellen. Ebenfalls dem mittelbaren institutionellen Kapital zuzurechnen sind die *Maßnahmen des Übergangssystems*. Ziel der Übergangsmaßnahmen ist es, das personale Kapital der Jugendlichen zu fördern und ihnen damit einen möglichst reibungslosen Übergang in eine Ausbildungsstelle zu ermöglichen (Konsortium Bildungsberichterstattung, 2006; Lex & Geier, 2010). Dafür werden jährlichen über vier Milliarden Euro in das Übergangssystem investiert (Statistische Ämter des Bundes und der Länder, 2010). Ob eine Teilnahme an Übergangsmaßnahmen aber tatsächlich die Übergangschance verbessert, darüber wird genauso kritisch diskutiert wie über seine Effizienz (vgl. u. a. Beicht, 2009; Bertelsmann Stiftung, 2011; Dobischat, Kühnlein, Rosendahl & Fischell, 2010; Münk, 2010; Werner et al., 2008).

Im Rahmen der vorliegenden Arbeit zeigte sich dann auch für die befragten Ausbildungsstellenbewerber, wie erwartet, dass eine Maßnahmenteilnahme die Übergangschance in eine betriebliche Ausbildungsstelle nicht erhöht. Zwar führt die Beendigung einer Übergangsmaßnahme nicht dazu, dass Bewerber mit einem sozialen Stigma versehen werden, sodass sie mit geringeren Übergangschancen rechnen müssen. Doch verbessern sie auch nicht ihre Zugangschancen und stellen damit lediglich Scheinkapital dar. Wie ist dieses Ergebnis zu interpretieren? Dass ehemalige Maßnahmenteilnehmer keine verschlechterten Übergangschancen haben, spricht dafür, dass die Teilnahme an Maßnahmen des Übergangssystems als Selektionskriterium bei der betrieblichen Auswahl von Auszubildenden kaum eine Rolle spielt. Dieses Ergebnis geht mit den Befunden von Imdorf (2009b) einher, der im Rahmen seiner Untersuchung zu den Selektionsstrategien von Ausbildungsbetrieben zeigen konnte, dass Betriebe eine Maßnahmenteilnahme weder als negatives Signal für unzureichende Kompetenzen betrachten noch als relevantes Entscheidungskriterium bei der Bewerberauswahl heranziehen. Wichtiger scheint dagegen das Alter der Bewerber zu sein. Gilt ein Bewerber in den Augen der Betriebe als zu alt, sehen Betriebe die Gefahr, dass er die soziale Ordnung im Betrieb stört. Dies hat zur Folge, dass zu alte Bewerber – meist wurde die Altersgrenze bei 18 Jahren gezogen – bei der Ausbildungsstellenvergabe seltener berücksichtigt werden (Imdorf, 2009a, 2010b). Der beobachtete Effekt, dass Jugendliche, die bereits mehrere Maßnahmen absolviert haben, schlechte Übergangschancen haben (Ulrich & Krewerth, 2006a), sollte also neu überdacht werden. Geprüft werden sollte vielmehr, inwieweit sich der Effekt mit dem höheren Lebensalter der Befragten erklären lässt. So zeigte sich auch im Rahmen der eigenen empirischen Analysen zunächst ein tendenziell negativer Einfluss der Maßnahmenteilnahme. Dieser erwies sich für die Bewerber, die drei oder mehr Maßnahmen absolviert hatten, als signifikant. Sobald jedoch das Alter der Bewerber kontrolliert wurde, kehrte sich der negative Effekt um. Unabhängig von der Anzahl der bereits absolvierten Übergangsmaßnahmen hatten ehemalige Maßnahmenteilnehmer tendenziell eine bessere Übergangschance, wobei dieser Effekt nicht statistisch signifikant war.

Aber warum verfügten die befragten Bewerber, die an Übergangsmaßnahmen teilgenommen haben, nicht über eine bessere Übergangschance als Ausbildungsstellenbewerber, die noch nie an einer Maßnahme teilgenommen hatten? Wird das Übergangssystem seiner Zielsetzung nicht gerecht? Diese Fragen sind anhand der vorliegenden Befragungsergebnisse nicht abschließend zu beantworten. So darf bei der Ergebnisinterpretation nicht außer Acht gelassen werden, dass im Rahmen der vorliegenden Untersuchung lediglich die Zugangschancen jener Maßnahmenteilnehmer untersucht wurden, die nach Beendigung der Übergangsmaßnahme bei der BA vorstellig und dort als gemeldete Bewerber registriert wurden. Anhand der Untersuchungsresultate können daher keine abschließenden Aussagen zur Wirkung von Übergangsmaßnahmen im Allgemeinen, sondern nur für die Gruppe der gemeldeten Bewerber des Jahres 2008 getroffen werden. Denkbar wäre, dass der fehlende positive Einfluss einer Maßnahmenteilnahme bei gemeldeten Ausbildungsstellenbewerbern darauf zurückzuführen ist, dass sich nur jene Maßnahmenteilnehmer bei der BA melden, die im Anschluss an die Übergangsmaßnahme keine Ausbildungsstelle erhalten haben. Denn Jugendliche, die bereits aus der Maßnahme heraus einen Ausbildungsplatz gefunden haben, benötigen keine weitere Hilfe durch die BA. So konnte Beicht (2009) anhand der BIBB-Übergangsstudie 2006 zeigen, dass rund die Hälfte (47 %) der befragten Jugendlichen, die zum ersten Mal eine Berufsvorbereitung (BvB, BVJ), ein BGJ oder eine teilqualifizierende Berufsfachschule besuchten, unmittelbar nach Beendigung der Maßnahme in eine betriebliche Ausbildungsstelle einmündeten. Der beobachtete fehlende positive Einfluss einer Maßnahmenteilnahme könnte also darauf zurückgeführt werden, dass es sich bei den befragten Maßnahmenteilnehmern um eine Negativauswahl handelt, die nach Abschluss der Übergangsmaßnahme bei der Ausbildungsstellenvergabe nicht zum Zuge gekommen ist. Um Aussagen über die Wirksamkeit von Übergangsangeboten zu treffen, ist es daher notwendig, die gesamte Gruppe der ausbildungsinteressierten Maßnahmenteilnehmer zu beobachten und nicht alleine die Gruppe der gemeldeten Bewerber zu befragen.

Des Weiteren sollte bedacht werden, dass im Rahmen der vorliegenden Arbeit unter den Maßnahmen des Übergangssystems eine Reihe von unterschiedlichen Bildungsangeboten (z. B. EQ, BVJ, BGJ, BvB) subsumiert wurden. Interessant wäre zu untersuchen, ob es unter diesen einzelne Maßnahmen gibt, welche den Übergang positiv beeinflussen. So ist beispielsweise zu vermuten, dass eine absolvierte EQ förderlich für den Zugang in eine betriebliche Ausbildungsstelle ist (vgl. Kapitel 5.1.3).

Zur Erklärung der Untersuchungsergebnisse kann jedoch auch ein Blick auf die gegenwärtige Funktion des Übergangssystems helfen. Seit Mitte der 1990er-Jahre wurde es massiv ausgebaut (Konsortium Bildungsberichterstattung, 2006), bis im Jahr 2008 34,1 % der Neuzugänge dem Übergangssystem zufielen, während das duale System der Berufsausbildung nach BBiG/HwO nur 47,9 % und das Schulberufssystem 18,1 % der Neuzugänge verbuchte (Autorengruppe Bildungsberichterstattung, 2010). Unter den Anfängern im Übergangssystem handelt es sich aber nicht ausschließlich um nicht-ausbildungsreife Jugendliche oder Personen, die einer Kompetenzverbesserung bedürfen (Eberhard & Ulrich, 2010b; Eberhard & Ulrich, 2011). Die Tatsache, dass die Eintritte in das Übergangssystem immer dann ansteigen, wenn sich die Situation auf dem Ausbildungsstellenmarkt zuungunsten der Jugendlichen verschlechtert, spricht dafür, dass die Maßnahmen von erfolglosen Ausbildungsstellenbewerbern oftmals als Warteschleifen genutzt werden, bevor sie sich im nächsten Jahr erneut für eine Ausbildungsstelle bewerben (Autorengruppe Bildungsberichterstattung, 2008, 2010; Münk, 2010; 2008; Ulrich & Eberhard, 2008), wobei die Jugendlichen den Verbleib in einer Übergangsmaßnahme häufig negativ bewerten (Eberhard & Ulrich, 2011).

Dass das Übergangssystem zum Auffangbecken erfolgloser Ausbildungsstellenbewerber avancierte, könnte wiederum den fehlenden positiven Einfluss absolvierter Maßnahmen auf den Übergang an der ersten Schwelle erklären. Zum einen können die Absolventen des Übergangssystems kaum bessere Chancen auf eine betriebliche Ausbildungsstelle haben als Bewerber, die noch an keiner Übergangsmaßnahme teilgenommen haben, solange das Angebot an Ausbildungsstellen nicht signifikant erhöht wird und die Zahl der aktuellen Schulabsolventen nicht sinkt (Beicht et al., 2007a; Krekel & Ulrich, 2009). Zum anderen wäre auch denkbar, dass sich die Maßnahmenteilnahme bei ausbildungsreifen, aber erfolglosen Ausbildungsstellenbewerbern demotivierend auswirkt, was sich wiederum im späteren Bewerbungsverhalten der Jugendlichen äußeren könnte. So gaben immerhin 42 % von insgesamt 316 Auszubildenden und Maßnahmenteilnehmern, die gemeinsam vom BIBB und der Bertelsmann Stiftung zu möglichen Reformen des Übergangs von der Schule in die Berufsausbildung befragt wurden, an, dass eine Maßnahmenteilnahme lediglich eine Warteschleife sei, mit der die betroffenen Jugendlichen ihre Zeit vergeuden würden (Autorengruppe BIBB/Bertelsmann Stiftung, 2011).

Abzuwarten bleibt, wie sich die Übergangschancen der Maßnahmenteilnehmer künftig entwickeln werden, wenn sich die Situation auf dem Ausbildungsstellenmarkt dramatisch ändern wird, weil die Zahl der ausbildungsstellensuchenden Jugendlichen stark zurückgehen wird (Maier & Ulrich, 2011; Ulrich, 2010). Bereits heute sind Rückgänge bei den Teilnehmerzahlen im Übergangssystem zu beobachten (Autorengruppe Bildungsberichterstattung, 2010). Interessant wird sein, wie stark das Übergangssystem im Verhältnis zur dualen Berufsausbildung nach BBiG/ HwO und der Ausbildung im Schulberufssystem an Bedeutung verlieren wird. Dass es keine Rolle mehr spielen wird, ist jedoch unwahrscheinlich. So gehen 81 % von insgesamt 484 Berufsbildungsexperten, die Stellung zu bestimmten Reformvorschlägen hinsichtlich des Übergangssystems beziehen sollten, davon aus, dass das Übergangssystem auch künftig unverzichtbar sei (Autorengruppe BIBB/Bertelsmann Stiftung, 2011).

Sozialkapital

Unter *Sozialkapital* werden im Rahmen des ressourcentheoretischen Modells des Übergangs an der ersten Schwelle alle Ressourcen verstanden, die in den sozialen Netzwerken der Jugendlichen verankert sind (Bourdieu, 1983; Colman, 1988; Granovetter, 1995; Kriesi, 2007) und deren Aktivierung die Zugangsmöglichkeiten in eine Berufsausbildungsstelle erhöhen können. Um von Sozialkapital zu sprechen, ist es ferner notwendig, dass die sozialen Kapitalgeber in einem persönlichen Verhältnis zu dem Ausbildungsstellenbewerber stehen und ihre Ressourcen unmittelbar für den Jugendlichen einsetzen (Kriesi, 2007). Dabei kann es sich um ursprünglich rein formelle Beziehungen handeln, die allein entstanden sind, weil sie den Übergang in eine Ausbildung verbessern sollen (z. B. zwischen einem Bewerber und einem Berufsberater), oder aber um informelle Netzwerke (z. B. Vereinskameraden, Familie, Freunde).

Was den Einfluss des Sozialkapitals auf den Übergang an der ersten Schwelle betrifft, so fehlen bisher weitgehend empirische Arbeiten. Derzeit beschränken sich die Untersuchungen auf die Wirkung von Mitgliedschaften in Vereinen (z. B. freiwillige Feuerwehr) (Beicht et al., 2007a; Beicht & Ulrich, 2008b; Glaesser, 2008) sowie des familialen Sozialkapitals, wobei hier Brückenhypothesen zum Einfluss des kulturellen und ökonomischen Kapitals der Eltern bzw. der Familie aufgestellt werden (u. a. Beicht & Ulrich, 2008b; Glaesser, 2008; Hupka-Brunner, Meyer, Stalder & Keller, 2011; Hupka et al., 2006a, 2006b; Kuhnke, 2009; Kuhnke et al., 2008a). Informationen darüber, wer konkret die Jugendlichen unterstützt, über welche Ressourcen die sozialen Kapitalgeber verfügen und welche Ressourcen tatsächlich eingesetzt werden, fehlen gänzlich.

Auch die im Rahmen der vorliegenden Arbeit verwendeten Daten der BA/ BIBB-Bewerberbefragung 2008 weisen eine Reihe von Informationsdefiziten auf. So stellen die beiden Items „Ich wurde ausreichend unterstützt" und „Ich habe alle wichtigen Fragen mit meinen Eltern besprochen" lediglich eine Annäherung an die geforderte Operationalisierung des Sozialkapitals dar. Zwar zeigte sich, wie erwartet, dass Jugendliche, die angaben, eine ausreichende Unterstützung durch andere erfahren zu haben, eine höhere Übergangschance in eine betriebliche Ausbildungsstelle hatten als Bewerber, welche die soziale Unterstützung als unzureichend bewerteten, doch bleiben hier drei zentrale Punkte ungeklärt: Durch wen wurden die Jugendlichen unterstützt? Über welche Ressourcen verfügten die Helfer? Und worin bestand konkret die Hilfe?

Was den Einfluss der elterlichen Gespräche betrifft, so fehlen Informationen über die Ressourcen der Eltern als soziale Kapitalgeber. Das fehlende Wissen über die Mittel und Eigenschaften der Eltern könnte erklären, warum sich entgegen der Erwartung Gespräche zwischen den Bewerbern und ihren Eltern nicht förderlich auf den Übergang in eine betriebliche Ausbildungsstelle auswirkten. So wäre denkbar, dass die Jugendlichen zwar alle wichtigen Fragen der Berufswahl und Lehrstellensuche mit ihren Eltern besprechen, die Eltern jedoch nicht über übergangsrelevantes Wissen verfügen, weil sie z. B. das deutsche Berufsbildungssystem nicht kennen. Dieses Beispiel zeigt, dass es nicht genügt zu wissen, wer zur Gruppe der möglichen Kapitalgeber gehört, sondern es auch notwendig ist zu messen, über welche Mittel und Eigenschaften die potenziellen Kapitalgeber verfügen. Denn nicht alle Mittel und Eigenschaften dürften für den Übergang in eine Berufsausbildung relevant sein.

Unabhängig von den fehlenden Angaben über die Ressourcen der Eltern ist dieses Ergebnis erklärungsbedürftig, konnte doch in anderen Studien nachgewiesen werden, dass Eltern wichtige Ansprechpartner für Jugendliche sind und ein offenes Gesprächsklima grundsätzlich den Übergangserfolg erhöht (Baethge et al., 1988; Beicht & Ulrich, 2008b; Eberhard & Krewerth, 2006; Gaupp et al., 2008b). Warum ist dies hier nicht der Fall? Im Rahmen der Regressionsanalyse zeigte sich, dass die elterlichen Gespräche erst dann ihren positiven Einfluss auf die Übergangschance in eine betriebliche Ausbildungsstelle verlieren, wenn das Alter der Bewerber kontrolliert wird. Dieses Ergebnis deutet an, dass sich ohne Berücksichtigung der Zeit bzw. des Alters die statistischen Auswirkungen – was die Nutzung des Sozialkapitals betrifft – verfälscht darstellen können. Ältere Bewerber münden zum einen seltener in eine betriebliche Ausbildungsstelle ein, zum anderen könnten sie sich aber auch seltener mit ihren Eltern austauschen. Demnach könnte allein das Alter, kaum aber der Austausch mit den Eltern bedeutsam sein. Es könnte aber auch anders sein: So muss bedacht werden, dass ein höheres Alter mit einer bereits länger andauernden erfolglosen Ausbildungsstellensuche stark korreliert (Beicht & Eberhard, 2009a; Beicht & Ulrich, 2010c). Besprechen ältere Jugendliche die Probleme ihrer Lehrstellensuche mit den Eltern, könnte dies eine direkte Folge ihres Misserfolgs sein. Demzufolge wären die elterlichen Gespräche nicht wirkungslos, sondern der gescheiterte Übergang führt dazu, dass sich die Jugendlichen mit ihren Eltern austauschen. Umgekehrt könnten Jugendliche, die beim Zugang in Berufsausbildung institutionell privilegiert wurden, öfter auch auf die Aktivierung der elterlichen Unterstützung verzichtet haben.

Nach der Definition von Sozialkapital im Rahmen des ressourcentheoretischen Modells des Übergangs an der ersten Schwelle müssten in künftigen Untersuchungen eine Reihe von Informationen erhoben werden, um seinen Einfluss genauer zu untersuchen. Zunächst müsste ermittelt werden, welche Personen den Jugendlichen infolge ihrer eigenen sozialen Bedürfnisse unterstützt haben. Dies erlaubt Rückschlüsse auf die übergangsrelevanten sozialen Kapitalgeber. Zentral ist hierbei zu erfassen, inwieweit der Jugendliche auch Kontakt zu institutionell vermittelten Helfern hatte (z. B. Berater der Arbeitsverwaltung, Einstiegsbegleiter, Mentoren) und inwieweit es sich hier um eine starke Beziehung handelte. Eine Erfassung der verschiedenen Erscheinungsformen des Sozialkapitals hilft, wichtige Fragen zum Einfluss des sozialen Kapitals zu beantworten: Wer sind die sozialen Kapitalgeber? Handelt es sich um formell gerahmtes oder um informelles Sozialkapital? Insbesondere die Erfassung der Beziehungsstruktur ist wichtig, um analytisch zu unterscheiden, ob neben institutionellem Helferkapital zusätzlich auch formell gerahmtes Sozialkapital vorhanden war (Pichler & Wallace, 2007, vgl. Kapitel 5.2.1). Neben der Beziehungsstruktur ist es ebenso wichtig zu erfassen, ob die Kontaktperson über übergangsrelevante Ressourcen verfügt und diese auch für den Jugendlichen aktiviert (Franzen & Pointner, 2007). Hinweise über die Ausstattung möglicher Kapitalgeber sind zum Teil bereits in den Angaben zu den Merkmalen potenzieller Kapitalgeber enthalten (z. B.: Ist die Person berufstätig? Verfügt die Person über ökonomisches Kapital?). Diese Angaben sollten um eine Liste möglicher weiterer übergangsrelevanter Ressourcen ergänzt werden. Hierbei kann es sich um die soziale Beziehungsstruktur handeln (Person kennt Betriebsinhaber) oder um kulturelles Kapital (Person kennt das deutsche Berufsbildungssystem). Die Orientierung an der Zielgerichtetheit des sozialen Kapitals hilft ferner zu unterscheiden, ob das Sozialkapital lediglich das personale Kapital der Jugendlichen erhöht hat (z. B. positives Familienklima fördert die Persönlichkeitsentwicklung) oder ob es sich unmittelbar auf den Übergangserfolg auswirkte (z. B. Mutter bittet Betriebsinhaber um Ausbildungsstelle). Was die Familie als zentrale Sozialisationsinstanz betrifft, so wird man sich jedoch weiterhin darauf verlassen müssen, dass das Familienklima und die Familienkonstellation als mittelbares Sozialkapital die Entwicklung personaler Ressourcen beeinflusst. Daher genügt es, Angaben zur Familienzusammensetzung und zum Familienklima zu erfassen. Ein Aspekt, den die Übergangsforschung bisher kaum untersucht hat, ist der Einfluss der Konfessionszugehörigkeit des Jugendlichen auf den Übergangserfolg. Gerade dies könnte aber interessant sein, denn wie Traunmüller (2008) ausführt, kann die Konfession und ihre öffentliche religiöse Praxis unterschiedliche Potenziale zur Sozialkapitalbildung haben.

Alter

Für den Zugang in eine betriebliche Ausbildungsstelle erwies sich, wie erwartet, ein höheres Alter als hinderlich: Je älter die Ausbildungsstellenbewerber, desto geringer ihre Chance auf eine betriebliche Ausbildungsstelle. Ein jüngeres Alter kann demnach als symbolisches Kapital der Jugendlichen verstanden werden. Das Ergebnis stimmt mit den Untersuchungsresultaten von Imdorf (2011) überein, wonach Betriebe die Einstellung von älteren Bewerbern scheuen, da sich diese ihrer Meinung nach nicht mehr formen und nicht führen lassen. Nach Ansicht der von Imdorf befragten Ausbildungsbetriebe besteht bei älteren Bewerbern die Gefahr, dass ihre betriebliche Sozialintegration misslingt und die bewährte formale Hierarchie im Ausbildungsbetrieb infrage gestellt wird. Zudem befürchten sie, dass ältere Bewerber die Ausbildung wieder abbrechen könnten. Auf der anderen Seite zeigen Imdorfs Befragungsergebnisse aber auch, dass neben älteren Jugendlichen auch zu junge Bewerber schlechte Chancen auf eine betriebliche Ausbildungsstelle haben. Vor allem Arzt- und Zahnarztpraxen wünschen sich reifere und damit ältere Bewerber. Ein höheres Alter wird als Qualität für die Beziehungsarbeit mit den Patienten verstanden. Den Ergebnissen folgend, scheint es ein „biographisches Zeitfenster" zu geben, in welchem der Eintritt in eine betriebliche Berufsausbildungsstelle besonders erwünscht ist (Imdorf, 2011, S. 31). Die Aussage, je jünger, desto höher die Chance bzw. je älter, desto geringer die Chance, scheint also nicht ganz zutreffend zu sein. Um zu überprüfen, ob Alter und Übergangschance tatsächlich in einem – wie von Imdorf postulierten – umgekehrt U-förmigen Zusammenhang stehen, sollte in künftigen Untersuchungen das Alter nicht metrisch, sondern dummy-kodiert oder in Altersklassen unterteilt in die Modellprüfungen aufgenommen werden.

Migrationshintergrund

Grundsätzlich gelten Jugendliche mit Migrationshintergrund beim Bildungszugang als benachteiligt. So erwerben Migranten seltener eine Studienberechtigung als Nicht-Migranten. Stattdessen weisen sie überdurchschnittlich häufig als höchsten Bildungsabschluss den Hauptschulabschluss auf (Autorengruppe Bildungsberichterstattung, 2008, 2010; Konsortium Bildungsberichterstattung, 2006). Auswertungen der für Deutschland repräsentativen BIBB-Übergangsstudie 2006 zeigen beispielsweise, dass 55 % der Jugendlichen mit Migrationshintergrund im Alter zwischen 18 und 24 Jahren als höchsten Schulabschluss maximal einen Hauptschulabschluss erworben haben. Bei den deutschen Jugendlichen ohne Migrationshintergrund waren es 38 %. Eine Studienberechtigung wiesen 12 % der Migranten, aber 20 % der Nichtmigranten auf (Beicht & Granato, 2011).

Bei den befragten Ausbildungsstellenbewerbern fallen die Zertifikatsunterschiede moderat aus (vgl. Tabelle 6), was darauf hindeutet, dass es sich bei den befragten Migranten um eine Positivauswahl von Jugendlichen mit Migrationshintergrund handelt. Was die Zugangschance von Ausbildungsbewerbern mit Migrationshintergrund betrifft, so ließen sich für diese Gruppe allerdings selbst unter Kontrolle der übergangsrelevanten Faktoren Benachteiligungen beim Übergang in eine betriebliche Ausbildungsstelle feststellen, sodass – wie erwartet – ein fehlender Migrationshintergrund als symbolisches Kapital beim Zugang in eine betriebliche Ausbildungsstelle gedeutet werden kann. Abbildung 9 soll diesen Effekt abschließend grafisch veranschaulichen. Es handelt sich hierbei um die aus der logistischen Regressionsgleichung abgeleitete Einmündungswahrscheinlichkeit eines ausbildungsreifen, männlichen Ausbildungsstellenbewerbers, mit mittlerem Schulabschluss, durchschnittlichen Zensuren, der noch nie an einer Übergangsmaßnahme teilgenommen hat, in der Schule gut auf die Zeit der Berufswahl und Lehrstellensuche vorbereitet wurde, von seinem sozialen Umfeld ausreichend unterstützt wurde und sich auf einem Ausbildungsstellenmarkt bewegte, der als durchschnittlich bezeichnet werden kann. Variiert wurde lediglich der Migrationshintergrund.

Abbildung 9: **Berechnete Übergangswahrscheinlichkeiten (in Prozent) von deutschen Bewerbern und Bewerbern mit Migrationshintergrund in eine betriebliche Ausbildungsstelle**

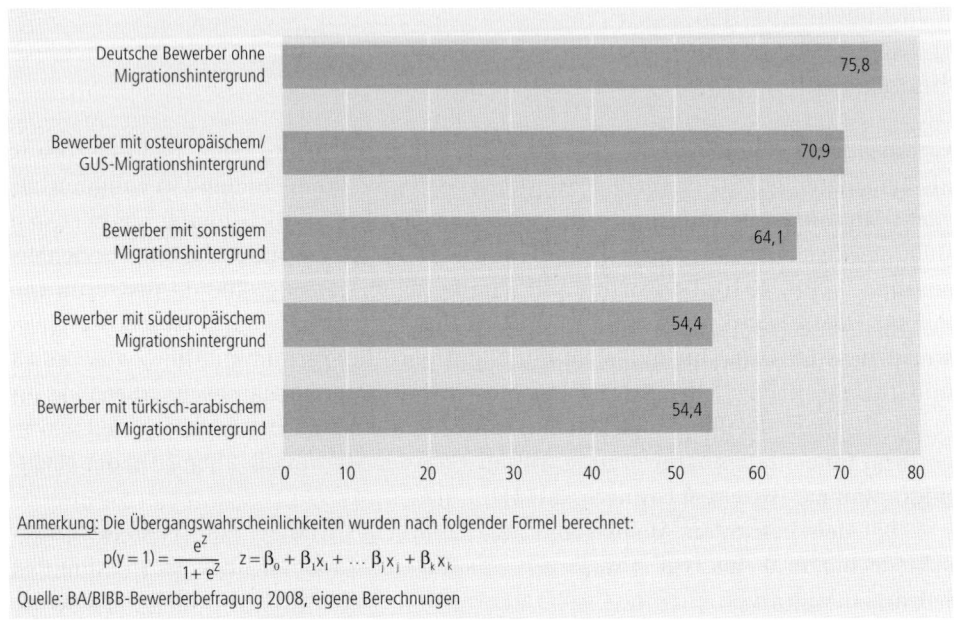

Anmerkung: Die Übergangswahrscheinlichkeiten wurden nach folgender Formel berechnet:

$$p(y=1) = \frac{e^z}{1+e^z} \quad z = \beta_0 + \beta_1 x_1 + \ldots \beta_j x_j + \beta_k x_k$$

Quelle: BA/BIBB-Bewerberbefragung 2008, eigene Berechnungen

Obwohl der Effekt des Migrationshintergrundes für den Übergang an der ersten Schwelle nicht annähernd so gut untersucht ist wie für den Arbeitsmarkt (Diehl, Friedrich & Hall, 2009), so gibt es doch eine Reihe von Studien, die zu ähnlichen Ergebnissen kommen. So konnte gezeigt werden, dass Migranten unter Kontrolle ihrer Bildungsabschlüsse und Zensuren geringere Übergangschancen als ausbildungsinteressierte Jugendliche ohne Migrationshintergrund haben (Beicht & Granato, 2009, 2010; Beicht & Ulrich, 2008b; Ulrich et al., 2006a; Ulrich & Granato, 2006). Und sogar wenn die Leistungen der Jugendlichen über PISA-Testergebnisse oder Mathematik- und Deutschtests kontrolliert werden, lässt sich ein negativer Einfluss des Migrationshintergrundes beobachten (Haeberlin et al., 2005; Hupka-Brunner et al., 2011; Imdorf, 2005; Seibert et al., 2009). Für Hamburg konnten etwa Lehmann et al. zeigen, dass Jugendliche mit Migrationshintergrund unter Kontrolle der schulischen Fachleistung häufiger in teilqualifizierende Berufsfachschulen und seltener in eine duale Berufsausbildung als deutsche Jugendliche ohne Migrationshintergrund einmündeten (Lehmann, Ivanov, Hunger & Gänsfuß, 2004). Eine geringe Bildungsorientierung oder eine weniger intensive Ausbildungsplatzsuche konnte bei Jugendlichen mit Migrationshintergrund jedoch nicht festgestellt werden, sodass diese die unterschiedlichen Zugangschancen von Migranten und Nichtmigranten nicht erklären können (Beicht & Granato, 2009, 2011; Diehl et al., 2009; Ulrich et al., 2006a).

Als Erklärungsmöglichkeit der Benachteiligungseffekte von Migranten beim Übergang in eine Berufsausbildung wird häufig auf ihr mangelndes Sozialkapital verwiesen, welches wiederum für den Übergang zentral ist (Esser, 2009; Haeberlin et al., 2004; Imdorf, 2005). Aber auch hier zeigen die Ergebnisse der BIBB-Übergangsstudie 2006, dass ein negativer Einfluss des Migrationshintergrundes beim Übergang an der ersten Schwelle festzustellen ist, wenn die Mitgliedschaft der Befragten in Vereinen oder der soziale Status der Eltern kontrolliert werden (Beicht & Granato, 2009, 2010; Beicht & Ulrich, 2008b). Bedacht werden muss jedoch, dass das Sozialkapital im Rahmen der Übergangsforschung bisher unzureichend erfasst wurde. Es fehlen Informationen über die Struktur der Kapitalgeber, Netzwerkgröße, Beziehungsstruktur und – was am wichtigsten ist – über die Ressourcen der Kapitalgeber. Solange dies nicht kontrolliert ist, kann nicht ausgeschlossen werden, dass die schlechteren Zugangschancen von Jugendlichen mit Migrationshintergrund im Wesentlichen auf ihr geringeres übergangsrelevantes Sozialkapital zurückzuführen sind.

Dass die geringeren Übergangschancen von Migranten die Folge dessen sind, dass sich Migranten auf stark nachgefragte Berufe bewerben, die eine überproportional lange Bewerberschlange aufweisen (Beicht & Ulrich, 2008b; Haeberlin et al., 2005), kann nicht als Erklärung dienen. Da im Rahmen der Arbeit die Situation auf dem Ausbildungsstellenmarkt nicht nur über die regionale betriebliche Angebotsquote, sondern auch über die regionale und berufsspezifische Angebotsquote abgebildet wurde (vgl. Kapitel 6.3.2), konnte für jeden Befragten das Verhältnis zwischen den angebotenen Stellen und den nachfragenden Bewerbern in den von den Befragten umworbenen Berufen näherungsweise bestimmt werden. Nicht kontrolliert wurde jedoch, ob sich Migranten überwiegend auf Berufe mit (zu) hohen Einstellungskriterien bewerben. So wäre denkbar, dass sich Jugendliche mit Migrationshintergrund häufiger als Nicht-Migranten auf Berufe mit einem hohen oder zu hohen Anspruchsniveau bewerben, sodass sie sich in die hinteren Rangplätze der Bewerberschlange einreihen (zum Warteschlangenmodell vgl. Thurow, 1975, 1979). Ergebnisse der BIBB-Schulabgängerbefragungen zeigen jedoch, dass sich Jugendliche mit Migrationshintergrund ebenso häufig bzw. selten auf anspruchsvolle Dienstleistungs- und Produktionsberufe bewerben wie deutsche Bewerber ohne Migrationshintergrund (Diehl et al., 2009). Zudem verdeutlichen die Analysen von Beicht et al. (2011), dass Migranten – wenn sie denn Zugang zu einer betrieblichen Ausbildungsstelle erhalten – häufig in unterwertige Berufe einmünden.

Näher zu untersuchen ist jedoch, inwieweit die schlechten Chancen von Ausbildungsstellenbewerbern mit Migrationshintergrund von den Selektionsprozessen der Betriebe bei der Vergabe der Ausbildungsplätze ausgehen. Erste wichtige Hinweise hierzu liefert eine schweizerische Untersuchung, in der kleine und mittlere Betriebe zu ihren Entscheidungen bei der Auswahl von Auszubildenden qualitativ befragt wurden. Der Autor der Studie konnte zeigen, dass Betriebe bei der Bewerberauswahl häufig auf ihr Bauchgefühl hören und jene Bewerber bevorzugen, die einen möglichst störungsfreien Betriebsalltag garantieren (Imdorf, 2008, 2009b, 2010a, 2010b, 2010c, 2011). Deutlich wurde, dass Betriebe kaum an der Leistungsfähigkeit von Migranten zweifeln. Was die Betriebe davon abhielt, Jugendliche mit Migrationshintergrund einzustellen, waren Befürchtungen, die Jugendlichen könnten sich nicht gut in das Team integrieren oder würden von den Kollegen nicht akzeptiert werden. Insbesondere bei männlichen türkischen Bewerbern äußerten die Befragten Bedenken, dass sie sich unhöflich oder zu wenig respektvoll gegenüber Kollegen und (weiblichen) Vorgesetzten zeigen und sich schlecht unterordnen könnten. Die Vorbehalte gegenüber türkischen Jugendlichen könnten die besonders schlechten Chancen von Ausbildungsstellenbewerbern mit türkisch-arabischem Migrationshintergrund erklären (vgl. Abbildung 9). Im Rahmen der schweizerischen Betriebsbefragung wurden zudem Befürchtungen derart geäußert, dass Auszubildende mit Migrationshintergrund ohne ihr Zutun Kundenbindungen gefährden könnten, weil Kunden Vorbehalte gegenüber Personen mit Migrationshintergrund haben. Des Weiteren gaben Betriebe an, Jugendliche mit Migrationshintergrund nicht eingestellt zu haben, um sich vor unliebsamen Kunden zu schützen, die nach Meinung der Befragten durch Auszubildende mit Migrationshintergrund vermehrt angezogen werden könnten (Imdorf, 2010a, 2011).

Warum Jugendliche mit Migrationshintergrund schlechtere Ausbildungschancen als deutsche Bewerber ohne Migrationshintergrund haben, kann an dieser Stelle abschließend nicht beantwortet werden. Deutlich wurde, dass dringend weiterer Forschungsbedarf zum sozialen Kapital besteht. Des Weiteren sollte die Übergangsforschung verstärkt das Einstellungsverhalten von Betrieben untersuchen, um Erkenntnisse über ihre Selektionslogiken zu erhalten. Erst wenn deutlich wird, wo die Gründe für die geringen Übergangschancen für Migranten liegen, lassen sich Übergangshilfen entwickeln.

Situation auf dem Ausbildungsstellenmarkt

Im Rahmen der Arbeit wurde mehrfach herausgearbeitet, dass die Übergangschancen in eine betriebliche Ausbildungsstelle wesentlich von den Verhältnissen auf dem Ausbildungsstellenmarkt bestimmt werden. Fehlen Ausbildungsstellen, dann verbleiben selbst Jugendliche mit überdurchschnittlichen personalen und sozialen Ressourcen außerhalb einer Ausbildungsstelle (Beicht & Ulrich, 2008b). Diese Annahme konnte anhand der Daten der BA/BIBB-Bewerberbefragung 2008 bestätigt werden.

Es zeigte sich, dass selbst unter Kontrolle der zugangsrelevanten Merkmale die Lage auf dem Ausbildungsstellenmarkt Einfluss auf den Übergangserfolg der Bewerber in eine betriebliche Ausbildungsstelle nimmt.

Auch wenn dieses Ergebnis trivial klingen mag, lenkt es doch den Blick auf die Achillesverse des dualen Ausbildungssystems nach BBiG/HwO. Aufgrund der Marktabhängigkeit des dualen Systems bildet der Arbeitsmarkt die elementare Bezugsgröße für die Struktur sowie die Anzahl der angebotenen Ausbildungsplätze (Ulrich & Eberhard, 2008). Das heißt, das Angebot an Ausbildungsstellen ist abhängig von der gesamtwirtschaftlichen Lage (Hartung & Leber, 2004; Maier & Ulrich, 2011; Plünnecke & Werner, 2004) und orientiert sich nicht am Ausbildungsbedarf der Jugendlichen.

In der Vergangenheit waren Ungleichgewichte zwischen Angebot und Nachfrage, die zuungunsten der Jugendlichen ausfielen, die Regel. Wer für den Abbau dieser Ungleichgewichte zu sorgen hat, darüber bestehen unterschiedliche Erwartungen. Die Lösung eines berufsstrukturellen Ungleichgewichts, das sich statistisch in stark divergierenden Angebots- und Nachfrage-Relationen in den einzelnen Berufen niederschlägt, wird insbesondere der Nachfragerseite und damit den Jugendlichen abverlangt. Sie hätten sich an die Möglichkeiten des Ausbildungsplatzangebots anzupassen (Eberhard & Krewerth, 2006). Für diese Forderung spricht, dass die auf den Ausbildungsplätzen erworbenen Qualifikationen für eine anschließende Beschäftigung verwertbar sein sollten und dass Ausbildungsplätze, die ohne Bedarf der Wirtschaft zur Nachfragebefriedigung der Jugendlichen geschaffen werden würden, mit deutlich größeren Übergangsproblemen von der Ausbildung in die Erwerbstätigkeit verbunden sein dürften. Ähnliches gilt in Hinblick auf regionale Ungleichgewichte. Auch hier wird die Anpassungsleistung insbesondere von den Ausbildungsstellenbewerbern erwartet; selbst minderjährige Ausbildungsstellenbewerber sollten notfalls bereit sein, zur Aufnahme einer betrieblichen Berufsausbildung den Wohnort zu wechseln. Tatsächlich begannen in der jüngeren Vergangenheit jährlich bis zu 15.000 ostdeutsche Jugendliche ihre Ausbildung in den alten Ländern (Ulrich et al., 2006b).

Lediglich bei globalen Ungleichgewichten zwischen Ausbildungsplatzangebot und -nachfrage wird die hauptsächliche Verantwortung zur Beseitigung der Lücke auf der Anbieterseite verortet, und die Wirtschaft wird mit dem Anspruch konfrontiert, sie habe für ein ausreichendes Angebot zu sorgen. Allerdings waren diese Ungleichgewichte – zumindest in den alten Ländern – aufgrund der Validitätsmängel der offiziellen Ausbildungsmarktbilanzierung in den vergangenen Jahren nicht ausreichend transparent, sodass kein Handlungsbedarf notwendig erschien. Dies führte jedoch dazu, dass ein großer Teil der Ausbildungsstellenbewerber nicht in eine Ausbildungsstelle einmünden konnte (vgl. hierzu auch den Abschnitt „Die Situation auf dem Ausbildungsstellenmarkt" in Kapitel 8.2.2).

Wenn sich der Übergang von der Schule in die Berufsausbildung verzögert, hat dies wiederum verheerende Auswirkungen auf die künftigen Übergangschancen der Jugendlichen. Denn je länger die Suche der Jugendlichen nach einer Ausbildungsstelle andauert, desto geringer sind ihre Chancen, künftig in eine betriebliche Ausbildungsstelle einzumünden (Beicht & Eberhard, 2009a; Beicht & Ulrich, 2010c; Ulrich & Krekel, 2007). Deutlich wird hier, dass der Zeitpunkt, zu dem sich die Jugendlichen erstmalig auf die Suche nach einer Ausbildungsstelle machen, ihren weiteren Lebenslauf bestimmt: Verlassen sie die Schule in Zeiten eines angespannten Lehrstellenmarktes, so müssen sie längere Übergangszeiten in Kauf nehmen und haben mit größeren Schwierigkeiten beim Zugang zu rechnen (Hillmert, 2001, 2004).

Die Lage auf dem Ausbildungsstellenmarkt bestimmt jedoch nicht nur direkt, sondern auch indirekt die Übergangschancen der Jugendlichen in eine betriebliche Ausbildungsstelle. So kann eine Verbesserung des personalen und sozialen Kapitals der Jugendlichen nur dann zu einer Erhöhung ihrer Übergangschancen führen, wenn die Zahl der Ausbildungsstellen ausreicht. Damit ist, wie bereits oben zum Einfluss der Maßnahmen des Übergangssystems dargestellt, der Erfolg von Interventionen zur Verbesserung der Qualifikationen der Jugendlichen marktabhängig. „Solange das Angebot an Ausbildungsplätzen nicht erhöht wird, bleiben insbesondere Maßnahmen zur individuellen Verbesserung von Qualifikationsrückständen und zur Ausweitung des Beziehungsnetzes ein Nullsummenspiel" (Haeberlin et al., 2005, S.131).

Geschlecht

Im Rahmen der Arbeit zeigte sich, dass Frauen im Vergleich zu Männern, selbst unter Kontrolle der übergangsrelevanten Merkmale, seltener in eine betriebliche Ausbildungsstelle einmündeten. Dieses Ergebnis mag zunächst nicht überraschen, da Frauen im dualen System der Berufsausbildung nach BBiG/HwO weniger stark vertreten sind als Männer. So liegt seit 1992 der Anteil der Frauen unter allen Auszubildenden zwischen 39 % und 41 % (2009: 40 %) (Uhly, 2011). Anders gestalten sich dagegen die Verhältnisse im Schulberufssystem. In den vollqualifizierenden Berufsfachschulen lag der Frauenanteil im Schuljahr 2009/2010 mit 68 % deutlich über dem Männeranteil (Kroll, 2011b). An Schulen des Gesundheitswesens war der Frauenanteil mit 79 % im Jahr 2009/2010 noch höher als an den Berufsfachschulen, und an den Berufsfachschulen und Fachschulen der Länder, die eine Ausbildung in den Gesundheits- und Sozialberufen anbieten, lag der Anteil der Frauen sogar bei 81 % (Kroll, 2011a). Diese geschlechtliche Segregation zwischen den beiden Ausbildungssystemen (Schulberufssystem vs. duale Berufsausbildung nach BBiG/HwO) ist auf die Berufsstruktur eben dieser Systeme zurückzuführen. Während im dualen System nach BBiG/HwO der Anteil von frauentypischen Berufen gering ist, ist er im

Schulberufssystem hoch, da hier Berufe wie z. B. Kranken- und Gesundheitspfleger/ -in (ehemals Krankenschwester bzw. Krankenpfleger) oder Erzieher/-in angeboten werden (Kroll, 2011a, 2011b).

Bedacht werden muss bei der Interpretation der vorliegenden Ergebnisse jedoch, dass es sich bei den Befragten um Jugendliche handelt, die als Ausbildungsstellenbewerber für eine Berufsausbildung im dualen System nach BBiG/HwO registriert waren. Die jungen Frauen, die sich als Bewerberinnen haben registrieren lassen, wollten demnach eine betriebliche Ausbildung nach BBiG/HwO absolvieren. Es stellt sich also die Frage, warum Frauen, die eine Ausbildung im dualen System nach BBiG/HwO anstreben, beim Zugang in diese benachteiligt sind.

Auch andere Studien, wie etwa das schweizerische Projekt „Lehrstellensuche von in- und ausländischen Jugendlichen unter besonderer Berücksichtigung des Geschlechts" oder die BIBB-Übergangsstudie 2006 brachten ähnliche Befunde zutage (vgl. Beicht & Ulrich, 2008b; Haeberlin et al., 2005; Imdorf, 2005). So verdeutlichen beispielsweise die Ergebnisse der BIBB-Übergangsstudie 2006, dass von den jungen Frauen, die nach Abschluss der Schule eine betriebliche Ausbildungsstelle gesucht haben, innerhalb eines Jahres lediglich 47 % in eine betriebliche Berufsausbildungsstelle einmündeten. Demgegenüber waren es bei den Männern 63 % (Beicht & Granato, 2010). Dieser Effekt wurde bisher auf das Berufswahlverhalten der jungen Frauen zurückgeführt: Weil sich Frauen auf die wenigen frauendominierten Berufe im dualen System nach BBiG/HwO konzentrieren, reihen sie sich in überdurchschnittlich lange Wartschlangen ein, was sich wiederum negativ auf ihre Zugangschance auswirken sollte (Beicht & Granato, 2011; Beicht & Ulrich, 2008b). Diese Erklärung ist jedoch unzureichend, um die Ergebnisse dieser Arbeit zu begründen. Denn wie bereits oben dargestellt, wurde im Rahmen der Arbeit für jeden Befragten eine regionalisierte berufsspezifische Angebotsquote berechnet, welche das Verhältnis zwischen den nachfragenden Bewerbern und den angebotenen Ausbildungsstellen in den von den Befragten umworbenen Berufen abbildet. Wäre die Benachteiligung der Frauen darauf zurückzuführen, dass sich Frauen auf vergleichsweise schwierigeren Märkten als Männer bewegten, dürfte unter Berücksichtigung der individuellen Marktverhältnisse das Geschlecht keinen Einfluss auf die Übergangschance nehmen. Aber genau dies zeigte sich.

Warum Frauen selbst unter Kontrolle zugangsrelevanter Merkmale schlechtere Chancen auf eine betriebliche Ausbildungsstelle haben, kann also nicht beantwortet werden. Bedauerlicherweise fehlen – wie auch zum Einfluss des Migrationshintergrundes – Arbeiten zu geschlechtsspezifischen Effekten beim Zugang in eine betriebliche Ausbildungsstelle. Die wenigen Arbeiten, die der Autorin bekannt sind, untersuchten den erschwerten Zugang von Frauen in männerdominierten Berufen bzw. die geschlechtsspezifische Berufswahl (Abraham & Arpagaus, 2008; Imdorf,

2011; Rauch & Schober, 1996). Es ist jedoch davon auszugehen, dass der Anteil der Frauen, die sich für eine Ausbildung in einem männerdominierten Beruf entscheiden, relativ gering ist. Deutlich wird, dass die Situation von Frauen beim Übergang in eine betriebliche Ausbildungsstelle nach BBiG/HwO ein drängendes Forschungsdesiderat darstellt, dem künftig mehr Aufmerksamkeit geschenkt werden sollte.

8.2.2 Zugangslogiken in eine außerbetriebliche Ausbildung nach BBiG/HwO

Die außerbetriebliche und die betriebliche Ausbildung nach BBiG/HwO repräsentieren zwei unterschiedliche Institutionen der dualen Berufsausbildung nach BBiG/HwO. Während betriebliche Ausbildungsstellen nach dem betrieblichen Marktmechanismus an jene Bewerber vergeben werden, die nach Einschätzung der Betriebe am besten für die Ausbildung geeignet erscheinen, werden außerbetriebliche Ausbildungsstellen für Jugendliche bereitgestellt, bei denen ein besonderer Förderbedarf erkennbar ist. Sie richten sich an Jugendliche, die keine betriebliche Ausbildungsstelle erhalten haben und die als sozial-, lern- oder marktbenachteiligt deklariert wurden. Anders als betriebliche Stellen werden außerbetriebliche Berufsausbildungsstellen von staatlicher Seite vermittelt (z. B. Berufsberater) und aus öffentlicher Hand finanziert. Der Zugang zu einer außerbetrieblichen Ausbildungsstelle folgt damit weitgehend einer anderen Logik als der zu einer betrieblichen Ausbildungsstelle. Zwar ist wie bei der Vergabe von betrieblichen Ausbildungsstellen auch für den Erhalt einer außerbetrieblichen Stelle die Situation auf dem Ausbildungsstellenmarkt von Bedeutung; große Unterschiede zeigen sich jedoch dahingehend, welche Formen des personalen und sozialen Kapitals übergangsrelevant sind.

Übergangssystem

Jugendliche, die an einer Maßnahme des Übergangssystems teilgenommen haben, haben mittelbares institutionelles Kapital erhalten und hierdurch übergangsrelevantes personales Kapital erworben. So erwies sich – anders als beim Zugang zu einer betrieblichen Ausbildungsstelle – eine Maßnahmenteilnahme förderlich für den Übergang in eine außerbetriebliche Ausbildungsstelle. Wie erwartet, stieg mit der Zahl der beendeten Übergangsmaßnahmen die Chance der Jugendlichen, in eine außerbetriebliche Ausbildungsstelle einzumünden. Zurückzuführen ist dies auf die institutionelle Verknüpfung des Übergangssystems mit der außerbetrieblichen Berufsausbildung nach BBiG/HwO. So ist es zum Beispiel für den Beginn einer außerbetrieblichen Ausbildung nach § 242 SGB III von Nutzen, wenn Jugendliche zuvor eine berufsvorbereitende Maßnahme absolviert haben (vgl. Kapitel 5.1.3). Das heißt, Jugendliche haben durch ihre Teilnahme an teilqualifizierenden Maßnahmen Bildungszertifikate erworben, welche ihre Zugangschance in eine außerbetriebliche Ausbildungsstelle erhöhen.

Darüber hinaus dürfte die Anzahl der beendeten Maßnahmen als Signal für den besonderen Förderbedarf der Jugendlichen dienen und damit zum symbolischen Kapital der Bewerber werden: Je mehr Maßnahmen ein Jugendlicher absolviert hat, desto föderbedürftiger erscheint er, was wiederum seine Chancen auf eine außerbetriebliche Ausbildungsstelle erhöht.

Schulabschluss

Wie beim Zugang zu einer betrieblichen Ausbildung so erwies sich für den Eintritt in eine außerbetriebliche Ausbildungsstelle der Schulabschluss als eine der entscheidenden Determinanten – allerdings in umgekehrter Richtung. Es waren nicht die Bewerber mit einer Studienberechtigung, welche die besten Übergangschancen hatten, sondern Jugendliche, die maximal über einen Hauptschulabschluss verfügten. Warum ist dies so? Nach Maßgabe meritokratischer Prinzipien könnte man annehmen, dass die Selektionslogiken des dualen Systems der Berufsausbildung einem sukzessiven Auswahlverfahren gleichen: Für die betriebliche Berufsausbildung sollten die besten Bewerber ausgewählt werden. Aus der Gruppe der Bewerber, die keine betriebliche Stelle erhalten haben, sollten wiederum die leistungsstärksten ausgesucht werden und Zugang zu einer außerbetrieblichen Ausbildungsstelle erhalten. Die schwächsten Bewerber sollten dagegen außerhalb des vollqualifizierenden Bildungssystems verbleiben und im Rahmen einer teilqualifizierenden Maßnahme gefördert werden, um ihre Qualifikationen zu erhöhen und damit ihre Chancen auf eine vollqualifizierende Berufsausbildungsstelle zu verbessern.

Was die betriebliche Sortierlogik betrifft, so erfolgt die Ausbildungsstellenvergabe tatsächlich nach dem Prinzip der „Bestenauslese". Die außerbetriebliche Ausbildungsstellenvergabe hat sich dagegen an der institutionellen Vorgabe zu orientieren, benachteiligte Jugendliche in eine vollqualifizierende Berufsausbildung zu integrieren. Für die Jugendlichen, die keine betriebliche Ausbildungsstelle erhalten haben, bedeutet dies, dass ihre Bildungsabschlüsse nicht zu hoch ausfallen dürfen, da sie ansonsten keinen Anspruch auf eine außerbetriebliche Ausbildungsstelle haben. Zwar wird das Kriterium der Benachteiligung bisweilen diagnostisch weiter gezogen, um auch prinzipiell für eine betriebliche Ausbildung geeigneten Jugendlichen Eintritt in eine außerbetriebliche Ausbildungsstelle zu ermöglichen (Beicht & Ulrich, 2010a; Schier, 2009; Ulrich, 2003), jedoch muss das Kriterium der Benachteiligung noch anwendbar sein. Fällt ihr personales Kapital – das insbesondere über die Schulabschlüsse sichtbar wird (Imdorf, 2009a) – zu hoch aus, können sie nicht als benachteiligte Jugendliche eingestuft werden.

Die Zugangslogiken der beiden Ausbildungsformen (betrieblich vs. außerbetrieblich) führen demzufolge zu einer Versorgungslücke der Jugendlichen mit mittlerem Qualifikationsniveau und schwächeren Schulleistungen. Während den sehr gut qualifizierten Bewerbern eine betriebliche Ausbildungsstelle offensteht und für die besonders schlecht qualifizierten Jugendlichen außerbetriebliche Ausbildungsstellen bereitgestellt werden, fehlen Angebote für diese Jugendlichen. Dies erklärt dann auch, warum Jugendliche mit mittlerem Bildungsabschluss häufig in teilqualifizierende Bildungsgänge einmünden, anstatt eine vollqualifizierende Berufsausbildung im dualen System nach BBiG/HwO zu beginnen.

Alter

Ein großer Teil der außerbetrieblichen Stellen setzt sich aus Plätzen zusammen, die ihre Grundlage in § 242 SGB III haben. So entfielen im Jahr 2009 45 % aller außerbetrieblichen Plätze auf Ausbildungsangebote nach § 242 SGB III (vgl. Tabelle 1). In § 242 SGB III ist unter anderem festgehalten, dass die außerbetrieblichen Stellen nur an Jugendliche vergeben werden dürfen, die bereits ihre allgemeinbildende Schulpflicht erfüllt und damit das 18. Lebensjahr erreicht haben. Wie erwartet, so hat diese institutionelle Regelung starke Auswirkung auf die Zugangschancen der Bewerber und erklärt die mit jüngerem Alter der Ausbildungsstellenbewerber sinkenden Übergangschancen. Zwar werden minderjährige Bewerber nicht grundsätzlich vom Zugang in eine außerbetriebliche Ausbildungsstelle ausgeschlossen, da nicht alle Formen der außerbetrieblichen Ausbildung nach BBiG/HwO dieses Kriterium festsetzen, doch sind diese beim Zugang in eine außerbetriebliche Ausbildungsstelle institutionell benachteiligt.

Migrationshintergrund

Anders als beim Zugang in eine betriebliche Ausbildungsstelle spielt der Migrationshintergrund, wie angenommen, beim Übergang in eine außerbetriebliche Ausbildungsstelle keine Rolle. Dass beim Übergang in eine außerbetriebliche Ausbildungsstelle keine Benachteiligung von Bewerbern mit Migrationshintergrund feststellbar ist, spricht dafür, dass sich die Zugangsregeln in eine außerbetriebliche Ausbildungsstelle von denen in eine betriebliche Ausbildungsstelle unterscheiden. So stellt das Nichtvorhandensein eines Migrationshintergrunds für den Übergang in eine betriebliche Ausbildung symbolisches Kapital dar. Für Betriebe scheint das Merkmal Migrationshintergrund ein Signal für mögliche Probleme während der Ausbildungszeit zu sein (Imdorf, 2010c). Da außerbetriebliche Stellen jedoch von staatlichen Akteuren (z. B. Berufsberater der BA) vergeben werden, spielen Kosten-

Nutzen-Kalküle bei der Bewerberauswahl keine Rolle, sodass der Migrationshintergrund nicht von Bedeutung ist.

Die Situation auf dem Ausbildungsstellenmarkt

Das regional stark variierende Angebot an Ausbildungsplätzen spielt wie bei der betrieblichen Ausbildung eine entscheidende Rolle. Damit wird deutlich, dass sich Jugendliche nur dann Zugang zu einer außerbetrieblichen Ausbildungsstelle erschließen können, wenn eine ausreichende Anzahl an außerbetrieblichen Ausbildungsstellen zur Verfügung steht. Wie viele außerbetriebliche Stellen angeboten werden, ist wiederum abhängig von der relativen Bedeutung des Übergangssystems. So zeigte sich, dass in den westdeutschen Regionen, wo das Übergangssystem dominierend ist, weniger außerbetriebliche Stellen angeboten werden als in den neuen Ländern, wo dem Übergangssystem eine geringere Bedeutung zukommt (vgl. Tabelle 8, Tabelle 9 und Tabelle 10). Demzufolge nimmt nicht nur das Angebot an außerbetrieblichen Ausbildungsstellen, sondern auch die Angebotsstruktur des Bildungssystems in entscheidendem Maße Einfluss auf die Übergangschancen von Ausbildungsstellenbewerbern (Eberhard & Ulrich, 2010b; Eberhard & Ulrich, 2011): Ist das Übergangssystem stark ausgebaut, sinken die Chancen der Bewerber, in eine außerbetriebliche Ausbildungsstelle einzumünden. Vermittelt über die Angebotsstruktur beeinflusst daher auch der Wohnort der Bewerber die Übergangschancen. So haben Ausbildungsstellenbewerber, die sich erfolglos auf eine betriebliche Ausbildungsstelle beworben haben, eine höhere Chance, ersatzweise in eine außerbetriebliche Stelle einzumünden, wenn sie in den neuen Ländern leben. Aber warum ist dies so? Warum werden in den neuen Ländern häufiger außerbetriebliche Ausbildungsstellen angeboten als in den alten? Und warum ist das Übergangssystem im Westen stärker ausgebaut als im Osten?

Nach Eberhard und Ulrich (2011) sind die regionalen Disparitäten in der Angebotsstruktur mit den Erwartungen an die Ausbildungsleistung der Wirtschaft verknüpft. Die Autoren argumentieren, dass von der Wirtschaft erwartet werde, ein ausreichendes Angebot an Ausbildungsplätzen bereitzustellen, sodass allen ausbildungsreifen und ausbildungsinteressierten Jugendlichen der Zugang in eine Ausbildungsstelle ermöglicht wird. Liegt das Angebot weit unter der Nachfrage und verbleiben viele Bewerber unversorgt, drohen der Wirtschaft Sanktionen, schlimmstenfalls bis hin zur Erhebung einer Zwangsabgabe (Brase et al., 2004; Kath, 1999). Bewerber, die ohne eine betriebliche Ausbildungsstelle verbleiben, sollten somit zu einem Legitimationsproblem der Institutionen in den neuen und in den alten Ländern führen. Zu beobachten ist jedoch, so die Autoren, dass in den neuen Ländern

unversorgte Bewerber die Legitimation der Institutionen bisher nicht infrage gestellt haben. Sie wurden als eine Folgeerscheinung des Systemwechsels vom Sozialismus zur Marktwirtschaft betrachtet. Das heißt, ein Mangel an betrieblichen
Ausbildungsstellen wurde in der Vergangenheit darauf zurückgeführt, dass sich die
ostdeutsche Wirtschaft noch im Aufbau befand und daher noch nicht in der Lage
war, ein ausreichendes Ausbildungsangebot bereitzustellen. Als Konsequenz wurden
in den neuen Ländern in breitem Umfang außerbetriebliche Stellen eingerichtet,
um die fehlenden betrieblichen Ausbildungsplätze zu kompensieren. Demgegenüber
konnte in den alten Ländern eine größere Zahl von unversorgten Bewerbern nicht
auf die Folgen der Wiedervereinigung zurückgeführt werden. Um die Legitimation
der Institutionen zu erhalten, so die Autoren weiter, durften jedoch die schlechten
Übergangschancen der westdeutschen Bewerber nicht mit einem unzureichenden
Ausbildungsplatzangebot der Wirtschaft in Zusammenhang gebracht werden. Aus
diesem Grund wurden sie mit der unzureichenden Ausbildungsreife der Schulabgänger begründet, was dazu führte, dass selbst offiziell ausbildungsreife Bewerber,
die keine betriebliche Ausbildungsstelle erhalten hatten, in teilqualifizierende Maßnahmen einmündeten. Und dies führte wiederum dazu, dass teilqualifizierende Bildungsgänge des Übergangssystems im Westen eine große Bedeutung erlangten und
sich für die Jugendlichen zur quantitativ bedeutsamsten Alternative bei fehlenden
betrieblichen Ausbildungsstellen entwickelten. In den alten Ländern bestand die
Funktion des Übergangssystems also insbesondere darin, „die nicht befriedigte Ausbildungsplatznachfrage umzulenken und den Legitimationsdruck auf die Zugangs-
regelungen in das duale Ausbildungssystem zu lindern" (Eberhard & Ulrich, 2011,
S. 110–111).

Geschlecht

Das Geschlecht wurde im Rahmen der Modellüberprüfung als Kontrollvariable aufgenommen, um mögliche geschlechtsspezifische Effekte beim Übergang in eine außerbetriebliche Ausbildungsstelle zu kontrollieren. Und tatsächlich zeigte sich, dass
Frauen eine geringere Übergangschance in eine außerbetriebliche Ausbildungsstelle
hatten.

Aber wie kann nun der Befund erklärt werden, dass Frauen beim Zugang in
eine außerbetriebliche Ausbildungsstelle benachteiligt sind, obwohl zugangsrelevan-
te Faktoren wie Bildungsabschluss, Maßnahmenteilnahme oder Alter kontrolliert
wurden? Als Erklärungsmöglichkeit könnten sich zwei Faktoren eignen, die zum
Teil miteinander interagieren: die spezifische Berufsstruktur der außerbetrieblichen
Ausbildung nach BBiG/HwO (Pimminger, 2011) und ein geschlechtsspezifisches Ausweichverhalten von erfolglosen betrieblichen Ausbildungsstellenbewerberinnen.

Was die Berufsstruktur der außerbetrieblichen Ausbildung nach BBiG/HwO betrifft, so kann Tabelle 22 entnommen werden, dass in bestimmten Zuständigkeitsbereichen deutlich mehr außerbetriebliche Ausbildungsverträge geschlossen werden als in anderen. Im Jahr 2009[29] handelte es sich beispielsweise bei rund zwei Dritteln (63,5 %) der Verträge im Bereich Hauswirtschaft um außerbetriebliche Ausbildungsverhältnisse, im öffentlichen Dienst waren es dagegen nur 0,6 % (vgl. Tabelle 22, Spalte 2). Darüber hinaus zeigt Tabelle 22, dass zwischen den Ausbildungsbereichen eine geschlechtliche Segregation festzustellen ist. Während das Geschlechterverhältnis im Zuständigkeitsbereich Industrie und Handel noch relativ ausgeglichen war (Frauenanteil: 42,9 %), wurden in der Hauswirtschaft 92,4 %, im Handwerk jedoch nur 26,9 % der Verträge mit Frauen geschlossen (vgl. Tabelle 22, Spalte 3). Beachtet man nun zusätzlich, dass es sich beim frauendominierten Zuständigkeitsbereich Hauswirtschaft um einen sehr kleinen Ausbildungsbereich handelt – nur 1,5 % aller Frauen, die 2009 einen Ausbildungsvertrag geschlossen haben, schlossen diesen im Bereich Hauswirtschaft ab (vgl. Tabelle 22, Spalte 4) –, wird deutlich, dass die Struktur des außerbetrieblichen Ausbildungsplatzangebotes den selteneren Verbleib von Frauen in einer außerbetrieblichen Ausbildung erklären könnte. Das heißt, die vorgefundene Varianz bei der Ausbildungsform (außerbetrieblich vs. betrieblich) in Abhängigkeit von den Zuständigkeitsbereichen könnte für die geringen Zugangschancen von Frauen in eine außerbetriebliche Ausbildung verantwortlich sein. So könnte die faktische Einengung der Alternativen, entweder in einem männerdominierten Zuständigkeitsbereich (z. B. Handwerk) oder im relativ kleinen Ausbildungsbereich Hauswirtschaft eine außerbetriebliche Ausbildung aufzunehmen, Frauen dazu bewogen haben, auf eine außerbetriebliche Ausbildungsstelle zu verzichten.

Denkbar wäre aber auch, dass die befragten Frauen von vornherein gar keine außerbetriebliche Ausbildung als Ersatz für eine betriebliche Ausbildung in Betracht gezogen haben. Für sie könnte eine Ausbildung im Schulberufssystem die attraktivere Alternative darstellen, da hier überwiegend frauendominierte Berufe ausgebildet werden. Die Ergebnisse der BIBB-Übergangsstudie 2006 sprechen für diese Erklärungsmöglichkeit. So zeigen Analysen, dass Frauen häufiger als Männer ersatzweise eine vollqualifizierende Ausbildung im Schulberufssystem beginnen, wenn sie bei der betrieblichen Ausbildungssuche erfolglos waren (Beicht & Ulrich, 2008a).

---

29 Die Zahl der neu abgeschlossenen Ausbildungsverträge zum 31.12.2010 lag bei Fertigstellung der Arbeit noch nicht vor, sodass die Daten von 2009 verwendet wurden.

Tabelle 22: **Neu abgeschlossene Ausbildungsverträge 2009 nach Zuständigkeitsbereich, Finanzierungsform und Geschlecht in Prozent**

Zuständigkeits-bereich	Anteil der Zuständigkeits-bereiche an allen Neuabschlüssen	Anteil außer-betrieblicher Ausbildungs-verträge an allen Neuabschlüssen	Anteil der Frauen mit Neuabschlüssen an allen Neu-abschlüssen	Verteilung der Frauen mit Neu-abschlüssen nach Zuständigkeits-bereich
	Spalte 1	Spalte 2	Spalte 3	Spalte 4
Industrie und Handel	59,2	7,6	42,9	59,6
Handwerk	27,7	10,6	26,9	17,5
Landwirtschaft	2,7	14,8	23,5	1,5
Öffentlicher Dienst	2,4	0,6	65,4	3,7
Freie Berufe	7,3	1,2	94,5	16,0
Hauswirtschaft	0,7	63,5	92,4	1,5
Gesamt	100	8,4	42,6	100

Quelle: Berufsbildungsstatistik zum 31.12.2009, eigene Berechnungen

Deutlich wird, dass beide Erklärungsansätze die geringen Übergangschancen von Frauen in eine außerbetriebliche Ausbildungsstelle mit deren Entscheidungsverhalten in Verbindung bringen. Für eine abschließende Klärung könnten daher Studien hilfreich sein, die das Entscheidungsverhalten bzw. Ausweichverhalten von jungen Männern und Frauen, die nicht in eine betriebliche Ausbildungsstelle einmünden konnten, genauer untersuchen.

8.2.3 Verbleib in teilqualifizierenden Maßnahmen

Im Rahmen der vorliegenden Arbeit galt es nicht nur, die Zugangslogiken der betrieblichen und außerbetrieblichen Ausbildung zu untersuchen, sondern auch zu überprüfen, welche Faktoren dafür verantwortlich sind, dass erfolglose Ausbildungsstellenbewerber in ein teilqualifizierendes Bildungsangebot (z. B. Schulbesuch, BGJ oder EQ) einmünden, anstatt außerhalb des Bildungssystems (z. B. Jobben) zu verbleiben. Die Übergangsforschung hat sich dieser Fragestellung bisher nicht gewidmet, obwohl ihr eine große Bedeutung in Hinblick auf die weiteren Berufsbildungschancen von erfolglosen Ausbildungsstellenbewerbern zukommt. So verdeutlichen die Analysen der BIBB-Übergangsstudie 2006, dass unter den Personen, die keine Berufsausbildung absolviert hatten und somit ohne einen anerkannten Berufsabschluss verblieben waren, besonders viele Jugendliche zu finden waren, die nach ihrer erfolglosen Ausbildungsstellensuche nicht in eine teilqualifizierende Maßnahme eingemündet waren, sondern außerhalb des Bildungssystems verblieben waren (Beicht & Ulrich, 2008d). Das heißt, das Risiko keine Berufsausbildung zu absolvieren, trifft nicht nur Jugendliche, die sich nie um eine Ausbildungsstelle bemüht haben, sondern auch jene Bewerber, die nach ihrer erfolglosen Suche längere Phasen zu Hause verbrachten oder einer Erwerbstätigkeit nachgingen, anstatt in das teilqualifizierende Bildungssystem einzumünden.

Was sind nun die Gründe dafür, dass fast die Hälfte der befragten erfolglosen Ausbildungsstellenbewerber eine Erwerbstätigkeit aufnahmen, jobbten oder arbeitsuchend gemeldet und damit einem höheren Risiko ausgesetzt waren, künftig keine Berufsausbildung aufzunehmen? Es zeigte sich, dass die Zahl der Angebote im Übergangssystem Einfluss auf den Verbleib nehmen. So stieg mit der Anzahl der Übergangsangebote die Chance der erfolglosen Bewerber, eine teilqualifizierende Bildungsmaßnahme aufzunehmen. Daneben erwies sich der Schulabschluss als relevante Einflussgröße. Jugendliche mit einem mittleren Abschluss hatten im Vergleich zu Studienberechtigten und erfolglosen Bewerbern mit maximal Hauptschulabschluss die höchsten Chancen, ein teilqualifizierendes Bildungsangebot aufzunehmen. Dass Studienberechtigte, wenn sie denn keine Ausbildungsstelle erhalten haben, nicht weiter im teilqualifizierenden Bildungssystem verbleiben, ist unmittelbar auf ihren Bildungsabschluss zurückzuführen. Studienberechtigte haben bereits den höchsten allgemeinbildenden Schulabschluss erlangt, sodass eine Höherqualifizierung z. B. durch den Besuch der FOS oder des Gymnasiums nicht mehr nützlich ist. Und auch der Besuch von Maßnahmen des Übergangssystems, wie z. B. des BGJ oder der BvB, ist für Studienberechtigte unüblich (Autorengruppe Bildungsberichterstattung, 2008, 2010). Warum Hauptschulabsolventen dagegen nicht im Bildungssystem verbleiben, um z. B. ihr kulturelles Kapital zu verbessern, sondern stattdessen jobben, erwerbstätig oder arbeitsuchend gemeldet sind, ist fraglich. Möglich wäre zum einen, dass Jugendliche mit maximal Hauptschulabschluss eine stärkere Schulmüdigkeit oder -angst entwickelt haben als andere Absolventengruppen (Hofmann-Lun & Michel, 2004; Wagner, Dunkake & Weiß, 2004) und dementsprechend einen weiteren Schulbesuch scheuen. Da der Großteil der teilqualifizierenden Bildungsangebote verschult ist, wäre denkbar, dass sich erfolglose Bewerber mit maximal Hauptschulabschluss gegen einen Verbleib im Bildungssystem entscheiden, um einen erneuten Schulbesuch zu vermeiden. Denkbar wäre aber auch, dass die teilqualifizierenden Bildungsangebote für Jugendliche mit maximal Hauptschulabschluss nicht so attraktiv sind wie die oft weiterführenden Angebote für Jugendliche mit mittlerem Abschluss (z. B. Erwerb der Fachhochschulreife an der FOS).

Ebenfalls schwer zu interpretieren ist die Tatsache, dass Jugendliche, die bereits ein Praktikum absolviert haben, eine höhere Chance haben, ein teilqualifizierendes Bildungsangebot aufzunehmen. Möglich wäre, dass Jugendliche, die ein Praktikum beendet haben, mit dem teilqualifizierenden Bildungssystem verbunden sind und daher eine höhere Motivation haben, dort weiterhin zu verbleiben. Aber dann müsste sich auch der Besuch von Übergangsmaßnahmen förderlich auf den Verbleib im Bildungssystem auswirken, was jedoch nicht zu beobachten ist. Auch das Ergebnis, dass jene Jugendlichen, die sich in mehreren Berufen beworben haben, geringere Chancen auf den Verbleib in einem teilqualifizierenden Bildungsgang haben, ist schwer zu deuten. Denkbar wäre, dass eine hohe berufliche Flexibilität Ausdruck einer hohen Ausbildungsmotivation ist. Für Jugendliche, die sich in mehreren Berufen bewarben, könnte als Leitidee gegolten haben: „Hauptsache eine Lehrstelle" (Heinz & Krüger, 1985). Verbleibe in teilqualifizierenden Bildungsmaßnahmen könnten für sie von vornherein keine Alternative gewesen sein, sodass sie eine Erwerbstätigkeit oder das Jobben – möglicherweise auch ein weiteres Warten auf einen Ausbildungsplatz – dem Beginn einer teilqualifizierenden Bildungsmaßnahme vorgezogen haben. Dass Bewerber mit gesundheitlichen Einschränkungen häufiger außerhalb teilqualifizierender Bildungsangeboten verblieben, könnte eine direkte Folge ihrer eingeschränkten Gesundheit sein. So könnten sie nicht in der Lage gewesen sein, an Bildungsangeboten teilzunehmen.

Als zentrale Determinante für den Beginn eines teilqualifizierenden Bildungsangebotes erwies sich jedoch das Alter. Sobald die minderjährigen Bewerber bei der Modellprüfung ausgeschlossen waren, reduzierte sich der Anteil der aufgeklärten Varianz von 37,5 % auf 21,2 %. Für beide Gruppen – volljährige und minderjährige – galt jedoch: Je älter die erfolglosen Bewerber waren, desto unwahrscheinlicher war es, dass sie im Bildungssystem verblieben. Für die Gesamtgruppe der erfolglosen Bewerber – inklusive der minderjährigen Bewerber – ist der Alterseffekt sicherlich an die Schulpflicht der noch nicht volljährigen Bewerber gekoppelt. So ist vom Gesetzgeber vorgeschrieben, dass erfolglose Ausbildungsstellenbewerber bis zur Vollendung ihres 18. Lebensjahres die Schule besuchen müssen. Minderjährige Jugendliche, die eine duale Ausbildung aufgenommen haben, erfüllen automatisch ihre Schulpflicht, weil der Berufsschulunterricht Bestandteil der Berufsausbildung ist. Der Alterseffekt zeigte sich jedoch auch für die Teilgruppe der volljährigen Jugendlichen. Wie lässt sich dieses Ergebnis erklären? Betrachtet man die gegenwärtigen Verbleibe der Bewerber, die sich außerhalb des Bildungssystems befanden, zeigt sich, dass rund die Hälfte der Befragten erwerbstätig war oder jobbte. Angenommen werden kann, dass mit steigendem Alter das Bedürfnis der Jugendlichen wächst, finanziell auf eigenen Beinen zu stehen. Ein Verbleib in einem teilqualifizierenden Bildungsangebot hätte diesem Bedürfnis entgegengestanden. Denkbar wäre aber auch, dass der Eintritt in teilqualifizierende Bildungsangebote deshalb mit steigendem Alter unwahrscheinlicher wird, weil die Vergabe mancher Angebote an ein

Höchstalter gekoppelt ist. So können beispielsweise nur Jugendliche bis zum 25. Lebensjahr eine berufsvorbereitende Maßnahme beginnen.

Offen bleibt an dieser Stelle jedoch, ob die Befragten den Beginn von teilqualifizierenden Bildungsgängen überhaupt angestrebt oder von vornherein andere Alternativen angesteuert haben. Die Unkenntnis über die Bildungsabsicht der erfolglosen Ausbildungsstellenbewerber verbietet somit, die statistisch festgestellten geringen Zugangschancen bestimmter Gruppen (z. B. älterer Bewerber) mit Benachteiligungseffekten beim Zugang in teilqualifizierende Bildungsangebote gleichzusetzen. Vielmehr deuten die vorliegenden Befunde und ihre Erklärungsversuche an, dass der Verbleib erfolgloser Ausbildungsstellenbewerber nicht nur mit den Zugangsregeln in teilqualifizierende Bildungsangebote verbunden, sondern auch Folge des Entscheidungsverhaltens der Jugendlichen sein könnte. Um Klarheit über die Bildungschancen von erfolglosen Ausbildungsstellenbewerbern zu erhalten, ist in künftigen Untersuchungen zum Übergangsgeschehen an der ersten Schwelle daher dringend zu untersuchen, welche Entscheidungen erfolglose Ausbildungsstellenbewerber hinsichtlich ihres weiteren Bildungsweges treffen. Hierbei wäre zudem interessant zu erfahren, welche Personen aus dem Umfeld der Betroffenen (Eltern, Berufsberater, Freunde oder Lehrer) die Entscheidung der Jugendlichen beeinflussen.

9 Schlussbetrachtung

„Da die meritokratische Ideologie die Praxis unserer Bildungseinrichtung dominiert, werden Erfolg und Misserfolg bei Bildungs- und Berufsübergängen auf die individuelle Leistungsfähigkeit und Motivation [...] unter Vernachlässigung der anderen Ressourcen zurückgeführt" (Heinz, 2011, S. 21).

Die Arbeit versteht sich als ein Plädoyer für eine institutionell basierte Analyse des Übergangsgeschehens. Sie soll für eine Perspektive der Übergangsforschung werben, bei der individuelle und soziale Ressourcen stets in Abhängigkeit der institutionellen Rahmen reflektiert werden. Denn welche Formen des personalen und sozialen Kapitals für den Übergang in eine duale Berufsausbildung relevant werden, variiert damit, wie der Zugang geregelt ist. Für das duale System der Berufsausbildung nach BBiG/HwO ist dabei entscheidend, ob der Zugang marktgesteuert in eine betriebliche Ausbildungsstelle oder in eine überwiegend staatlich finanzierte außerbetriebliche Stelle erfolgt.

Stellt man die übergangsrelevanten Formen des personalen und sozialen Kapitals gegenüber, so wird deutlich, wie stark sich die Sortierlogiken der beiden Ausbildungsformen unterscheiden. Tabelle 23 gibt abschließend einen Überblick darüber, welche Merkmale sich für den Übergang in eine *betriebliche* und welche sich für den Beginn einer *außerbetrieblichen* Ausbildungsstelle als bedeutsam erwiesen.

Während für den Zugang in eine betriebliche Ausbildungsstelle ausbildungsreife Bewerber, junge Bewerber, Jugendliche ohne Migrationshintergrund, Bewerber mit hohen Schulabschlüssen und guten Zensuren, Ausbildungsstellenbewerber, die ein Praktikum absolviert haben und die von anderen ausreichend unterstützt wurden, gute Chancen haben, sind ältere Bewerber sowie Bewerber, die Übergangsmaßnahmen beendet haben und Jugendliche mit geringen Schulabschlüssen klar im Vorteil, wenn es um den Übergang in eine außerbetriebliche Ausbildungsstelle geht.

Die Ergebnisse bestätigen somit die Kernannahme des ressourcentheoretischen Modells zum Übergang an der ersten Schwelle. Gezeigt werden konnte, dass allein die institutionellen Rahmenbedingungen festlegen, welche Formen des personalen und sozialen Kapitals für den Übergang erforderlich sind. Die Institutionen nehmen demnach eine übergeordnete Stellung ein und sind von besonderer Bedeutung, um das Geschehen beim Übergang Schule – Beruf verstehen zu können.

Tabelle 23: **Determinanten des Übergangs in eine betriebliche und außerbetriebliche Ausbildungsstelle**

	betriebliche Ausbildungsstelle	außerbetriebliche Ausbildungsstelle
Aspekte der Ausbildungsreife		
wusste, dass Lehre das Richtige ist	förderlich	kein Einfluss
in mehreren Berufen beworben	förderlich	kein Einfluss
keine gesundheitlichen Probleme	förderlich	kein Einfluss
Schulabschluss	je höher der Abschluss, desto höher die Chance	je geringer der Abschluss, desto höher die Chance
Zensuren		
Deutschnote	je besser die Note, desto höher die Chance	kein Einfluss
Mathematiknote	je besser die Note, desto höher die Chance	kein Einfluss
gute schulische Vorbereitung	förderlich	kein Einfluss
Praktikum absolviert	förderlich	förderlich
beendete Übergangsmaßnahmen	kein Einfluss	je mehr Maßnahmen beendet, desto höher die Chance
soziales Kapital		
wurde ausreichend unterstützt	förderlich	kein Einfluss
Alter	je jünger, desto höher die Chance	je älter, desto höher die Chance
Migrationshintergrund		
Deutsche ohne Migrationshintergrund	förderlich	kein Einfluss
osteuropäischer/GUS-Migrationshintergrund	hinderlich	kein Einfluss
türkisch-arabischer Migrationshintergrund	hinderlich	kein Einfluss
südeuropäischer Migrationshintergrund	hinderlich	kein Einfluss
sonstiger Migrationshintergrund	hinderlich	kein Einfluss
Ausbildungsstellenmarkt	je besser die Angebotsquote, desto höher die Chance	je besser die Angebotsquote, desto höher die Chance
weibliches Geschlecht	hinderlich	hinderlich

Quelle: BA/BIBB-Bewerberbefragung 2008, eigene Darstellung

Abschließend muss jedoch auch festgehalten werden, dass viele Faktoren, die im Rahmen des theoretischen Modells als übergangsrelevante Formen des personalen, sozialen und mittelbaren institutionellen Kapitals dargestellt wurden, bei den Analysen nicht berücksichtigt werden konnten, da hierzu Daten fehlten. Insbesondere die Messung des sozialen Kapitals ist als unzureichend zu bezeichnen. Dies dürfte wohl auch ein Grund dafür sein, dass der Anteil der aufgeklärten Varianz beim Zugang in eine betriebliche Ausbildungsstelle lediglich bei 24,0 % und beim Verbleib in eine außerbetriebliche Ausbildungsstelle bei 20,5 % lag und damit weniger als die Hälfte der Varianz der abhängigen Variablen durch die unabhängigen Variablen erklärt werden konnte (vgl. Backhaus et al., 2006). Beachtet werden muss zudem, dass die hier vorgestellten Ausbildungsmarktindikatoren zwar große Vorteile im Vergleich zu den klassischen Marktindikatoren aufweisen, sie jedoch noch verbesserungswürdig sind. So konnte bei der regionalisierten berufsspezifischen Angebotsquote die Nachfrage nicht über die Gesamtzahl aller ausbildungsinteressierten Personen gemessen werden, da für diese Gruppe berufsspezifische Angaben fehlten. Die Quote musste daher nach der erweiterten Nachfragedefinition berechnet werden, was mit einer Unterschätzung des Nachfragevolumens verbunden ist. Künftig werden jedoch berufsspezifische Daten für die Gesamtgruppe der ausbildungsinteressierten Jugendlichen vorliegen, sodass diese für die Berechnung der regionalisierten berufsspezifischen Angebotsquote genutzt werden sollten. Was die betriebliche und die außerbetriebliche Angebotsquote betrifft, so konnten diese lediglich auf der Ebene der Bundesländer berechnet werden, weil die Schätzungen der BA hinsichtlich des betrieblichen und außerbetrieblichen Angebots für das Jahr 2008 nur auf der Bundeslandebene erfolgten. Die Bundeslandebene stellt jedoch eine relativ grobe Einheit dar, sodass die Quoten mit regionalen Unschärfen verbunden sein dürften (Ulrich et al., 2009a). Zahlen zum betrieblichen und außerbetrieblichen Angebot nachfolgender Jahre liegen jedoch auf der Ebene der Arbeitsagenturbezirke vor, sodass in künftigen Untersuchungen die betriebliche und die außerbetriebliche Angebotsquote auf dieser Ebene berechnet werden sollten.

Zu berücksichtigen ist des Weiteren, dass die vorgestellten Indikatoren das Mobilitätsverhalten der Jugendlichen nicht erfassen können. Das heißt, die Indikatoren bilden lediglich die Angebotsquoten in der Wohnregion der Befragten ab[30]. Über die Postleitzahl der Bewerber wurden die Angebotsquoten auf der Ebene der Bundesländer bzw. Arbeitsagenturen zugespielt. Gemessen wurde demnach nur, wie sich die Marktverhältnisse im Bundesland bzw. im Arbeitsagenturbezirk der Jugendlichen

---

30 Die Jugendlichen wurden gebeten, die Postleitzahl ihres gegenwärtigen Wohnortes zu nennen. Jugendliche, die z. B. infolge ihres Ausbildungsbeginns umgezogen waren, sollten die Postleitzahl ihres vorherigen Wohnorts angeben.

gestalteten. Nun ist jedoch bekannt, dass sich Jugendliche auch außerhalb der Hei-matregion um Ausbildungsstellen bewerben (Beicht & Eberhard, 2009b; Ulrich et al., 2006b). Für mobile Ausbildungsstellenbewerber wurde die Marktlage somit unvoll-ständig abgebildet. Wollte man die regionale Mobilität der Jugendlichen bei der Ab-bildung der Marktlagen berücksichtigen, müsste man diese jedoch fragen, wo genau sie sich um Ausbildungsstellen beworben haben. Dass Jugendliche die Postleitzahl aller Betriebe kennen, bei denen sie sich um eine Ausbildungsstelle beworben haben, ist jedoch unwahrscheinlich. Folglich wird man sich auch in Zukunft auf die Ausbil-dungsmarktsituation am Wohnort der Jugendlichen konzentrieren müssen.

Kritisch angemerkt werden muss außerdem, dass bei der Konstruktion des Verbleibs in einer außerbetrieblichen Ausbildungsstelle die unterschiedlichen For-men der außerbetrieblichen Ausbildung nach BBiG/HwO nicht getrennt untersucht wurden, weil hierzu Angaben fehlten. Unklar war also beispielsweise, ob sich der Jugendliche in einer Programmstelle für marktbenachteiligte oder aber in einer Ausbildungsstelle für sozial- oder lernbenachteiligte Personen befand. Zwar wurde im Rahmen der Untersuchung unterschieden, ob die außerbetriebliche Ausbildung vollzeitschulisch stattfand oder bei einem Bildungsträger, doch war die Gruppe der vollzeitschulischen Auszubildenden nach BBiG/HwO zu klein, um hier differenzierte Analysen zu den Zugangslogiken zu untersuchen. Interessant wäre jedoch zu über-prüfen, wie sich der Zugang in die verschiedenen außerbetrieblichen Bildungsgänge gestaltet: Welche Jugendlichen beginnen eine vollzeitschulische Ausbildung nach BBiG/HwO? Welche ausbildungsreifen Bewerber münden in eine Ausbildung für so-zial- oder lernbenachteiligte Jugendliche ein? Und welche Bewerber erhalten einen Platz in einem Programm für marktbenachteiligte Jugendliche?

Darüber hinaus bleiben viele Befunde unerklärt wie beispielsweise die beob-achtete geschlechtliche Segregation beim Übergang in eine betriebliche und eine außerbetriebliche Ausbildungsstelle oder die Benachteiligung von Migranten beim Zugang in eine betriebliche Ausbildungsstelle. Aber nicht nur zum Übergang in eine duale Ausbildung nach BBiG/HwO ist weitere Forschung dringend notwendig, son-dern auch zum Verbleib erfolgloser Ausbildungsstellenbewerber. Da ein Verbleib außerhalb des teilqualifizierenden Bildungssystems mit einem hohen Risiko verbun-den ist, künftig keinen Zugang zu einer vollqualifizierenden Ausbildung zu erhalten, ist es notwendig, die Wege von erfolglosen Ausbildungsbewerbern zu verfolgen und deren Bildungsentscheidungen genau zu untersuchen.

Die Forschung zum Übergang an der ersten Schwelle hat die institutionellen Rahmenbedingungen bisher zu wenig beachtet. Zu hoffen bleibt, dass sich dies künf-tig ändern wird, da die Nichtberücksichtigung der Institutionen zu Artefakten bei den Ergebnissen führen kann. Ein Beispiel ist der Migrationshintergrund, der die Zugangschance in eine betriebliche Ausbildung senkt, beim Verbleib in einer außerbetriebliche Berufsausbildung jedoch keine Rolle spielt. Wird nun untersucht, ob der Migrationshintergrund den Übergang in eine Ausbildungsstelle beeinflusst, ohne danach zu differenzieren, ob es sich um die Einmündung in eine betriebliche oder außerbetriebliche Stelle handelt, verschwimmen die Effekte und sind nicht eindeutig zu interpretieren. Weil die Ausbildungsform mit unterschiedlichen Verteilungsregeln verbunden ist und mit dem Sozial- und Personalkapital interagiert, sollten in allen künftigen Untersuchungen zum Übergang an der ersten Schwelle Fragen zur Ausbildungsform (Markt- und Legislativ- bzw. Exekutivkapital) nicht fehlen.

Bei der Planung künftiger Untersuchungen sollte aber auch bedacht werden, dass die institutionellen Rahmenbedingungen veränderlich sind. Ändert sich beispielsweise die Lage auf dem Ausbildungsstellenmarkt, könnte sich das Einstellungsverhalten der Betriebe ändern, und damit könnten andere Formen des personalen und sozialen Kapitals übergangsrelevant werden. Denkbar wäre beispielsweise, dass Betriebe aufgrund von Rekrutierungsproblemen weniger auf die Schulabschlüsse der Bewerber, jedoch dafür stärker auf ihre Persönlichkeit und ihr Entwicklungspotenzial achten. Auch könnten neue Formen des mittelbaren institutionellen Kapitals bereitgestellt werden, die es in das Modell zu integrieren gilt. So ist zu vermuten, dass die Themen Berufswahl und Berufsorientierung an Bedeutung gewinnen werden und die Berufsorientierung in der allgemeinbildenden Schule verstärkt werden wird. Deutlich wird also, dass Übergangsforschung eine ständige Beobachtung der Geschehnisse am Ausbildungsstellenmarkt bzw. am Übergang Schule – Berufsausbildung erfordert. Zudem gilt es, in Zukunft mehr Aufmerksamkeit den Ausbildungsmarktindikatoren zu widmen, um eine valide Messung der Marktsituation zu ermöglichen.

Spannend bleibt, wie sich der demografische Wandel auf die Institutionen am Übergang in eine duale Ausbildungsstelle auswirken wird. So hat der Ausbildungsmarkt durch den demografischen Einbruch in jüngerer Zeit eine neue Dynamik erfahren. Wurden in den neuen Ländern 2005 noch rund 207.658 Schulabgänger und -absolventen aus allgemeinbildenden Schulen registriert, waren es 2010 nach ersten Schätzungen nur noch rund 114.099 Jugendliche, welche die allgemeinbildende Schule verließen (Maier & Ulrich, 2011, S. 72). Im Westen stieg zwar die Zahl der Schulabgänger und -absolventen von 731.621 in 2005 auf geschätzt 733.627 in 2010 leicht an, berücksichtigt man jedoch nur die Zahl der nicht studienberechtigten Schulabgänger, welche die Hauptklientel des dualen Systems darstellen, lassen sich auch für die alten Länder bereits Rückgänge verzeichnen (2005: 554.729, 2010: 503.571) (ebenda). Kompensatorisch werden sich allenfalls noch die bis 2013 steigenden Abiturientenzahlen – insbesondere auch als Effekt doppelter Abiturientenjahrgänge (vgl. auch Große Deters, Ulmer & Ulrich, 2008) und das Aussetzen der Wehrpflicht auswirken (Maier & Ulrich, 2011). Gleichzeitig ist jedoch aufgrund der

positiven wirtschaftlichen Entwicklung mit einer Erhöhung des betrieblichen Ausbildungsplatzangebots zu rechnen, sodass sich die Situation auf dem Ausbildungsstellenmarkt zugunsten der Jugendlichen verändern wird (ebenda). Diese Entwicklung
betrifft jedoch nicht alleine das duale System der Berufsausbildung nach BBiG/HwO,
sondern alle teil- und vollqualifizierenden Bildungsgänge von der berufsvorbereitenden Maßnahme bis hin zum Hochschulstudium. Zu erwarten ist daher, dass nicht
nur die Betriebe – innerhalb des dualen Systems – zueinander in Konkurrenz um
die Jugendlichen treten werden, sondern dass auch die Bildungssysteme um die
Bildungsteilnehmer konkurrieren werden.

Diese Entwicklung wirft eine Reihe von spannenden Fragen auf: Wie wird sich
der demografische Wandel auf die Institutionen am Übergang an der ersten Schwelle
auswirken? Wird das Übergangssystem an Bedeutung verlieren? Werden Jugendliche mit Migrationshintergrund beim Übergang in eine betriebliche Ausbildungsstelle nun die gleichen Chancen haben wie Bewerber ohne Migrationshintergrund?
Werden Ausbildungsstellenbewerber weitgehend unabhängig von ihrem Qualifikationsprofil eine Ausbildungsstelle erhalten? Werden die Betriebe ihr Anspruchsniveau
senken? Ist soziales Kapital künftig nun aufseiten der Betriebe notwendig, damit
diese Kontakt zu potenziellen Ausbildungsstellenbewerbern aufnehmen können?

Für die Übergangsforschung ergeben sich somit zahlreiche neue Fragestellungen. Aber auch in Zukunft wird für die Forschung stets eine Regel gelten: Um die
Bedeutung des personalen und sozialen Kapitals für den Zugang zu einer dualen
Berufsausbildungsstelle zu bewerten, müssen die Kapitalformen in Zusammenhang
mit den geltenden Institutionen betrachtet werden. Allein die institutionellen Rahmenbedingungen bestimmen, welche Ressourcen für den Übergang relevant sind.
Und dies gilt nicht nur für den Zugang in eine duale Ausbildung, sondern auch für
die Übergänge in die Hochschulausbildung oder in das Schulberufssystem, die wiederum mit spezifischen institutionellen Rahmenbedingungen verbunden sind.

Literaturverzeichnis

Abraham, M. & Arpagaus, J. (2008). Wettbewerb, soziales Umfeld oder gezielte Lebensplanung. Determinanten der horizontalen Geschlechtersegregation auf dem Lehrstellenmarkt. *Soziale Welt, 59*(3), S. 205–225.

Albers, H.-J. (2008). Bildung und Weiterbildung – technischer Fortschritt und Qualifikation. In H. May (Hrsg.), *Handbuch zur ökonomischen Bildung* (9., völlig überarbeitete, aktualisierte Auflage). München: Oldenbourg Wissenschaftsverlag.

Allmendinger, J. (1989a). *Career mobility dynamics: A comparative analysis of the United States, Norway, and West Germany.* Berlin: edition sigma.

Allmendinger, J. (1989b). Educational Systems and Labor Market Outcomes. *European Sociological Review, 5*(3), S. 231–250.

Allmendinger, J., Giesecke, J. & Oberschachtsiek, D. (2011). *Uzureichende Bildung: Folgekosten für die öffentlichen Haushalte. Eine Studie des Wissenschaftszentrum Berlin für Sozialforschung im Autrag der Bertelsmann Stiftung.* Bielefeld: Bertelsmann Stiftung.

Archer, S. L. (1993). Identity Status in Early and Middle Adolescents. Scoring Criteria. In J. E. Marcia, A. S. Waterman, D. R. Meatteson, S. L. Archer & J. L. Orlofsky (Hrsg.), *Ego Identity. A Handbook for Psychosocial Research* (S. 177–204). New York: Springer.

Arrow, K. J. (1973). Higher Education as a Filter. *Journal of Public Economics, 2*(3), S. 193–216.

Asendorpf, J. B. (2004). *Psychologie der Persönlichkeit* (3. Auflage). Berlin: Springer.

Autorengruppe BIBB/Bertelsmann Stiftung (2011). *Reform des Übergangs von der Schule in die Berufsausbildung. Aktuelle Vorschläge im Urteil von Berufsbildungsexperten und Jugendlichen (Wissenschaftliche Diskussionspapiere, Heft 122).* Bonn: Bundesinstitut für Berufsbildung.

Autorengruppe Bildungsberichterstattung (2008). *Bildung in Deutschland 2008. Ein indikatorengestützter Bericht mit einer Analyse zu Übergängen im Anschluss an den Sekundarbereich.* Bielefeld: Bertelsmann.

Autorengruppe Bildungsberichterstattung (2010). *Bildung in Deutschland 2010. Ein indikatorengestützter Bericht mit einer Analyse zu Perspektiven des Bildungswesens im demografischen Wandel.* Bielefeld: Bertelsmann.

Avenarius, H. & Rux, J. (2004). *Rechtsprobleme der Berufsausbildung. Zu den geltenden Rechtslagen und den Möglichkeiten ihrer Änderung.* Weinheim: Juventa.

Backhaus, K., Erichson, B., Plinke, W. & Weiber, R. (2006). *Multivariate Analysemethoden* (11. Auflage). Berlin: Springer.

Baethge, M. (2004). Entwicklungstendenzen der Beruflichkeit. Neue Befunde aus der industriesoziologischen Forschung. *Zeitschrift für Berufs- und Wirtschaftspädagogik, 100*(3), S. 336–347.

Baethge, M. (2006). Staatliche Berufsbildungspolitik in einem korporatistischen System. In P. Weingart & N. C. Taubert (Hrsg.), *Das Wissensministerium. Ein halbes Jahrhundert Forschungs- und Bildungspolitik in Deutschland* (S. 435–469). Weilerswist: Velbrück Wissenschaft.

Baethge, M. (2008). Das berufliche Bildungswesen in Deutschland am Beginn des 21. Jahrhunderts. In K. S. Cortina, J. Baumert, A. Leschinsky, K. U. Mayer & L. Trommer (Hrsg.), *Das Bildungswesen in der Bundesrepublik Deutschland* (vollständig überarbeitete Neuausgabe, August 2008) (S. 541–597). Hamburg: Rowohlt.

Baethge, M. & Baethge-Kinsky, V. (1998). Jenseits von Beruf und Beruflichkeit? – Neue Formen von Arbeitsorganisation und Beschäftigung und ihre Bedeutung für eine zentrale Kategorie gesellschaftlicher Integration. *Mitteilungen aus der Arbeitsmarkt- und Berufsforschung, 31*(3), S. 461–472.

Baethge, M., Hantsche, B., Pelull, W. & Voskamp, U. (1988). *Jugend: Arbeit und Identität. Lebensperspektiven und Interessenorientierung von Jugendlichen.* Opladen: Westdeutscher Verlag.

Baethge, M., Solga, H. & Wieck, M. (2007). *Berufsbildung im Umbruch. Signale eines überfälligen Umbruchs* (1. Auflage). Berlin: Friedrich-Ebert-Stiftung.

Beck, U., Brater, M. & Daheim, H. (1980). *Soziologie der Arbeit und der Berufe.* Reinbek bei Hamburg: Rowohlt.

Becker, G. S. (1962). Investment in Human Capital: A Theoretical Approach. *Journal of Political Economy, 70*(5), S. 9–49.

Becker, G. S. (1964). *Human capital.* New York: Economic Bureau of Economic Research.

Becker, G. S. (1993). *Human Capital. A Theoretical and Empirical Analysis with Special Reference to Education.* Chicago: University Press.

Becker, R. (2009). Entstehung und Reproduktion dauerhafter Bildungsungleichheiten. In R. Becker (Hrsg.), *Lehrbuch der Bildungssoziologie* (S. 85–129). Wiesbaden: VS Verlag für Sozialwissenschaften.

Becker, R. & Lauterbach, W. (2007). Bildung als Privileg – Ursachen, Mechanismen, Prozesse und Wirkungen. In R. Becker & W. Lauterbach (Hrsg.), *Bildung als Privileg. Erklärungen und Befunde zu den Ursachen der Bildungsungleichheit* (2., aktualisierte Auflage) (S. 9–41). Wiesbaden: VS Verlag für Sozialwissenschaften.

Behr-Heintze, A. & Lipski, J. (2004). *Schule und soziale Netzwerke, Zentrale Befunde und Empfehlungen. Eine Zusammenfassung des Schlussberichtes.* München: Deutsches Jugendinstitut.

Behringer, F. & Ulrich, J. G. (1997). Die Angebotsabhängigkeit der Nachfrage nach Ausbildungsstellen als Problem bei der Vorausschätzung der zukünftigen Nachfrage. *Mitteilungen aus der Arbeitsmarkt- und Berufsforschung, 30*(3/97), S. 612–619.

Beicht, U. (2009). *Verbesserung der Ausbildungchancen oder sinnlose Warteschleifen? Zur Bedeutung und Wirksamkeit von Bildungsgängen am Übergang Schule – Berufsausbildung* (BIBBReport 11/2009). Bonn: Bundesinstitut für Berufsbildung.

Beicht, U. & Eberhard, V. (2009a). Chancen von Altbewerbern und Altbewerberinnen – Ergebnisse der BA/BIBB-Bewerberbefragung 2008. In Bundesinstitut für Berufsbildung (Hrsg.), *Datenreport zum Berufsbildungsbericht 2009* (S. 87–92). Bonn: Bundesinstitut für Berufsbildung.

Beicht, U. & Eberhard, V. (2009b). Regionale Mobilität von Ausbildungsstellenbewerbern und -bewerberinnen – Ergebnisse der BA/BIBB-Bewerberbefragung. In Bundesinstitut für Berufsbildung (Hrsg.), *Datenreport zum Berufsbildungsbericht 2009* (S. 82–86). Bonn: Bundesinstitut für Berufsbildung.

Beicht, U. & Eberhard, V. (2011a). Ausbildungsvermittlung (Ausbildungsmarktstatistik der Bundesagentur für Arbeit). In Bundesinstitut für Berufsbildung (Hrsg.), *Datenreport zum Berufsbildungsbericht 2011* (S. 46–62). Bonn: Bundesinstitut für Berufsbildung.

Beicht, U. & Eberhard, V. (2011b). Ergebnisse der BA/BIBB-Bewerberbefragung 2010. In Bundesinstitut für Berufsbildung (Hrsg.), *Datenreport zum Berufsbildungsbericht 2011* (S. 94–105). Bonn: Bundesinstitut für Berufsbildung.

Beicht, U., Friedrich, M. & Ulrich, J. G. (2007a). *Deutlich längere Dauer bis zum Ausbildungseinstieg. Schulabsolventen auf Lehrstellensuche* (BIBBReport 2/2007). Bonn: Bundesinstitut für Berufsbildung.

Beicht, U., Friedrich, M. & Ulrich, J. G. (2007b). Steiniger Weg in die Berufsausbildung – Werdegang von Jugendlichen nach Beendigung der allgemeinbildenden Schule. *Berufsbildung in Wissenschaft und Praxis, 36*(2), S. 5–9.

Beicht, U., Friedrich, M. & Ulrich, J. G. (2008). *Ausbildungschancen und Verbleib von Schulabsolventen*. Bielefeld: Bertelsmann.

Beicht, U. & Granato, M. (2009). Übergänge in eine berufliche Ausbildung. Geringere Chancen und schwierige Wege für junge Menschen mit Migrationshintergrund (WISODiskurs September 2009). Bonn: Friedrich-Ebert-Stiftung.

Beicht, U. & Granato, M. (2010). *Ausbildungsplatzsuche: Geringere Chancen für junge Frauen und Männer mit Migrationshintergrund* (BIBBReport 15/10). Bonn: Bundesinstitut für Berufbildung.

Beicht, U. & Granato, M. (2011). *Prekäre Übergänge vermeiden – Potenzial nutzen. Junge Frauen und Männer mit Migrationshintergrund an der Schwelle von der Schule zur Ausbildung. (WISODiskurs Juli 2011)*. Bonn: Friedrich-Ebert-Stiftung.

Beicht, U., Granato, M. & Ulrich, J. G. (2011). Mindert Berufsausbildung die soziale Ungleichheit von Jugendlichen mit und ohne Migrationshintergrund? In M. Granato, D. Münk & R. Weiß (Hrsg.), *Migration als Chance. Der Beitrag der beruflichen Bildung* (Berichte zur beruflichen Bildung. Sonderband) (S. 187–120). Bielefeld: Bertelsmann.

Beicht, U. & Ulrich, J. G. (2008a). Ausbildungsverlauf und Übergang in Beschäftigung. Teilnehmer/-innen an betrieblicher und schulischer Berufsausbildung im Vergleich. *Berufsbildung in Wissenschaft und Praxis, 37*(3), S. 19–23.

Beicht, U. & Ulrich, J. G. (2008b). Ergebnisse der BIBB-Übergangsstudie. In U. Beicht, M. Friedrich & J. G. Ulrich (Hrsg.), *Ausbildungschancen und Verbleib von Schulabsolventen* (S. 101–291). Bielefeld: Bertelsmann.

Beicht, U. & Ulrich, J. G. (2008c). Übergänge von der allgemeinbildenden Schule in eine vollqualifizierende Ausbildung (Ergänzende Analysen für den zweiten nationalen Bildungsbericht zum Schwerpunktthema «Übergänge im Bildungssystem und zwischen Bildungssystem und Arbeitsmarkt» auf Basis der BIBB-Übergangsstudie). Bonn: Bundesinstitut für Berufsbildung.

Beicht, U. & Ulrich, J. G. (2008d). *Welche Jugendliche bleiben ohne Berufsausbildung? Analysen von wichtigen Einflussfaktoren unter besonderer Berücksichtigung der Bildungsbiographie* (BIBB REPORT 6/2008). Bonn: Bundesinstitut für Berufsbildung.

Beicht, U. & Ulrich, J. G. (2009). Auszubildende mit betrieblichen und außerbetrieblichen Ausbildungsverträgen. In Bundesinstitut für Berufsbildung (Hrsg.), *Datenreport zum Berufsbildungsbericht 2009* (S. 123–127). Bonn: Bundesinstitut für Berufsbildung.

Beicht, U. & Ulrich, J. G. (2010a). Anteil betrieblicher und außerbetrieblicher Ausbildung. In Bundesinstitut für Berufsbildung (Hrsg.), *Datenreport zum Berufsbildungsbericht 2010* (S. 125–128). Bonn: Bundesinstitut für Berufsbildung.

Beicht, U. & Ulrich, J. G. (2010b). Bilanzierung oder Rechtfertigung? Was Urteile von Probanden zum Ausbildungsnutzen bedeuten. Eine akteurtheoretische Kritik an der Bildungsevaluation. *Swiss Journal of Sociology, 36*(1), S. 37–61.

Beicht, U. & Ulrich, J. G. (2010c). Verbleib von Altbewerbern und Altbewerberinnen. In Bundesinstitut für Berufsbildung (Hrsg.), *Datenreport zum Berufsbildungsbericht 2010*. Bonn: Bundesinstitut für Berufsbildung.

Below, S. v. (2002). *Bildungssysteme und soziale Ungleichheit. Das Beispiel der neuen Bundesländer.* Opladen: Leske + Buderich.

Bender, S. & Dietrich, H. (2001). *Unterschiedliche Startbedingungen haben langfristige Folgen. Der Einmündungsverlauf der Geburtskohorten 1964 und 1971 in Ausbildung und Beschäftigung – Befunde aus einem IAB-Projekt.* Nürnberg: Bundesanstalt für Arbeit.

Benner, H. & Schmidt, H. (2001). Gesellschaftlich anerkannte Prinzipien des dualen Berufsausbildungssystems. In G. Cramer, H. Schmidt & W. Wittwer (Hrsg.), *Ausbilder-Handbuch* (43. Erg.-Lfg.-April 2001) (S. 1–7). Köln: Verlag der deutschen Wirtschaft.

Bertelsmann Stiftung (Hrsg.). (2011). Übergänge mit System. Rahmenkonzept für eine Neuordnung des Übergangs von der Schule in den Beruf. Gütersloh: Bertelsmann Stiftung.

Bertelsmann Stiftung, Bundesarbeitsgemeinschaft SchuleWirtschaft & MTO Psychologische Forschung und Beratung GmbH (2010). *Leitfaden Berufsorientierung. Praxishandbuch zur qualitätszentrierten Berufs- und Studienorientierung an Schulen* (3. Auflage). Gütersloh: Bertelsmann Stiftung.

Bertschy, K., Cattaneo, M. A. & Wolter, S. C. (2011). PISA and the Transition into the Labour Market. In M. M. Bergmann, S. Hupka-Brunner, A. Keller, T. Meyer & B. E. Stalder (Hrsg.), *Transitionen im Jugendalter. Ergebnisse der Schweizer Längsschnittstudie TREE* (S. 217–245). Zürich: Seismo.

Blossfeld, H.-P. (1985). Berufseintritt und Berufsverlauf. *Mitteilungen aus der Arbeitsmarkt- und Berufsforschung 18*(2), S. 177–197.

Blossfeld, H.-P. (1989). *Kohortendifferenzierung und Karriereprozess*. Frankfurt: Campus.

Blossfeld, H.-P. & Mayer, K. U. (1988). Arbeitsmarktsegmentation in der Bundesrepublik Deutschland. Eine empirische Überprüfung von Segmentationstheorien aus der Perspektive des Lebenslaufs. *Kölner Zeitschrift für Soziologie und Sozialpsychologie, 40*(2), S. 262–283.

Bortz, J. (1999). *Statistik für Sozialwissenschaftler* (5., vollständig überarbeitete Auflage). Berlin: Springer.

Bosch, G. (2008). Zur Zukunftsfähigkeit des deutschen Berufsbildungssystems. *Arbeit, 17*(4), S. 239–253.

Bourdieu, P. (1982). *Die feinen Unterschiede*. Frankfurt am Main: Suhrkamp.

Bourdieu, P. (1983). Ökonomisches Kapital, kulturelles Kapital, soziales Kapital. In R. Kreckel (Hrsg.), *Soziale Ungleichheiten. Soziale Welt, Sonderband 2* (S. 183–198). Göttingen: Otto Schwartz & Co.

Bourdieu, P. (1993). *Soziologische Fragen*. Frankfurt am Main: Suhrkamp.

Bourdieu, P. (1998). *Praktische Vernunft. Zur Theorie des Handelns*. Frankfurt am Main: Suhrkamp.

Bourdieu, P. & Passeron, J. C. (1971). *Die Illusion der Chancengleichheit*. Stuttgart: Klett Cotta.

Brandes, H. (2005). Bildungsverhalten von Jugendlichen. In Bundesinstitut für Berufsbildung (Hrsg.), *Der Ausbildungsmarkt und seine Einflussfaktoren. Dokumentation der Fachtagung der Arbeitsgemeinschaft Berufsbildungsforschungsnetzwerk vom 01./02. Juli 2004* (S. 97–104). Bonn: Bundesinstitut für Berufsbildung.

Brandes, H., Brosi, W. & Menk, A. (1986). Wege in die berufliche Bildung. *Mitteilungen aus der Arbeitsmarkt- und Berufsforschung, 19*(2/86), S. 287–297.

Brasch, M. v., Kendzia, M., Lenz, B., Mader, A. & Schindler, S. (2010). *Qualitätsstandards. Optimierung der lokalen Vermittlungsarbeit bei der Schaffung und Besetzung von Ausbildungsplätzen in Hessen (OloV)*. Frankfurt am Main: Hessisches Ministerium für Wirtschaft, Verkehr und Landesentwicklung. Referat Berufliche Bildung.

Brase, W., Kath, F. & Schummer, U. (2004). Mögliche Wege zu mehr betrieblichen Ausbildungsplätzen. Interview mit den Berufsbildungspolitikern Willi Brase und Uwe Schummer. *Berufsbildung in Wissenschaft und Praxis, 33*(3), S. 8–10.

Braun, F. (2002). Jugendarbeitslosigkeit und Benachteiligtenförderung. In T. Rudolf (Hrsg.), *Handbuch Bildungsforschung* (S. 761–774). Opladen: Leske + Budrich.

Braun, F., Gaupp, N. & Hofmann-Lun, I. (2006). Und sie bewegen sich doch, aber wohin? Strategien von Hauptschulen zur Prävention von Ausbildungslosigkeit. In H.-U. Otto & J. Oelkers (Hrsg.), *Zeitgemäße Bildung. Herausforderung für Erziehungswissenschaft und Bildungspolitik* (S. 316–331). München: Ernst-Reinhard-Verlag.

Braun, F., Gnahs, D., Haugg, K., Kramer, B., Munk, P., Reißig, B. et al. (2009). *Perspektive Berufsabschluss. Dokumentation der ersten Jahrestagung am 27. und 28. Mai 2009 in Berlin*. Bonn: Projektträger im DLR (PT-DLR) für das Programm Perspektive Berufsabschluss des Bundesministeriums für Bildung und Forschung (BMBF).

Braun, F., Richter, U. & Marquardt, E. (2007). *Unterstützungsangebote in Deutschland für bildungsbenachteiligte Jugendliche beim Übergang von der Schule in den Beruf.* München: Deutsches Jugendinstitut.

Braun, U. & Schöngen, K. (2011). Junge Erwachsene ohne abgeschlossene Berufsausbildung. In Bundesinstitut für Berufsbildung (Hrsg.), *Datenreport zum Berufsbildungsbericht 2011* (S. 245–249). Bonn: Bundesinstitut für Berufsbildung.

Breen, R. (2005). Explaining Cross-national Variation in Youth Unemployment: Market and Institutional Factors. *European Sociological Review, 21*(2), S. 125–134.

Brosi, W. (2005a). Aktuelle Probleme der Dualen Ausbildung in Deutschland. In Bundesinstitut für Berufsbildung (Hrsg.), *Wege zur Sicherung der beruflichen Zukunft in Deutschland* (S. 41–60). Bielefeld: Bertelsmann.

Brosi, W. (2005b). Ausbildungsbeteiligung der Jugendlichen und ein Versuch einer kurz- und mittelfristigen Vorausschätzung. In Bundesinstitut für Berufsbildung (Hrsg.), *Der Ausbildungsmarkt und seine Einflussfaktoren. Ergebnisse des Experten-Workshops vom 1. und 2. Juli 2004 in Bonn* (S. 115–128). Bonn: Bundesinstitut für Berufsbildung.

Brötz, R. (2005). Berufliche Flexibilisierung und Berufsprinzip. *Berufsbildung in Wissenschaft und Praxis, 35*(4), S. 10–13.

Brückner, H. & Mayer, K. U. (1995). *Lebensverläufe und gesellschaftlicher Wandel. Konzeption, Design und Methodik der Erhebung von Lebensverläufen der Geburtsjahrgänge 1954–1956 und 1959–1961* (Materialien aus der Bildungsforschung Nr. 48). Berlin: Max-Planck-Institut für Bildungsforschung Berlin.

Brückner, H. & Mayer, K. U. (2005). De-Standardization of the Life Course: What it might mean? And if it means anything, wheter it actually took place? In R. MacMillan (Hrsg.), *The Structure of the Life Course: Standardized? Individualized? Differentiated?* (S. 27–53). Amsterdam: Elsevier.

Büchel, F., Diewald, M., Krause, P., Mertens, A. & Solga, H. (Hrsg.). (2000). *Zwischen drinnen und draußen: Arbeitsmarktchancen und soziale Ausgrenzung in Deutschland.* Opladen: Leske + Budrich.

Buhr, P. & Müller, R. (2008). Wege in die Berufsausbildung. In B. Reißig, N. Gaupp & T. Lex (Hrsg.), *Hauptschüler auf dem Weg von der Schule in die Arbeitswelt* (Übergänge in Arbeit, Band 9) (S. 118–135). München: Verlag Deutsches Jugendinstitut.

Bulmahn, G. & Kräkel, M. (2002). Overeducated Workers as an Insurance Device. *Labour, 16*(2), S. 383–402.

Bundesagentur für Arbeit (2006). *Arbeitsmarkt in Zahlen – Statistik zum Ausbildungsstellenmarkt. Bewerber und Berufsausbildungsstellen. Berichtsjahr 2005/06.* Nürnberg: Bundesagentur für Arbeit.

Bundesagentur für Arbeit (2008). *Arbeitsmarkt in Zahlen – Statistik Ausbildungsstellenmarkt. Bewerber und Berufsausbildungsstellen. Berichtsjahr 2007/2008.* Nürnberg: Bundesagentur für Arbeit.

Bundesagentur für Arbeit (2009a). *Ausbildungsmarkt in Zahlen 2008/2009.* Nürnberg: Bundesagentur für Arbeit.

Bundesagentur für Arbeit (2009b). *Fachkonzept für berufsvorbereitende Bildungsmaß-nahmen nach §§ 61, 61a SGB III.* Nürnberg: Bundesagentur für Arbeit.

Bundesagentur für Arbeit (2010). *Arbeitsmarkt in Zahlen – Ausbildungsstellenmarkt. Bewerber und Berufsausbildungsstellen. Deutschland. September 2010.* Nürnberg: Bundesagentur für Arbeit.

Bundesagentur für Arbeit (2011). *Arbeitsmarkt in Zahlen – Statistik Ausbildungsstellenmarkt. Zeitreihen Teil 1 Bewerber für Berufsausbildungsstellen. Jahreszahlen 1997/1998 bis 2008/2009.* Nürnberg: Bundesagentur für Arbeit.

Bundesanstalt für Arbeit (1988). *Klassifizierung der Berufe. Systematisches und alphabetisches Verzeichnis der Berufsbenennungen.* Nürnberg: Bundesanstalt für Arbeit.

Bundesarbeitsgemeinschaft Berufswahlpass (2010). *Berufswahlpass.* Abrufbar unter: http://www.berufswahlpass.de/ (abgerufen am: 31.03.2010).

Bundesinstitut für Berufsbildung (2008). *Informationen zur Erhebung über neu abgeschlossene Ausbildungsverträge zum 30.09.2008.* Abrufbar unter: http://www.bibb. de/de/bibb-erhebung_2008_info.htm (abgerufen am: 20.03.2009).

Bundesinstitut für Berufsbildung (2009a). *Berufseinstiegsbegleitung – ein neues Angebot für junge Menschen.* Bonn: Bundesministerium für Bildung und Forschung.

Bundesinstitut für Berufsbildung (2009b). *Wie viele Ausbildungsberufe gibt es in Deutschland?* Abrufbar unter: http://www.bibb.de/de/wlk26560.htm (abgerufen am: 02.10.2009).

Bundesinstitut für Berufsbildung (2010a). *Betriebliche/außerbetriebliche Berufsausbildung.* Abrufbar unter: http://www.bibb.de/de/wlk30323.htm (abgerufen am: 09.12.2010).

Bundesinstitut für Berufsbildung (2010b). *Gemeinsame Stellungnahme des Hauptausschusses des Bundesinstituts für Berufsbildung zum Entwurf des Berufsbildungsberichts 2010.* Bonn: Bundesinstitut für Berufsbildung.

Bundesministerium für Bildung und Forschung (2001). *Berufsbildungsbericht 2001.* Bonn: Bundesministerium für Bildung und Forschung.

Bundesministerium für Bildung und Forschung (2004). *Berufsbildungsbericht 2004.* Bonn: Bundesministerium für Bildung und Forschung.

Bundesministerium für Bildung und Forschung (2005). *Die Reform der beruflichen Bildung. Berufsbildungsgesetz 2005* (2., überarbeitete Auflage). Bonn: Bundesministerium für Bildung und Forschung.

Bundesministerium für Bildung und Forschung (2007). *10 Leitlinien zur Modernisierung der beruflichen Bildung – Ergebnisse des Innovationskreises berufliche Bildung.* Bonn: Bundesministerium für Bildung und Forschung.

Bundesministerium für Bildung und Forschung (2009). *Berufsbildungsbericht 2009.* Bonn: Bundesministerium für Bildung und Forschung.

Bundesministerium für Bildung und Forschung (2010). *Berufsbildungsbericht 2010.* Bonn: Bundesministerium für Bildung und Forschung.

Bundesministerium für Bildung und Forschung (2011). *Berusfbildungsbericht 2011.* Bonn: Bundesminsterium für Bildung und Forschung.

Bundesministerium für Bildung und Wissenschaft (1977). *Berufsbildungsbericht*. Bonn: Bundesministerium für Bildung und Wissenschaft.

Bundesvereinigung der Deutschen Arbeitgeberverbände, Bundesverband der Deutschen Industrie, Bundesverband Großhandel Außenhandel Dienstleistungen, Deutscher Bauernverband, Deutscher Industrie- und Handelskammertag, Handelsverband Deutschland et al. (2005). *Stellungnahme der Spitzenverbände der deutschen Wirtschaft zur Arbeitsunterlage der EU-Kommission „Auf dem Weg zu einem europäischen Qualifikationsrahmen für Lebenslanges Lernen (vom 8.7.2005)" Berlin, 15.11.2005*. Abrufbar unter: http://www.kwb-berufsbildung.de/fileadmin/pdf/2005_EQF_Stellungnahme.pdf (abgerufen am: 26.08.2009).

Colman, J. S. (1988). Social Capital in the Creation of Human Capital. *American Journal of Sociology, 94*, S. 95–120.

Corsten, M. & Hillmert, S. (2001). *Qualifikation, Berufseinstieg und Arbeitsmarktverhalten unter Bedingungen erhöhter Konkurrenz. Was prägt Bildungs- und Erwerbsverläufe in den achtziger und neunziger Jahren?* Berlin: Max-Planck-Institut für Bildungsforschung.

Deci, E. L. & Ryan, R. M. (1990). *Intrinsic Motivation and Self-Determination in Human Behavior* (third edition). New York and London: Plenum Press.

Dehnbostel, P. (2007). *Lernen im Prozess der Arbeit*. Münster: Waxmann.

Deißinger, T. (1998). *Beruflichkeit als „organisierendes Prinzip" der deutschen Berufsausbildung*. Markt Schwaben: Eusl.

Deutscher Ausschuß für das Erziehungs- und Bildungswesen (1965). *Gutachten über das Berufliche Ausbildungs- und Schulwesen, Bonn 10. Juli 1964*. Stuttgart: Deutscher Ausschuß für das Erziehungs- und Bildungswesen.

Deutscher Gewerkschaftsbund (2009). *Positionspapier des Deutschen Gewerkschaftsbundes „Mehr Chancen durch Modernisierung der Ausbildungsberufe"*. Abrufbar unter: http://www.wir-gestalten-berufsbildung.de/de/service/pdf/Positionspapier_Modernisierung_der_Ausbildungsberufe.pdf (abgerufen am: 26.08.2010).

Deutscher Industrie- und Handelskammertag (2011). *Ausbildung 2011. Ergebnisse einer IHK-Online-Unternehmensbefragung*. Berlin: Deutscher Industrie- und Handelskammertag.

Deutschmann, C. (2005). Latente Funktionen der Institution Beruf. In M. Jacob & P. Kupka (Hrsg.), *Perspektiven des Berufskonzepts – Die Bedeutung des Berufs für Ausbildung und Arbeitsmarkt* (S. 3–16). Nürnberg: Institut für Arbeitsmarkt- und Berufsforschung.

Diehl, C., Friedrich, M. & Hall, A. (2009). Jugendliche ausländischer Herkunft beim Übergang in die Berufsausbildung: Vom Wollen, Können und Dürfen. *Zeitschrift für Soziologie, 38*(1), S. 48–67.

Dietrich, H. & Abraham, M. (2005). Eintritte in den Arbeitsmarkt. In M. Abraham & T. Hinz (Hrsg.), *Arbeitsmarktsoziologie. Probleme, Theorien, empirische Befunde* (2. Auflage) (S. 69–98). Wiesbaden: VS Verlag für Sozialwissenschaften.

Dionisius, R. & Schwäbig, S. (2010). Quantitative Synopse zur relativen Bedeutung unterschiedlicher Bildungsgänge. In Bundesinstitut für Berufsbildung (Hrsg.), *Datenreport zum Berufsbildungsbericht 2010* (S. 97–104). Bonn: Bundesinstitut für Berufsbildung.

Ditton, H. (2007). Der Beitrag von Schule und Lehrern zur Reproduktion von Bildungsungleichheit. In R. Becker & W. Lauterbach (Hrsg.), *Bildung als Privileg? Erklärungen und Befunde zu den Ursachen von Bildungsungleichheit* (S. 243–271). Wiesbaden: VS Verlag für Sozialwissenschaften.

Dobischat, R., Kühnlein, G., Rosendahl, A. & Fischell, M. (2010). *Gestaltungsakteure beim Übergang Jugendlicher von der Schule in die Arbeitswelt. Probleme, erste Lösungsansätze und offene Forschungsfragen aus Arbeitnehmersicht. Abschlussbericht im Auftrag der Hans Böckler Stiftung.* Düsseldorf: Hans Böckler Stiftung.

Dorn, B. & Nackmeyer, T. (2004). Ausbildung: So entstehen mehr Lehrstellen. *Arbeitgeber, 56*(10), S. 23–25.

Drexel, I. (2005). Die Alternative zum Konzept des Berufs: Das Kompetenzkonzept – Intentionen und Folgeprobleme am Beispiel Frankreichs. In M. Jacob & P. Kupka (Hrsg.), *Perspektiven des Berufskonzepts – Die Bedeutung des Berufs für Ausbildung und Arbeitsmarkt* (S. 39–53). Nürnberg: Institut für Arbeitsmarkt- und Berufsforschung.

Düx, W., Prein, G., Sass, E. & Tully, C. (2008). *Kompetenzerwerb im freiwilligen Engagement. Eine empirische Studie zum informellen Lernen im Jugendalter.* Wiesbaden: VS Verlag für Sozialwissenschaften.

Ebbinghaus, M. & Loter, K. (2010). *Besetzung von Ausbildungsstellen. Welche Betriebe finden die Wunschkandidaten – welche machen Abstriche bei der Bewerberqualifikation – bei welchen bleiben Ausbildungsplätze unbesetzt?* Abrufbar unter: http://www.bibb.de/dokumente/pdf/Besetzung_von_Ausbildungsstellen(1).pdf (abgerufen am: 07.02.2011).

Eberhard, V. (2006). *Ausbildungsreife – ein Konstrukt im Spannungsfeld unterschiedlicher Interessen* (Wissenschaftliche Diskussionspapiere des Bundesinstitut für Berufsbildung, Nr. 83). Bonn: Bundesinstitut für Berufsbildung.

Eberhard, V., Krekel, E. M., Schöngen, K. & Ulrich, J. G. (2009). Ausbildungsmarktstatistik auf Basis der Bundesagentur für Arbeit. In Bundesinstitut für Berufsbildung (Hrsg.), *Datenreport zum Berufsbildungsbericht 2009* (S. 123–123). Bonn: Bundesinstitut für Berufsbildung.

Eberhard, V. & Krewerth, A. (2006). Bewerbungsverhalten der Jugendlichen. In V. Eberhard, A. Krewerth & J. G. Ulrich (Hrsg.), *Mangelware Lehrstelle. Zur aktuellen Lage der Ausbildungsplatzbewerber in Deutschland* (S. 83–98). Bielefeld: Bertelsmann.

Eberhard, V., Krewerth, A. & Ulrich, J. G. (2005a). „Man muss geradezu perfekt sein, um eine Ausbildungsstelle zu bekommen". Die Situation aus Sicht der Lehrstellenbewerber. *Berufsbildung in Wissenschaft und Praxis, 34*(3), S. 10–13.

Eberhard, V., Krewerth, A. & Ulrich, J. G. (2005b). Wenn Lehrstellen Mangelware sind: Wer hat noch Chancen? *BIBB-Forschung* (6/2005), S. 1–2.

Eberhard, V., Krewerth, A. & Ulrich, J. G. (2006). *Mangelware Lehrstelle. Zur aktuellen Lage der Ausbildungsplatzbewerber in Deutschland.* Bielefeld: Bertelsmann.

Eberhard, V. & Ulrich, J. G. (2006). Schulische Vorbereitung und Ausbildungsreife. In V. Eberhard, A. Krewerth & J. G. Ulrich (Hrsg.), *Mangelware Lehrstelle. Zur aktuellen Lage der Ausbildungsplatzbewerber in Deutschland* (S. 35–56). Bielefeld: Bertelsmann.

Eberhard, V. & Ulrich, J. G. (2010a). *Der Übergang von der Schule in die Berufsausbildung. Gutachten im Auftrag des Wissenschaftszentrums Berlin für Sozialforschung.* Unveröffentlichtes Gutachten. Bundesinstitut für Berufsbildung.

Eberhard, V. & Ulrich, J. G. (2010b). Ins „Übergangssystem" oder ersatzweise in geförderte Berufsausbildung. Regionale Unterschiede im Umgang mit Bewerberinnen und Bewerbern ohne betriebliche Lehrstelle. *Berufsbildung in Wissenschaft und Praxis, 39*(6), S. 10–14.

Eberhard, V. & Ulrich, J. G. (2010c). Übergänge zwischen Schule und Berufsausbildung. In G. Bosch, S. Krone & D. Langer (Hrsg.), *Das Berufsbildungssystem in Deutschland: aktuelle Entwicklungen und Standpunkte* (S. 133–164). Wiesbaden: VS-Verlag für Sozialwissenschaften.

Eberhard, V. & Ulrich, J. G. (2011). „Ausbildungsreif" und dennoch ein Fall für das Übergangssystem? Institutionelle Determinanten des Verbleibs von Ausbildungsstellenbewerbern in teilqualifizierenden Bildungsgängen. In E. M. Krekel & T. Lex (Hrsg.), *Neue Jugend? Neue Ausbildung? Beiträge aus der Jugend- und Bildungsforschung* (S. 97–112). Bielefeld: Bertelsmann.

Eckert, T. (2007). *Übergänge im Bildungswesen.* Münster: Waxmann.

Enggruber, R. (2011). Versuch einer Typologie von «Risikogruppen» im Übergangssystem – und damit verbundene Risiken. *bwp@ Berufs- und Wirtschaftspädagogik online(Spezial 5 – Hochschultage Berufliche Bildung 2011).* Abrufbar unter: http://www.bwpat.de/content/ht2011/ws15/enggruber/ (abgerufen am 13.07.2011).

Erikson, E. H. (1966). *Wachstum und Krisen der gesunden Persönlichkeit.* Darmstadt: Wissenschaftliche Buchgesellschaft.

Erikson, E. H. (1988). *Der vollständige Lebenszyklus* (4. Auflage). Frankfurt am Main: Suhrkamp.

Erikson, E. H. (1993). *Identität und Lebenszyklus.* Frankfurt am Main: Suhrkamp.

Esser, H. (1999). *Soziologie. Spezielle Grundlagen. Band 1: Situationslogik und Handeln.* Frankfurt am Main: Campus.

Esser, H. (2000). *Soziologie. Spezielle Grundlagen. Band 5: Institutionen.* Frankfurt am Main: Campus.

Esser, H. (2005). *Migration, Sprache und Integration. Bericht für die Arbeitsstelle Interkulturelle Konflikte und gesellschaftliche Integration (AKI) am WZB.* Berlin: Wissenschaftszentrum Berlin.

Esser, H. (2006). *Sprache und Integration. Die sozialen Bedingungen und Folgen des Spracherwerbs von Migranten.* Frankfurt am Main: Campus.

Esser, H. (2009). Pluralisierung oder Assimilation? Effekte der multiplen Inklusion auf die Integration von Migranten. *Zeitschrift für Soziologie, 38*(5), S. 358–379.

Euler, D. & Severing, E. (2006). *Flexible Ausbildungswege in der Berufsausbildung.* Bonn: Bundesministerium für Bildung und Forschung.

Feller, G. (2004). Ausbildungen an Berufsfachschulen – Entwicklungen, Defizite und Chancen. *Berufsbildung in Wissenschaft und Praxis, 33*(4), S. 48–52.

Feller, G. (2009). Vollqualifizierende Berufsausbildung an Schulen. In Bundesinstitut für Berufsbildung (Hrsg.), *Datenreport zum Berufsbildungsbericht 2009* (S. 193–200). Bonn: Bundesinstitut für Berufsbildung.

Feller, G. (2010). Quantitative Entwicklung der vollqualifizierenden Berufsausbildung an Schulen (Schuljahr 2008/2009). In Bundesinstitut für Berufsbildung (Hrsg.), *Datenreport zum Berufsbildungsbericht 2010* (S. 239–245). Bonn: Bundesinstitut für Berufsbildung.

Franzen, A. & Pointner, S. (2007). Sozialkapital: Konzeptionalisierung und Messung. In A. Franzen & M. Freitag (Hrsg.), *Sozialkapital. Grundlagen und Anwendungen. Sonderheft 47/2007 der Kölner Zeitschrift für Soziologie und Sozialpsychologie* (S. 67–90). Wiesbaden: VS Verlag für Sozialwissenschaften.

Friebel, H. (1983). *Von der Schule in den Beruf. Alltagserfahrungen Jugendlicher und sozialwissenschaftliche Deutung.* Opladen: Westdeutscher Verlag.

Friebel, H., Epskamp, H., Knobloch, B., Montag, S. & Toth, S. (2000). *Bildungsbeteiligung: Chancen und Risiken. Eine Längsschnittstudie über Bildungs- und Weiterbildungskarrieren in der „Moderne".* Opladen: Leske + Budrich.

Friedrich, M. (2009a). *Berufliche Pläne und realisierte Bildungs- und Berufswege nach Verlassen der Schule. Ergebnisse der BIBB-Schulabgängerbefragungen 2004 bis 2006.* Bielefeld: Bertelsmann.

Friedrich, M. (2009b). Berufliche Wünsche und beruflicher Verbleib von Schulabgängern. In Bundesinstitut für Berufsbildung (Hrsg.), *Datenreport zum Berufsbildungsbericht 2009* (S. 70–81). Bonn: Bundesinstitut für Berufsbildung.

Friedrich, M. (2011a). Berufliche Wünsche und beruflicher Verbleib von Schulabgängern und Schulabgängerinnen. In Bundesinstitut für Berufsbildung (Hrsg.), *Datenreport zum Berufsbildungsbericht 2011* (S. 82–93). Bonn: Bundesinstitut für Berufsbildung.

Friedrich, M. (2011b). Berufliche Wünsche und beruflicher Verbleib von Schulabgängern und Schulabgängerinnnen. In Bundesinstitut für Berufsbildung (Hrsg.), *Datenreport zum Berufsbildungsbericht 2011* (S. 82–93). Bonn: Bundesinstitut für Berufsbildung.

Friedrich, M. & Hall, A. (2007). Jugendliche mit Hauptschulabschluss. Weniger Wahlmöglichkeiten und geringere Chancen auf eine voll qualifizierende Ausbildung. *Berufsbildung in Wissenschaft und Praxis, 36*(4), S. 21–22.

Fuchs-Heinritz, W., Lautmann, R., Rammstedt, O. & Wienhold, H. (Hrsg.). (2007). *Lexikon zur Soziologie* (4. gründlich überarbeitete Auflage). Wiesbaden: VS Verlag für Sozialwissenschaften.

Fuchs, J. & Söhnlein, D. (2007). *Einflussfaktoren auf das Erwerbspersonenpotenzial – Demographie und Erwerbsverhalten in Ost- und Westdeutschland* (IAB Discussion Paper, Nr. 12). Nürnberg: Institut für Arbeitsmarkt- und Berufsforschung.

Funcke, A., Oberschachtsiek, D. & Giesecke, J. (2010). *Keine Perspektive ohne Ausbildung. Eine Analyse junger Erwachsener ohne Berufsabschluss in Westdeutschland. Studie der Bertelsmann Stiftung in Zusammenarbeit mit dem Wissenschaftszentrum Berlin.* Bielefeld: Bertelsmann.

Gangl, M. (2003). Bildung und Übergangsrisiken beim Einstieg in den Beruf. Ein europäischer Vergleich zum Arbeitsmarktwert von Bildungsabschlüssen. *Zeitschrift für Erziehungswissenschaften, 6*(1), S. 72–89.

Gaupp, N. & Geier, B. (2008). *Stuttgarter Haupt- und Förderschüler/innen auf dem Weg von der Schule in die Berufsausbildung. Bericht zur zweiten Erhebung der Stuttgarter Schulabsolventen.* München: Deutsches Jugendinstitut.

Gaupp, N. & Hofmann-Lun, I. (2008a). Absolventinnen und Absolventen bayerischer Praxisklassen auf dem Weg in die Berufsausbildung. *Zeitschrift für Berufs- und Wirtschaftspädagogik, 104*(2), S. 235–250.

Gaupp, N. & Hofmann-Lun, I. (2008b). Ohne Hauptschulabschluss in die Berufsausbildung. Übergangswege von Absolventen der bayrischen Praxisklassen. In B. Reißig, N. Gaupp & T. Lex (Hrsg.), *Hauptschüler auf dem Weg von der Schule in die Arbeitswelt* (Übergänge in Arbeit, Band 9) (S. 99–116). München: Verlag Deutsches Jugendinstitut.

Gaupp, N., Hofmann-Lun, I., Lex, T., Mittag, H. & Reißig, B. (2004). *Schule – und dann? Erste Ergebnisse einer bundesweiten Erhebung von Hauptschülerinnen und Hauptschülern in Abschlussklassen.* München: Deutsches Jugendinstitut.

Gaupp, N., Lex, T. & Reißig, B. (2008a). Ohne Schulabschluss in die Berufsausbildung: Ergebnisse einer Längsschnittuntersuchung. *Zeitschrift für Erziehungswissenschaft, 11*(3), S. 388–405.

Gaupp, N., Lex, T., Reißig, B. & Braun, F. (2008b). *Von der Hauptschule in Ausbildung und Erwerbsarbeit: Ergebnisse des DJI-Übergangspanels.* Bonn: Bundesministerium für Bildung und Forschung.

Gaupp, N., Lex, T. & Reißig, B. (2010). *Hauptschüler/innen an der Schwelle zur Berufsausbildung: Schulische Situation und schulische Förderung.* München: Deutsches Jugendinstitut.

Gaupp, N. & Prein, G. (2007). *Stuttgarter Haupt- und Förderschüler/innen auf dem Weg von der Schule in die Berufsausbildung. Bericht zur Basiserhebung der Stuttgarter Schulabsolventenstudie.* München: Deutsches Jugendinstitut.

Gaupp, N. & Reißig, B. (2006). Chancenungleichheiten an der ersten Schwelle Schule – Ausbildung. Ergebnisse aus dem DJI-Übergangspanel. In T. Eckert (Hrsg.), *Übergänge im Bildungswesen* (S. 143–162). Münster: Waxmann.

Gaupp, N. & Reißig, B. (2007). Schwierige Übergänge von der Schule in den Beruf. *Aus Politik und Zeitgeschichte* (28/2007), S. 10–17.

Georg, W. & Sattel, U. (2006). Berufliche Bildung, Arbeitsmarkt und Beschäftigung. In R. Arnold & A. Lipsmeier (Hrsg.), *Handbuch der Berufsbildung* (2., überarbeitete Auflage) (S. 125–152). Wiesbaden: VS Verlag für Sozialwissenschaften.

Gericke, N. (2010). Ausbildungsbeteiligung der Jugendlichen. In Bundesinstitut für Berufsbildung (Hrsg.), *Datenreport zum Berufsbildungsbericht 2010* (S. 179–186). Bonn: Bundesinstitut für Berufsbildung.

Gericke, N. (2011). Alter der Auszubildenden und Ausbildungsbeteiligung der Jugendlichen im dualen System. In Bundesinstitut für Berufsbildung (Hrsg.), *Datenreport zum Berufsbildungsbericht* (S. 148–154). Bonn: Bundesinstitut für Berufsbildung.

Gericke, N., Krupp, T. & Troltsch, K. (2009). *Unbesetzte Ausbildungsplätze – warum Betriebe erfolglos bleiben. Ergebnisse des BIBB-Ausbildungsmonitors (BIBBReport 10/2009).* Bonn: Bundesinstitut für Berufsbildung.

Gericke, N., Uhly, A. & Ulrich, J. G. (2011). Wie hoch ist die Quote der Jugendlichen, die eine duale Berufsausbildung aufnehmen? *Berufsbildung in Wissenschaft und Praxis, 40*(1), S. 41–43.

Gericke, T. (2003). *Duale Ausbildung für Benachteiligte. Eine Untersuchung zur Kooperation von Jugendsozialarbeit und Betrieben.* München: Deutsches Jugendinstitut.

Ginzberg, E., Ginsburg, S. W., Axelrad, S. & Herma, J. L. (1951). *Occupational Choice.* New York: Columbia University Press.

Glaesser, J. (2008). *Soziale und individuelle Einflüsse auf den Erwerb von Bildungsabschlüssen.* Konstanz: UVK Verlagsgesellschaft mbH.

Gomolla, M. & Radtke, F.-O. (2009). *Institutionelle Diskriminierung. Die Herstellung ethnischer Differenz in der Schule* (3. Auflage). Wiesbaden: VS Verlag für Sozialwissenschaften.

Gouldner, A. W. (1960). The Norm of Reciprocity: A Preliminary Statement. *American Sociological Review, 25*(2), S. 161–178.

Granovetter, M. (1973). The Strength of Weak Ties. *American Journal of Sociology, 73*(6), S. 1360–1380.

Granovetter, M. (1995). *Getting a Job. A Study of Contacts and Careers* (second edition). Chicago: University of Chicago Press.

Greinert, W.-D. (1995). *Das duale System der Berufsausbildung in der Bundesrepublik Deutschland* (2., verbesserte Auflage). Stuttgart: Holland + Josenhans.

Greinert, W.-D. (1999). *Berufsqualifizierung und dritte industrielle Revolution. Eine historisch-vergleichende Studie zur Entwicklung der klassischen Ausbildungssysteme.* Baden-Baden: Nomos Verlagsgesellschaft.

Greinert, W.-D. (2000). *Organisationsmodelle und Lernkonzepte in der beruflichen Bildung. Analytische Grundlagentexte.* Baden-Baden: Nomos Verlagsgesellschaft.

Greinert, W.-D. (2006a). Berufliche Bildung im Spannungsfeld politischer und ökonomischer Interessen – ein historischer Rückblick. *Zeitschrift für Berufs- und Wirtschaftspädagogik, 102*(3), S. 380–390.

Greinert, W.-D. (2006b). Berufsbildungspolitik zwischen Bundes- und Länderinteressen. Eine historische Studie zur Klärung eines aktuellen Konflikts. In P. Weingart & N. C. Taubert (Hrsg.), *Das Wissensministerium. Ein halbes Jahrhundert Forschungs- und Bildungspolitik in Deutschland* (S. 403–434). Weilerswist: Velbrück Wissenschaft.

Greinert, W.-D. & Braun, P. (2005). Das Duale System der Berufsausbildung – Hochselektives Restprogramm? In J. van Buer & O. Zlatkin-Troitschanskaia (Hrsg.), *Adaptivität und Stabilität der Berufsausbildung* (S. 177–185). Frankfurt am Main: Peter Lang.

Groeben, N., Wahl, D., Schlee, J. & Scheele, B. (1988). *Forschungsprogramm Subjektive Theorien: Eine Einführung in die Psychologie des reflexiven Subjekts.* Tübingen: Francke.

Große Deters, F., Ulmer, P. & Ulrich, J. G. (2008). Entwicklung des Nachfragepotenzials nach dualer Berufsausbildung. In P. Ulmer & J. G. Ulrich (Hrsg.), *Der demografische Wandel und seine Folgen für die Sicherstellung des Fachkräftenachwuchses* (S. 9–28). Bonn: Bundesinstitut für Berufsbildung.

Grüner, G. (1984). *Die Berufsausbildung im ausgehenden 20. Jahrhundert. Ein Beitrag zur Berufsbildungspolitik.* Bielefeld: Bertelsmann.

Hadjar, A. & Becker, R. (Hrsg.). (2006). *Die Bildungsexpansion. Erwartete und unerwartete Folgen.* Wiesbaden: VS Verlag für Sozialwissenschaften.

Haeberlin, U., Imdorf, C. & Kronig, W. (2004). *Chancenungleichheit bei der Lehrstellensuche. Der Einfluss von Schule, Herkunft und Geschlecht* (Synthesis 7). Bern/Aarau: Leitungsgruppe des NFP 43 in Zusammenarbeit mit dem Forum Bildung und Beschäftigung und der Schweizerischen Koordinationsstelle für Bildungsforschung (SKBF).

Haeberlin, U., Imdorf, C. & Kronig, W. (2005). Verzerrte Chancen auf dem Lehrstellenmarkt. Untersuchungen zu Benachteiligung von ausländischen und von weiblichen Jugendlichen bei der Suche nach beruflichen Ausbildungsplätzen in der Schweiz. *Zeitschrift für Pädagogik, 51*(1), S. 116–134.

Hall, A. (2007). Beruflichkeit: Fundament oder Hindernis für Flexibilität? Berufswechsel von dual ausgebildeten Fachkräften. *Berufsbildung in Wissenschaft und Praxis, 36*(4), S. 10–14.

Hansen, S. (2008). *Lernen durch freiwilliges Engagement. Eine empirische Studie zu Lernprozessen in Vereinen.* Wiesbaden: VS Verlag für Sozialwissenschaften.

Hartung, S. & Leber, U. (2004). Betriebliche Ausbildung und wirtschaftliche Lage. Empirische Ergebnisse des IAB-Betriebspanels. In E. M. Krekel & G. Walden (Hrsg.), *Zukunft der Berufsausbildung in Deutschland: Empirische Untersuchungen und Schlussfolgerungen* (S. 111–129). Bielefeld: Bertelsmann.

Hausding, G. (2004). Länderkammer stoppt Ausbildungsplatzabgabe. *Das Parlament. Bundesrat, Nr. 25*(14.06.2004), S. 1.

Havighurst, R. J. (1972). *Developmental tasks and education.* New York: McKay.

Heckhausen, J. (1990). Erwerb und Funktion normativer Vorstellungen über den Lebensverlauf. Ein entwicklungspsychologischer Beitrag zur soziopsychischen Konstruktion von Biographien. In K. U. Mayer (Hrsg.), *Lebensverläufe und sozialer Wandel* (S. 351–373). Opladen: Westdeutscher Verlag.

Heckhausen, J. (2002). Introduction: Transition from School to Work. Societal Opportunities and Individual Agency. *Journal of Vocational Behavior, 60*(2), S. 173–177.

Heckhausen, J. & Heckhausen, H. (2006). *Motivation und Handeln* (3. überarbeitete und aktualisierte Auflage). Heidelberg: Springer.

Heckhausen, J. & Tomasik, M. J. (2002). Get an Apprenticeship before School Is Out: How German Adolescents Adjust Vocational Aspirations When Getting Close to a Developmental Deadline. *Journal of Vocational Behavior, 60*(2), S. 199–219.

Heinz, W. R. (1988). Übergangsforschung: Überlegungen zur Theorie und Methodik. In Deutsches Jugendinstitut (Hrsg.), *Berufseinstieg heute. Problemlage und Forschungsstand zum Übergang Jugendlicher in Arbeit und Beruf* (S. 9–29). München: Deutsches Jugendinstitut.

Heinz, W. R. (1991). Status Passages, Social Risks and the Life Course: A Conceptual Framework. In W. R. Heinz (Hrsg.), *Theoretical Advances in Life Course Research* (S. 9–22). Weinheim: Deutscher Studienverlag.

Heinz, W. R. (2011). Verteilung von Lebenschancen: soziale, kulturelle und materielle Ressourcen. In E. M. Krekel & T. Lex (Hrsg.), *Neue Jugend, neue Ausbildung? Beiträge aus der Jugend- und Bildungsforschung* (S. 15–30). Bielefeld: Bertelsmann.

Heinz, W. R. (Hrsg.). (2000). Übergänge. Individualisierung, Flexibilisierung und Institutionalisierung des Lebensverlaufs. Weinheim: Juventa.

Heinz, W. R. & Krüger, H. (1985). *„Hauptsache eine Lehrstelle". Jugendliche vor den Hürden des Arbeitsmarktes.* Weinheim: Beltz.

Helland, H. & Støren, L. A. (2006). Vocational Education and the Allocation of Apprenticeships: Equal Chances for Applicants Regardless of Immigrant Background? *European Sociological Review, 22*(3), S. 339–351.

Herget, H. (2011). Höchster allgemeinbildender Schulabschluss unter den Auszubildenden mit Neuabschluss. In Bundesinstitut für Berufsbildung (Hrsg.), *Datenreport zum Berufsbildungsbericht 2011* (S. 160–172). Bonn: Bundesinstitut für Berufsbildung.

Hilke, R. (2007). Wissenschaftliche Ansätze zur Vorhersage von Ausbildungsreife und Berufseignung. In R. Hilke, L. Müller-Kohlenberg & K. Schober (Hrsg.), *Ausbildungsreife und Berufseignung. Psychologische und pädagogische Konzepte und Anforderungen der Praxis* (14. Hochschultage Berufliche Bildung 2006, Workshop 21: Berufseignung) (S. 31–47). Bielefeld: Bertelsmann.

Hillmert, S. (2001). *Kohortendynamik und Konkurrenz an den zwei Schwellen des dualen Ausbildungssystems. Übergänge zwischen Schule und Arbeitsmarkt im Kontext ökonomischen und demographischen Wandels.* Berlin: Max-Planck-Institut für Bildungsforschung.

Hillmert, S. (2002). Stabilität und Wandel des deutschen Modells: Lebensverläufe im Übergang zwischen Schule und Beruf. In M. Wingens & R. Sackmann (Hrsg.), *Bildung und Beruf. Ausbildung und berufsstruktureller Wandel in der Wissensgesellschaft* (S. 65–82). Weinheim: Juventa.

Hillmert, S. (2004). Berufseinstieg in Krisenzeiten: Ausbildungs- und Arbeitsmarktchancen in den 1980er und 1990er Jahren. In S. Hillmert & K. U. Mayer (Hrsg.), *Geboren 1964 und 1971. Neuere Untersuchungen zu Ausbildungs- und Berufschancen in Westdeutschland* (S. 23–38). Wiesbaden: VS Verlag für Sozialwissenschaften.

Hillmert, S. (2007). Soziale Ungleichheit im Bildungsverlauf. In R. Becker & W. Lauter-bach (Hrsg.), *Bildung als Privileg. Erklärungen und Befunde zu den Ursachen der Bildungsungleichheit* (2., aktualisierte Auflage) (S. 71–98). Wiesbaden: VS Verlag für Sozialwissenschaften.

Hillmert, S. (2009). Bildung und Lebensverlauf – Bildung im Lebensverlauf. In R. Becker (Hrsg.), *Lehrbuch der Bildungssoziologie* (S. 215–256). Wiesbaden: VS Verlag für Sozialwissenschaften.

Hillmert, S. & Mayer, K. U. (2004). *Geboren 1964 und 1971. Neuere Untersuchungen zu Ausbildungs- und Berufschancen in Westdeutschland.* Wiesbaden: VS Verlag für Sozialwissenschaften.

Hofmann-Lun, I. (2007). Betriebspraktika als Schlüssel zur Berufsausbildung für „Risi-koschüler". In I. Hofmann-Lun, A. Michel, U. Richter & E. Schreiber (Hrsg.), *Schulabschlüsse und Ausbildungslosigkeit. Strategien und Methoden zur Prävention* (S. 155–200). München: Deutsches Jugendinstitut.

Hofmann-Lun, I., Gaupp, N., Lex, T., Mittag, H. & Reißig, B. (2004). *Schule – und dann? Förderangebote zur Prävention von Schulabbruch und Ausbildungslosigkeit.* München: Deutsches Jugendinstitut.

Hofmann-Lun, I. & Geier, B. (2008). *Förderangebote im letzten Pflichtschuljahr und ihr Beitrag zum Gelingen von Übergängen. Eine Untersuchung in Stuttgart und Leipzig.* München: Deutsches Jugendinstitut.

Hofmann-Lun, I. & Michel, A. (2004). Schulmüdigkeit und Schulverweigerung. Die Hauptschule unter Hauptverdacht. In Deutsches Jugendinstitut (Hrsg.), *Diskurs. Studien zu Kindheit, Jugend, Familie und Gesellschaft* (S. 28–35). München: Deutsches Jugendinstitut.

Holland, J. L. (1985). *Making vocational choices* (2nd edition). Englewood Cliffs: Prenteice Hall.

Homans, G. C. (1967). Soziales Verhalten als Austausch. In H. Hartmann (Hrsg.), *Moderne amerikanische Soziologie* (S. 173–185). Stuttgart: Enke.

Hox, J. (2002). *Multilevel Analysis: Techniques and Applications.* Mahwah: Lawrence Erlbaum.

Hupka-Brunner, S. (2009). *PISA-Kompetenzen und Übergangswege: Ergebnisse aus der TREE-Studie (Vortrag auf der BIBB-Fachtagung „Neue Jugend – neue Ausbildung" am 28./29. Oktober 2009 in Bonn).* Bonn: Bundesinstitut für Berufsbildung.

Hupka-Brunner, S., Meyer, T., Stalder, B. E. & Keller, A. (2011). PISA-Kompetenzen und Übergangswege: Ergebnisse aus der Schweizer TREE-Studie. In E. M. Krekel & T. Lex (Hrsg.), *Neue Jugend, neue Ausbildung? Beiträge aus der Jugend- und Bildungsforschung* (S. 173–188). Bielefeld: Bertelsmann.

Hupka, S. & Gaupp, N. (2006). *Leere oder Lehre? Was machen benachteiligte Jugendliche nach der obligatorischen Schule?* Vortrag auf der 68. AEPF-Tagung: Übergänge im Bildungswesen vom 10. bis 13. September 2006 in München. Abrufbar unter: http://www.dji.de/abt_fsp1/AEPF_2006_gesamt_Symposium_Hupka_Gaupp_benachteiligte_Jugendliche.pdf (abgerufen am: 28.03.2011).

Hupka, S., Sacchi, S. & Stalder, B. E. (2010). Social origin and access to upper secondary education in Switzerland: a comparison of company-based apprenticeship and exlusively school-based programmes. *Swiss Journal of Sociology, 36*(1), S.11–31.

Hupka, S., Sacchi, S. & Stalder, B. E. (2006a). *Does the Swiss VET System encourage inequity? European Research Network on Transition in Youth TIY. Workshop "Vocationalisation of Education: how, where, when, why an in what sense does it matter?" Marseilles, Sept. 7–9 2006.* Marseilles: Centre for Research on Education, Training and Employment.

Hupka, S., Sacchi, S. & Stalder, B. E. (2006b). *Herkunft oder Leistung? Analyse des Eintritts in eine zertifizierende nachobligatorische Ausbildung anhand der Daten des Jugendlängsschnitts TREE.* Bern: TREE.

Hurrelmann, K. (1989). *Warteschleifen. Keine Berufs- und Zukunftsperspektiven für Jugendliche?* . Weinheim: Beltz.

Hurrelmann, K. (2007). *Lebensphase Jugend. Eine Einführung in die sozialwissenschaftliche Jugendforschung* (9., aktualisierte Auflage). Weinheim: Juventa.

Imdorf, C. (2005). *Schulqualifikation und Berufsfindung. Wie Geschlecht und nationale Herkunft den Übergang in die Berufsausbildung strukturieren.* Wiesbaden: VS Verlag für Sozialwissenschaften.

Imdorf, C. (2007a). Individuelle oder organisationale Ressourcen als Determinanten des Bildungserfolgs? Organisatorischer Problemlösungsbedarf als Motor sozialer Ungleichheit. *Swiss Journal of Sociology, 33*(3), S. 407–423.

Imdorf, C. (2007b). *Lehrlingsselektion in KMU* (Kurzbericht März 2007). Freiburg: Heilpädagogisches Institut der Universität Freiburg.

Imdorf, C. (2008). Der Ausschluss ‚ausländischer‘ Jugendlicher bei der Lehrlingsauswahl. Ein Fall von institutioneller Diskriminierung? In K.-S. Rehberg (Hrsg.), *Die Natur der Gesellschaft. Verhandlungen des 33. Kongresses der Deutschen Gesellschaft für Soziologie in Kassel 2006. Teilband 1 und 2* (S. 2048–2058). Frankfurt, Main: Campus.

Imdorf, C. (2009a). Die betriebliche Verwertung von Schulzeugnissen. *Empirische Pädagogik, 23*(4), S. 392–409.

Imdorf, C. (2009b). *Können alleine genügt nicht – Auswahlkriterien bei der Lehrlingsselektion. Vortrag auf der BIBB/DJI-Fachtagung „Neue Jugend? Neue Ausbildung?" am 28./29.10.2009 in Bonn.* Abrufbar unter: http://www.bibb.de/dokumente/pdf/a12pr_veranstaltung_2009_10_28_neue_jugend_neue_ausbildung_imdorf_neu.pdf (abgerufen am: 07.02.2011).

Imdorf, C. (2010a). Die Diskriminierung ‚ausländischer‘ Jugendlicher bei der Lehrlingsauswahl. In U. Hormel & S. Albert (Hrsg.), *Diskriminierung. Grundlagen und Forschungsergebnisse* (S. 197–219). Wiesbaden: VS Verlag für Sozialwissenschaften.

Imdorf, C. (2010b). Emotions in the hiring procedure: How 'gut feelings' rationalize personnel selection decisions. In Å. Wettergren & B. Sieben (Hrsg.), *Emotionalizing organizations and organizing emotions* (S. 84–105). Hampshire: Palgrave Macmillan.

Imdorf, C. (2010c). Wie Ausbildungsbetriebe soziale Ungleichheit reproduzieren: Der Ausschluss von Migrantenjugendlichen bei der Lehrlingsselektion. In H.-H. Krüger, U. Rabe-Kleberg, R.-T. Kramer & J. Budde (Hrsg.), *Bildungsungleichheit revisited. Bildung und soziale Ungleichheit vom Kindergarten bis zur Hochschule* (S. 263–278). Wiesbaden: VS Verlag für Sozialwissenschaften.

Imdorf, C. (2011). *Betriebliche Ausgrenzung junger Menschen mit Migrationshintergrund als Erklärungsansatz für die Benachteiligung beim Zugang zu einer beruflichen Ausbildung (unter Berücksichtigung von Geschlecht, Alter und Wohnort). Expertise im Auftrag des Bundesinstituts für Berufsbildung Bonn.* Unveröffentlichtes Gutachten.

Jacob, M. (2001). *Ausmaß und Strukturen von Mehrfachausbildungen. Eine Analyse der Ausbildungswege in den achtziger und neunziger Jahren. Arbeitspapier Nr. 3 des Projekts Ausbildungs- und Berufsverläufe der Geburtskohorten 1964 und 1971 in Westdeutschland.* Berlin: Max-Planck-Institut für Bildungsforschung.

Judge, T. A., Higgins, C. A., Thoresen, C. J. & Barrick, M. R. (1999). The Big Five Personality Traits, General Mental Ability, and Career Success across Life Span. *Personnel Psychology, 52*(3), S. 621–652.

Jungkunz, D. (1995). *Berufsausbildungserfolg in ausgewählten Ausbildungsberufen des Handwerks: Theoretische Erklärung und empirische Analyse.* Weinheim: Deutscher Studienverlag.

Kath, F. (1999). Finanzierung der Berufsausbildung im dualen System. Probleme und Lösungsvorschläge. In Arbeitsgemeinschaft Berufliche Bildung (Hrsg.), *Hochschultage Berufliche Bildung 1998. Workshop Kosten, Finanzierung und Nutzen beruflicher Bildung* (S. 99–110). Neusäß: Kieser-Verlag.

Klemm, K. (2008). Bildungsausgaben: Woher sie kommen, wohin sie fließen. In K. S. Cortina, J. Baumert, A. Leschinsky, K. U. Mayer & L. Trommer (Hrsg.), *Das Bildungswesen in der Bundesrepublik Deutschland* (S. 245–280). Hamburg: Rowohlt.

Kohli, M. (1985). Die Institutionalisierung des Lebenslaufs. Historische Befunde und theoretische Argumente. *Kölner Zeitschrift für Soziologie und Sozialpsychologie, 37*(1), S. 1–29.

Kohli, M. (1988). Normalbiographie und Individualität. Zur institutionellen Dynamik des gegenwärtigen Lebenslaufsregimes. In H.-G. Brose & B. Hildenbrand (Hrsg.), *Vom Ende des Individuums zur Individualität ohne Ende* (S. 33–53). Opladen: Leske + Budrich.

Konietzka, D. (1999a). *Ausbildung und Beruf: die Geburtsjahrgänge 1919–1961 auf dem Weg von der Schule in das Erwerbssystem.* Opladen: Westdeutscher Verlag.

Konietzka, D. (1999b). Berufliche Aus- und Fortbildung in der Lebensverlaufsperspektive. Ein Vergleich des Ausbildungsverhaltens sechs westdeutscher Geburtskohorten. *Zeitschrift für Pädagogik, 45*(6), S. 807–831.

Konietzka, D. (1999c). Die Verberuflichung von Marktchancen. *Zeitschrift für Soziologie, 28*(5), S. 379–400.

Konietzka, D. (2001). Hat sich das duale System in den neuen Ländern erfolgreich etabliert? Ausbildung, Arbeitslosigkeit und Berufseinstieg in Ost- und Westdeutschland in der Mitte der 1990er Jahre. *Kölner Zeitschrift für Soziologie und Sozialpsychologie, 53*(1), S. 50–75.

Konietzka, D. (2002). Die soziale Differenzierung der Übergangsmuster in den Beruf. Die „zweite Schwelle" im Vergleich der Berufseinstiegskohorten 1976–1995. *Kölner Zeitschrift für Soziologie und Sozialpsychologie, 54*(4), S. 645–673.

Konietzka, D. (2007). Berufliche Ausbildung und der Übergang in den Arbeitsmarkt. In R. Becker & W. Lauterbach (Hrsg.), *Bildung als Privileg. Erklärungen und Befunde zu den Ursachen der Bildungsungleichheit* (2. aktualisierte Auflage) (S. 273–302). Wiesbaden: VS Verlag für Sozialwissenschaften.

Konietzka, D. (2008). Berufliche Ausbildung und der Übergang in den Arbeitsmarkt. In R. Becker & W. Lauterbach (Hrsg.), *Bildung als Privileg. Erklärungen und Befunde zu den Ursachen der Bildungsungleichheit* (3. Auflage) (S. 277–306). Wiesbaden: VS Verlag für Sozialwissenschaften.

Konsortium Bildungsberichterstattung (2006). *Bildung in Deutschland. Ein indikatorengestützter Bericht mit einer Analyse zu Bildung und Migration.* Bielefeld: Bertelsmann.

Kracke, B., Hany, E., Driesel-Lange, K. & Schindler, N. (2011). Anregung zur eigenständigen Zukunftsplanung? Angebote der schulischen Studien- und Berufswahlvorbereitung aus Sicht von Jugendlichen. In E. M. Krekel & T. Lex (Hrsg.), *Neue Jugend, neue Ausbildung? Beiträge aus der Jugend- und Bildungsforschung* (S. 79–93). Bielefeld: Bertelsmann.

Krekel, E. M., Troltsch, K. & Ulrich, J. G. (2004). Keine Besserung in Sicht? Zur aktuellen Lage auf dem Ausbildungsstellenmarkt. *Berufsbildung in Wissenschaft und Praxis, 34*(3), S. 11–14.

Krekel, E. M. & Ulrich, J. G. (2009). *Jugendliche ohne Berufsabschluss. Handlungsempfehlungen für die berufliche Bildung. Kurzgutachten.* Berlin: Friedrich-Ebert-Stiftung.

Kremer, M. (2005). Berufsprinzip sichert Qualitätsanspruch der Ausbildung. *Berufsbildung in Wissenschaft und Praxis, 34*(4), S. 3–6.

Kretschmer, S., Amann, U., Münder, J., Sommer, J., Gericke, T. & Will, A.-K. (2009). *Gutachten zur Systematisierung der Fördersysteme, -instrumente und -maßnahmen in der beruflichen Benachteiligtenförderung.* Bonn: Bundesministerium für Bildung und Forschung.

Krewerth, A. & Eberhard, V. (2006). Berufliche Mobilität der Ausbildungsstellenbewerber: Möglichkeiten ihrer empirischen Erfassung und Vergleich mit der regionalen Mobilität. In V. Eberhard, A. Krewerth & J. G. Ulrich (Hrsg.), *Mangelware Lehrstelle. Zur aktuellen Lage der Ausbildungsplatzbewerber in Deutschland* (S. 35–56). Bielefeld: Bertelsmann.

Krewerth, A., Flemming, S. & Granath, R. (2011). Neu abgeschlossene Ausbildungsverträge. In Bundesinstitut für Berufsbildung (Hrsg.), *Datenreport zum Berufsbildungsbericht 2011* (S. 29–46). Bonn: Bundesinstitut für Berufsbildung.

Krewerth, A. & Ulrich, J. G. (2006). Wege und Schleifen zwischen dem Verlassen der Schule und dem Eintritt in die Berufsausbildung. In V. Eberhard, A. Krewerth & J. G. Ulrich (Hrsg.), *Mangelware Lehrstelle. Zur aktuellen Lage der Ausbildungsplatzbewerber in Deutschland* (S. 69–82). Bielefeld: Bertelsmann.

Kriesi, H. (2007). Sozialkapital. Eine Einführung. In A. Franzen & M. Freitag (Hrsg.), *Sozialkapital. Grundlagen und Anwendungen. Sonderheft 47/2007 der Kölner Zeitschrift für Soziologie und Sozialpsychologie* (S. 23–46). Wiesbaden: VS Verlag für Sozialwissenschaften.

Kroll, S. (2011a). Ausbildung in Sozial- und Gesundheitsberufen. In Bundesinstitut für Berufsbildung (Hrsg.), *Datenreport zum Berufsbildungsbericht* (S. 213–215). Bonn: Bundesinstitut für Berufsbildung.

Kroll, S. (2011b). Quantitative Entwicklung der vollqualifizierenden Berufsausbildung an Berufsfachschulen Schuljahr 2009/2010. In Bundesinstitut für Berufsbildung (Hrsg.), *Datenreport zum Berufsbildungsbericht 2011* (S. 206–212). Bonn: Bundesinstitut für Berufsbildung.

Krone, S. (2010). Aktuelle Problemfelder der Berufsbildung in Deutschland. In G. Bosch, S. Krone & D. Langer (Hrsg.), *Das Berufsbildungssystem in Deutschland. Aktuelle Entwicklungen und Standpunkte* (S. 19–36). Wiesbaden: VS Verlag für Sozialwissenschaften.

Kuhnke, R. (2009). Lebenslagen und Lebenssituation von Hauptschülerinnen und Hauptschülern mit und ohne Migrationshintergrund. In R. Kuhnke & M. Müller (Hrsg.), *Lebenslagen und Wege von Migrantenjugendlichen im Übergang Schule – Beruf: Ergebnisse aus dem DJI-Übergangspanel* (Wissenschaftliche Texte 3/2009) (S. 13–68). Halle: Deutsches Jugendinstitut.

Kuhnke, R., Lex, T. & Reißig, B. (2008a). Hauptschüler: Restschüler oder heterogene Gruppe? In B. Reißig, N. Gaupp & T. Lex (Hrsg.), *Hauptschüler auf dem Weg von der Schule in die Arbeitswelt* (Übergänge in Arbeit, Band 9) (S. 34–55). München: Deutsches Jugendinstitut.

Kuhnke, R., Reißig, B. & Mahl, F. (2008b). *Schülerinnen und Schüler auf dem Weg von der Schule in die Berufsausbildung. Bericht zur zweiten Erhebung der Kommunalen Schulabsolventenstudie in den Städten Leipzig, Halle, Jena und Frankfurt (Oder).* Halle: Deutsches Jugendinstitut.

Kupka, P. (2005). Berufskonzept und Berufsforschung – soziologische Perspektiven. In M. Jacob & P. Kupka (Hrsg.), *Perspektiven des Berufskonzepts – die Bedeutung des Berufs für Ausbildung und Arbeitsmarkt* (S. 17–38). Nürnberg: Institut für Arbeitsmarkt- und Berufsforschung.

Kutscha, G. (1985). „Lernorte" oder: Die Umwelt, mit der wir lernen. Zur Kritik der Lernortforschung in der Berufspädagogik und Rekonzeptualisierung aus ökologischer Sicht. In F. M. Kath, G. Spöttl & H.-J. Zebisch (Hrsg.), *Problematik der Lernorte – Rechnereinsatz im Unterricht – CNC-Technik in der beruflichen Bildung* (S. 53–64). Alsbach: Leuchtturm-Verlag.

Kutscha, G. (1991). Übergangsforschung – Zu einem neuen Forschungsbereich. In K. Beck & A. Kell (Hrsg.), *Bilanz der Bildungsforschung. Stand und Zukunftsperspektiven* (S. 113–155). Weinheim: Deutscher Studien Verlag.

Kutscha, J. (2009). Europas Weg zu einem einheitlichen Bildungsraum am Beispiel des Europäischen Qualifikationsrahmens und des Leistungspunktesystems für die Berufsbildung. In A. Bahl (Hrsg.), *Kompetenzen für die globale Wirtschaft* (S. 109–125). Bielefeld: Bertelsmann.

Lakies, T. & Nehls, H. (2007). *Berufsbildungsgesetz. Basiskommentar.* Frankfurt am Main: Bund.

Lehmann, R. H., Ivanov, S., Hunger, S. & Gänsfuß, R. (2004). *ULME I. Untersuchung der Leistungen, Motivationen und Einstellungen zu Beginn der beruflichen Ausbildung.* Hamburg: Behörde für Bildung und Sport, Amt für Bildung, Referat Berufliche Bildung der Freien und Hansestadt Hamburg.

Lempert, W. (1996). Moralisches Lernen im Beruf. Zur Relevanz der lebensweltlichen Komponente des dualen „Systems". *Zeitschrift für Berufs- und Wirtschaftspädagogik, 92*(4), S. 339–349.

Lempert, W. (2002). *Berufliche Sozialisation oder was Berufe aus Menschen machen: Eine Einführung* (2., überarbeitete Auflage). Baltmannsweiler: Schneider Verlag Hohengehren.

Lex, T. & Geier, B. (2010). Übergangssystem in der beruflichen Bildung: Wahrnehmung einer zweiten Chance oder Risiken des Ausstiegs. In G. Bosch, S. Krone & D. Langer (Hrsg.), *Das Berufsbildungssystem in Deutschland. Aktuelle Entwicklungen und Standpunkte* (S. 165–187). Wiesbaden: VS Verlag für Sozialwissenschaften.

Lin, N. (2001). *Social Capital: A Theory of Social Structure an Action.* Cambridge: Cambridge University Press.

Maier, T. & Ulrich, J. G. (2011). Vorausschätzung des Ausbildungsplatzangebotes und der Ausbildungsplatznachfrage für 2011. In Bundesinstitut für Berufsbildung (Hrsg.), *Datenreport zum Berufsbildungsbericht 2011* (S. 69–81). Bonn: Bundesinstitut für Berufsbildung.

Mansel, J. & Kahlert, H. (Hrsg.). (2007). *Arbeit und Identität im Jugendalter. Die Auswirkung der gesellschaftlichen Strukturkrise auf Sozialisation.* Weinheim: Juventa.

Marcia, J. E. (1993). The Ego Identity Status Approach to Ego Identity. In J. E. Marcia, A. S. Waterman, D. R. Meatteson, S. L. Archer & J. L. Orlofsky (Hrsg.), *Ego Identity. A Handbook for Psychosocial Research* (S. 3–21). New York: Springer.

Mayer, K. U. (2000). Die Bildungsgesellschaft. Aufstieg durch Bildung. In A. Pongs (Hrsg.), *In welcher Gesellschaft leben wir eigentlich?* (Band 2) (S. 193–218). München: Dilemma-Verlag.

Mayer, K. U., Schnettler, S. & Aisenbrey, S. (2008). *The Process and Impacts of Educational Expansion: Findings from the German Life History Study* (Working Paper 2008-06). Yale: The Center of Research on Inequality and the Life Course.

McClelland, D., Atkinson, J. W., Clark, R. A. & Lowell, E. L. (1953). *The achievement motive.* Princeton: Van Nostrand.

Mertens, D. (1976). Beziehungen zwischen Qualifikation und Arbeitsmarkt. In W. Schlaff-ke (Hrsg.), *Jugendarbeitslosigkeit. Unlösbare Aufgabe für das Bildungs- und Be-schäftigungssystem* (S. 68–117). Köln: Deutscher Instituts-Verlag.

Mertens, D. (1984). Das Qualifikationsparadox. Bildung und Beschäftigung bei kritischer Arbeitsmarktperspektive. *Zeitschrift für Pädagogik, 30*(4), S. 439–455.

Mertens, D. & Parmentier, K. (1982). Zwei Schwellen – acht Problembereiche. Grundzüge eines Diskussions- und Aktionsrahmens zu den Beziehungen zwischen Bildungs- und Beschäftigungssystem. In D. Mertens (Hrsg.), *Konzepte der Arbeitsmarkt- und Berufsforschung. Eine Forschungsinventur des IAB* (S. 357–396). Nürnberg: Institut für Arbeitsmarkt- und Berufsforschung.

Meyer, T. (2004). *Wie weiter nach der Schule. Zwischenergebnisse des Jugendlängs-schnitts TREE*. Bern/Aarau: Leistungsgruppe des NFP 43 in Zusammenarbeit mit dem Forum Bildung und Beschäftigung und der schweizerischen Koordinierungs-stelle für Bildungsforschung.

Miller, D. T. & Ross, M. (1975). Self-serving biases in the attribution of causality: Fact or fiction? *Psychological Bulletin, 82*(2), S. 213–225.

Mincer, J. (1974). *Schooling, Experience, and Earnings*. New York: Columbia University Press.

Moldaschl, M. & Diefenbach, T. (2006). Regeln und Ressourcen. In M. Schmid & A. Mau-rer (Hrsg.), *Ökonomischer und soziologischer Institutionalismus. Interdisziplinäre Beiträge und Perspektiven der Institutionentheorie und -analyse* (zweite durchge-sehene Auflage) (S. 139–162). Marburg: Metropolis.

Müller-Kohlenberg, L., Schober, K. & Hilke, R. (2005). Ausbildungsreife – Numerus clau-sus für Azubis? *Berufsbildung in Wissenschaft und Praxis, 34*(3), S. 19–23.

Müller, M. & Braun, F. (2007). *Lokales Übergangsmanagement – Handlungsbedarf und Handlungsspielräume* (Wissenschaftliche Texte 6/2007). München: Deutsches Jugendinstitut.

Müller, N. & Schütte, M. (2011). Ausgaben der öffentlichen Hand. In Bundesinstitut für Berufsbildung (Hrsg.), *Datenreport zum Berufsbildungsbericht 2011* (S. 256–259). Bonn: Bundesinstitut für Berufsbildung.

Müller, W. & Shavit, Y. (1998a). Bildung und Beruf im institutionellen Kontext: Eine ver-gleichende Studie in 13 Ländern. *Zeitschrift für Erziehungswissenschaften, 1*(4), S. 501–533.

Müller, W. & Shavit, Y. (1998b). The Institutional Embeddedness of the Stratification Process. A Comparative Study of Qualifications and Occupations in Thirteen Countries. In W. Müller & Y. Shavit (Hrsg.), *From School to Work. A Comparative Study of Educational Qualifications and Occupational Destinations* (S. 1–48). Oxford: Clarendon Press.

Münk, D. (2010). Berufliche Bildung im Labyrinth des pädagogischen Zwischenraums: Von Eingängen, Ausgängen, Abgängen – und von Übergängen, die keine sind. In D. Münk, J. Rützel & C. Schmidt (Hrsg.), *Labyrinth Übergangssystem: Forschungserträ-ge und Entwicklungsperspektiven der Benachteiligtenförderung zwischen Schule, Ausbildung, Arbeit und Beruf* (2. Auflage) (S. 31–52). Bonn: Pahl-Rugenstein.

Münk, D., Rützel, J. & Schmidt, C. (2008). *Labyrinth Übergangssystem*. Bonn: Pahl-Rugenstein.

Nationaler Pakt für Ausbildung und Fachkräftenachwuchs in Deutschland (2004). *Nationaler Pakt für Ausbildung und Fachkräftenachwuchs in Deutschland vom 16. Juni 2004. Berichte und Dokumente zu den Ergebnissen des Paktjahres 2004 und Ausblick auf 2005*. Abrufbar unter: http://www.bmwi.de/BMWi/Redaktion/PDF /A/ausbildungspakt-1,property=pdf,bereich=bmwi,sprache=de,rwb=true.pdf (abgerufen am: 20.10.2008).

Nationaler Pakt für Ausbildung und Fachkräftenachwuchs in Deutschland (2005). *Gemeinsame Nachvermittlung läuft auf vollen Touren – Zahl unversorgter Paktbewerber trotz ungünstiger Ausgangslage auf Vorjahresniveau – Einstiegsqualifizierungen erfolgreiche Brücke zur Ausbildung* (PresseInfo vom 01. Dezember 2005). Nürnberg: Bundesagentur für Arbeit.

Nationaler Pakt für Ausbildung und Fachkräftenachwuchs in Deutschland (2006a). *Ausbildungspakt auf gutem Weg – Zahl der unversorgten Bewerber knapp über Vorjahrsniveau, Abbau jedoch stärker als im Vorjahr*. Nürnberg: Bundesagentur für Arbeit.

Nationaler Pakt für Ausbildung und Fachkräftenachwuchs in Deutschland (2006b). *Kriterienkatalog Ausbildungsreife*. Nürnberg: Bundesagentur für Arbeit.

Nationaler Pakt für Ausbildung und Fachkräftenachwuchs in Deutschland (2007). *Erfolg durch gemeinsames Handeln: Deutlich mehr Ausbildungsverträge, deutlich weniger unversorgte Bewerberinnen und Bewerber* (PresseInfo vom 11. Oktober 2007). Nürnberg: Bundesagentur für Arbeit.

Nationaler Pakt für Ausbildung und Fachkräftenachwuchs in Deutschland (2008). *Gemeinsames Handeln zeigt deutliche Erfolge: Erstmals seit sieben Jahren mehr unbesetzte Stellen als unversorgte Bewerber. Gemeinsame Pressemitteilung der Bundesvereinigung der Deutschen Arbeitgeberverbände, des Bundesverbandes der Deutschen Industrie e.V., des Deutschen Industrie- und Handelskammertages, des Zentralverbandes des Deutschen Handwerks, des Bundesverbandes der Freien Berufe, des Bundesministeriums für Wirtschaft und Technologie, des Bundesministeriums für Bildung und Forschung, des Bundesministeriums für Arbeit und Soziales und der Bundesagentur für Arbeit.* (Presse Info 063 vom 13.10.2008). Nürnberg: Bundesagentur für Arbeit.

Nationaler Pakt für Ausbildung und Fachkräftenachwuchs in Deutschland (2009). *Ausbildungspakt auch im Krisenjahr 2009 erfolgreich: Weniger unversorgte Bewerber und noch zahlreiche Ausbildungsplatzangebote. Gemeinsame Pressemitteilung der Bundesvereinigung der Deutschen Arbeitgeberverbände, des Bundesverbandes der Deutschen Industrie e.V., des Deutschen Industrie- und Handelskammertages, des Zentralverbandes des Deutschen Handwerks, des Bundesverbandes der Freien Berufe, des Bundesministeriums für Wirtschaft und Technologie, des Bundesministeriums für Bildung und Forschung, des Bundesministeriums für Arbeit und Soziales und der Bundesagentur für Arbeit* (Pressemitteilung vom 13.10.2009). Nürnberg: Bundesagentur für Arbeit.

Nationaler Pakt für Ausbildung und Fachkräftenachwuchs in Deutschland (2010). *Bilanz 7. Paktjahr 2010 (Verlängerung bis 2014)*. Abrufbar unter: http://www.bmwi.de/BMWi/Navigation/Ausbildung-und-Beruf/ausbildungspakt,did=331010.html (abgerufen am: 18.07.2011).

OECD (2008). *Education at a Glance. OECD Indicators*. Paris: OECD.

Oerter, R. & Montada, L. (1998). *Entwicklungspsychologie*. Weinheim: Beltz.

Oschmiansky, F. (2010). *Die Lage auf dem Ausbildungsmarkt*. Bonn: Bundeszentrale für politische Bildung.

Palamidis, H. & Schwarze, J. (1989). Jugendliche beim Übergang in eine betriebliche Berufsausbildung und in die Erwerbstätigkeit. *Mitteilungen aus der Arbeitsmarkt- und Berufsforschung, 22*(1/89), S. 114–124.

Pichler, F. & Wallace, C. (2007). Patterns of Formal and Informal Social Capital in Europe. *European Sociological Review, 23*(4), S. 423–435.

Pimminger, I. (2011). *Junge Frauen und Männer im Übergang von der Schule in den Beruf*. Berlin: Agentur für Gleichstellung im ESF.

Plünnecke, A. & Werner, D. (2004). *Das duale Ausbildungssystem. Die Bedeutung der Berufsausbildung für die Jugendarbeitslosigkeit und Wachstum*. Köln: Institut der deutschen Wirtschaft.

Portes, A. (1998). Social Capital: Its Origins and Applications in Modern Sociology. *Annual Review of Sociology, 24*, S. 1–24.

Preiß, C. (1995). Der Übergang von der Schule in den Beruf – theoretische Vorüberlegungen. In E. Raab (Hrsg.), *Jugend sucht Arbeit. Eine Längsschnittuntersuchung zum Berufseinstieg Jugendlicher* (S. 11–18). München: Deutsches Jugendinstitut.

Projektgruppe BA/BIBB-Bewerberbefragung (2009). *Determinanten des Einmündungserfolgs in eine Ausbildungsstelle. Unveröffentlichtes Arbeitspapier der Projektgruppe BA/BIBB-Bewerberbefragung*. Bonn: Bundesinstitut für Berufsbildung.

Protsch, P. & Dieckhoff, M. (2011). What Matters in the Transition from School to Vocational Training in Germany – Educational Credentials, Cognitive Abilities or Personality? *European Societies, 13*(1), S. 69–91.

Putnam, R. D. (2001). *Bowling Alone: The Collapse and Revival of American Community*. New York: Simon and Schuster.

Pütz, H. (1993). *Integration der Schwachen = Stärken des dualen Systems* (Berichte zur beruflichen Bildung, Nr. 162). Bonn: Bundesinstitut für Berufsbildung.

Rauch, A. & Schober, K. (1996). Geschlechtsspezifisches Rekrutierungsverhalten westdeutscher Betriebe bei der Ausbildung und Beschäftigung von Auszubildenden und Fachkräften in anerkannten Ausbildungsberufen. In S. Liesering & A. Rauch (Hrsg.), *Hürden im Erwerbsleben. Aspekte beruflicher Segregation nach Geschlecht. Beiträge zur Arbeitsmarkt- und Berufsforschung Nr. 198* (S. 17–45). Nürnberg: Institut für Arbeitsmarkt- und Berufsforschung.

Reichenbach, S. (2001). *Die Ausbildungsentscheidung im Dualen System der Berufsausbildung. Bestimmungsgründe der Allokation von Ausbildungsinteressenten auf Lehrberufe. (Dissertation an der Universität Mannheim)*.

Reinberg, A. & Hummel, M. (2007). *Der Trend bleibt – Geringqualifizierte sind häufiger arbeitslos* (IAB-Kurzbericht 17/2007). Nürnberg: Institut für Arbeitsmarkt- und Berufsforschung.

Reißig, B. & Gaupp, N. (2006). Schwierige Übergänge? Junge Migrantinnen und Migranten an der Schwelle zur Arbeitswelt. In INBAS (Hrsg.), *Jugendliche mit Migrationshintergrund im Übergang Schule – Beruf (Berichte und Materialien, Bd. 15).* (S. 20–31). Offenbach: INBAS.

Reißig, B., Gaupp, N., Hofmann-Lun, I. & Lex, T. (2006). *Schule – und dann? Schwierige Übergänge von der Schule in die Berufsausbildung.* München: Deutsches Jugendinstitut.

Reißig, B., Gaupp, N. & Lex, T. (2008a). *Hauptschüler auf dem Weg von der Schule in die Arbeitswelt* (Übergänge in Arbeit, Band 9). München: Deutsches Jugendinstitut.

Reißig, B., Gaupp, N. & Lex, T. (2008b). Übergangswege von Hauptschulabsolventinnen und -absolventen aus der Schule in die Ausbildung. In B. Reißig, N. Gaupp & T. Lex (Hrsg.), *Hauptschüler auf dem Weg von der Schule in die Arbeitswelt* (Übergänge in Arbeit, Band 9) (S. 58–81). München: Deutsches Jugendinstitut.

Rothe, G. (2008). *Berufliche Bildung in Deutschland. Das EU-Reformprogramm „Lissabon 2000" als Herausfoderung für den Ausbau neuer Wege beruflicher Qualifizierung im lebenslangen Lernen.* Karlsruhe: Universitätsverlag Karlsruhe.

Rotter, J. B. (1966). *Generalized expectancies for internal versus external control of reinforcement.* Washington: American Psychological Association.

Schier, F. (2009). Regelangebote und Maßnahmen der Benachteiligtenförderung. In Bundesinstitut für Berufsbildung (Hrsg.), *Datenreport zum Berufsbildungsbericht 2009* (S. 204–213). Bonn: Bundesinstitut für Berufsbildung.

Schmidt, H. (2005). Bleibt die Duale Ausbildung Kernbestandteil des deutschen Berufsbildungssystems? In Bundesinstitut für Berufsbildung (Hrsg.), *Wir brauchen hier jeden, hoffnungslose Fälle können wir uns nicht erlauben! Wege zur Sicherung der beruflichen Zukunft in Deutschland* (S. 15–40). Bielefeld: Bertelsmann.

Schneck, O. (2007). *Lexikon der Betriebswirtschaft* (6. Auflage). München: DTV-Beck.

Schwingel, M. (2009). *Pierre Bourdieu zur Einführung.* Hamburg: Junius.

Seibert, H. (2007). Berufswechsel in Deutschland. Wenn der Schuster nicht bei seinen Leisten bleibt. *IAB Kurzbericht* (Nr. 1/2007), S. 1–6.

Seibert, H., Hupka-Brunner, S. & Imdorf, C. (2009). Wie Ausbildungssysteme Chancen verteilen. Berufsbildungschancen ethnischer Herkunft in Deutschland und der Schweiz unter Berücksichtigung des regionalen Verhältnisses von betrieblichen und schulischen Ausbildungen. *Kölner Zeitschrift für Soziologie und Sozialpsychologie, 61*(4), S. 595–620.

Sekretariat der ständigen Konferenz der Kultusminister der Länder in der Bundesrepublik Deutschland (2008). *Definitionenkatalog zur Schulstatistik 2008 (2).* Abrufbar unter: http://www.kmk.org/fileadmin/pdf/Statistik/Defkat2008_2__m_Anlagen_01.pdf (abgerufen am: 07.10.2009).

Skrobanek, J. & Müller, M. (2008). Trajectories – Chancen und Risiken auf dem Weg von der Schule in den Beruf. In B. Reißig, N. Gaupp & T. Lex (Hrsg.), *Hauptschüler auf dem Weg von der Schule in die Arbeitswelt* (S. 171–184). München: Deutsches Jugendinstitut.

Solga, H. (2002). ‚Stigmatization by Negative Selection': Explaining Less-Educated People's Decreasing Employment Opportunities. *European Sociological Review, 18*(2), S. 159–178.

Solga, H. (2004). Ausgrenzungserfahrungen trotz Integration – Die Übergangsbiographien von Jugendlichen ohne Schulabschluss. In S. Hillmert & K. U. Mayer (Hrsg.), *Geboren 1964 und 1971. Neuere Untersuchungen zu Ausbildungs- und Berufschancen in Westdeutschland* (S. 39–63). Wiesbaden: VS Verlag für Sozialwissenschaften.

Solga, H. (2005a). Meritokratie – die moderne Legitimation ungleicher Bildungschancen. In P. A. Berger & H. Kahlert (Hrsg.), *Institutionalisierte Ungleichheiten. Wie das Bildungswesen Chancen blockiert* (S. 19–37). Weinheim: Juventa.

Solga, H. (2005b). *Ohne Abschluss in die Bildungsgesellschaft. Die Erwerbschancen gering qualifizierter Personen aus soziologischer und ökonomischer Perspektive*. Opladen: Barbara Budrich.

Solga, H. (2008a). Lack of training. Employment opportunities for low-skilled persons from a sociological and microeconomic perspective. In K. U. Mayer & H. Solga (Hrsg.), *Skill Formation. Interdisciplinary and Cross-National Perspectives* (S. 173–204). Cambridge: Cambridge University Press.

Solga, H. (2008b). *Wie das deutsche Schulsystem Bildungsungleichheiten verursacht* (WZBrief Bildung, 01. Oktober 2008). Berlin: Wissenschaftszentrum Berlin für Sozialforschung.

Solga, H. (2009). *Der Blick nach vorn: Herausforderungen an das deutsche Ausbildungssystem. WZB Discussion Paper SP I 2009-507*. Berlin: Wissenschaftszentrum Berlin.

Solga, H. & Dombrowski, R. (2009). *Soziale Ungleichheit in schulischer und außerschulischer Bildung* (Arbeitspapier 171). Düsseldorf: Hans Böckler Stiftung.

Solga, H. & Konietzka, D. (1999). Occupational Matching and Social Stratification: Theoretical Insights and Empirical Observations Taken from a German-German Comparison. *European Sociological Review, 15*(1), S. 25–47.

Solga, H. & Wagner, S. (2001). Paradoxie der Bildungsexpansion: Die doppelte Benachteiligung von Hauptschülern. *Zeitschrift für Erziehungswissenschaft, 4*(1), S. 107–127.

Solga, M. (2007). *Defensives Impression Management in Einstellungsinterviews: Effekte verantwortlichkeitsbasierter Rechenschaftskommunikation auf Urteilsprozesse des Interviewers*. Bonn: Universität Bonn.

Spence, M. (1973). Job Market Signalling. *Quarterly Journal of Economics, 87*(3), S. 355–374.

Spence, M. (1974). *Market signaling: Informational transfer in hiring and related screening processes*. Cambridge: Harvard University Press.

Stalder, B. E., Meyer, T. & Hupka-Brunner, S. (2008). Leistungsschwach – Bildungsarm? Ergebnisse der TREE-Studie zu den PISA-Kompetenzen als Prädiktoren für Bildungschancen in der Sekundarstufe II. *Die Deutsche Schule, 100*(4), S. 436–448.

Stamm, M. (2006). Jugendarbeitslosigkeit – Konturen einer psychosozialen Belastung. *Europäische Zeitschrift für Berufsbildung, 39*(3), S. 121–131.

Statistische Ämter des Bundes und der Länder (2010). *Vorausberechnung der Bildungsteilnehmerinnen und Bildungsteilnehmer, des Personal- und Finanzbedarfs bis 2025.* Wiesbaden: Statistisches Bundesamt.

Statistisches Bundesamt (2009a). *Bildung und Kultur, Berufliche Bildung, Fachserie 11, Reihe 3, Berichtszeitraum 2008.* Wiesbaden: Statistisches Bundesamt.

Statistisches Bundesamt (2009b). *Bildung und Kultur. Berufliche Schulen. Schuljahr 2008/09.* Wiesbaden: Statistisches Bundesamt.

Steinmann, S. (2000). *Bildung, Ausbildung und Arbeitsmarktchancen.* Opladen: Leske + Budrich.

Stöhr, A. & Kuppe, A. M. (2011). Indikatoren zur Ausbildung im dualen System der Berufsausbildung. In Bundesinstitut für Berufsbildung (Hrsg.), *Datenreport zum Berufsbildungsbericht 2011* (S. 106–111).

Struck, O. (2006). *Flexibilität und Sicherheit. Empirische Befunde, theoretische Konzepte und institutionelle Gestaltung von Beschäftigungsstabilität.* Wiesbaden: VS Verlag für Sozialwissenschaften.

Struck, O. & Simonson, J. (2001). Stabilität und De-Stabilität am betrieblichen Arbeitsmarkt. Eine Untersuchung zur betrieblichen Übergangspolitik in west- und ostdeutschen Unternehmen. *Arbeit – Zeitschrift für Arbeitsforschung, Arbeitsgestaltung und Arbeitspolitik, 9*(3), S. 219–237.

Stuhlmann, K. (2009). Die Realisierung von Berufswünschen – Durch die Identitätsentwicklung im Jugendalter vorhersagbar? In H. Fend, F. Berger & U. Grob (Hrsg.), *Lebensverläufe, Lebensbewältigung, Lebensglück. Ergebnisse der LifE-Studie* (S. 73–99). Wiesbaden: VS Verlag für Sozialwissenschaften.

Super, D. E. (1953). A theory of vocational development. *American Psychologist, 8*, S. 185–190.

Super, D. E. (1957). *Psychology and Carrers.* New York: Harper & Row.

Terpe, S. & Steiner, C. (2005). *Netzwerkstruktur und Informationsgehalt. Wann werden Beziehungen zu Ressourcen? Vortrag auf der Tagung „Soziale Netzwerke und Soziales Kapital" der Sektion „Soziale Ungleichheit und Sozialstrukturanalyse" am 10. und 11. November 2005 in Bielefeld.* Abrufbar unter: http://www.soziologie. uni-rostock.de/sozialstruktur/tagungen/sektion/tag_sekt_fs.html (abgerufen am: 11.08.2010).

Thurow, L. C. (1975). *Generating inequality. Mechanisms of distribution in the U.S. Economy.* New York: Basic Books.

Thurow, L. C. (1979). A job competition model. In M. J. Piore (Hrsg.), *Unemployment and inflation* (S. 17–32). New York: M. E. Sharpe.

Traunmüller, R. (2008). *Religion als Ressource sozialen Zusammenhalts? Eine empirische Analyse der religiösen Grundlagen sozialen Kapitals in Deutschland* (SOEPpapers on Multidisciplinary Panel Data Research 144). Berlin: Deutsches Institut der Wirtschafsforschung Berlin.

Troltsch, K., Krekel, E. M. & Ulrich, J. G. (2004). Wege und Instrumente zur Steigerung und Stabilisierung der betrieblichen Ausbildungsbeteiligung – Ergebnisse von Expertengesprächen in Betrieben. In E. M. Krekel & G. Walden (Hrsg.), *Zukunft der Berufsausbildung in Deutschland: Empirische Untersuchungen und Schlussfolgerungen* (S. 53–93). Bielefeld: Bertelsmann.

Troltsch, K. & Walden, G. (2007). Beschäftigungssystem dominiert zunehmend Ausbildungsstellenmarkt. Zur Responsivität des dualen Ausbildungssystems. *Berufsbildung in Wissenschaft und Praxis 36*(4), S. 5–9.

Troltsch, K., Walden, G. & Zopf, S. (2009). *Im Osten nichts Neues? 20 Jahre nach dem Mauerfall steht die Berufsausbildung vor großen Herausforderungen* (BIBB REPORT, 12/09). Bonn: Bundesinstitut für Berufsbildung.

Uhly, A. (2009). Berufsstrukturelle Entwicklungen in der dualen Ausbildung. In Bundesinstitut für Berufsbildung (Hrsg.), *Datenreport zum Berufsbildungsbericht 2009* (S. 109–117). Bonn: Bundesinstitut für Berufsbildung.

Uhly, A. (2011). Gesamtbestand der Ausbildungsverhältnisse zum 31. Dezember. In Bundesinstitut für Berufsbildung (Hrsg.), *Datenreport zum Berufsbildungsbericht 2011* (S. 112–121). Bonn: Bundesinstitut für Berufsbildung.

Ulmer, P. & Ulrich, J. G. (2008). *Der demografische Wandel und seine Folgen für die Sicherstellung des Fachkräftenachwuchses* (Wissenschaftliche Diskussionspapiere des Bundesinstitut für Berufsbildung, Heft 106). Bonn: Bundesinstitut für Berufsbildung.

Ulrich, J. G. (2003). Benachteiligung – was ist das? Theoretische Überlegungen zur Stigmatisierung, Marginalisierung und Selektion. In L. Lappe (Hrsg.), *Fehlstart in den Beruf? Jugendliche mit Schwierigkeiten beim Einstieg in das Arbeitsleben* (S. 21–35). München: Deutsches Jugendinstitut.

Ulrich, J. G. (2005). Probleme bei der Bestimmung von Ausbildungsplatznachfrage und Ausbildungsplatzangebot. Definitionen, Operationalisierungen, Messprobleme. In Bundesinstitut für Berufsbildung (Hrsg.), *Der Ausbildungsmarkt und seine Einflussfaktoren. Dokumentation der Fachtagung der Arbeitsgemeinschaft Berufsbildungsforschungsnetzwerk vom 01./02. Juli 2004* (S. 5–36). Bonn: Bundesinstitut für Berufsbildung.

Ulrich, J. G. (2006a). *Transparenz auf dem Ausbildungsmarkt. Aktuelle Lage, Intransparenz und Lösungsmöglichkeiten (Unveröffentlichtes Arbeitspapier)* Bonn: Bundesinstitut für Berufsbildung.

Ulrich, J. G. (2006b). Wie groß ist die Lehrstellenlücke wirklich? *Berufsbildung in Wissenschaft und Praxis, 35*(3), S. 12–16.

Ulrich, J. G. (2008). Jugendliche im Übergangssystem – eine Bestandsaufnahme. *Berufs- und Wirtschaftspädagogik online*(4), S. 1–21.

Ulrich, J. G. (2009). Entwicklung von Ausbildungsplatzangebot und -nachfrage. In Bundesinstitut für Berufsbildung (Hrsg.), *Datenreport zum Berufsbildungbericht 2009* (S. 123–123). Bonn: Bundesinstitut für Berufsbildung.

Ulrich, J. G. (2010). *Ausbildungsmarkt im Umbruch. Wissenschaftliche Diskussionspapiere des Bundesinstituts für Berufsbildung, Heft 121*. Bonn: Bundesinstitut für Berufsbildung.

Ulrich, J. G. (2011). Übergangsverläufe von Jugendlichen aus Risikogruppen. Aktuelle Ergebnisse aus der BA/BIBB-Bewerberbefragung 2010. *Berufs- und Wirtschaftspädagogik online* (Spezial 5 – Hochschultage Berufliche Bildung 2011). Abrufbar unter: http://www.bwpat.de/content/ht2011/ws15/ulrich/ (abgerufen am: 13.07.2011).

Ulrich, J. G. & Eberhard, V. (2008). Die Entwicklung des Ausbildungsmarktes seit der Wiedervereinigung. In U. Beicht, M. Friedrich & J. G. Ulrich (Hrsg.), *Ausbildungschancen und Verbleib von Schulabsolventen* (S. 13–57). Bonn: Bundesinstitut für Berufsbildung.

Ulrich, J. G., Eberhard, V., Granato, M. & Krewerth, A. (2006a). Bewerber mit Migrationshintergrund: Bewerbungserfolg und Suchstrategien. In V. Eberhard, A. Krewerth & J. G. Ulrich (Hrsg.), *Mangelware Lehrstelle. Zur aktuelle Lage der Ausbildungsplatzbewerber in Deutschland*. Bielefeld: Bertelsmann.

Ulrich, J. G., Eberhard, V. & Krekel, E. M. (2007). *Der Aufschwung auf dem Ausbildungsmarkt schreitet weiter voran – an vielen Lehrstellenbewerbern in den Großstädten geht er jedoch vorbei*. Bonn: Bundesinstitut für Berufsbildung.

Ulrich, J. G., Ehrenthal, B. & Häfner, E. (2006b). Regionale Mobilitätsbereitschaft und Mobilität der Ausbildungsstellenbewerber. In V. Eberhard, A. Krewerth & J. G. Ulrich (Hrsg.), *Mangelware Lehrstelle. Zur aktuellen Lage der Ausbildungsplatzbewerber in Deutschland* (S. 99–120). Bielefeld: Bertelsmann.

Ulrich, J. G., Flemming, S. & Granath, R. (2009a). Neu abgeschlossene Ausbildungsverträge, Ausbildungsplatzangebot und -nachfrage. In Bundesinstitut für Berufsbildung (Hrsg.), *Datenreport zum Berufsbildungsbericht 2009* (S. 16–32). Bonn: Bundesinstitut für Berufsbildung.

Ulrich, J. G., Flemming, S. & Granath, R. (2010). Neu abgeschlossene Ausbildungsveträge, Ausbildungsplatzangebot und -nachfrage. In Bundesinstitut für Berufsbildung (Hrsg.), *Datenreport zum Berufsbildungsbericht 2010* (S. 16–43). Bonn: Bundesinstitut für Berufsbildung.

Ulrich, J. G., Flemming, S., Granath, R. & Krekel, E. M. (2009b). *Im Zeichen von Wirtschaftskrise und demografischem Einbruch. Die Entwicklung des Ausbildungsmarktes im Jahr 2009. BIBB-Erhebung über neu abgeschlossene Ausbildungsverträge im Jahr 2009*. Bonn: Bundesinstitut für Berufbildung.

Ulrich, J. G. & Granato, M. (2006). „Also was soll ich noch machen, damit die mich nehmen?" Jugendliche mit Migrationshintergrund und ihre Ausbildungschancen. In Friedrich-Ebert-Stiftung (Hrsg.), *Kompetenzen stärken, Qualifikationen verbessern, Potenziale nutzen. Berufliche Bildung von Jugendlichen und Erwachsenen mit Migrationshintergrund* (S. 30–50). Bonn: Friedrich-Ebert-Stiftung.

Ulrich, J. G. & Gutknecht, C. (2000). Verdrängte Lehrstellenbewerber oder Jugendliche mit geänderten Ausbildungsabsichten? Ergebnisse der BIBB/BA-Bewerberbefragung 1999. *Informationen für die Beratungs- und Vermittlungsdienste der Bundesanstalt für Arbeit* (Nr.46/00 vom 15. November 2000), S. 4747–4782.

Ulrich, J. G. & Krekel, E. M. (2007). Welche Ausbildungschancen haben „Altbewerber"? *Berufsbildung in Wissenschaft und Praxis, 36*(2), S. 11–13.

Ulrich, J. G. & Krewerth, A. (2006a). Determinanten des Erfolgs bei der betrieblichen Lehrstellensuche. In V. Eberhard, A. Krewerth & J. G. Ulrich (Hrsg.), *Mangelware Lehrstelle. Zur aktuellen Situation der Ausbildungsplatzbewerber in Deutschland* (S. 161–174). Bielefeld: Bertelsmann.

Ulrich, J. G. & Krewerth, A. (2006b). Situation und Merkmale von Bewerbern, die in eine Alternative zu einer Lehre einmünden – das Ausmaß der latenten Nachfrage. In V. Eberhard, A. Krewerth & J. G. Ulrich (Hrsg.), *Mangelware Lehrstelle. Zur aktuellen Lage der Ausbildungsplatzbewerber in Deutschland* (S. 175–195). Bielefeld: Bertelsmann.

Voss, T. (2007). Netzwerke als soziales Kapital im Arbeitsmarkt. In A. Franzen & M. Freitag (Hrsg.), *Sozialkapital. Grundlagen und Anwendungen. Sonderheft 47/2007 der Kölner Zeitschrift für Soziologie und Sozialpsychologie* (S. 321–342). Wiesbaden: VS Verlag für Sozialwissenschaften.

Wagner, M., Dunkake, I. & Weiß, B. (2004). Schulverweigerung: Empirische Analysen zum abweichendem Verhalten von Schülern. *Kölner Zeitschrift für Soziologie und Sozialpsychologie, 56*(3), S. 457–489.

Wagner, S. J. (2005). *Jugendliche ohne Berufsausbildung. Eine Längsschnittstudie zum Einfluss von Schule, Herkunft und Geschlecht auf ihre Bildungschancen*. Aachen: Shaker.

Weil, M. & Lauterbach, W. (2009). Von der Schule in den Beruf. In R. Becker (Hrsg.), *Lehrbuch der Bildungssoziologie* (S. 321–356). Wiesbaden: VS Verlag für Sozialwissenschaften.

Werner, D., Neumann, M. & Schmidt, J. (2008). *Volkswirtschaftliche Potenziale am Übergang von der Schule in die Arbeitswelt. Eine Studie zu den direkten und indirekten Kosten des Übergangsgeschehens sowie Einspar- und Wertschöpfungspotenziale bildungspolitischer Reformen.* Gütersloh: Bertelsmann-Stiftung.

Wiemer, S., Schweitzer, R. & Paulus, W. (2011). *Gastbeitrag: Die Klassifikation der Berufe 2010 – Entwicklung und Ergebnis.* Abrufbar unter: http://www.destatis.de/jetspeed/ portal/cms/Sites/destatis/Internet/DE/Content/Publikationen/Querschnittsveroeffent- lichungen/WirtschaftStatistik/Gastbeitraege/Berufe2010__32011,property=file.pdf (abgerufen am: 17.04.2011).

Winkler, M. (2008). Ausbildungsfähigkeit – ein pädagogisches Problem? In E. Schlemmer & H. Gerstberger (Hrsg.), *Ausbildungsfähigkeit im Spannungsfeld zwischen Wissenschaft, Politik und Praxis* (S. 69–90). Wiesbaden: VS Verlag für Sozialwissenschaften.

Zedler, R. (2003). Förderung der Ausbildungsreife – was ist zu tun? *Wirtschafts- und Berufserziehung, 55*(03), S. 12–15.

Zentralverband des deutschen Handwerks (2010). *Was wäre das Leben ohne das Handwerk?* Abrufbar unter: http://www.zdh.de/imagekampagne-handwerk/was-waere- das-leben-ohne-das-handwerk.html (abgerufen am: 04.08.2010).

Anhang A: Glossar

Zentrale, im Rahmen der vorliegenden Arbeit verwendete Begriffe im Kontext des Übergangs Schule – Berufsausbildung

Angebots-Nachfrage-Relation (ANR), klassisch

Die klassische oder traditionelle Angebots-Nachfrage-Relation (ANR) wird als Zahl der Ausbildungsstellenangebote je 100 Ausbildungsstellennachfrager ausgewiesen. Zur Angebotsberechnung wird die Summe aus den neu abgeschlossenen Ausbildungsverträgen zum 30.09. (erfolgreiches Angebot) und der Zahl der bei der BA gemeldeten und noch unbesetzten Ausbildungsplätze zum 30.09. (erfolgloses Angebot) gebildet. Auf der Nachfrageseite wird zu der Zahl der neu abgeschlossenen Ausbildungsverträge zum 30.09. (erfolgreiche Nachfrage) die Zahl der bei der BA als unversorgt gemeldeten Bewerber zum 30.09. (erfolglose Nachfrage) addiert. Weil im Rahmen der klassischen ANR die bei der BA gemeldeten alternativ verbliebenen Bewerber mit weiterem Vermittlungswunsch nicht als erfolglose Nachfrager ausgewiesen werden, wird die erfolglose Nachfrage drastisch unterschätzt (ausführliche Darstellung in Kapitel 6.3.2, vgl. auch Ausbildungsstellennachfrage, klassische Definition).

Angebots-Nachfrage-Relation (ANR), erweitert

Die erweiterte Angebots-Nachfrage-Relation (ANR) unterscheidet sich von der traditionellen ANR dahingehend, dass der Kreis der erfolglosen Nachfrager weiter gefasst wird. Neben den unversorgten Bewerbern werden auch die alternativ verbliebenen Bewerber mit weiterem Vermittlungswunsch berücksichtigt. Die erweiterte ANR stellt somit den valideren Ausbildungsmarktindikator dar, sie kann jedoch nicht das gesamte Ausmaß der institutionell erfassten Nachfrage abbilden (ausführliche Darstellung in Kapitel 6.3.2, vgl. auch Ausbildungsstellennachfrage, erweiterte Definition).

Ausbildung, außerbetrieblich nach BBiG/HwO

Unter einer außerbetrieblichen Berufsausbildung nach BBiG/HwO werden überwiegend öffentlich finanzierte Ausbildungsstellen verstanden. Das heißt Ausbildungsstellen, die zu mehr als 50 % aus öffentlicher Hand finanziert werden. Sie werden an Jugendliche vergeben, die bestimmte Kriterien der Benachteiligung – z. B. soziale oder marktbedingte Benachteiligung – erfüllen. Im Rahmen der Arbeit wird auch die vollzeitschulische Berufsausbildung nach BBiG/HwO an Berufsfachschulen als außerbetriebliche Ausbildung gezählt. Im Rahmen der vorliegenden Arbeit werden bereitgestellte außerbetriebliche Stellen als Legislativ- und Exekutivkapital verstanden (ausführliche Darstellung in Kapitel 5.1.1 und Kapitel 6.3.1).

Ausbildung, betrieblich nach BBiG/HwO

Die betriebliche Berufsausbildung nach BBiG/HwO stellt die klassische Form der dualen Berufsausbildung dar. Sie wird überwiegend von den Ausbildungsbetrieben finanziert. Es gibt keine gesetzlichen Regelungen für den Eintritt in eine betriebliche Ausbildungsstelle; alleine die Betriebe entscheiden, welchem Jugendlichen sie Zugang zu einer betrieblichen Ausbildungsstelle gewähren. Im Rahmen der vorliegenden Arbeit werden betriebliche Ausbildungsstellen als Marktkapital verstanden (ausführliche Darstellung in Kapitel 5.1.1 und Kapitel 6.3.1).

Ausbildungsmarktstatistik der BA

Die BA führt über ihre Ausbildungsvermittlung die sogenannte Ausbildungsmarktstatistik. Zum Ende des Geschäftsjahres am 30.09. wird bilanziert, wie die gemeldeten Ausbildungsstellenbewerber verblieben sind und wie viele Ausbildungsstellen noch unbesetzt sind. Was den Verbleib der gemeldeten Bewerber betrifft, so unterscheidet die BA zwischen den Bewerbern, die in eine duale Berufsausbildung eingemündet sind (einmündenden Bewerbern), den Bewerbern, die eine Alternative aufgenommen haben (z. B. weiterer Schulbesuch, BGJ), aber dennoch weiterhin in eine Ausbildung vermittelt werden möchten, alternativ verbliebenen Bewerbern ohne weiteren Vermittlungswunsch, unbekannt verbliebenen Bewerbern und unversorgten Bewerbern. Die Daten der BA werden genutzt, um die erfolglose Nachfrage und das erfolglose Angebot zu ermitteln und damit Angebots-Nachfrage-Relationen zu berechnen (ausführliche Darstellung in Kapitel 6.3.2).

Ausbildungsreife

Unabhängig vom Ausbildungsberuf ist die Ausbildungsreife der Bewerber für den Beginn einer duale Berufsausbildung nach BBiG/HwO zwingend erforderlich. Abzugrenzen ist die Ausbildungsreife vom Konstrukt der Berufseignung und der Vermittelbarkeit. Die BA fasst in einem Kriterienkatalog zusammen, welche Merkmalsbereiche die Ausbildungsreife definieren. Demnach gehören zur Ausbildungsreife schulische Basiskenntnisse (z. B. mathematische Grundkenntnisse oder Beherrschung der deutschen Rechtschreibung), psychologische Leistungsmerkmale (z. B. logisches Denken oder Konzentrationsfähigkeit), physische Merkmale (z. B. körperliche Befähigung, einen Acht-Stunden-Tag zu bewältigen), psychologische Merkmale des Arbeitsverhaltens und der Persönlichkeit (z. B. Durchhaltevermögen und Frustrationstoleranz) und die Berufswahlreife (z. B. Kenntnis der eigenen Fähigkeiten und Fertigkeiten) (ausführliche Darstellung in Kapitel 5.3.2).

Ausbildungsstellenangebot

Das Ausbildungsstellenangebot ist die Summe der Zahl der neu abgeschlossenen Ausbildungsverträge zum 30.09. (erfolgreiches Angebot) und der am 30.09. bei der BA als noch unbesetzt gemeldeten Ausbildungsplätze (erfolgloses Angebot) (ausführliche Darstellung in Kapitel 6.3.2).

Ausbildungsstellenbewerber

Ausbildungsstellenbewerber sind Jugendliche, die sich im Rahmen ihrer Ausbildungsstellensuche bei der BA gemeldet haben und von dieser als geeignet für die Aufnahme einer Berufsausbildung befunden wurden (ausführliche Darstellung in Kapitel 6.3.2).

Ausbildungsstellennachfrage, institutionell erfasst

Im Gegensatz zur erweiterten wird bei der institutionell erfassten Nachfrage der Kreis der erfolglosen Nachfrager weiter gezogen. Gemessen wird, wie viele Jugendliche insgesamt in einem bestimmten Ausbildungsjahr eine Ausbildungsstelle nachgefragt haben – und zwar unabhängig davon, wie sie am 30.09. verblieben sind. Zur Berechnung der institutionell erfassten Nachfrage werden neben den neu abgeschlossenen Ausbildungsverträgen zum 30.09. (= erfolgreiche Nachfrage) alle bei der BA gemeldeten Bewerber als Nachfrager gezählt, die zum 30.09. nicht in eine Berufsausbildung eingemündet waren (= erfolglose Nachfrager) (ausführliche Darstellung in Kapitel 6.3.2).

Ausbildungsstellennachfrage, klassische Definition

Die Zahl der Ausbildungsstellennachfrage wird in der klassischen Definition als Summe der Zahl der neu abgeschlossenen Ausbildungsverträge zum 30.09. und der bei der BA als „unversorgt" registrierten Ausbildungsstellenbewerber zum 30.09. gemessen. Als „unversorgt" gelten Bewerber, die weder in Ausbildung noch in Alternativen (z. B. Arbeit, Übergangsmaßnahmen, Praktika) verblieben sind. Jugendliche, die sich trotz ihrem alternativen Verbleib weiter um einen Ausbildungsplatz bemühen, werden nicht berücksichtigt (ausführliche Darstellung in Kapitel 6.3.2).

Ausbildungsstellennachfrage, erweiterte Definition

Anders als bei der traditionellen Nachfragemessung werden im Rahmen der erweiterten Nachfragedefinition neben den unversorgten Bewerbern auch die alternativ verbliebenen Bewerber mit weiterem Vermittlungswunsch als erfolglose Nachfrager gezählt. Die erfolgreiche Nachfrage wird wie bei der traditionellen Nachfragemessung über die Zahl der neu abgeschlossenen Ausbildungsverträge abgebildet (ausführliche Darstellung in Kapitel 6.3.2).

Berufsbildungsgesetz (BBiG)

Das Berufsbildungsgesetz stellt neben der Handwerksordnung die gesetzliche Grundlage der dualen Berufsausbildung in Deutschland dar. Es regelt, welche Berufe ausgebildet werden, in welcher Form die Ausbildung erfolgen kann, wie die Rahmenlehrpläne gestaltet sind oder wie die Abschlussprüfung erfolgen soll. Zudem legt es fest, welche Daten im Rahmen der Berufsbildungsberichterstattung ausgewiesen werden müssen (ausführliche Darstellung in Kapitel 2).

BIBB-Erhebung zum 30.09.

Im Rahmen der BIBB-Erhebung zum 30.09. werden alle Ausbildungsverträge nach BBiG/HwO gezählt, die nach dem 01.10. des Vorjahres geschlossen wurden und am 30.09. noch bestanden. Die Daten der BIBB-Erhebung gehen in die Berechnung der Angebots-Nachfrage-Relation ein. Sie stellen das erfolgreiche Angebot und die erfolgreiche Nachfrage dar (ausführliche Darstellung in Kapitel 6.3.1).

Berufsgrundbildungsjahr (BGJ)

Das Berufsgrundbildungsjahr (BGJ) wird im Rahmen der vorliegenden Arbeit als Bildungsangebot des Übergangssystems verstanden. Das BGJ wird in vollzeitschulischer oder kooperativer Form (in Kooperation zwischen Schule und Betrieb) angeboten. Es richtet sich an Jugendliche, die über einen Hauptschulabschluss, nicht jedoch über einen Ausbildungsplatz verfügen. Ziel des BGJ ist die Vermittlung von allgemeiner und berufsfeldspezifischer (z. B. Wirtschaft, Metall) Grundbildung. Absolventen des BGJ haben die Möglichkeit, über eine Zusatzprüfung einen mittleren Schulabschluss zu erlangen. Der erfolgreiche Besuch des BGJ kann auf einen gemeinsamen Antrag durch den Ausbildungsbetrieb und den Auszubildenden auf die Dauer der Berufsausbildung im dualen System angerechnet werden (§ 7 Abs. 2 BBiG) (vgl. Kapitel 5.1.3 und Kapitel 6.3.2).

Berufsvorbereitungsjahr (BVJ)

Das Berufsvorbereitungsjahr (BVJ) wird im Rahmen der vorliegenden Arbeit als Bildungsangebot des Übergangssystems verstanden. Das BVJ ist ein Bildungsgang der Länder, der je nach Bundesland einjährig oder zweijährig, teilzeit- oder vollzeitschulisch angeboten wird. Je nach Bundesland unterscheidet sich die Ausgestaltung des BVJ erheblich. Das BVJ richtet sich an Jugendliche ohne Ausbildungsvertrag, die keinen Schulabschluss haben oder über einen Sonderschulabschluss verfügen. Ziel des BVJ ist die Vorbereitung auf eine berufliche Ausbildung, indem berufliche Orientierung und berufsbezogene Fertigkeiten und Fähigkeiten vermittelt werden. Häufig besteht für die Jugendlichen die Möglichkeit, über eine Zusatzprüfung einen Abschluss zu erwerben, der dem Hauptschulabschluss gleichwertig ist (vgl. Kapitel 5.1.3 und Kapitel 6.3.2).

Berufsvorbereitende Maßnahmen der BA (BvB)

Die berufsvorbereitenden Maßnahmen der BA (BvB) werden im Rahmen der vorliegenden Arbeit als Bildungsangebot des Übergangssystems verstanden. Es handelt sich dabei um sozialpädagogisch unterstützte Qualifizierungsvorhaben, die der Berufsvorbereitung und -orientierung dienen. Sie richten sich an nicht ausbildungsreife Jugendliche sowie an Jugendliche, die aufgrund fehlender Passung zwischen ihrem Bewerberprofil und den Anforderungen des Ausbildungsstellenmarktes nicht in eine Ausbildung einmünden konnten. Der Teilnehmerkreis ist jedoch auf jene Jugendlichen beschränkt, die nicht mehr in der Schulpflicht stehen und noch nicht das 25. Lebensjahr vollendet haben. Ziel der Maßnahmen ist die Ausbildungsvorbereitung und die Eingliederung in Ausbildung oder Erwerbstätigkeit (§ 61 Abs. 1 Nr. 1 SGB III). Die Inhalte des BvB sind breit aufgestellt und umfassen verschiedene Qualifizierungsebenen, die von der Grundstufe (Kernelement Berufsorientierung/Berufswahl) über die Förderstufe (Kernelement Berufliche Grundfertigkeiten) bis zur Übergangsqualifizierung (Kernelement Berufs- und betriebsorientierte Qualifizierung) reichen. Durchgeführt werden die Maßnahmen von regionalen Bildungsträgern. Die Förderungsdauer beträgt maximal zehn Monate (vgl. Kapitel 5.1.3 und Kapitel 6.3.2).

Einstiegsqualifizierung (EQ)

Die Einstiegsqualifizierung (EQ) wird im Rahmen der vorliegenden Arbeit als Bildungsangebot des Übergangssystems verstanden. Die Einstiegsqualifizierung wurde im Rahmen des Nationalen Paktes als Übergangshilfe für Jugendliche ohne Ausbildungsvertrag eingeführt. Bei der EQ handelt es sich um eine Ausbildungsvorbereitung, die für die Dauer von sechs bis längstens zwölf Monaten als Praktikum in einem Ausbildungsbetrieb erfolgt. Ziel der EQ ist die Vermittlung und Vertiefung von Grundlagen für den Erwerb beruflicher Handlungsfähigkeit im betrieblichen Kontext (§ 235b SGB III). Zentrale Aspekte der betrieblichen Ausbildung sind in der EQ aufgegriffen: Zwischen Jugendlichen und Betrieb wird ein Vertrag geschlossen, die EQ kann ausschließlich in anerkannten Berufen stattfinden, der Jugendliche besucht die Teilzeitberufsschule und erhält eine Vergütung von rund 200 Euro, die jedoch von der BA an den EQ-Betrieb bezahlt wird (§ 235b SGB III). Dennoch ist die EQ streng von einer vollqualifizierenden Ausbildung abzugrenzen, da die Jugendlichen nicht den Status eines Auszubildenden haben, es sich um eine zeitlich begrenzte Fördermaßnahme handelt und die EQ nicht zwangsläufig zu einem Abschluss eines Ausbildungsvertrages führt. Sollte der Jugendliche jedoch von dem Betrieb als Auszubildender übernommen werden, kann die Zeit der EQ auf die anschließende Ausbildung im Betrieb angerechnet werden (vgl. Kapitel 5.1.3 und Kapitel 6.3.2).

Exekutivkapital

Anders als das Legislativkapital hat das Exekutivkapital keine gesetzliche Grundlage. Mittelbares Exekutivkapital wird den Jugendlichen von den Kapitalgebern gewährt, damit diese personale oder soziale Ressourcen aufbauen können (z. B. über ein Betriebspraktikum). Unter dem Begriff des *unmittelbaren Exekutivkapitals* werden öffentlich finanzierte Ausbildungsplatzprogramme subsumiert, die nicht gesetzlich fixiert sind (ausführliche Darstellung in Kapitel 5.1.1 und Kapitel 5.1.3).

Fachoberschule (FOS)

Die Fachoberschule (FOS) wird im Rahmen der vorliegenden Arbeit als Bildungsangebot des Übergangssystems verstanden. Für den Zugang ist ein mittlerer Schulabschluss erforderlich. Vermittelt werden allgemeine, fachtheoretische und fachpraktische Kenntnisse. An der FOS kann die Fachhochschulreife bzw. in drei Jahren auch die allgemeine Hochschulreife erworben werden (vgl. Kapitel 6.3.2).

Handwerksordnung (HwO)

Teil 2 der Handwerksordnung (HwO) regelt die Berufsausbildung im Handwerk. Sie ist dem BBiG angepasst, sodass BBiG und HwO gemeinsam eine einheitliche Regelung für alle Ausbildungsbereiche des dualen Systems vorgeben (vgl. Kapitel 2).

Institutionen

Im Rahmen der vorliegenden Arbeit werden unter Institutionen allgemeinverbindliche Regeln verstanden, nach denen der Zugang in eine duale Berufsausbildungsstelle erfolgt. Institutionen bestimmen die Möglichkeiten am Übergang von der Schule in die duale Berufsausbildung und legen jeglichen Handlungsrahmen fest, nach dem Ausbildungsstellenbewerber Zugang zu einer Berufsausbildungsstelle erhalten können.

Institutionelles Kapital

Institutionelles Kapital setzt sich aus dem Marktkapital, dem Legislativ- und dem Exekutivkapital zusammen. In seiner unmittelbaren Form repräsentiert es Ausbildungsplatzangebote (ausführliche Darstellung in Kapitel 5.1).

Legislativkapital

Unter *mittelbarem Legislativkapital* werden gesetzlich definierte Hilfen subsumiert (z. B. berufsvorbereitende Maßnahme der BA), die den Jugendlichen helfen sollen, ihre personalen Ressourcen bzw. die Handlungs- und Entscheidungskompetenz zu verbessern und damit ihre Übergangschancen zu erhöhen. *Unmittel-*

bares Legislativkapital eröffnet Jugendlichen den Zugang zu einer gesetzlich definierten, überwiegend öffentlich finanzierten Berufsausbildung. Unmittelbares Legislativkapital wird einer Person dann zugesprochen, wenn sie bestimmte Kriterien der Benachteiligung erfüllt (ausführliche Darstellung in Kapitel 5.1.1 und Kapitel 5.1.3).

Marktkapital

Unmittelbares Marktkapital gewähren Ausbildungsbetriebe Jugendlichen in Form von Ausbildungsplatzzusagen. Unmittelbares Marktkapital ermöglicht den Jugendlichen somit Zugang zu einer betrieblichen Berufsausbildung. *Mittelbares Marktkapital* gewähren die Betriebe, Praxen und Verwaltungen den Jugendlichen in Form von Einladungen zu Bewerbertests, Vorstellungsgesprächen und Probearbeitstagen (ausführliche Darstellung in Kapitel 5.1.1 und Kapitel 5.1.3).

Personales Kapital

Das personale Kapital umfasst Ressourcen, die in der Person des Jugendlichen verankert sind bzw. zu seinem Besitz gehören und auf die der Jugendliche ohne die Hilfe von Dritten zugreifen kann. *Unmittelbares personales Kapital* kann der Jugendliche nutzen, um sich Sozialkapital oder institutionelles Kapital zu erschließen. Spezielle Varianten des personalen Kapitals, wie z. B. Lernfähigkeit, helfen dem Jugendlichen, sein personales Kapital zu vergrößern, und werden als *mittelbares personales Kapital* verstanden (ausführliche Darstellung in Kapitel 5.3).

Sozialkapital

Soziales Kapital ist eine Ressource, die in der Beziehungsstruktur des Jugendlichen zu Dritten verankert ist. Über die soziale Interaktion mit Dritten werden dem Jugendlichen potenziell Zugangsmöglichkeiten in eine Berufsausbildung gewährt. Der Erhalt von Sozialkapital setzt jedoch voraus, dass die Kapitalgeber den Jugendlichen individualisiert zur Kenntnis nehmen (ausführliche Darstellung in Kapitel 5.2).

Schulberufssystem

Das Schulberufssystem ergänzt die Berufsausbildung im dualen System um die Berufsbereiche, die nicht nach BBiG/HwO organisiert werden. Es handelt sich hier um die Berufsausbildung an Berufsfachschulen oder an Schulen des Gesundheits- und Sozialwesens.

Teilzeitberufsschulen

Die Teilzeitberufsschule wird im Rahmen der Arbeit als Bildungsangebot des Übergangssystems verstanden. In Deutschland besteht für Jugendliche bis zur Vollendung des 18. Lebensjahrs Schulpflicht. Jugendliche, die sich weder in einem Ausbildungsverhältnis noch einer Maßnahme des Übergangssystems befinden, müssen an Teilzeitberufsschulen ihre Schulpflicht erfüllen (vgl. Kapitel 6.3.2).

Teilqualifizierende Berufsfachschulen

Die teilqualifizierende Berufsfachschule wird im Rahmen der vorliegenden Arbeit als Bildungsangebot des Übergangssystems verstanden. Hierunter werden Berufsfachschulen subsumiert, die den Erwerb einer berufsspezifischen Teilqualifizierung ermöglichen, wie beispielsweise die Höhere Handelsschule oder die Handelsschule. Sie richten sich an unterschiedliche Bildungsgruppen und setzen meist einen Hauptschulabschluss voraus. Je nach Bundesland variiert die Ausgestaltung der Bildungsgänge stark. Zum Teil besteht die Möglichkeit, den Besuch der teilqualifizierenden Berufsfachschule auf gemeinsamen Antrag von Betrieb und Jugendlichen auf die Ausbildung anrechnen zu lassen (vgl. Kapitel 6.3.2)

Übergangssystem

Unter dem Begriff Übergangssystem wird eine Gruppe von Bildungsangeboten zusammengefasst, die alleine der Verbesserung der personellen Ressourcen des Jugendlichen dienen und nicht zu einem anerkannten Berufsabschluss führen. Als Angebote des Übergangssystems werden im Rahmen der vorliegenden Arbeit das BvB, das BGJ, das BVJ, die EQ, die FOS, die teilqualifizierenden Berufsfachschulen sowie die Teilzeitberufsschulen verstanden. Diese Angebote stellen somit mittelbares institutionelles Kapital dar (vgl. Kapitel 6.3.2).

Zitierte Studien zum Übergang an der ersten Schwelle

BA/BIBB-Bewerberbefragung

Bei den BA/BIBB-Bewerberbefragungen handelt es sich um schriftlich-postalisch und anonym durchgeführte Repräsentativbefragungen von Jugendlichen, die bei der Bundesagentur für Arbeit (BA) als Ausbildungsstellenbewerber registriert waren. Die BA/BIBB-Bewerberbefragungen werden seit 1997 in einem mittlerweile zweijährigen Turnus auf Weisung des BMBF durchgeführt und dienen neben der Vorbereitung des Berufsbildungsberichts der Politikberatung sowie der Forschung zum Übergang an der ersten Schwelle. Die jüngste BA/BIBB-Bewerberbefragung wurde im Jahr 2010 durchgeführt. Grundgesamtheit der BA/BIBB-Bewerberbefragungen sind die Jugendlichen, die jeweils im Befragungsjahr als Ausbildungsstellenbewerber bei der BA gemeldet waren und ihren Wohnsitz in Deutschland hatten. Bei den gemeldeten Bewerbern handelt es sich um ausbildungsreife Jugendliche, die bei ihrer Suche nach einem Ausbildungsplatz im dualen System durch die BA unter-

stützt wurden. Die Befragungen finden jeweils nach Abschluss des Ausbildungs-
stellenvermittlungsjahres (nach dem 30.09.) statt. Die BA/BIBB-Bewerberbefragung
2008 stellt die Datengrundlage für die vorliegende Arbeit dar. Informationen zu den
einzelnen BA/BIBB-Bewerberbefragungen können unter: http://www.bibb.de/de/
wlk30081.htm abgerufen werden.

BIBB-Schulabgängerbefragung

Die regelmäßige Befragung von Schulabsolventen (BIBB-Schulabgängerbefragung) ist
auf die forschungsbasierte Politikberatung ausgerichtet. Im Rahmen der BIBB-Schulabgängerbefragung werden zum Teil ähnliche Sachverhalte erfasst wie bei der BA/
BIBB-Bewerberbefragung. So erfragen beide Untersuchungen den gegenwärtigen Verbleib und Gründe für diesen. Im Gegensatz zur BA/BIBB-Bewerberbefragung stehen
jedoch die Wunschberufe bzw. die Pläne und Absichten der Absolventen (z. B. Beginn
einer dualen Ausbildung) im Fokus der Untersuchung. Die Ergebnisse der BIBB-Schulabgängerbefragung geben zentrale Hinweise auf das Nachfragepotential verschiedener Absolventengruppen sowie die Integrationskraft des dualen Ausbildungssystems.
So wird anhand der Befragungsergebnisse abgeschätzt, wie hoch der Anteil der ausbildungsinteressierten Jugendlichen in den einzelnen Schularten ist (z. B. Hauptschule, BGJ oder Fachgymnasium). Diese Anteile werden wiederum für die Nachfrage-
vorausschätzung herangezogen. Bei der BIBB-Schulabgängerbefragung handelt es
sich um eine Wiederholungsbefragung; die jüngste Befragung stammt aus dem Jahr
2010. Vergleiche mit früheren Erhebungen sind jedoch nicht möglich, da sich 2004
das Stichproben- und Erhebungskonzept maßgeblich änderte. Seit 2004 wird jeweils
im Herbst (September – November) eine repräsentative Stichprobe von Schulabsolventen der allgemeinbildenden Schulen, beruflichen Vollzeitschulen (Bildungsgänge
an Berufsfachschulen, die nicht zu einem vollqualifizierenden Berufsabschluss führen,
z. B. BGJ) und der beruflichen Schulen (z. B. Fachgymnasium) computergestützt telefonisch befragt. Die Stichprobengröße liegt jeweils bei rund 1.500 Befragten. Retrospektiv werden die Schulabgänger zu ihren beruflichen Wünschen und Orientierungen
im Frühjahr des Befragungsjahres befragt. Mit einem Abgleich ihres gegenwärtigen
Verbleibs kann erfasst werden, inwieweit die Jugendlichen ihren Wunsch nach einer
Ausbildung bzw. einer Ausbildung in ihrem Wunschberuf realisieren konnten.

Quelle:
Friedrich, M. (2009). *Berufliche Pläne und realisierte Bildungs- und Berufswege nach
    Verlassen der Schule.* Bielefeld: Bertelsmann.

Friedrich, M. (2011). Berufliche Wünsche und beruflicher Verbleib von Schulabgängern
    und Schulabgängerinnen. In Bundesinstitut für Berufsbildung (Hrsg.), *Datenreport
    zum Berufsbildungsbericht 2011* (S. 82–93). Bielefeld: Bertelsmann.

Projekt „Die Bedeutung formaler und inhaltlicher Bildungsqualifikationen für die Lehrstellensuche von in- und ausländischen Jugendlichen unter besonderer Berücksichtigung des Geschlechts"

Von 2000 bis 2004 wurde am Heilpädagogischen Institut der Universität Freiburg (CH) das Forschungsprojekt „Die Bedeutung formaler und inhaltlicher Bildungsqualifikationen für die Lehrstellensuche von in- und ausländischen Jugendlichen unter besonderer Berücksichtigung des Geschlechts" durchgeführt. Angesiedelt war das Projekt im Nationalen Forschungsprogramm Bildung und Beschäftigung (NFP 43). Die Autoren gingen der Frage nach, inwieweit die Vergabe von Lehrstellen meritokratischen Prinzipien folgt und welche Rolle die nationale Herkunft und das Geschlecht beim Übergang von der Schule in die Berufsausbildung spielen. Hierzu wurden 2001 die Daten von insgesamt 1.038 Schülern aus 56 Schulklassen in sieben Deutschschweizer Kantonen im Rahmen einer Klassenraumbefragung erhoben. Rund die Hälfte der Schüler hatte die neunte Klasse einer Schule mit Grundansprüchen (= Realschule, entspricht der deutschen Hauptschule) erfolgreich beendet, die übrigen hatten die neunte Klasse einer Schule mit mittlerem Niveau (=Sekundarschule, entspricht der deutschen Realschule) abgeschlossen. Jugendliche aus gymnasialen Schulzweigen wurden nicht berücksichtigt. Die Autoren sammelten eine Vielzahl von Informationen, um den Übergang an der ersten Schwelle zu untersuchen. So wurde nicht nur die Formalqualifikation der Schüler in Form von besuchten Schultypen, Deutsch- und Mathematiknoten erhoben, sondern auch deren tatsächliche Leistungsperformanz über einen Mathe- und Sprachtest sowie einen Test zur Messung der kognitiven Leistungsfähigkeit außerhalb des schulischen Kontextes (Culture Fair Test von Weiß) erfasst. Zusätzlich zur nationalstaatlichen Herkunft der Schüler wurde das soziologische Alter über den Generationenstatus der Schüler sowie deren Schullaufbahndaten erhoben. Informationen wurden zudem über die soziale Herkunft (Statuskonzept nach Ganzeboom und Kollegen) und das Vorhandensein informeller Netzwerke eingeholt. Um zu untersuchen, inwieweit die berufliche Aspiration der Jugendlichen durch Bezugspersonen abgekühlt wird, wurden Angaben zu den Abkühlungsagenten (Eltern, Berufsberater, Lehrer) gesammelt.

Quelle:
Haeberlin, U., Imdorf, C., & Kronig, W. (2004). *Chancenungleichheit bei der Lehrstellensuche. Der Einfluss von Schule, Herkunft und Geschlecht (Synthesis 7 ed.)*. Bern/ Aarau: Leitungsgruppe des NFP 43 in Zusammenarbeit mit dem Forum Bildung und Beschäftigung und der Schweizerischen Koordinationsstelle für Bildungsforschung (SKBF).

Haeberlin, U., Imdorf, C. & Kronig, W. (2005). Verzerrte Chancen auf dem Lehrstellen-
markt. Untersuchungen zu Benachteiligung von ausländischen und von weiblichen
Jugendlichen bei der Suche nach beruflichen Ausbildungsplätzen in der Schweiz.
Zeitschrift für Pädagogik, 51(1), 116–134.

Imdorf, C. (2005). *Schulqualifikation und Berufsfindung. Wie Geschlecht und nationale Herkunft den Übergang in die Berufsausbildung strukturieren.* Wiesbaden:
VS Verlag für Sozialwissenschaften.

BIBB-Übergangsstudie 2006

Wie die Bildungswege von Jugendlichen nach Verlassen der allgemeinbildenden
Schule aussehen, wie viele teilqualifizierende Bildungsangebote des Übergangssystems Schulabgänger durchlaufen und inwieweit sich diese Maßnahmen auf den
Übergang in eine Berufsausbildung auswirken, wurde am BIBB im Rahmen des Projekts „Bildungswege und Berufsbiographien von Jugendlichen und jungen Erwachsenen im Anschluss an allgemeinbildende Schulen" kurz „BIBB-Übergangsstudie
2006" untersucht.

Im Fokus der Untersuchung stand das Übergangsgeschehen von ausbildungsinteressierten Jugendlichen. Wichtigste Zielgruppe waren die Haupt- und Realschulabsol-
venten, da diese stärker als Studienberechtigte eine duale Ausbildung nachfragen.
2006 wurde eine repräsentative Stichprobe von in Deutschland lebenden Jugendlichen im Alter zwischen 18 und 24 Jahren retrospektiv zu ihren Übergängen seit
Verlassen der allgemeinbildenden Schule befragt. Mit der Befragung der Geburtsjahrgänge 1982 bis 1988 wurde sichergestellt, dass die Hauptschul- und Realschul-
absolventen zum großen Teil bereits das allgemeinbildende Schulwesen verlassen
hatten und retrospektiv über ihre Erfahrungen beim Übergang berichten konnten.
Um altersjahrgangsspezifische Übergangsmuster zu identifizieren, wurden zudem
Abiturienten und Studierende zu ihren Übergängen befragt. Die Befragung erfolgte
in Form von computerunterstützten Telefoninterviews. Von Ende Mai bis Ende August 2006 wurden insgesamt 7.230 Personen aus zufällig ausgewählten Haushalten
der Geburtsjahrgänge 1982 bis 1988 befragt. Jede relevante Phase sowie die Dauer
dieser Phase wurde chronologisch seit der Grundschule erfragt, sodass anhand der
Daten die gesamte Bildungs- und Berufsbiographie der Jugendlichen nachgezeich-
net werden konnte.

Quelle:
Beicht, U., Friedrich, M. & Ulrich, J.G. (2008). *Ausbildungschancen und Verbleib von
Schulabsolventen.* Bielefeld: Bertelsmann.

DJI-Hauptschulpanel

Das DJI-Hauptschulpanel untersucht die Übergänge sowie Bildungs- und Erwerbs-verläufe von benachteiligten Jugendlichen. In der Basisstudie wurden im März 2004 bundesweit in 126 Schulen rund 4.000 Schüler im letzten Schulbesuchsjahr der Hauptschule (bzw. in Hauptschulzweigen von Gesamtschulen, Mittelschulen und Sekundarschulen) nach ihrer Herkunft, ihren Schulerfahrungen, ihren Bildungs-und Ausbildungszielen und ihren Plänen für die Zeit unmittelbar nach Ende des Schuljahres per schriftlichen Erhebungsbögen im Klassenverband befragt. Bis zum Herbst 2006 erfolgten Wiederholungsbefragungen in halbjährigem Abstand, bis zum Herbst 2009 jährliche Folgebefragungen in Form von CATI-Interviews. Hierbei wurde jeweils erfasst, welche Orientierungen und Pläne die Jugendlichen hatten, an welchen Bildungs- und Ausbildungsgängen sie aus welchen Motiven teilnahmen, wie sie diese nach Abschluss bewerteten, außerdem wurden die Effekte von För-derangeboten (Betriebspraktika, Berufsvorbereitung, Förderunterricht) untersucht. Die Schulen wurden jedoch nicht per Zufall ausgewählt. Der Fokus lag auf solchen Hauptschulen, die einerseits ihre Schüler besonders fördern, weil es sich um schul-müde Jugendliche handelt oder um Jugendliche, deren Abschluss gefährdet ist (z. B. Praxisklassen in Bayern). Andererseits wurden Hauptschulen einbezogen, die ihre Schüler besonders auf den Übergang vorbereiten.

Quelle:
Lex, T., Gaupp, N. & Reißig, B. (2008). Das DJI-Übergangspanel: Anlage einer Längs-schnittuntersuchung zu den Wegen von der Hauptschule in die Arbeitswelt. In B. Reißig, N. Gaupp & T. Lex (Hrsg.), *Hauptschüler auf dem Weg von der Schule in die Arbeitswelt* (S. 22–32). München: Verlag Deutsches Jugendinstitut.

Kommunale Schulabsolventenstudie der Städte Leipzig, Halle, Jena und Frankfurt/Oder

Diese Studie stammt vom Deutschen Jugendinstitut (DJI). Die kommunale Schulab-solventenstudie der Städte Leipzig, Halle, Jena und Frankfurt/Oder entspricht im Er-hebungsdesign und in der Durchführung der Stuttgarter Absolventenbefragung (vgl. unten). An der Basiserhebung im Frühjahr 2007 hatten sich insgesamt 2.478 Jugend-liche beteiligt. An der ersten CATI-Befragung im Herbst 2007 nahmen 1.385 Jugend-liche teil.

Quelle:
Kuhnke, R., Reißig, B. & Mahl, F. (2008). *Schülerinnen und Schüler auf dem Weg von der Schule in die Berufsausbildung. Bericht zur zweiten Erhebung der Kommunalen Schulabsolventenstudie in den Städten Leipzig, Halle, Jena und Frankfurt (Oder).* München: Verlag Deutsches Jugendinstitut.

Lehrlingsselektion in kleinen und mittleren Betrieben – Integration und Ausschluss beim Übergang von der Schule in die Berufslehre

Das Projekt „Lehrlingsselektion in kleinen und mittleren Betrieben – Integration und Ausschluss beim Übergang von der Schule in die Berufslehre" knüpft an das Vorgängerprojekt „Die Bedeutung formaler und inhaltlicher Bildungsqualifikationen für die Lehrstellensuche von in- und ausländischen Jugendlichen unter besonderer Berücksichtigung des Geschlechts" an und wurde von 2003 bis 2007 am Heilpädagogischen Institut der Universität Freiburg (CH) durchgeführt. Im Rahmen des Projekts wurde der Frage nachgegangen, welche Kriterien kleine und mittlere Betriebe bei der Auswahl von Auszubildenden heranziehen. In die Untersuchung wurden acht Ausbildungsberufe einbezogen, die nach den Merkmalen Geschlecht, Anspruchsniveau, Ausländeranteil und Berufsstatus streuen. Es handelt sich hierbei um die Ausbildungsberufe Autolackierer/-in, Automonteur/-in, Automechaniker/-in, Schreiner/-in, Kauffrau/Kaufmann, Dentalassistent/-in, Medizinische Praxisassistent/-in.

Befragt wurden sowohl Jugendliche als auch Betriebe, um einen kombinierten Bewerber-Betriebsdatensatz zu erhalten. Hierzu wurden zunächst 119 Jugendliche, die sich erfolglos auf eine Ausbildungsstelle beworben hatten, rekrutiert und gebeten, die Betriebe zu nennen, bei denen sie sich beworben hatten. Von den genannten 234 Betrieben entsprachen 128 den Anforderungen des Forschungsprojekts (kleiner und mittlerer Betrieb, Ausbildung in einem der acht ausgewählten Ausbildungsberufe). 116 Betriebe wurden in einem ersten Schritt angeschrieben, 67 Betriebe erklärten sich zu einem Interview bereit. Pro Betrieb wurde mindestens eine Person, die für die Einstellung von Auszubildenden verantwortlich war, in einem persönlichen Interview befragt. Erhoben wurden Angaben zu der im Betrieb üblichen Vergabe von Ausbildungsstellen bzw. zur konkreten Besetzungspraxis. Des Weiteren wurden 22 Experteninterviews geführt. Den 67 realisierten Betriebsinterviews standen insgesamt 49 Bewerber gegenüber, die sich in eben diesen Betrieben erfolglos um eine Ausbildung beworben hatten (insgesamt 71 erfolglose Bewerbungsversuche). Darüber hinaus lagen Daten von 63 Jugendlichen vor, die sich erfolgreich in den Betrieben beworben hatten. Die erfolglosen und die erfolgreichen Bewerber wurden zu ihrem Bewerbungsverhalten telefonisch befragt, sodass die Bewerberdaten den Betriebsdaten gegenübergestellt werden konnten.

Quelle:
Imdorf, C. (2010). *Forschungsprojekt ‚Lehrlingsselektion in KMU'. Methodenbericht.* Basel: Institut für Soziologie der Universität Basel.

LifE-Studie

Bei der LifE-Studie handelt es sich um ein entwicklungspsychologisch orientiertes Forschungsprojekt. Die Studie führt den Konstanzer Jugendlängsschnitt fort, der von 1979 bis 1983 jährlich rund 2.000 Kinder und Jugendliche aus Frankfurt/Main und zwei ländlichen Regionen in Hessen befragt. Im Rahmen einer Klassenverbanduntersuchung wurden die Jugendlichen von der 6. bis zur 10. Schulstufe befragt. Ergänzt wurde diese Erhebung durch zwei Elternbefragungen. 2002 wurden die Jugendlichen (mittlerweile 35 Jahre alt) erneut befragt. Insgesamt 1.527 Personen beteiligten sich an dieser Folgebefragung. Die Untersuchung orientiert sich an einem Ressourcenmodell der Lebensbewältigung, sodass die personalen und sozialen Ressourcen der Befragten im Vordergrund stehen.

Quelle:

Fend, H., Berger, F. & Grob, U. (2009). *Lebensverläufe, Lebensbewältigung und Lebensglück. Ergebnisse der LifE-Studie*. Wiesbaden: VS Verlag für Sozialwissenschaften.

Stuttgarter Haupt- und Förderschüler/innen auf dem Weg von der Schule in die Berufsausbildung

Diese Studie wurde vom Deutschen Jugendinstitut (DJI) durchgeführt. Sie beschäftigt sich mit den Plänen der Jugendlichen und deren Vorbereitung auf den Übergang in eine Berufsausbildung. Der erste Befragungszeitpunkt war das letzte Pflichtschuljahr der Jugendlichen in der neunten Klasse (März 2007). Erhoben wurden Informationen zu der Schulsituation (Schulleistung, Einstellung zur Schule, Klassenwiederholung, Unterstützung bei Berufsorientierung), zu beruflichen Plänen (Berufs- und Bildungspläne, Berufswünsche, Bewerbungsaktivitäten), zur sozialen Unterstützung (Beziehung zu Eltern, Familienkonstellation, berufliche Situation der Eltern, Freundschaften, Freizeitbeschäftigung) und soziodemographische Angaben (Alter, Geschlecht, ethnische Herkunft, Staatsangehörigkeit). An der Basiserhebung im Frühjahr 2007 nahmen 1.216 Jugendliche teil. Der hier eingesetzte Fragebogen glich in weiten Teilen dem des Fragebogens zum DJI-Hauptschulpanel. An der Folgebefragung im November (CATI1) nahmen 810 Jugendliche, bei CATI2 im November 2008 nahmen 700 Personen teil. Ergänzt wurde die Jugendlichenbefragung durch eine Befragung von Schulleitern.

Quelle:

Gaupp, N. & Geier, B. (2008). *Stuttgarter Haupt- und Förderschüler/innen auf dem Weg von der Schule in die Berufsausbildung. Bericht zur zweiten Erhebung der Stuttgarter Schulabsolventen*. München: Verlag Deutsches Jugendinstitut.

TREE-Studie

Das Projekt Transition von der Erstausbildung ins Erwerbsleben (TREE) untersucht in einem prospektiven Längsschnitt die Ausbildungsverläufe von jungen Menschen nach Verlassen der allgemeinbildenden Schule in der Schweiz. Das Panel setzt sich aus Jugendlichen zusammen, die im Jahr 2000 an der ersten PISA-Studie teilnahmen und im selben Jahr ihre obligatorische Schulzeit beendeten. An die PISA-Befragung anschließend, wurden die rund 6.000 Studienteilnehmer jährlich zwischen 2001 und 2007 in sieben Befragungswellen zu ihren Ausbildungs- und Erwerbsverläufen befragt. Im Jahr 2010 wurde eine weitere Befragung realisiert. Die Verknüpfung von PISA mit TREE-Daten macht es möglich, den Einfluss von objektiv erfassten Leistungen – abgebildet über die PISA-Daten – auf die Übergangschancen in eine Berufsausbildung zu schätzen.

Quelle:
Keller, A., Hupka-Brunner, S. & Meyer, T. (2010). *Nachobligatorische Ausbildungsverläufe in der Schweiz: Die ersten sieben Jahre. Ergebnisübersicht des Jugendlängsschnitts TREE, Update 2010.* Basel: TREE.

Anhang B: Fragebogen der BA/BIBB-Bewerberbefragung 2008

Befragung von Bewerberinnen und Bewerbern um Ausbildungsstellen
durchgeführt von der Bundesagentur für Arbeit und vom Bundesinstitut für Berufsbildung

A Bundesagentur für Arbeit, Regensburger Straße 104, 90478 Nürnberg
BiBB. Bundesinstitut für Berufsbildung, Robert-Schuman-Platz 3, 53175 Bonn

| Tel.: 0228/107-1118 |
| 0228/107-1110 |
| 0228/107-1122 |

Sehr geehrte Dame, sehr geehrter Herr,

Sie waren als Bewerber/-in für eine betriebliche Ausbildungsstelle bei der Arbeitsagentur oder der ARGE bzw. dem Jobcenter gemeldet. Wir kommen nun auf Sie zu, um zu erfahren, was Sie zurzeit machen und welche Gründe es dafür gibt.

Wir bitten Sie, an dieser wichtigen Befragung teilzunehmen – ganz gleich, ob Sie sich in einer Ausbildung befinden oder nicht und wie intensiv Sie sich beworben haben. Die Ergebnisse geben Aufschluss über die Situation junger Menschen und helfen, ihre Ausbildungsplatzsuche in Zukunft besser zu unterstützen.

Bitte lesen Sie die Fragen sorgfältig durch und kreuzen Sie dann die zutreffenden Antworten an. Senden Sie den ausgefüllten Fragebogen im beigefügten Umschlag an uns zurück. Portokosten entstehen Ihnen nicht. Die Teilnahme ist freiwillig und erfolgt anonym. Ein Rückschluss auf Einzelpersonen ist nicht möglich. Der Datenschutz bleibt voll gewahrt.

Nürnberg und Bonn, im Winter 2008

Zu Ihrer heutigen Situation:

1. Was machen Sie zurzeit?
(Bitte nur eine Antwort ankreuzen.)

❐ Lehre (mit Lehrvertrag)
❐ Lehre, die wegen Lehrstellenmangel ersatzweise von einer berufsbildenden Schule durchgeführt wird (ohne Lehrvertrag)
❐ schulische Ausbildung mit Berufsabschluss in einer Berufsfachschule
❐ sonstige Berufsfachschule/berufsbildende Schule ohne Berufsabschluss (z.B. Fachoberschule, Höhere Handelsschule, Handelsschule)
❐ berufsvorbereitende Maßnahme, vermittelt über die Arbeitsagentur bzw. ARGE
❐ Berufsvorbereitungsjahr (BVJ), Berufseinstiegsjahr (BEJ), Berufsorientierungsjahr (BOJ)
❐ Berufsgrundbildungsjahr (BGJ)
❐ betriebliche Einstiegsqualifizierung (EQ)
❐ allgemeinbildende Schule der Sekundarstufe I (Hauptschule, Realschule, Gymnasium, Gesamtschule o.ä. bis einschließlich 10. Klasse)
❐ allgemeinbildende Schule der Sekundarstufe II (11. bis einschließlich 13. Klasse eines Gymnasiums, einer Gesamtschule o.ä.)
❐ Studium (an einer Hochschule/Universität/Fachhochschule/Berufsakademie)
❐ Arbeit/Erwerbstätigkeit
❐ Jobben (auch 400 € -Jobs)
❐ Praktikum
❐ arbeitslos, ohne Beschäftigung
❐ Wehrdienst/Zivildienst
❐ freiwilliges soziales oder ökologisches Jahr (o.ä.)
❐ Hausfrau/Hausmann
❐ Tätigkeit im Ausland (Au-Pair, Jobben, Praktikum)
❐ ich mache etwas anderes (bitte angeben):

✎ _____

2. Wie würden Sie Ihre jetzige Situation bewerten?
(Bitte nur eine Antwort ankreuzen.)

❐ sie entspricht dem, was immer mein Wunsch war
❐ sie ist eine Alternative, die ich von vornherein auch in Betracht gezogen habe
❐ sie ist eine Alternative, die ich nicht unbedingt gewollt habe, inzwischen aber ganz gut finde
❐ sie ist eine sinnvolle Überbrückung
❐ sie ist nur eine Notlösung
❐ sie ist eine Sackgasse, die mir nicht weiterhilft und aus der ich so schnell wie möglich heraus möchte
❐ sonstiges, und zwar:

✎ _____

Falls Sie zurzeit eine Lehre machen:

☞ *Alle anderen bitte weiter mit Frage 9!*

3. Mit wem haben Sie Ihren Lehrvertrag abgeschlossen?

❐ mit einem "richtigen" Betrieb (Firma, Geschäft, Praxis, Behörde)
❐ mit einer über-/außerbetrieblichen Einrichtung/Organisation als Träger für die Ausbildung
❐ ich habe keinen Lehrvertrag abgeschlossen, da die Ausbildung ersatzweise von einer berufsbildenden Schule durchgeführt wird

Wann haben Sie mit Ihrer Lehre begonnen?

|__|__| Monat |__|__|__|__| Jahr

4. Bitte nennen Sie uns die genaue Bezeichnung Ihres Ausbildungsberufs:

✎ _____

_____

5. **In welchem Bundesland liegt Ihr Ausbildungs-betrieb bzw. Ihre Ausbildungsstätte?**

❒ Baden-Württemberg   ❒ Niedersachsen
❒ Bayern   ❒ Nordrhein-Westfalen
❒ Berlin   ❒ Rheinland-Pfalz
❒ Brandenburg   ❒ Saarland
❒ Bremen   ❒ Sachsen
❒ Hamburg   ❒ Sachsen-Anhalt
❒ Hessen   ❒ Schleswig-Holstein
❒ Mecklenb.-Vorpommern   ❒ Thüringen

6. **Haben Sie sich im Zusammenhang mit der Lehre eine neue Wohnung/Unterkunft genommen?**

❒ ja
❒ nein, aber das habe ich noch vor ☞ *Bitte weiter*
❒ nein, das war nicht erforderlich *mit Frage 7!*

Falls Sie sich eine neue Wohnung/Unterkunft genommen haben:

Wie weit ist diese <u>von Ihrem bisherigen Wohnort</u> entfernt?

❒ 0 bis 10 km   ❒ 101 bis 200 km
❒ 11 bis 50 km   ❒ 201 bis 500 km
❒ 51 bis 100 km   ❒ mehr als 500 km

7. **Wie weit ist Ihr Betrieb/Ihre Ausbildungsstätte von dem Ort entfernt, wo Sie <u>während der Arbeitswoche</u> wohnen?**

❒ 0 bis 5 km   ❒ 21 bis 50 km
❒ 6 bis 10 km   ❒ 51 bis 100 km
❒ 11 bis 20 km   ❒ mehr als 100 km

8. **Was hat dazu beigetragen, dass Sie Ihre Ausbildung beginnen konnten?**
(Bitte kreuzen Sie alles an, was zutrifft.)

❒ ich entsprach den Vorstellungen des Betriebes/der Ausbildungsstätte
❒ ich habe auf meinen Wunschberuf verzichtet
❒ ich werde von der Arbeitsagentur finanziell unterstützt
❒ mein Betrieb/meine Ausbildungsstätte erhält für meine Ausbildung von der Arbeitsagentur finanzielle Hilfe
❒ ich hatte bereits ein Praktikum/eine Einstiegsqualifizierung in diesem Betrieb/in dieser Ausbildungsstätte absolviert
❒ andere (Eltern, Freunde, Bekannte) haben sich beim Betrieb/bei der Ausbildungsstätte für mich eingesetzt
❒ der Betrieb/die Ausbildungsstätte kannte mich bereits von früher
❒ ich erhalte von meiner Familie zusätzlich zur Ausbildungsvergütung finanzielle Unterstützung
❒ ohne Beziehungen hätte ich diesen Ausbildungsplatz nicht bekommen
❒ sonstiges, und zwar:

✎ _____

_____

_____

☞ *Bitte weiter mit Frage 11!*

Falls Sie zurzeit <u>keine</u> Lehrstelle haben bzw. <u>etwas anderes</u> als eine Lehre machen:

9. **Warum machen Sie zurzeit keine Lehre?**
(Mehrere Antworten sind möglich.)

❒ weil meine Bewerbungen um eine Lehrstelle (bisher) erfolglos gewesen sind
❒ weil sich meine persönlichen Verhältnisse geändert haben und ich gezwungen war, etwas anderes zu machen
❒ weil es mir anders überlegt und mich ganz von selbst für etwas anderes entschieden habe
❒ weil ich offenbar schon zu alt bin
❒ weil ich noch zu jung bin
❒ weil meine schulische Vorbildung nicht oder noch nicht ausreicht
❒ weil ich zwar eine Lehrstelle gefunden habe, die Ausbildung aber erst später beginnt
❒ weil ich zwar eine Ausbildung begonnen, diese aber selber abgebrochen habe
❒ weil ich zwar eine Ausbildung begonnen habe, mir aber gekündigt wurde
❒ aus sonstigen Gründen, und zwar:

✎ _____

10. **Sind Sie weiterhin an einer Lehre interessiert?**

❒ ja, und zwar auch noch für das bereits begonnene Ausbildungsjahr
❒ ja, aber erst für das nächste Ausbildungsjahr
❒ ja, aber erst für einen noch späteren Zeitpunkt
❒ nein

Wieder an alle:

11. **Waren Sie schon einmal auf Lehrstellensuche?**

❒ ja, und zurzeit suche ich noch weiter
❒ ja, früher einmal, aber jetzt suche ich nicht mehr
❒ nein, noch nie ☞ *Bitte weiter mit Frage 18!*

12. **Was trifft auf die Zeit Ihrer Lehrstellensuche zu?**
(Bitte kreuzen Sie alles an, was zutrifft.)

❒ ich hatte keine Probleme, eine Lehrstelle in einem für mich interessanten Beruf zu finden
❒ es gab zu wenig offene Lehrstellen bzw. zu viele Bewerber in den von mir gewünschten Berufen
❒ ich wusste nicht so recht, ob eine Lehre wirklich das Richtige für mich ist
❒ ich hätte noch mehr Unterstützung gebraucht (mehr Beratung, Adressen usw.)
❒ ich fühlte mich in dieser Zeit sehr unsicher, wie es mit mir weitergeht
❒ gesundheitliche Einschränkungen haben meine Berufswahl und Lehrstellensuche erschwert
❒ nichts von alledem trifft zu, sondern:

✎ _____

13. Welche Aktivitäten haben/hatten Sie wie oft unternommen, um eine Lehrstelle zu finden?
(Bitte kreuzen Sie alles an, was zutrifft.)

- ❏ ich habe bei rund |__|__|__| Betrieben nachgefragt und mich dort nach Ausbildungsangeboten erkundigt
- ❏ ich habe rund |__|__|__| schriftliche Bewerbungen verschickt
- ❏ ich habe mich in mehreren Berufen beworben, und zwar in rund |__|__|__| Berufen
- ❏ ich habe rund |__|__|__| mal an einem Vorstellungsgespräch teilgenommen
- ❏ ich habe rund |__|__|__| Praktika absolviert
- ❏ ich habe nichts davon unternommen

14. Was haben Sie sonst noch getan, um eine Lehrstelle zu finden?
(Bitte kreuzen Sie alles an, was zutrifft.)

- ❏ ich habe mich bei Kammern, Verbänden o.ä. nach Ausbildungsmöglichkeiten erkundigt
- ❏ ich habe Verwandte/Bekannte/Freunde um Hilfe gebeten
- ❏ ich habe alle wichtigen Fragen mit meinen Eltern besprochen
- ❏ ich habe versucht, „Beziehungen" zu nutzen
- ❏ ich habe im Internet die Jobbörse der Arbeitsagentur genutzt (www.arbeitsagentur.de)
- ❏ ich habe im Internet andere Jobbörsen genutzt
- ❏ ich habe ein eigenes Stellengesuch in der Zeitung oder im Internet aufgegeben
- ❏ ich habe mich auch außerhalb der Region beworben (mehr als 100 km vom Wohnort entfernt)
- ❏ ich habe mich über Ausbildungsmöglichkeiten im Ausland informiert
- ❏ nichts von alledem trifft zu, sondern:

✎ _____

15. Wie würden Sie die Zeit der Lehrstellensuche rückblickend bewerten?
(Bitte kreuzen Sie alles an, was zutrifft.)

- ❏ in der Schule wurde ich gut auf die Zeit der Lehrstellensuche vorbereitet
- ❏ Lehrstellen, die ich angeboten bekam, gefielen mir nicht
- ❏ die angebotenen Lehrstellen waren zu weit von meinem Wohnort entfernt
- ❏ ich habe mich zu wenig oder nicht so richtig um eine Lehrstelle bemüht
- ❏ ich habe offensichtlich die Einstellungs-voraussetzungen vieler Betriebe nicht erfüllen können
- ❏ es gab Vorstellungsgespräche, in denen ich anscheinend nicht überzeugen konnte
- ❏ eigentlich wollte ich studieren, aber die Studiengebühren haben mich davon abgehalten
- ❏ eigentlich wollte ich studieren, aber die hohen Kosten haben mich davon abgehalten
- ❏ ich hatte das Gefühl, wegen meiner Herkunft (z.B. Nationalität) oder wegen meines Geschlechts benachteiligt zu werden
- ❏ nichts von alledem trifft zu, sondern:

✎ _____

16. Bitte nennen Sie die Berufe, die Sie bei Ihrer Ausbildungssuche in Betracht gezogen haben:

Wunschberuf(e):

✎ _____

_____

Andere Berufe, die auch in Betracht kamen:

_____

_____

17. Haben Sie sich schon einmal für einen früheren Ausbildungsbeginn als 2008 um eine Lehrstelle beworben?
(z.B. mit geplantem Ausbildungsbeginn im Jahr 2007, im Jahr 2006 oder aber noch früher)

- ❏ ja, und zwar erstmalig für: |__|__|__|__|
- ❏ nein   Jahr des geplanten Ausbildungsbeginns

Wieder an alle:

18. Haben Sie die allgemeinbildende Schule bereits verlassen?
(Sonder-, Haupt-, Real-, Gesamtschule, Gymnasium, Sekundar-, Mittel-, Regel-, Regional-, Waldorfschule)

- ❏ nein
- ❏ ja, im Jahr 2008
- ❏ ja, im Jahr 2007
- ❏ ja, noch früher, und zwar im Jahr: |__|__|__|__|

19. Haben Sie bereits an einem/mehreren der folgenden Bildungsgänge teilgenommen (aktuell laufende Bildungsgänge nicht mit eingerechnet)?
(Bitte kreuzen Sie alles an, was zutrifft.)

	angefangen und ...	
	...abgebrochen	... beendet
Bewerbungstraining als berufsvorbereitende Maßnahme	❏	❏
sonstige berufsvorbereitende Bildungsmaßnahme	❏	❏
betriebl. Einstiegsqualifizierung	❏	❏
Berufsvorbereitungsjahr, Berufseinstiegs-, Berufsorientierungsjahr	❏	❏
Berufsgrundbildungsjahr	❏	❏
Fachoberschule	❏	❏
(höhere) Handelsschule	❏	❏
sonstige berufliche Schule, die eine berufliche Grundbildung vermittelt	❏	❏
mehrmonatiges Praktikum	❏	❏
Berufsausbildung (Lehre, voll qualifizierende Berufsfachschule)	❏	❏
Studium	❏	❏

- ❏ ich habe bisher an nichts von alledem teilgenommen

Statistische Angaben:

20. Ihr Geschlecht und Ihr Geburtsjahr?

❑ weiblich   19 |_|_|
❑ männlich   Geburtsjahr

21. Ihre Staatsangehörigkeit?
(Bei doppelter Staatsangehörigkeit bitte beide nennen.)

❑ deutsch   ❑ kroatisch   ❑ serbisch
❑ griechisch   ❑ polnisch   ❑ spanisch
❑ italienisch   ❑ russisch   ❑ türkisch

❑ sonstige: _____

22. Sind Sie in Deutschland geboren?

❑ ja

❑ nein, sondern in: _____
                              (Name des Landes)

23. Ist Deutsch die erste Sprache, die Sie im Kindesalter erlernt haben?

❑ ja
❑ ja, aber gemeinsam mit einer anderen Sprache
❑ nein

Falls Sie (auch) eine andere Muttersprache als Deutsch haben, welche Sprache ist das?

❑ arabisch   ❑ kurdisch   ❑ russisch
❑ griechisch   ❑ persisch   ❑ serbisch
❑ italienisch   ❑ polnisch   ❑ spanisch
❑ kroatisch   ❑ portugiesisch   ❑ türkisch

❑ sonstige: _____

24. Haben Sie Ihre Kindheit und Jugend durchgehend in Deutschland verbracht?

❑ ja ☞ *Bitte weiter mit Frage 26!*
❑ nein

25. Wie lange leben Sie insgesamt in Deutschland?

❑ weniger als 1 Jahr   ❑ 6 bis 10 Jahre
❑ 1 bis 2 Jahre   ❑ 11 bis 15 Jahre
❑ 3 bis 5 Jahre   ❑ mehr als 15 Jahre

26. Was ist gegenwärtig Ihr höchster Schulabschluss?

❑ (noch) kein Abschluss
❑ Sonderschulabschluss
❑ Hauptschulabschluss
❑ qualifizierter Hauptschulabschluss
❑ mittlerer Bildungsabschluss (Realschulabschluss, Fachoberschulreife oder sonstiger mittlerer Abschluss)
❑ erweiterter Realschulabschluss bzw. Berechtigung zum Besuch der gymnasialen Oberstufe
❑ Studienberechtigung für eine Fachhochschule
❑ Studienberechtigung für eine Hochschule (Abitur)

27. Wie waren Ihre letzten Schulnoten in Deutsch und Mathematik?

Deutsch   1❑ 2❑ 3❑ 4❑ 5❑ 6❑
Mathematik   1❑ 2❑ 3❑ 4❑ 5❑ 6❑

28. Bitte geben Sie uns die Region an, in der Sie leben. Es genügt, wenn Sie die Postleitzahl eintragen.

Falls Sie in letzter Zeit umgezogen sind (z.B. wegen einer Lehrstelle), geben Sie bitte die Postleitzahl Ihres vorherigen Wohnortes an.

Postleitzahl: |_|_|_|_|_|

Wenn Sie etwas ergänzen wollen, das wir nicht berücksichtigt haben, schreiben Sie es uns bitte auf!

Was aus meiner Sicht noch wichtig ist:

_____

_____

_____

_____

_____

Vielen Dank für Ihre Mühe!
✉ Bitte senden Sie den Fragebogen in dem Rückumschlag zurück.

Anhang C: Erweitertes binäres Regressionsmodell zum Übergang in eine außerbetriebliche Ausbildung

Tabelle 24: Ergebnisse der binären logistischen Regression zum Einfluss der betrieblichen Übergangsdeterminanten auf den Verbleib in einer außerbetrieblichen Ausbildungsstelle

	Schritt 1 e^β	Schritt 2 e^β	Schritt 3 e^β	Schritt 4 e^β	Schritt 5 e^β	Schritt 6 e^β	Schritt 7 e^β
Determinanten des außerbetrieblichen Verbleibs							
Zahl beendeter Übergangsmaßnahmen	1,433 ***	1,415 ***	1,306 ***	1,298 ***	1,390 ***	1,387 ***	1,353 ***
Schulabschluss (Ref.: mittlerer Abschluss)							
max. Hauptschulabschluss		2,218 ***	2,285 ***	2,290 ***	2,348 ***	2,223 ***	2,241 ***
Studienberechtigung		,420 ***	,355 ***	,350 ***	,349 ***	,353 ***	,350 ***
Alter (Ref.: minderjährig)			2,435 ***	2,487 ***	2,474 ***	2,484 ***	2,505 ***
Migrationshintergrund (Ref.: Deutsche o. Migrationshintergrund)							
osteuropäischer/GUS-Migrationshintergrund				,759	1,081	1,092	1,187
türkisch-arabischer Migrationshintergrund				,766	1,108	1,092	1,189
südeuropäischer Migrationshintergrund				,378 **	,592	,595	,599
sonstiger Migrationshintergrund				,603	,852	,863	,942
Ausbildungsstellenmarkt							
außerbetriebliche Angebotsquote[1]					2,662 ***	2,653 ***	2,696 ***
regionalisierte berufsspezifische Angebotsquote[2]					1,132 **	1,115 **	1,120 **
Plätze im Übergangssystem[3]					,857 **	,856 **	,869 **
Geschlecht (Ref.: männlich)						,695 **	,671 **
Ergänzung: Determinanten des betrieblichen Einmündungserfolges							
Ausbildungsreife							
wusste, dass Lehre das Richtige ist (Ref.: nein)							1,593
in mehreren Berufen beworben (Ref.: nein)							1,069
keine gesundheitlichen Probleme (Ref.: nein)							,869
Zensuren							
Deutschnote							1,179
Mathematiknote							,960
gute schulische Vorbereitung (Ref.: nein)							,923
Praktikum absolviert (Ref.: nein)							1,386 *
soziales Kapital							
alle wichtigen Fragen mit Eltern besprochen (Ref.: nein)							1,197
wurde ausreichend unterstützt (Ref.: nein)							1,209
n	1.735	1.735	1.735	1.735	1.735	1.735	1.735
Chi² des Modells	34,7 ***	81,2 ***	106,6	116,6 ***	207,6 ***	213,5 ***	224,2 ***
Pseudo R² (Nagelkerke)	,047	,091	,112	,122	,206	,212	,223

*** p < ,01; ** p < ,05; * p < ,10

Anmerkungen:

[1] 10 außerbetriebliche Angebote je 100 Nachfrager in der Region der Bewerber

[2] 10 Ausbildungsangebote je 100 Nachfrager in der Region der Bewerber sowie in den von den Bewerbern umworbenen Berufen

[3] 10 Plätze des Übergangssystems je 100 Nachfrager in der Region der Bewerber

Quelle: BA/BIBB-Bewerberbefragung 2008, eigene Berechnungen

Anhang D: Ergebnisse von Mehrebenenmodellen zum Verbleib der Bewerber

Tabelle 25: **Zugangschancen in eine betriebliche Ausbildungsstelle im Mehrebenenmodell**

	e^β
Aspekte der Ausbildungsreife	
wusste, dass Lehre das Richtige ist *(Ref.: nein)*	1,732 ***
in mehreren Berufen beworben *(Ref.: nein)*	1,625 ***
keine gesundheitlichen Probleme *(Ref.: nein)*	2,422 ***
Schulabschluss *(Ref.: mittlerer Abschluss)*	
max. Hauptschulabschluss	,453 ***
Studienberechtigung	3,321 ***
Zensuren	
Deutschnote	1,311 ***
Mathematiknote	1,273 ***
gute schulische Vorbereitung *(Ref.: nein)*	1,561 ***
Praktikum absolviert *(Ref.: nein)*	1,174 **
Zahl der beendeten Übergangsmaßnahmen *(Ref.: keine)*	
1 Maßnahme	1,087
2 Maßnahmen	1,099
3 oder mehr Maßnahmen	1,099
soziales Kapital	
alle wichtigen Fragen mit Eltern besprochen *(Ref.: nein)*	,979
wurde ausreichend unterstützt *(Ref.: nein)*	1,239 **
Alter	,852 ***
Migrationshintergrund *(Ref.: Deutsche ohne Migrationshintergrund)*	
osteuropäischer/GUS-Migrationshintergrund	,783 **
türkisch-arabischer Migrationshintergrund	,383 ***
südeuropäischer Migrationshintergrund	,381 ***
sonstiger Migrationshintergrund	,567 ***
Ausbildungsstellenmarkt	
regionale betriebliche Angebotsquote[1]	1,225 ***
regionalisierte berufsspezifische Angebotsquote[2]	1,221 ***
Geschlecht *(Ref.: männlich)*	,762 ***
n der Ebene 1 (Befragte)	2.994
n der Ebene 2 (Arbeitsagenturbezirke)	175
Intraklassen-Korrelationskoeffizient	,006

*** p < ,01; ** p < ,05; * p < ,10

Anmerkungen:

[1] 10 betriebliche Angebote je 100 Nachfrager in der Region der Bewerber

[2] 10 Ausbildungsangebote je 100 Nachfrager in der Region der Bewerber sowie in den von den Bewerbern umworbenen Berufen
Das Modell wurde unter Verwendung von STATA 11.2 (Funktion xtlogit) geschätzt.

Quelle: BA/BIBB-Bewerberbefragung 2008, eigene Berechnungen

Tabelle 26: **Zugangschancen in eine außerbetriebliche Ausbildungsstelle im Mehrebenenmodell**

	e^B
Zahl beendeter Übergangsmaßnahmen	1,392 ***
Schulabschluss *(Ref.: mittlerer Abschluss)*	
max. Hauptschulabschluss	2,241 ***
Studienberechtigung	,347 ***
Alter *(Ref.: minderjährig)*	2,528 ***
Migrationshintergrund *(Ref.: Deutsche ohne Migrationshintergrund)*	
osteuropäischer/GUS-Migrationshintergrund	1,090
türkisch-arabischer Migrationshintergrund	1,099
südeuropäischer Migrationshintergrund	,592
sonstige Migranten	,851
Ausbildungsstellenmarkt	
regionale außerbetriebliche Angebotsquote[1]	2,666 ***
regionalisierte berufsspezifische Angebotsquote[2]	1,119 **
Plätze im Übergangssystem[3]	,857 **
Geschlecht *(Ref.: männlich)*	,694 **
n der Ebene 1 (Befragte)	1.735
n der Ebene 2 (Arbeitsagenturbezirke)	174
Intraklassen-Korrelationskoeffizient	,022

*** $p < ,01$; ** $p < ,05$; * $p < ,10$

Anmerkungen:

[1] 10 außerbetriebliche Angebote je 100 Nachfrager in der Region der Bewerber
[2] 10 Ausbildungsangebote je 100 Nachfrager in der Region der Bewerber sowie in den von den Bewerbern umworbenen Berufen
[3] 10 Plätze im Übergangssystem je 100 Nachfrager in der Region der Bewerber

Das Modell wurde unter Verwendung von STATA 11.2 (Funktion xtlogit) geschätzt.

Quelle: BA/BIBB-Bewerberbefragung 2008, eigene Berechnungen

Tabelle 27: **Zugangschancen in teilqualifizierende Bildungsgänge im Mehrebenenmodell: alle erfolglosen Bewerber**

	$e^ß$
Aspekte der Ausbildungsreife	
wusste, dass Lehre das Richtige ist *(Ref.: nein)*	,708
in mehreren Berufen beworben *(Ref.: nein)*	,753 **
keine gesundheitlichen Probleme *(Ref.: nein)*	1,783 **
Schulabschluss *(Ref.: mittlerer Abschluss)*	
max. Hauptschulabschluss	,510 ***
Studienberechtigung	,538 ***
Zensuren	
Deutschnote	1,036
Mathematiknote	1,041
gute schulische Vorbereitung *(Ref.: nein)*	1,098
Praktikum absolviert *(Ref.: nein)*	1,457 ***
Zahl der beendeten Übergangsmaßnahmen *(Ref.: keine)*	
1 Maßnahme	1,000
2 Maßnahmen	,741
3 oder mehr Maßnahmen	,704
soziales Kapital	
alle wichtigen Fragen mit Eltern besprochen *(Ref.: nein)*	1,009
wurde ausreichend unterstützt *(Ref.: nein)*	1,041
Alter	,572 ***
Migrationshintergrund *(Ref.: Deutsche ohne Migrationshintergrund)*	
osteuropäischer/GUS-Migrationshintergrund	1,188
türkisch-arabischer Migrationshintergrund	1,385
südeuropäischer Migrationshintergrund	,807
sonstige Migranten	1,125
Plätze im Übergangssystem[1]	1,133 **
Geschlecht *(Ref.: männlich)*	,846
n der Ebene 1 (Befragte)	1.483
n der Ebene 2 (Arbeitsagenturbezirke)	173
Intraklassen-Korrelationskoeffizient	,009

Anmerkungen:

[1] 10 Plätze im Übergangssystem je 100 Nachfrager in der Region der Bewerber

Das Modell wurde unter Verwendung von STATA 11.2 (Funktion xtlogit) geschätzt.

Quelle: BA/BIBB-Bewerberbefragung 2008, eigene Berechnungen

Tabelle 28: **Zugangschancen in teilqualifizierende Bildungsgänge im Mehrebenenmodell: erfolglose volljährige Bewerber**

	e^β
Aspekte der Ausbildungsreife	
wusste, dass Lehre das Richtige ist *(Ref.: nein)*	,847
in mehreren Berufen beworben *(Ref.: nein)*	,745 *
keine gesundheitlichen Probleme *(Ref.: nein)*	1,733 *
Schulabschluss (Ref.: mittlerer Abschluss)	
max. Hauptschulabschluss	,504 ***
Studienberechtigung	,554 **
Deutschnote	,995
Mathematiknote	,951
gute schulische Vorbereitung (Ref.: nein)	1,110
Praktikum absolviert (Ref.: nein)	1,572 ***
Zahl der beendeten Übergangsmaßnahmen (Ref.: nein)	
1 Maßnahme	1,117
2 Maßnahmen	,814
3 oder mehr Maßnahmen	,716
soziales Kapital	
alle wichtigen Fragen mit Eltern besprochen *(Ref.: nein)*	,927
wurde ausreichend unterstützt *(Ref.: nein)*	1,050
Alter	,669 ***
Migrationshintergrund (Ref.: Deutsche ohne Migrationshintergrund)	
osteuropäischer/GUS-Migrationshintergrund	1,111
türkisch-arabischer Migrationshintergrund	1,258
südeuropäischer Migrationshintergrund	,929
sonstige Migranten	1,104
Plätze im Übergangssystem[1]	1,156 **
Geschlecht (Ref.: männlich)	,941
n der Ebene 1 (Befragte)	1.008
n der Ebene 2 (Arbeitsagenturbezirke)	169
Intraklassen-Korrelationskoeffizient	,007

*** p < ,01; ** p < ,05; * p < ,10

Anmerkungen:

[1] 10 Plätze im Übergangssystem je 100 Nachfrager in der Region der Bewerber

Das Modell wurde unter Verwendung von STATA 11.2 (Funktion xtlogit) geschätzt.

Quelle: BA/BIBB-Bewerberbefragung 2008, eigene Berechnungen

Which resources are required in order to enable young people successfully to master the transition to vocational education and training? In order to reply to this question, the present author uses her dissertation to develop a theoretical resources model of the transition from school to VET which maps the entire complexity of the transitional system. A representative survey of young people displaying apprenticeship entry maturity who were registered with the Federal Employment Agency as training place applicants in 2008 serves as the basis for demonstrating that resources relevant to transition are ultimately determined by the general prevailing institutional conditions.

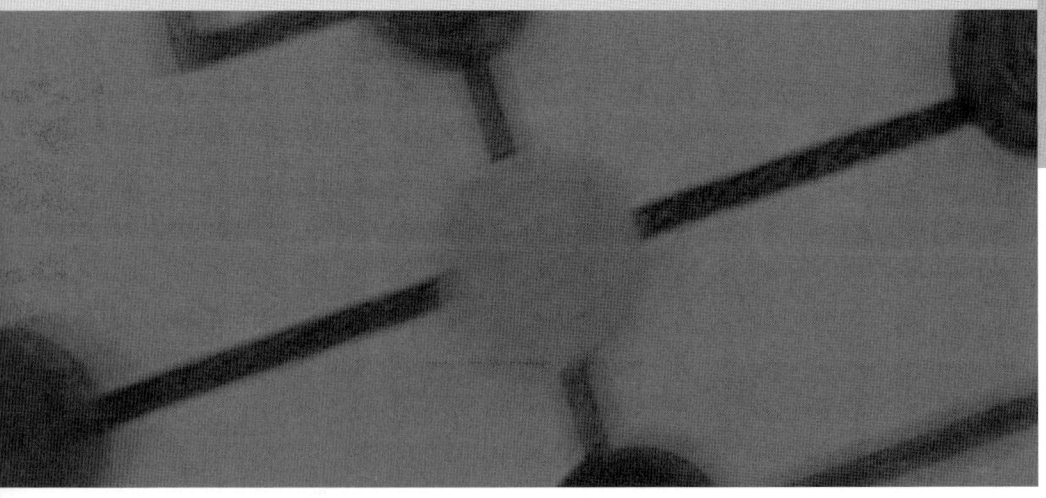